utb 5471

**Eine Arbeitsgemeinschaft der Verlage**

Böhlau Verlag · Wien · Köln · Weimar
Verlag Barbara Budrich · Opladen · Toronto
facultas · Wien
Wilhelm Fink · Paderborn
Narr Francke Attempto Verlag / expert Verlag · Tübingen
Haupt Verlag · Bern
Verlag Julius Klinkhardt · Bad Heilbrunn
Mohr Siebeck · Tübingen
Ernst Reinhardt Verlag · München
Ferdinand Schöningh · Paderborn
transcript Verlag · Bielefeld
Eugen Ulmer Verlag · Stuttgart
UVK Verlag · München
Vandenhoeck & Ruprecht · Göttingen
Waxmann · Münster · New York
wbv Publikation · Bielefeld

Dietrich Korsch

# Mit der Theologie anfangen

Orientierungen für das Studium

Mohr Siebeck

**Dietrich Korsch** ist emeritierter Professor für Systematische Theologie und Geschichte der Theologie an der Philipps-Universität Marburg.

ISBN 978-3-8252-5471-1 (UTB Band 5471)

Online-Angebote oder elektronische Ausgaben sind erhältlich unter *www. utb-shop.de*.

Die Deutsche Nationalbibliothek verzeichnet diese Publikation in der Deutschen Nationalbibliographie; detaillierte bibliographische Daten sind im Internet über *http://dnb.dnb.de* abrufbar.

© 2020 Mohr Siebeck, Tübingen. www.mohrsiebeck.com

Das Buch wurde von epline in Böblingen aus der Minion gesetzt und von Hubert & Co. in Göttingen auf alterungsbeständiges Werkdruckpapier gedruckt und gebunden.

Printed in Germany.

# Vorwort

Wer mit der Theologie anfängt, begibt sich auf einen Weg voller Entdeckungen. Die Theologie ist eine Wissenschaft, die intellektuell und geistlich herausfordert und dabei Einsichten eröffnet, die in die gelebte Wirklichkeit eingreifen. Sie lehrt zu erkennen, wie die religiöse Dimension das individuelle und das gesellschaftliche Leben prägt. Sie leitet dazu an, den eigenen Glauben tiefer zu durchdringen und gedanklich zu verantworten. Sie hilft zu verstehen, wie sich die Kirche als Glaubensgemeinschaft in der Gegenwart darstellen kann und die Botschaft des Evangeliums mitteilen soll.

Wer sich auf den Weg mit der Theologie macht, kommt von seinem je eigenen, individuellen Ausgangspunkt her: stärker kirchlich geprägt oder eher allgemein religiös interessiert, teils auf die Frömmigkeit konzentriert, teils auf die gesellschaftliche Verantwortung der Religion ausgerichtet, vielleicht auch von einem kritischen Interesse an Kirche und Religion bewegt. So einmalig die lebensgeschichtlichen Hintergründe bei jedem sind, so sehr haben alle heutigen Menschen an gemeinsamen Rahmenbedingungen teil, die das Denken, Leben und Handeln der Gegenwart bestimmen. In diesem Kontext muß auch verantwortet werden, was das Christentum heute ist. Dafür sind die spezifischen Voraussetzungen des eigenen Lebenslaufs und die allgemeinen Bedingungen gegenwärtiger Gesellschaft einander zuzuordnen.

Daraus ergibt sich die Absicht dieses Buches: am Anfang des Studiums eine Orientierung über die Landschaft zu geben, in der sich diejenigen bewegen, die das Studium aufnehmen, und eine Perspektive zu entwerfen, in der sie ihren eigenen Weg gehen können. Orientierung und Perspektive sind dabei so gehalten, daß sie von unterschiedlichen Ausgangspunkten her wahrgenommen und angeeignet werden können. Denn tatsächlich lassen sich die gegenwärtigen gesellschaftlichen Lebensumstände so umreißen, daß sie für individuelle Lebensläufe anschlußfähig sind. Solche Anschlüsse vermag insbesondere die Theologie herzustellen, weil sie sich als Wissenschaft um das Allgemeine bemüht, wie es für das Individuelle aufgeschlossen ist.

Wer es mit der Theologie versucht, bekommt es in gesteigertem Maß mit sich selbst zu tun. Denn die Wissensbestände der Theologie, ihre Methoden und ihre Argumentationsverläufe geben immer einen Durchblick auf das eigene Leben und den eigenen Glauben. Darum läßt sich das Studium der Theologie insgesamt und in einem umfassenden Sinn als Bildungsvorgang verstehen: Wie jemand zu dem wird, was er sein kann. Das Studium unter den Aspekt der Bildung zu fassen, bedeutet darum zweierlei: Einerseits heißt es, sich zu bilden an dem, was einem begegnet. Das ist aber nur dann konsequent möglich, wenn andererseits die Inhalte des Studiums geradezu darauf ausgerichtet sind, individuell angeeignet zu werden. Wenn das Studium gelingt, dann finden beide zusammen: das theologische Wissen und Können und das eigene Glauben und Leben.

Wer sich diesem Studienziel annähert, findet sich sodann in eine Bewegung versetzt, die über die Privatheit der eigenen Existenz hinausführt in die Öffentlichkeit von Kirche und Gesellschaft. Jeder Mensch, der vom Evangelium bestimmt ist, wird danach leben. Und wer sich insbesondere der Theologie, also dem methodischen Zusammenhang von Evangelium und Glaube, verschrieben hat, der wird seine beruflichen und privaten Fähigkeiten dafür einsetzen, das Evangelium unter den Bedingungen der Gegenwart laut werden zu lassen. Das Studium der Theologie hat seinen Zweck in der Mitgestaltung des lebendigen Christentums, ob im Pfarramt oder in der Schule oder an einem anderen beruflichen Ort; und das eigene Leben ist darin inbegriffen.

Aus diesen Überlegungen ergibt sich der Aufbau dieses Buches. Zuerst ist es um die Bestimmung des Ortes zu tun, an dem das theologische Nachdenken stattfindet. Geschichte und Gesellschaft bilden einen Sachzusammenhang, in den unwillkürlich alle hineingezogen werden, die mit der Theologie anfangen. In der Gegenwart findet nur seine Standfestigkeit, wer die verschiedenen Fäden, die ein individuelles Leben ins Ganze verweben, zu unterscheiden vermag. Diese eigene Positionierung muß sich durch Übung bilden, und dafür ist es wichtig, sich auf die bestimmenden Elemente zu besinnen, die im Spiel sind, und sie für die eigene Bildung zu nutzen.

Der große Rahmen, in dem die Theologie neuzeitlich verortet ist, erschließt sich am besten über den Begriff der Religion. In ihn sind die Aufbaumomente von Geschichte und Gesellschaft stets schon eingegangen, in ihm finden sie sich bereits auch eingestellt auf die theologische Aufgabe des Umgangs mit Glaube und Frömmigkeit. Es kann

daher nicht überraschen, daß der Begriff der Religion kontrovers bestimmt und diskutiert wird; wer etwas anderes erwartet, würde den
Zeitbezug der Religion und die Aktualität des Glaubens verleugnen
wollen. Sich in den elementaren Konstellationen des neuzeitlichen
Religionsbegriffs bewegen zu können, ist daher die erste Vertrautheit,
die es zu erwerben gilt. Der Kontext der gegensätzlichen Bestimmungen der Religion führt freilich auch vor die Herausforderung, eine
eigene Position einzunehmen. Die ist dann geschichtlich und theologisch nachvollziehbar profiliert, wenn sie sich im kritischen Diskurs
zu bewegen versteht. Das Ziel besteht darin, zu wissen, wo man selbst
mit der Theologie zu stehen kommt im modernen Geflecht von Religion und Kultur.

Wie sich diese Position freilich von innen heraus, nach Maßgabe
des wesentlich Christlichen, gestaltet, das ist im nächsten Schritt zu bestimmen. Der entscheidende Bezugspunkt ist die Identität Jesu Christi.
Jesus Christus als den zu erkennen, der er in Wahrheit ist, das allein
gibt dem Glauben in den Kontexten der religiösen Wirklichkeiten
seine Gewißheit. Es versteht sich für unser Wahrheitsbewußtsein von
selbst, daß diese Gewißheit des Glaubens die historische Frage nach
Jesus von Nazareth voraussetzt und einschließt. Sie verlangt aber, wie
sich zeigen wird, nach einer genauen Bestimmung des historischen
Bewußtseins. Denn dem historischen Bewußtsein liegt der Anspruch
auf eine eigene Gewißheit zugrunde, und diese Gewißheit ist im Blick
auf ihre Geltung auszuweisen. Was gilt, ergibt sich nicht einfach aus
der Abfolge von äußeren historischen Geschehnissen, auch nicht aus
der Übernahme einer Tradition, erst recht nicht aus dem Interesse an
gegenwärtig sinnvoll erscheinenden Werten. Die Debatte um die Identität Jesu Christi ist insofern nicht nur der Modellfall für alles theologische Argumentieren, sondern auch der sachliche Kern des Verhältnisses von Theologie und Glaube. Darum resultiert aus der Erkenntnis
der Identität Jesu Christi sowohl die eigene Glaubensgewißheit als
auch die Perspektive christlichen Lebens und kirchlichen Handelns.

Das Christentum im Kontext der Religion und der Religionen
bewegt und bewährt sich als zentral in der Gestalt der Kirche. Diesem Thema ist der dritte Hauptteil dieses Buches gewidmet. In ihm
geht es zuerst um die Anfänge der Kirche und die Frage nach ihrer
normativen Bedeutung. Diese Frage läßt sich mit dem Blick auf die
in den neutestamentlichen Texten hervorscheinende Bewegung der
frühen Kirchenbildung erörtern. Dabei werden aber auch schon die
Differenzen erkennbar, die es verhindern, aber auch überflüssig ma-

chen, die historische Erstgestalt der Kirche zu ihrer sachlichen Urform zu stilisieren. Vielmehr lebt das Christentum von Anbeginn in einer Bewegung der Umformungen der Kirche in der Geschichte. Von besonderem Interesse ist in diesem Zusammenhang die Reformation der Kirche seit dem 16. Jahrhundert, die die historische Distanz zum Anfang mit der sachlichen Nähe zum Prinzip zu verbinden wußte. Doch auch diese historische Epoche besitzt nicht den Charakter unmittelbarer Maßgeblichkeit für die Gegenwart. Darum ist mit Hilfe der in den Anfängen aufzufindenden und in der Reformation angewandten Unterscheidung von geistlicher Wirklichkeit und geschichtlicher Ausprägung derselben nach der Gestalt der Kirche unter heutigen religiösen Umständen zu fragen, in welche, wie anfangs beobachtet, die aktuellen Grundprinzipien von Geschichte und Gesellschaft eingegangen sind.

Die drei zentralen Kapitel thematisieren Gedanken, die sich ergänzen, teils aber auch überschneiden. Das ist unvermeidlich der Fall, weil es immer um denselben Inhalt in verschiedenen Hinsichten zu tun ist. Die dabei auftauchenden Redundanzen sind beabsichtigt. Dadurch, daß die wiederholten Gedankengänge stets ein wenig anders ausgedrückt werden, ergibt sich eine gewisse Variationsbreite, die dem Ziel einer theologischen Mehrsprachigkeit dienen soll.

Was in diesem Buch steht, habe ich mehrfach mündlich in Lehrveranstaltungen für Menschen am Anfang des Studiums vorgetragen. Insbesondere der allen Gedanken unterlegte und immer wieder explizit hervorgehobene Begriff eigener Lebens-Bildung ist auf Interesse bei den Studierenden gestoßen. Ich hoffe, daß sich dieser Effekt auch beim Lesen des nachfolgenden Textes spürbar macht.

Es wird nicht ausbleiben, daß sich die, die sich an die Lektüre dieses Buches machen, manchmal herausgefordert finden, was ihre bisherigen Denkerfahrungen angeht. Das sollte sie nicht überraschen, denn mit dem Studium beginnt auch eine neue Phase der Orientierung im eigenen Denken. Alle Schwierigkeiten, die sich einstellen, lassen sich aber lösen, sei es durch beharrliches, wiederholtes eigenes Nachdenken, sei es durch Diskussionen mit anderen Studierenden, sei es durch Rückfragen bei den Lehrenden. Der Autor verspricht überdies, alle Anfragen, die an ihn herangetragen werden, zu beantworten – ein kleiner und unvollkommener Ersatz für die mündlichen Rückfragen, die in die gehaltenen Vorlesungen hineingehörten.

Es war ein großes Glück, Menschen zu finden, die vorläufige Textfassungen dieses Buches zu lesen und Hinweise zu Korrektur und Verbesserung zu geben bereit waren. Mit Wilfried Sommer konnte ich vor allem die bildungstheoretischen Passagen diskutieren. Mit Helmut Schwier hatte ich die Gelegenheit, zentrale exegetische Fragen zu erörtern. Frank Pritzke hat mit seinem kritischen Verstand das gesamte Manuskript gelesen und bis in die Drucklegung hinein mit weiterführenden Anmerkungen und Korrekturen versehen. André Flimm hat in bewährter Weise manche Gedanken auf ihre Schlüssigkeit überprüft. Julius Schilling hat sich abermals der Mühe unterzogen, den Text von studentischer Seite aus auf seine Verwendbarkeit zu prüfen und mir bei den Korrekturen geholfen. Ihnen allen danke ich herzlich.

*Kassel, im Advent 2019*                                              *Dietrich Korsch*

# Inhalt

# I. Theologie studieren

## § 1 Bildung und Theologie

### 1. Selbstbildung

Mit dem Studium anfangen, das ist ein Beginn besonderer Art. In die Grundschule kommen in unseren Breiten alle Kinder notwendig und unvermeidlich. Die Wahl einer weiterführenden Schule stellt bereits eine Auswahl dar, die mit den Eltern – oder durch die Eltern – getroffen wird. Geht es in der Schule um eine möglichst allgemeine Aneignung der Wirklichkeit, so ist die Entscheidung zum Studium von anderer Qualität. Denn in ihr wird ein Fach oder eine Fächerkombination gewählt, die die Vielfalt möglichen Wissens begrenzt, zugleich aber eine Vertiefung verspricht, die, wenn alles gutgeht, die Grundlage für einen späteren Beruf bildet. Zum ersten Mal findet eine Einschränkung und Selbstfestlegung statt, die unweigerlich längerfristige biographische Folgen hat. Das geschieht in einem Lebensalter, in dem doch ansonsten alle Möglichkeiten offenzustehen scheinen; oft verbunden mit einem Wechsel des örtlichen und sozialen Lebenskontextes, eben dem Eintritt ins Studentenleben. Dabei steht die konkrete Konzentration auf die Erfordernisse eines Faches zu den abstrakten Möglichkeiten, vielleicht etwas mit ihnen anzufangen, in einem eigentümlichen Gegensatz, stets unter das Moratorium des „Später einmal" gerückt. Studieren heißt daher immer auch Leben in einer gewissen Vorläufigkeit.

Mit dem Studium anfangen, das versetzt in eine neue Phase der Bildung. Ihrem Programm nach bietet die Schule die allgemeinen Voraussetzungen für eine spezifisch fortzusetzende Bildung. Wer neu an die Hochschule kommt, kann bereits auf Wissensbestände und Fertigkeiten im Umgang mit Sachverhalten zurückgreifen, verfügt auch in irgendeiner Weise über ein Vertrauen zu sich selbst in der Aneignung von Wissen und der Ausbildung von Fähigkeiten. Das Studium dagegen konfrontiert mit einem fachspezifischen Gehalt von nötigen Kenntnissen, die zu erwerben sind, und neuen Arbeitsformen, die erlernt werden müssen. Die Inhalte und die Formen des

Studiums grenzen ein, trotz des ausgedehnten Umfangs erforderlichen Wissens – und stellen sich so noch einmal in einen besonderen Gegensatz zu der gesuchten Freiheit der neuen Lebensform. Dieses Spannungsverhältnis durchzieht alle Studienfächer. Es gehört zu den wichtigen, in der Regel aber nicht thematisch wahrgenommenen Anforderungen des Studiums, diese beiden Seiten, die Ausbildung der Fachlichkeit und die Bildung der Persönlichkeit, zueinander ins Verhältnis zu setzen.

In den letzten Jahrzehnten ist für die Beschreibung dieser Aufgabe verstärkt der Begriff der Bildung ins Spiel gebracht worden. Inzwischen ist er zum universalen Inbegriff gesellschaftlicher Entwicklung aufgestiegen, hat dabei aber auch seine begriffliche Schärfe verloren. Am Beginn des Studiums allerdings wird besonders deutlich erfahren, wie nötig es ist, die Beschäftigung mit gegebenen Sachverhalten unserer Welt und die Verantwortung für das eigene Dabeisein miteinander zu verknüpfen. Denn nur dann, wenn diese Verbindung gelingt, kommen Menschen aus dem Studium heraus, die in der Lage sind, mit sich selbst und unserer Welt sachgemäß und verantwortlich umzugehen. Bildung ist die selbstbewußte Vermittlung von Selbst und Welt.

Daß dieser Zusammenhang der Sache nach nötig ist, ergibt sich aus dem Begriff des Wissens selbst. Wenn wir etwas wissen, dann bilden wir von dem Sachverhalt, um den es geht, einen sprachlich artikulierbaren Begriff. Wir grenzen damit den gemeinten Sachverhalt also von anderem ab, um ihn dann nach innen, auf seinen Aufbau und seine Gestalt hin, näher betrachten zu können. Dabei nehmen wir automatisch eine doppelte Perspektive ein. Einerseits haben wir, mehr oder weniger deutlich, den Zusammenhang des Ganzen vor Augen, aus dem wir ausschneiden, worauf wir unsere Aufmerksamkeit richten wollen. Andererseits haben wir durchaus anfängliche Vorstellungen davon, daß das Einzelne, dessen Untersuchung uns interessiert, nach innen hin eine noch näher zu beschreibende Struktur aufweist. Diese zwei Betrachtungsweisen haben aber nun in entscheidender Weise mit uns selbst als Subjekten zu tun, die sich dieser Verfahren bedienen. Denn zur ersten Seite hin müssen wir über so etwas verfügen wie ein „Weltbewußtsein", also ein Ausgerichtetsein auf ein Ganzes, aus dem wir dann die Gegenstände unserer Untersuchung aussondern – und zwar, ohne dieses Ganze als solches überblicken zu können. Auf der anderen Seite haben wir die Erfahrung gemacht, daß wir Einzelnes immer weiter unterscheiden können; diese Fähigkeit zum Unterscheiden verdanken wir nun aber nicht den Gegenständen;

bei denen könnte es einmal so, einmal anders sein. Sie geht vielmehr auf einen Umgang mit uns selbst zurück, nämlich überhaupt zwischen uns und anderem eine Differenz ziehen zu können.

Was in unserem Wissen liegt, das verrät schon viel über uns selbst. Mindestens sind es diese beiden Aspekte, die zu Bewußtsein kommen: Daß wir in uns selbst unterscheiden können – und daß wir auf die Welt als das Gegenüber angewiesen sind, an dem wir diese Unterscheidungen einsetzen. Daß wir in uns selbst unterscheiden können, das ist ein Ausdruck unserer Freiheit, denn über diese Fähigkeit verfügt jeder Mensch aus eigenem Vermögen, das ihm weder antrainiert noch abgesprochen werden kann. Man kann das auch so ausdrücken: Die Fähigkeit zum Unterscheiden wurzelt in der Fähigkeit, nein sagen zu können. Daß wir auf die Welt angewiesen sind, in der wir leben und in der wir unterscheiden, das ist Ausdruck unserer Abhängigkeit – unserer Angewiesenheit auf die Natur als Grundlage unseres leiblichen Lebens und auf die Menschen um uns als Realität unseres sozialen Daseins. Wenn wir uns das so klarmachen, dann sehen wir mit hinreichender Deutlichkeit, daß bereits mit dem Begriff des Wissens selbst die Forderung nach Bildung gesetzt ist, die die Beschreibung und Erfassung der Welt an ein Verständnis und eine Gestaltung der eigenen Person im sozialen Umfeld bindet.

Daraus ergibt sich die Forderung an das universitäre Studium, Fachlichkeit und Persönlichkeit zugleich im Blick zu haben. Jedes Fach drängt nicht nur über die miteinander vernetzten Sachverhalte der objektiven Welt zu einem Zusammenhang des Ganzen, sondern auch über die in der Wissenschaft tätigen Menschen zu einer verantwortlichen Gesellschaft, die den Umgang mit der uns gegebenen natürlichen Welt und die Gestaltung einer humanen Gesellschaft zu verbinden fordern.

Mit dem Studium der Theologie anfangen, das ist ein Beginn ganz besonderer Art. Natürlich teilt dieses Studium alle Bedingungen, die auch für andere Fächer gelten. Der Zwischen-Situation des Studentenlebens begegnen auch die Theologiestudierenden. Selbst wenn sie in ihren Gemeinden weiter aktiv bleiben, wird ihnen die Erfahrung, auf einmal „von außen" zu kommen, nicht erspart bleiben – glücklicherweise. Die Anforderungen des Faches werden sie befremden; wer von seiner Herkunft her kirchlich geprägt ist, findet sich zwangsläufig in eine wissenschaftliche Distanz zum Vertrauten versetzt; wer aus einem säkularen Umfeld zur Theologie kommt, wird sich über die Nähe der Studiengegenstände zur praktizierten Religion wundern.

Wie man sich dann persönlich zu den Anforderungen des Studiums stellt, bleibt für alle eine Aufgabe. Doch diese Aufgabe stellt sich in der Theologie auf eine ganz eigene und überaus verheißungsvolle Weise. Das hat mit dem Thema der Theologie zu tun, und dessen Eigenart läßt sich gut anhand unserer Überlegungen zum Begriff des Wissens und der Bildung aufzeigen, die wir eben angestellt haben. Wir verfügen über ein unausgesprochenes Verständnis des Ganzen, das wir voraussetzen, wenn wir einen Gegenstand aus ihm herausgreifen, dem wir unsere Aufmerksamkeit widmen wollen, das hatten wir gesehen. Wenn man diesen Sachverhalt etwas näher betrachtet, dann stellt sich gleich die Frage, wie wir denn auf eine solche Vorstellung kommen können. Denn wir haben das Ganze (oder „die Welt") nicht wie einen mit unseren Sinnen erschließbaren Gegenstand vor und außer uns; wir gehören ja selbst mit hinein. Wir können diese Vorstellung aber auch nicht dadurch aufbauen, daß wir ein Einzelnes an das nächste fügen; damit kämen wir über einen Flickenteppich von Einzelnem nicht hinaus, wir kämen niemals zu einem Ganzen. Das heißt aber: Wir nehmen für unsere Vorstellung vom Ganzen, von „der Welt", schon einen Referenzpunkt in Anspruch, durch den es uns überhaupt erst möglich wird und erlaubt ist, von einem Ganzen zu reden. „Das Ganze", das wir in jedem Wissen implizit voraussetzen, hängt davon ab, daß es ein Gegenüber zur Welt gibt, durch das die Welt erst zu einer in unserem Wissen vorausgesetzten „Welt" wird. Das ist, auf dieser Ebene des Wissens betrachtet, die Funktion des Namens „Gott". Indem wir uns – explizit oder implizit – auf Gott beziehen (oder uns auf ihn bezogen wissen), verstehen wir ihn als die Instanz, durch die uns erst die Welt zu dem Ganzen wird, in dem wir uns bewegen. Gott ist das Gegenüber zur Welt im Ganzen; auf ihn beziehen wir uns als Wesen, die im Ganzen der Welt leben. Gott aber, das besagt ja schon der Name, wird in der Theologie zum Thema. Die Theologie erörtert, so betrachtet, die Voraussetzung auch des wissenschaftlichen Wissens, sofern es sich auf die Bedingungen besinnt, unter denen es stattfindet.

Wir verfügen über die Fähigkeit zu unterscheiden, hieß unsere zweite Beobachtung in der Analyse des Wissens, und wir hatten diese Fähigkeit an das Nein-Sagen geknüpft. Nein-Sagen heißt, sich der Zumutung einer Zustimmung zu entziehen. Darin ist aber vorausgesetzt, daß es so etwas wie eine Aufforderung gibt, einem Gegebenen zuzustimmen – also zu etwas Ja zu sagen. Nur im Unterschied zum Ja gewinnt das Nein sein Profil. Worauf geht nun diese Zumutung einer

Zustimmung zurück? Es muß so etwas wie ein Angesprochensein inmitten der Wirklichkeit geben, in die wir ja hineingehören. Ja-Sagen ist dann eine Reaktion auf ein Angeredet-Werden. Wer aber spricht uns an? Es kann ja nicht die Wirklichkeit im Ganzen sein. Sie kann nicht sprechen, zu ihr könnten wir auch nicht Nein sagen, wenn wir bei Verstand bleiben wollen. Angesprochen werden wir von anderen Menschen, zuerst in aller Regel von der Mutter und denen, die uns von Anfang an in die Welt der Sprache hineinnehmen. Aber was ermöglicht uns, auf das Angesprochenwerden durch sie auch zu antworten? Das kann nicht von außen in uns hineingelegt werden, nicht einmal durch die allerliebevollste Zuwendung; das muß uns selbst, jedem Menschen als Individuum, zutiefst innewohnen. Darum gründet die Fähigkeit, uns ansprechen zu lassen, auch in keinem anderen Menschen, in keinem vereinzelten Element der Wirklichkeit im Ganzen, sondern allein in Gott. Gottes Beziehung auf uns entdecken wir in der Fähigkeit, auf das Angesprochenwerden in der Welt zu antworten, also Ja – und auch Nein – zu sagen. Nur weil beides, das Ja und das Nein, in Gott wurzeln, können wir uns in der Wirklichkeit erkennend, also frei Ja und Nein sagend, bewegen.

Beide Sprachformen, das Ja und das Nein, lassen sich also als Antwort auf den Grund vorstellen, der auch der Grund der Welt als eines Ganzen ist. Anders ausgedrückt: Unser eigenes Dasein – in der Welt, aber auch im unterscheidenden Umgang mit der Welt – gründet in Gott, der uns – inmitten der Wirklichkeit – ursprünglich anspricht, also zum Ja als Antwort herausfordert. Dieses Ja zu Gott als dem ursprünglichen Gegenüber unserer selbst verlangt nun aber danach, als solches auch ausgesprochen zu werden – und zwar so, daß es im Kontrast zum Nein artikuliert wird; also etwa, indem zwischen Gott und Welt unterschieden wird: Gott ist Gott – und nicht die Welt, wäre dann eine Antwort des Menschen, in der sich die grundsätzliche Fähigkeit zur Unterscheidung äußert. Und diese Fähigkeit ist es, die dann auch im Umgang mit der Welt im einzelnen ihre Anwendung findet. Eben von der grundlegenden Beziehung zwischen Gott und Mensch handelt nun aber die Theologie, und damit auch von der elementaren Verfassung des Menschen als eines leiblichen und geistigen, natürlichen und vernünftigen Wesens in der Welt. Das wird sich in der Erörterung der Sprache genauer zeigen, in die wir gleich eintreten.

Indem nun beide Dimensionen, Gott als Grund der Welt als Ganzer und der Mensch als Gegenüber Gottes, in der Theologie zum Thema werden, verspricht der Umgang mit der Theologie eine spezifi-

sche Bildung derjenigen Menschen, die sich ihr widmen. Im Studium
der Theologie werden, wie wir noch sehen werden, historisch-empiri-
sche ebenso wie begrifflich-kategoriale Sachverhalte behandelt – aber
immer so, daß in den Strukturen des Wissens, die für die Erkenntnis der Sachverhalte nötig sind, zugleich die Dimension der Herkunft
dieses Wissens mit aufscheint. Das macht den besonderen Beitrag der
Theologie zur Bildung aus, daß sie auf diesen Zusammenhang von
Gott und Mensch im Kontext der Welt nicht nur achtet, sondern ihn
immer wieder als Grundlegung der Welt und des eigenen Lebens zum
vertieften Verständnis bringt.

Insofern kann man sagen, daß sich im Studium der Theologie der
Gedanke einer gründlichen Bildung des eigenen Selbst verwirklicht.
Das ist, nach ganz rationalen Gesichtspunkten geurteilt, die Hoffnung
und Erwartung, mit der alle das Studium der Theologie beginnen
können. Es darf dann auch unterstellt werden, daß sich von diesem
Mittelpunkt her die Fragen der eigenen Lebensführung und der beruflichen Perspektive aussichtsreich in Angriff nehmen lassen – ebenso
wie von dort aus ein Beitrag zur Gestaltung der Welt und Gesellschaft
geleistet werden kann.

## 2. Sprachbildung

Schauen wir nun näher darauf, wie sich diese Selbstbildung genau
vollzieht. Das läßt sich aufzeigen, indem wir auf das Phänomen der
Sprache achten, die allem Wissen zugrundeliegt, deren wir uns auch
immer schon bedienen. Durch den Blick auf die Sprache gelangen
wir tiefer in die Prozesse hinein, die die selbstbewußte Vermittlung
von Selbst und Welt ausmachen. Wir führen damit den Gedanken des
Sprechens und Angesprochenseins fort.

Die grundsätzliche Leistung der Sprache ist es, daß sie Strukturen
ausbildet und weiterentwickelt, die sich auf sich selbst beziehen, so
daß sprachinterne Rückkopplungen möglich werden. Das kann man
sich am einfachsten an der Grammatik klarmachen, die das Regelwerk
nachzuzeichnen versucht, welches der Sprachverwendung innewohnt.
Da zeigt sich nämlich, daß die Sprache eine innere Stabilität gewinnt,
die sich im Sprachgebrauch stets neu etabliert. Sprecher einer Sprache vermögen mit den in der Sprache liegenden Möglichkeiten umzugehen, sie situationsbezogen anzuwenden und intersubjektiv einzusetzen. Das hat grundsätzlich mit der syntaktischen Verfassung
der Sprache zu tun, also ihren Fähigkeiten, Wortelemente zu unter-

scheiden und sinnvoll miteinander zu verknüpfen. Diese syntaktische Selbstbezüglichkeit ist geradezu die Voraussetzung dafür, daß Sprache in verschiedenen Situationen verwendet werden kann. Darum ist die semantische Funktion der Sprache, also diejenige Dimension, die es erlaubt, über etwas zu sprechen, logisch gesehen der inneren Selbstreferenz nachgeordnet. Zwei Seiten sind also von Anfang an in der Sprache miteinander verbunden, nämlich sich auf etwas zu richten, es zu bezeichnen, einerseits; und andererseits, diese Bezeichnung in einer vom Bezeichneten unabhängigen Weise wahrzunehmen.

Wenn man sich das so vor Augen führt, sieht man sogleich, daß immer schon eine dritte Ebene in Anspruch genommen ist, die sich noch einmal komplexer zu den beiden erstgenannten verhält: die Tatsache, daß Sprache im intersubjektiven Zusammenhang verwendet wird. Es gibt keine Privatsprache, und das aus zwei Gründen. Einmal sind die syntaktischen Strukturen der Sprache, die ihr Funktionieren ermöglichen, von niemanden „gemacht"; sie stellen sich als vorhandene ein, erschließen sich im Gebrauch. Dies geht, das ist die andere Seite, daraus hervor, daß die sprachliche Verständigung immer schon in einen natürlich-sozialen Selbsterhaltungsprozeß der Menschen eingegangen ist. Wer Sprache lernt, lernt sie durch Teilhabe am überindividuellen Leben im sozialen Zusammenhang. Dieser Prozeß der Selbsterhaltung ist auf jeden Fall bis jetzt mindestens darin erfolgreich gewesen, daß er uns – gerade heute und heute noch – die Möglichkeit gibt, in die Sprachverwendung einzutreten. Die Pragmatik der Sprache ist daher der objektive Horizont für die selbstreferentielle Syntax und die verweisende Semantik der Sprache. Oder, anders gesagt: Die Sprache bewegt sich schon immer in einer den Menschen erschlossenen und von ihnen bearbeiteten Welt. Daher ist aller Sprachgebrauch stets historisch situiert.

Diese historische Plazierung der Sprache läßt sich nach zwei Seiten hin präzisieren, in Richtung auf die Bezeichnungs- und die Verständigungsdimension. Dabei zeigt es sich, daß beide Seiten immer miteinander bestehen. Das, was bezeichnet wird, wird „objektiviert", das heißt: für den gemeinsamen Zugriff und die Bearbeitung präpariert. Es gibt, so betrachtet, keine rein theoretische Erkenntnis ohne die Eröffnung einer technisch-praktischen Umgangsweise. Worüber dann Verständigung erzielt wird, das erscheint als „subjektiv" angeeignet, kann als solches weitergegeben, gelernt und als Grundlage späterer Erkenntnis verwendet werden. Das Wissen selbst hat einen implizit praktischen Wert.

Doch geht die Sprache in diesen Verwendungszusammenhängen nicht auf. Denn aufgrund ihrer inneren Selbstreferenz kann sie sich auch von der intersubjektiv-praktisch grundierten Bezeichnungsaufgabe lösen. Dafür gibt es zwei Anlässe. Der erste besteht darin, mit Hilfe der Sprache und ihrer Strukturiertheit auch die Hintergründe zur Aussage zu bringen, die für das Funktionieren der Bezeichnung in Anspruch genommen werden. Das ist die Sinnrichtung der religiösen Sprache. In ihr erfolgt eine sprachliche Benennung des Gegenübers der Welt, dem wir die Möglichkeit verdanken, uns auf sie zu beziehen – also das Gegenüber, das wir „Gott" nennen. „Gott" ist, mit aller Konsequenz, ein Wort unserer Sprache. Allerdings nicht nur das: „Gott" ist nicht nur so real wie die Welt, auf die wir uns in der Sprache beziehen (das wäre trivial und damit wäre Gott unterbestimmt, er ist ja kein Teil der Welt); nein, die uns sprachlich erschlossene Realität der Welt stammt gerade aus ihm, den wir in der Sprache benennen können. Die Welt existiert tatsächlich, aber von Gott allein ist „notwendige Existenz" auszusagen – ohne Gott könnten wir nämlich gar nichts als „existent" verstehen.

Der zweite Anlaß für eine nicht nur praktisch-technische Verwendung der Sprache besteht in unserer Fähigkeit, mit ihr frei umzugehen. Weil wir auch in dieser Hinsicht sprachkompetent sind, können wir uns selbst am Gebrauch der Sprache erfreuen, ohne damit etwas bezwecken oder herstellen zu wollen. Das ist die ästhetisch-poetische Dimension der Sprache. Wir empfinden Sprachbildungen als bewegend und berührend rein aus sich selbst, auch ohne definitive äußere Bezüge. Und wir wissen auch, daß andere in dieses Empfinden einstimmen können (nicht: einstimmen müssen), ohne daß sie durch irgendwelche äußeren Referenzen dazu bewegt würden. In der Poesie leuchtet die Schönheit der Sprache jenseits aller Zwecke auf.

Es liegt nun auf der Hand, daß sich diese beiden Verwendungsweisen der Sprache, die sich dem technisch-praktischen Weltumgang entziehen, auch wiederum berühren; die ästhetische Sprache erscheint als besonders geeignet für eine religiöse Verwendung. Denn was könnte den sprachverwendenden Menschen mehr erfreuen als eine Artikulation des Grundes, dem er seine Freiheit und Selbständigkeit im Umgang mit der Welt und sich selbst verdankt?

Im Phänomen der Sprache verbinden sich also der technisch-praktische Umgang mit der Welt und der ästhetisch-religiöse Umgang mit Gott und sich selbst – man muß diese Dimensionen nur zu unterscheiden und einander zuzuordnen verstehen.

Wenn man sich diese Zusammenhänge klarmacht, dann liegt es auf der Hand, daß Selbstbildung sich als Sprachbildung vollzieht. Das Erlernen der Sprache erschließt die Welt und das Verhältnis zu sich selbst. Das Erlernen der Sprache geschieht aber im Modus von Anrede und Antwort; daß wir mit der Sprache umgehen können und Sachverhalte verständlich zur Aussage bringen, wurzelt darin, daß mit uns gesprochen wird und wir damit in eine Beziehung aufgenommen werden. Gerade dieser Blick auf die Situation des Spracherwerbs aber weist darauf hin, daß die sacherschließende Funktion der Sprache nicht bloß aus der Überlieferung stammt, in die wir aufgenommen und eingestellt werden. Daß die Sprache wirklich Realität erschließt, weist darauf hin, daß ihr eine religiöse Dimension innewohnt. Es ist daher richtig, diese Dimension auch in der Sprache zu pflegen. Und nicht allein das: Auch die Anrede, die nach Antwort ruft, muß religiös vorgestellt werden. Das ist gemeint, wenn in der Theologie der Ausdruck „Wort Gottes" gebraucht wird: ein Wort, das auf den Grund des Sachbezugs, der Geltung und der Verwendung der Sprache verweist und das sich doch nirgends anders ereignet als in der von Menschen gesprochenen Sprache.

Das Studium der Theologie erschließt beide Dimensionen der Sprache gemeinsam: die individuelle Eigenart ihres Gebrauchs und die objektive Verwobenheit ihres Sinns. Über Gott zu sprechen, gehört zu den Grundmerkmalen der Sprache selbst; von sich selbst zu reden, ebenso. Der Zusammenhang dieser beiden Sprachformen heißt Religion. Darum macht Religion selbst eine eigene Dimension in der Sprache aus, die einen strategisch-praktischen Sinn der Sprache nicht ausschließt, sondern ihm den passenden eigenen Raum läßt.

Mit der Sprache in dieser Weise frei umgehen zu lernen – das gehört zu den Bildungsgewinnen des Theologiestudiums. Die Wahrnehmung, Unterscheidung und Verknüpfung der Sprachdimensionen stellt einen entscheidenden Schritt in der theologischen Bildung dar. Sich das selbst klarzumachen, das kann nicht durch die Vorgabe von Studienordnungen erreicht werden. Die Freiheit, die im Spracherwerb und in der gelassen-übersichtlichen Sprachverwendung liegt, kann nur von jedem und jeder selbst in Anspruch genommen werden. Freiheit wird eben weder erzeugt noch geschenkt, sondern muß – mit guten Gründen – errungen werden. Das Ziel einer eigenen Selbstbildung muß jeder, muß jede selbst im Auge haben. Wer sich aber in diesem Sinn auf die Theologie einläßt, hat gute Aussichten, es auch zu erreichen.

## 3. Sinnbildung

Die Selbstbildung, zu der das Studium der Theologie beiträgt, vollzieht sich im Gegenüber von Gott und Mensch vermittels der Sprache, die die Realität der Welt erschließt und uns in dieses Gegenüber einschließt. Die Sprache aber wird, gerade in ihrer die Wirklichkeit eröffnenden Kraft, in der Welt und in ihrer Geschichte gelernt und verwendet. Diesem Aspekt wenden wir uns jetzt zu. Er enthält zwei bedeutende Konsequenzen.

Über die Prozesse der Selbstbildung können wir, erstens, nur unter historischen Bedingungen sprechen und nachdenken. Denn die Sprache verknüpft, wie wir gesehen haben, immer schon Erkenntnis und Technik, Theorie und Praxis miteinander. Daraus ergibt sich aber sofort der Gedanke, daß die Verwendung von Sprache in eine geschichtliche Bewegung hineinführt, in der nicht nur sprachliche Gebilde aneinander anschließen, sondern auch durch sprachliche Vermittlung geformte Zustände aufeinander aufbauen. Wir bewegen uns, wann und wo immer wir in die Sprache eingeführt werden, in Zusammenhängen, die durch eine Geschichte präformiert sind. Wie man diese Zusammenhänge zu beschreiben hat, wird uns gleich beschäftigen.

Die Reflexion auf diejenigen Prozesse der Selbstbildung, die wir mit der Theologie verbunden haben und die sich religiöser Sprache bedienen, ist aufgrund dieser ersten Einsicht nun selbst historisch geprägt; das ist der zweite Aspekt, der hervorzuheben ist. Daß die Sprache Wirklichkeit erschließt, das Verhältnis zu sich selbst eröffnet, dabei Gott mit ins Spiel bringt – das alles findet eben unter historischen Bedingungen statt, und deren Erscheinungsformen ändern sich fortlaufend. Selbstbildung als Sprachbildung besitzt eine religionsgeschichtliche Dimension. Das gilt sogar für unsere These von der Erschlossenheit von Selbst und Welt durch Gott: unbeschadet ihrer Wahrheit ist auch diese Einsicht historisch geworden.

Nur dann, wenn wir diese beiden Aspekte genau beschreiben, können wir die grundlegende Behauptung von der – gegenwärtig schlüssigen! – Selbstbildung konkret darstellen. Als Mittel dafür können wir den Sinnbegriff verwenden. Der läßt sich für unsere Zwecke so beschreiben:

In der Sprache steckt immer schon die Erfahrung eines Zusammenhangs; sowohl der Anschlußfähigkeit einer Sprachhandlung an die andere und des Verweises von sprachlichen Äußerungen aufeinander als auch der Zuverlässigkeit, sich mittels der Sprache auf die Welt beziehen und sie bearbeiten zu können. Der Sprache wohnt, so besehen, bereits ein Sinn inne; auf den kann man sich, wie unsere Redeweisen besagen, „be-sinnen", ihm kann man „nach-sinnen" – und dann wird sich der Sinn erschließen, der schon darin steckt. Dies weist nun freilich darauf hin, daß sich Sinn-Bezüge immer nur in konkreten Anwendungen ergeben, und die sind nicht einfach willkürlich. Vielmehr folgen sie den Dimensionen, die in der Sprache selbst zu Hause sind.

Da gibt es einmal den Sinnhorizont der Aussagen über Sachverhalte. In ihm geht es darum, schlüssige Zusammenhänge zu formulieren, die deshalb nach beurteilungsfähigen Sätzen verlangen. Das ist der Bereich, der sich in der Wirklichkeit als Wissenschaft darstellt. Dann gibt es, damit verbunden, den Sinnhorizont der sprachlichen Äußerungen, die auf eine Bearbeitung und Veränderung der Welt abzielen. In diesem Horizont wird die Frage verfolgt, wie sich menschliches Leben steigern und verbessern läßt – das ist der Bereich der Technik. Die dort verwendeten Sprachhandlungen zielen dementsprechend auf verständliche Anwendbarkeit. Macht man sich klar, daß diese Anwendungen auf Entschlüssen zum Handeln beruhen und daß diese Entschlüsse verabredet und verantwortet werden müssen, dann resultiert daraus der Sinnhorizont der Wirtschaft, der Politik und des Rechts, verbunden mit einer moralischen Kommunikation über Sollen und Dürfen. Doch ist die Sprache auch, wie wir gesehen haben, zu zweckunabhängigen Verwendungen fähig; diese erfolgen im Sinnhorizont der Kunst, bei der es um Anregung der Sinne und des Sinnes für das Schöne geht. Zweckfrei wie die Kunst, aber mit Begründungsfunktion für das Verständnis des Ganzen und des eigenen Lebens in ihm ist die Religion; auch sie stellt einen eigenen Sinnhorizont dar. Den werden wir gleich noch näher bedenken. Zunächst wollen wir festhalten:

„Sinn" besagt also, für unsere Verwendung, daß es spezifische Horizonte gibt, in denen sprachliche Äußerungen und Handlungen vorgenommen und verstanden werden können. „Sinn" ist insofern einerseits eine Ermöglichung von praktischem Verständnis. Denn die Beziehung auf je eigene Horizonte erleichtert den Umgang mit dem, worum es in der Gestaltung und Erhaltung des Lebens geht. Auf der anderen Seite ist natürlich auch die Beschränkung des an sich alle Grenzen überwindenden Sprachgebrauchs zu registrieren. Dieses Phänomen der Begrenzung verlangt danach, daß sich Menschen in verschiedenen Sprachhorizonten auskennen und sich – auf eine kompetente Weise – darin bewegen können. Es müssen nicht alle Menschen Wissenschaftler sein – aber die Ergebnisse der Wissenschaft sollen sie verstehen können, weil sie davon betroffen sind; und die Wissenschaft muß sich, jenseits ihrer Fachsprachen, für alle verständlich machen.

Es liegt auf der Hand, daß man die hier „Sinnhorizont" genannten Sinnzusammenhänge auch noch enger fassen kann; wenn man aber, wie wir das getan haben, von den Grundfunktionen der Sprache ausgeht und dabei immer den Kontakt hält zu den Akten der Lebensbewältigung, in welche die Sprache ursprünglich eingeschrieben ist, dann muß man nicht mit einer weiteren, scheinbar unbegrenzten Vervielfältigung solcher Sinnhorizonte rechnen. Das gilt auch und gerade dann, wenn man den historischen Wandel der beschriebenen Sinnhorizonte von Wissenschaft und Wirtschaft, Technik, Recht und Religion in Rechnung stellt. Denn es zeigt sich in einer geschichtlichen Betrachtung, daß sich Veränderungsprozesse in und zwischen diesen Sinnhorizonten nicht willkürlich abspielen. Daß „alles sich ändert", bedeutet daher keine bloße Relativierung hin zu einer unbegriffenen Vielfalt. Vielmehr entspringen Veränderungen aus der inneren Dynamik der einzelnen Sprachbereiche, aus ihrer Komplexitätssteigerung und ihrer Kombination, so wie etwa Technik und Wissenschaft einander befruchten. Veränderungen resultieren aber auch aus einer Interaktion der verschiedenen Sinnhorizonte, einer Umgewichtung und Verschiebung von gesellschaftlicher Bedeutung, Akzeptanz und Förderung, wenn etwa die Politik wirtschaftliche Entwicklungen begünstigt oder Wissenschaft und Kunst fördert. Dabei wandelt sich die Gestalt der Sinnhorizonte, ohne daß dabei jedoch die Funktion, Zusammenhang zu stiften, verlorenginge. Auch die Religion unterliegt, wie die anderen Sinnbereiche, der Veränderung durch deren Interaktion; eben darum kann man aber auch die Geschichte der Religion in diese Zusammenhänge einzeichnen, und ihre spezifische Funktion geht dabei nicht verloren.

Vielmehr nimmt die Religion in diesen historischen Veränderungen insofern eine besondere Funktion wahr, als sie den Kommunikationsraum darüber bereitstellt, wie es mit dem Sinn von Sinn bestellt ist. Was heißt das? Wir hatten ja schon gesehen, daß es in der Religion, die die Selbstbildung in der Spannung von Gott und Mensch zum Thema hat, um die Erörterung der Voraussetzungen geht, von denen wir im sprachlichen Umgang schon immer Gebrauch machen. Gerade im historischen Wandel erweist es sich, daß Sinn nicht einfach verschwindet, sondern daß sich Sinnreferenzen immer wieder neu und verändert aufbauen. Das weist darauf hin, daß der Sinn von Sinn nicht durch einen Durchgang durch verschiedene Sinnhorizonte zu rekonstruieren ist, sondern eine eigene Behandlung nötig macht. Das heißt: Auch in den historischen Veränderungsprozessen ist immer die Frage nach der Konstitution von Sinn als solche zu stellen; weil es sich so verhält, kann die „religiöse Frage" nie verschwinden.

Allerdings, und damit kommen wir zum zweiten der genannten Aspekte, unterliegt die religiöse Kommunikation genau wie alle anderen sprachlichen Aktionen dem geschichtlichen Wandel. Wir haben das oben als die religionsgeschichtliche Betrachtung bezeichnet.

Wenn wir von der Einsicht ausgehen, daß alle sprachlichen Handlungen sich im Medium der Geschichte bewegen, in der sich das menschliche Leben prägt, erhält und verändert, dann ist auch die religiöse Sprache stets in die gesellschaftlichen Vermittlungsprozesse eingeschlossen. Es ist daher nicht verwunderlich, daß es zu verschiedenen Zeiten und an verschiedenen Orten unterschiedliche religiöse Formationen gibt. Sie können geschichtlich aufeinander aufbauen oder sich voneinander abgrenzen; sie können aber auch regionale und strukturelle Unabhängigkeit voneinander beanspruchen (die dann freilich sogleich in eine eigene Geschichte übergehen). Die historische Vielfalt von Religionen bleibt aber der funktionalen Aufgabe verbunden, für den Umgang mit sich selbst in der Welt eine hilfreiche Deutung bereitzustellen.

Dieser Sachverhalt, daß historisch verschiedene Religionen gleichwohl eine vergleichbare Rolle in der Orientierung des Lebens spielen, ist nun dafür verantwortlich, daß der geschichtliche Wandel religiöse Kommunikationen auch nicht einfach neutralisiert. Es ist vielmehr durchaus der Fall, daß sich aus der Vielfalt der Religionen Deutungsstrukturen herausbilden, die – jedenfalls für eine bestimmte Zeit – gesellschaftlich tragfähig sind. Solche religiösen „Grundeinsichten" werden natürlich an ihrem bestimmten Ort in der Geschichte formuliert, sie werden aber auch in der Geschichte weitergebildet, modifiziert und dabei möglicherweise der gesellschaftlichen Entwicklung besser angepaßt. Diese Möglichkeit steckt grundsätzlich in jeder religiösen Gestaltung; ob und wie sie realisiert wird, hängt von verschiedenen, inneren und äußeren, Faktoren ab.

Wir haben uns in dieser Einladung, mit der Theologie anzufangen, auf die christliche Religion bezogen und nehmen eine theologische Besinnung darauf vor. Wir können, wie sich von selbst versteht, natürlich auch nur so vorgehen, daß wir die kommunikativen Bedingungen in unser Nach-Sinnen aufnehmen, die uns heute zur Verfügung stehen und von denen wir uns gar nicht verabschieden können, wenn wir nicht den Verstand verlieren wollen. Wir unterstellen damit, wie sich im Laufe dieses Buches weiter konkretisieren wird, daß sich die historische Gestalt des Christentums in der Geschichte verändert, ohne damit die leitende Grundeinsicht aufzugeben. Im Gegenteil: Die historischen Anforderungen bringen das Wesen des Christentums unter Umständen sogar genauer und situationsangemessener zur Sprache, als es in der Anfangslage der Fall sein konnte.

Auf der Basis dieser Überzeugung können wir heute feststellen, daß das Studium der Theologie darauf vorbereitet, die unterschiedlichen Sinnhorizonte in ihrer Eigenart und in ihrem Eigenwert zu erkennen, wertzuschätzen und zueinander in Beziehung zu setzen. Das hat grundlegend damit zu tun, daß wir die Besonderheit der religiösen Dimension der Sprache herausgearbeitet haben, die uns heute aus der Konkurrenz mit anderen Sprachhorizonten befreit, so daß wir tatsächlich in der Lage sind, diese anzuerkennen und analytisch auf ihre Interaktion hin zu untersuchen. Insofern führt das Studium der Theologie zur Bildung eines Sinns der Welt, in der wir leben.

Das hat nun freilich zur Folge, daß wir uns nun zunächst um die konkreten Rahmenbedingungen, innerhalb derer wir leben und denken, kümmern und sie analysieren müssen.

> **Zum Bildungsbegriff:** BERNHARD DRESSLER, Religionsunterricht. Bildungstheoretische Grundlagen, Leipzig 2018, S. 19–67.
>
> **Zum Gottesgedanken im Zusammenhang des Welterkennens:** HOLM TETENS, Gott denken. Ein Versuch über rationale Theologie, 5. Aufl. Stuttgart 2015.
>
> **Zum Begriff von Sprache und Sinn:** FRIEDRICH SCHLEIERMACHER, Ethik (1812/13) in: Schleiermachers Werke, hg. v. Otto Braun und Johannes Bauer, Bd. 2, Aalen 1981, S. 320–371. ERNST CASSIRER, Der Begriff der symbolischen Form im Aufbau der Geisteswissenschaften, in: DERS., Wesen und Wirkung des Symbolbegriffs, Darmstadt 1994, S. 169–200. VOLKER GERHARDT, Der Sinn des Sinns. Versuch über das Göttliche, München 2014.

## § 2 Kontexte der Theologie

In modernen Gesellschaften ist die Interaktion der Sinnhorizonte, die wir unterschieden hatten, durch eine gemeinsame Geschichte bestimmt. Ausgeschlossen ist es, daß sich einzelne Segmente von Sinnbildung für sich erhalten. Darum kommt es darauf an, sich von der Dynamik, die in den geschichtlichen Entwicklungen steckt, einen – wenn auch nur vorläufigen – Begriff zu bilden. Niemand kann heute einen vollständigen Überblick über die Verfassung moderner Gesellschaften geben; doch das erübrigt nicht den Versuch, sie genauer zu verstehen. Fragt man sich, wo dieser Versuch einzusetzen hat, dann muß man darauf verweisen, daß die Welt den größten Wandel dadurch erfahren hat, daß sie in den vergangenen Jahrhunderten immer intensiver von uns Menschen in ihren Besitz genommen wurde. So intensiv, daß man auch die Zukunft der Welt nicht mehr ohne die Berücksichtigung und Veränderung menschlichen Verhaltens denken kann.

Diese tiefgreifende Bestimmung der Welt durch uns Menschen geht auf die erfolgreiche Verbindung von Wissenschaft und Technik im Horizont der wirtschaftlichen Interaktionen zurück. So wie sich heute wirtschaftliche Interessen als stärkste Triebkraft gesellschaftlicher Entwicklungen darstellen, so sind sie spätestens seit dem Beginn der Neuzeit im 16. Jahrhundert auch deren Auslöser gewesen. Die politischen Rahmenbedingungen dieses Aufschwungs sind einesteils von ihnen bestimmt, andernteils haben sie neue Möglichkeiten eröffnet. Philosophie und Kunst haben diesen Wandel begleitet, reflektiert und dargestellt, und auch die Religion ist in das Geschehen – aktiv wirkend und passiv erleidend – eingeschlossen. Diesem Zusammenhang gehen wir jetzt im Überblick nach.

## 1. Gesellschaft: die Moderne und ihre Dynamik

Es ist durchaus aufschlußreich, die Analyse der überwältigenden Dynamik in der modernen Gesellschaftsentwicklung an Einsichten anzuschließen, die sich bei Karl Marx finden – ohne daß man damit deren weltanschauliche Voraussetzungen teilen müßte. Die wichtigste dieser Einsichten besteht darin, daß das Wesen der modernen Gesellschaften im Westen auf dem durchgesetzten Warentausch beruht. Was das bedeutet, läßt sich relativ einfach einsehen. Eine Ware kommt nämlich vor allem in der Perspektive in den Blick, daß man sie tauschen kann; ihre Nützlichkeit dagegen, also ihr Ge- und Verbrauchtwerden, gehört nicht in den Begriff des Tausches selbst hinein. Man kann auch Unsinniges tauschen, man kann brauchbare Dinge sinnvoll oder falsch verwenden – getauscht ist getauscht. Dieser Tauschmechanismus funktioniert dann besonders elegant, wenn nicht mehr Ding gegen Ding getauscht werden muß, sondern das Geld als Tauschmittel gebraucht werden kann. Damit werden Tauschvorgänge universal ausdehnbar, über räumliche und zeitliche Dimensionen hinweg möglich.

„Geld" verhält sich zur „Ware" so, daß es die materiellen Unterschiede der Dinge, die als Ware getauscht werden, unberücksichtigt läßt. Es stellt eine Stufe der Abstraktion dar, die aber überaus nützlich für alle Tauschvorgänge ist.

Diese Bewegung der Abstraktion ist nun von besonderer Bedeutung, denn im Grunde läßt sich die Dynamik der modernen Gesellschaften als eine fortgesetzte Steigerung dieses Abstraktionsvorgangs denken – der darin zu neuer gesellschaftlicher Effektivität, aber auch zu tiefgreifenden Konflikten führt. Alles wird einbezogen, immer direkter, immer umfassender. Marx hatte diese Bewegung bereits erkannt; sie bildet den logischen Kern seines Begriffes vom Kapitalismus, den er in seiner Zeit und auf der dort vorliegenden historischen Entfaltungsstufe analysierte.

Die Dynamik der Abstraktion des Tausches, die sich von den getauschten Inhalten ablöst, aber gerade dadurch höchste Realität gewinnt, bestimmt zuerst das Geldwesen im Verhältnis zur Ware als Gegenstand des Handels, wie es in den Handelsgesellschaften der frühen Neuzeit der Fall war. Sie erreicht ihre nächste, gesellschaftlich überaus bedeutsame Stufe darin, daß auch die menschliche Arbeitskraft zur Ware wird. Für geleistete Arbeit gibt es Geld als Lohn. Wie die Arbeit aussieht, die geleistet wurde, sieht man dem Geldbetrag des Lohnes nicht an. Nur eines muß gewährleistet sein, daß nämlich die Arbeitsleistung grundsätzlich erhalten bleibt, also diejenige Person (in ihrem sozialen Kontext und mit ihren leiblichen Bedürfnissen) überlebt, die die Arbeit tut. Diese Abstraktionsstufe besitzt ihre höchst anschauliche gesellschaftlich-geschichtliche Gestalt im Industriekapitalismus. Er ist der historische Bezugspunkt von Marx' Gesellschaftsanalyse. Von seinem Aufstieg im 18. Jahrhundert her gewann er seinen größten Umfang im 19. und 20. Jahrhundert, trug ebenso zum geschichtlichen Fortschritt wie zu sozialen und gesellschaftlichen Krisen und Konflikten bei. Diese haben damit zu tun, daß sich die Bewegung des Kapitals, also die durchgesetzten Tauschvorgänge, auch das Leben der arbeitenden Menschen unterwirft. Die politische Konsequenz war die Arbeiterbewegung, die eine Teilhabe am gesamtgesellschaftlichen Reichtum verlangte – unter Umständen auch durch eine Revolution der Gesellschaft insgesamt, die eben die Herrschaft des Tauschmechanismus über die Arbeit abschafft. Die politische Ordnung der repräsentativen Demokratie konnte nach langen Kämpfen als Grundform für Recht und Staat etabliert werden – als Rahmen für die Austragung der Konflikte zwischen Kapital und Arbeit.

Die nächste Stufe der Abstraktion – man könnte auch umgekehrt
sagen: die Erfüllung der Selbstbezüglichkeit des Tauschwerts – ist da
erreicht, wo sich Geld nicht mehr auf Waren, sondern auf Geld bezieht. Weil die kapitalistische Wirtschaft es vermocht hat, durch Integration der Arbeit Tauschwerte zu steigern, kann sich das geldförmige
Kapital nun auf anderes Kapital beziehen, ohne selbst in industrielle
Fertigungsprozesse einsteigen zu müssen. Auf eher bescheidene, noch
einigermaßen nachvollziehbare Weise geschieht das im Kreditwesen,
bei dem es vor allem um Vertrauen in die künftige Zahlungsfähigkeit
der Schuldner geht – woher diese auch immer die geschuldete Summe
beziehen mögen. Intensiver wird dieser Selbstbezug des Kapitals an
der Börse, also dem Kapitaleinsatz in Gestalt von Wetten auf die Zukunft von Unternehmensentwicklungen. Diese Selbstbezüglichkeit
läßt sich abermals steigern durch die Wette auf Wettverläufe, also den
Kapitaleinsatz nicht auf Firmen, sondern auf künftige Kursverläufe.
Das ist nur ein sehr schlichtes Schema, für das die Finanzindustrie
längst noch raffiniertere Verfahren erfunden hat. Diese Abstraktionsstufe kann man Finanzkapitalismus nennen. Er zeichnet sich dadurch
aus, daß der fiktive Gegenwert des Geldes in Goldreserven abgeschafft
wurde. Zwar steht er durchaus in Kontakt mit dem Bereich von Herstellung und Konsum von Waren als Gebrauchswerten; ja, er bezieht
seine Akzeptanz zum großen Teil daraus, daß das Wirtschaftsleben
erfolgreich verläuft und daß die Lebenschancen für viele sich verbessern – auch dann, wenn sie an den Geschäften der Finanzindustrie
nicht teilhaben. Allerdings ist die Abkopplung dieses Wirtschaftssek-
tors vom realen Lebenserhalt und der tatsächlichen Lebensgestaltung
enorm. Sie zeigt sich empirisch darin, daß diejenigen, die in die Dynamik des Finanzkapitalismus einzusteigen in der Lage sind, übergroße
Chancen auf Steigerung ihres Vermögens gewinnen. Die damit auch
gegebenen Risiken dieses Wirtschaftens betreffen dabei freilich nur –
vor allem – den Vermögensstand, nicht das leibliche Überleben. Die
große Spreizung der Vermögensverhältnisse ergibt sich grundsätzlich
aus der Dynamik dieses Finanzkapitalismus. Diejenigen, die daran
nicht teilhaben, erfahren eine eigentümliche „Befreiung" ihrer eigenen Subjektivität. Denn zwischen sie, in ihrem leiblich-expressiven
und moralisch-intersubjektiven Leben, und die alles bestimmende
gesellschaftliche Dynamik zieht eine Kluft ein, aufgrund derer das eigene Verhalten ungebundener und insofern „freier" wird, auf der anderen Seite aber auch unbedeutender und gesamtgesellschaftlich „ver-
antwortungsloser". Recht und Staat behandeln die Regularien dieser

gesellschaftlichen Entwicklungsstufe grundsätzlich nach demselben Muster wie den früheren Industriekapitalismus, den sie durch Gesetze und Verordnungen einigermaßen zu begrenzen vermochten. Doch angesichts des rasanten Tempos finanzieller Transaktionen und gegenüber der Erfindung stets neuer Wettkonstruktionen an den Börsen erweist sich diese Strategie als wenig durchsetzungskräftig. Daraus ergeben sich Konstellationen, wie sie sich etwa in „Finanzkrisen" ausdrücken.

Inzwischen zeichnet sich eine weitere Stufe der Abstraktion ab, die ihrerseits freilich die beiden genannten durchaus bestehen läßt und in sich aufnimmt; sie wird seit einiger Zeit unter dem Titel Digitalkapitalismus verhandelt. Das Schlagwort der „Digitalisierung" beherrscht inzwischen die Diskussionen über die gesellschaftliche Gegenwart und Zukunft, ohne daß bisher ein ordentlicher Begriff davon gebildet wäre. Der kann auch hier in der nötigen Kürze nicht gegeben werden; doch bleibt die Aufgabe gestellt, diese Entwicklung mit der Gesellschaftsdynamik der Moderne in Verbindung zu bringen. Die leitende Überlegung dafür ist diese: Bereits für das Funktionieren des Finanzkapitalismus ist ein optimaler Informationsaustausch entscheidend; in den ökonomischen Wetten haben diejenigen die meiste Aussicht auf Erfolg, die über die besten Informationen verfügen und am schnellsten entscheiden können. Daher rührt das Bestreben, die Bewegung von Kapitalströmen Computern zu überlassen, die mit ihren Algorithmen Informationen umfassend sortieren und bewerten und daraufhin (vorgegebene) Entscheidungen treffen. Die Informationsgewinnung und die Entscheidungsgeschwindigkeit steigern sich, wenn sich Information auf Information bezieht – und das möglichst so, daß auch bisher nicht von der aktuellen Wirtschaftsdynamik ergriffene Ereignisfelder mit verwertet werden. Also zum Beispiel Vorlieben und Meinungen von Menschen als potentiellen Kunden, bevor sie sich selbst überhaupt als solche wahrnehmen. Indem die Informationen nun aber nicht nur in eine Richtung laufen, sondern an private „Nutzer" zurückgelenkt werden, ergibt sich eine Rückkopplung, die dazu verhilft, die Selbstbezüglichkeit der Informationen zu beschleunigen. Diese Rückkopplungsprozesse lassen sich nun abermals, ohne daß Waren hergestellt oder Dinge verbraucht oder Aktien gehandelt würden, kapitalförmig bewerten, wie man an den großen Internetkonzernen sieht. Wenn man in diese Bewegung nun auch noch die Sphären der Finanzwelt und der Industrie einzeichnet und sie nach Maßgabe der selbstbezüglichen Informationskreisläufe optimiert, bekommt man ungefähr ein Bild von dem, was Digitalkapitalismus bedeuten kann. Auch hier sind die Folgen für die humanen Subjekte zu beachten. Sie sind als eine Steigerung der Verhältnisse zu beschreiben, die wir auf der Stufe des Finanzkapitalismus beobachten.

„Alles läuft, auch ohne mich", so lautet die eine Seite der Weltwahrnehmung. Eben diese Stufe der Befreiung ermöglicht es auf der anderen Seite, im Verhältnis zu sich selbst zu sagen: „Auf mich kommt es unbedingt an." Objektiv ist alles vermittelt, die Nutzer des Netzes sind in ihm geborgen und gefangen. Subjektiv geht es um eigene Expressivität und Originalität. Doch die folgt dann wieder den Mustern, die sich aus der Rückkopplung der Informationen auf das eigene Digitalgerät ergeben haben. Eine hohe Einschätzung des vermeintlich authentischen Selbstseins und ein Verlust eigener Selbständigkeit bestehen nebeneinander her – so etwa wäre die Subjektivität des digitalen Subjekts zu beschreiben; ein Verhältnis, aus dem niemand mehr herauskommt. Derartiges weiter zu einer Kulturtheorie zu entfalten, ist die Absicht der Theorie über *Die Gesellschaft der Singularitäten*, die Andreas Reckwitz vorgelegt hat.

Die Formen der Selbstwahrnehmung und des Selbstverhältnisses sind gesellschaftlich präformiert. Doch ist damit nicht alles gesagt. Denn schon wenn wir Überlegungen anstellen, wie denn etwa unsere gesellschaftliche Lage zu beschreiben wäre, dann verhalten wir uns reflexiv zu dem, was sich geschichtlich ergeben hat. Das heißt, wir nehmen einen Abstand wahr (oder bauen eine Unterscheidung auf) zu dem, was um uns und mit uns geschieht. Wenn wir das tun, behaupten wir bereits damit ein eigenes Selbstsein, ein subjektives Denken, einen Eigensinn und Eigenwillen, der noch nicht ausgeschaltet worden ist. Unser eigenes leibliches Leben in seiner bleibenden Abhängigkeit von der Natur ist die empirische Basis dafür. Diese uns durchaus vertraute Fähigkeit, sich auch in spannungsvollen und zugleich uns gegenüber dominant wirkenden Verhältnissen zu ihnen zu verhalten, bleibt der Ansatzpunkt intellektueller Tätigkeit und Kritik. Sie ist auch der Anker wissenschaftlicher Tätigkeit in der Theologie. Welcher Platz dann insbesondere der Theologie zukommt, das können wir näher bestimmen, wenn wir uns klargemacht haben, welche anderen reflexiven Bearbeitungen des gesellschaftlichen Zustands wir kennen, in deren Kontext wir uns immer schon bewegen.

Zum Begriff der Gesellschaft: Theodor W. Adorno, Gesellschaft, in: Ders., Gesammelte Schriften, Bd. 8, Frankfurt am Main 2003 (4. Aufl. 2018), S. 9–19.

Zur Geschichte des Kapitalismus: JÜRGEN KOCKA, Geschichte des Kapitalismus, 3. Aufl. München 2017. MICHAEL BETANCOURT, Kritik des digitalen Kapitalismus, Darmstadt 2018. SHOSHANA ZUBOFF, Das Zeitalter des Überwachungskapitalismus, Frankfurt/New York 2018. PHILIPP STAAB, Digitaler Kapitalismus. Markt und Herrschaft in der Ökonomie der Unknappheit, Berlin 2019. ANDREAS RECKWITZ, Die Gesellschaft der Singularitäten, Berlin 2019.

## 2. Kultur: Gedanken und Darstellungen der Moderne

Den nun folgenden Beobachtungen liegt die Erfahrung zugrunde, die wir soeben beschrieben haben: daß wir uns auch zu den fortgeschrittenen gesellschaftlichen Konstellationen der Selbstbezüglichkeit reflexiv verhalten können. Das ist darum möglich, weil das Denken selbst in einem inneren Verhältnis zur gesellschaftlichen Wirklichkeit steht. Von G. W. F. Hegel, dem großen Philosophen auf der Wende vom 18. zum 19. Jahrhundert, stammt die Bemerkung, die Philosophie sei „ihre Zeit, in Gedanken erfaßt" (Rechtsphilosophie, Vorrede, S. 26). Dieser Ausdruck ist glücklich gewählt. Denn er nimmt einerseits zur Kenntnis, daß alles geistige Vermögen geschichtlich ist, also auch den Einflüssen und Veränderungen der Geschichte unterliegt. Andererseits nimmt er die Fähigkeit der Gedankenbildung in Anspruch, das heißt: Die geschichtlichen Gegebenheiten werden in einer grundsätzlich wahrheitsfähigen Form auf ihre Herkunft hin untersucht – ebenso wie sie auf ihre Zukunft hin entworfen werden. Was zukünftig ist, existiert aber noch nicht; darum besitzt der Gedanke, der seine Zeit erfaßt, auch eine normative Seite und bestimmt, was künftig in Wahrheit sein soll. Mit der Geschichte verbunden zu sein, aber sich auf die Geschichte analytisch und normativ zu beziehen – das ist nach Hegel das Geschäft der Philosophie.

### 2.1 Philosophie – ihre Zeit, in Gedanken erfaßt

Die Geschichte der Philosophie weist selbst eine große und unwiderrufliche Zäsur auf, in der sich diese Konstellation von Geschichte und Philosophie aufgebaut hat. Sie ist mit dem Namen Immanuel Kant (1724–1804) verbunden. Kant hat als erster in dieser Klarheit die Einsicht gefaßt, daß es unsere Wahrnehmungs- und Urteilsbedingungen sind, die die Erkenntnis und Bearbeitung der Welt prägen. Zu einer wahrheitsfähigen Erkenntnis kommen wir allein dadurch, daß wir uns von den – natürlichen und historischen – Geschehnissen der Welt unterscheiden, um uns dann auf sie zurückzubeziehen. Die Bedingungen unserer vernünftigen Verständigung erwachsen nicht aus unserem Verflochtensein in die Welt, sondern aus den Strukturen unserer sprachlichen Kommunikation, die eine Bildung von wahrheitsfähigen, also sinnvoll behauptbaren und bestreitbaren Gedanken erlaubt. Darin reflektiert sich der gesellschaftliche Sachverhalt, daß es der menschliche Zugriff auf die Welt ist, der die Welt für unser Leben strukturiert. Kant vermochte es, diesen Grundgedanken in seiner theoretischen Philosophie breit durchzuführen. Gerade darum aber kam er zu der Einsicht, daß sich die praktischen Ziele nicht aus dem wissenschaftlich-technischen Weltumgang selbst ergeben. Dafür bedarf es vielmehr einer sittlichen Zweckbestimmung menschlichen Handelns, die sich an dem orientiert, was unbedingt gut ist, also von allen geteilt werden muß, die sich um eine Verantwortung ihres Lebens in der Welt kümmern. Zur Einsicht in das, was in sittlicher Hinsicht gelten soll, kommen wir aber nur durch einen Bezug der Vernunft auf sich selbst, jenseits unserer Naturverflochtenheit.

In seiner auf die Wissenschaften von der Natur bezogenen Philosophie kommt so die Distanz der menschlichen Gesellschaft zur Natur zum Ausdruck, die die Voraussetzung des technischen und wirtschaftlichen Erfolgs darstellt. Darin spiegelt sich die von uns am Phänomen des Tausches beobachtete Abstraktion, die konkrete Ziele verfolgt. Zugleich hat Kant gesehen, daß damit das Problem der Koordination der menschlichen Handlungsoptionen auftaucht, das einer eigenen Bearbeitung bedarf. Das Verhältnis zwischen dem theoretisch-technischen Weltverhältnis und dem sittlich-praktischen Selbst- und Sozialverhältnis hat Kant offengelassen und einer alle Empirie übersteigenden Verarbeitung im Gedanken der Einheit von Sittlichkeit und Glückseligkeit überantwortet, der sich dafür der Idee Gottes bedient.

Das von Kant aufgerissene Problem bestimmt die Geschichte der modernen Philosophie nach ihm grundlegend. Das ist nicht verwunderlich, wenn man einmal auf die Koordination von Philosophie und Gesellschaft in der Geschichte aufmerksam geworden ist. Darum haben sich auch die maßgebenden Personen der Philosophiegeschichte in dem von Kant erstmals konsequent entfalteten Problemhorizont bewegt. Ihre Arbeiten, die je auf ihre Weise geschichtlich verortet und gedanklich konzentriert das Verhältnis von Geschichte und Gedanke aufnehmen, bestimmen die Welt unserer intellektuellen Verständigung bis in die Gegenwart mit. Sie gehören insofern zu den fixen Kontexten der Theologie heute.

Für unsere Zwecke lassen sich drei markante Gestalten in den Blick nehmen, in deren Grundgedanken wir die die historischen Weichenstellungen, die wir unterschieden hatten, aufgenommen und bearbeitet finden können: Hegel, Heidegger und Habermas. Dabei kommen hier nur Grundmotive zur Sprache; immerhin können sie den Weg zu genauerem Studium bahnen.

Georg Wilhelm Friedrich Hegel (1770–1831) hat die Kantische Ausgangsstellung so aufgenommen, daß er einerseits die Selbständigkeit der Vernunft kräftig unterstrichen hat: die Vernunft wurzelt in einer Selbstbeziehung auf sich. Dabei macht sie die Erfahrung einer inneren Differenz: daß nämlich das Bewußtsein, das sich auf sich selbst bezieht, sich zum Zweck seiner Selbsterkenntnis von sich unterscheiden muß. Selbstsein baut sich über das Verhältnis zu einem – zunächst internen – Anderssein auf. In der Verarbeitung dieser inneren Differenz gewinnt nun aber das Bewußtsein auch die Fähigkeit, sich auf Anderes außerhalb seiner selbst zu beziehen – und durch diese Erfahrung des Anderen auf sich zurückzukommen. Wir haben es also mit einer gestuften Differenz zu tun: einer inneren – und einer, die Inneres und Äußeres aufeinander bezieht. Damit, so meint Hegel, läßt sich die bei Kant offengebliebene Differenz von Vernunft und Natur überwinden – in einem Prozeß der Geschichte, für dessen Zukunft die Philosophie das Ziel angibt, indem sie den Gedanken der Vermittlung des Differenten ausarbeitet.

Es ist nun deutlich zu sehen, daß diese Konstellation die geschichtliche Situation aufnimmt, die durch das Bürgertum als die gesellschaftliche Kraft der im Kapitalismus wirksamen Abstraktion eingetreten ist. Die Selbstbeziehung des Kapitals erweist sich als überaus kräftig, als Motor vergangener und künftiger Entwicklung – einerseits. Doch gelingt eine gute, Allgemeinheit und Besonderheit, Humanität und Fortschritt vereinbarende Zukunft nur dann, wenn eben auch die Natur aus dem Status bloßen Materials für menschliche Tätigkeit hinauskommt. Grundsätzlich ist das, so meint Hegel, möglich. Ob das, was die Philosophie zu erkennen gibt, aber auch wirklich umgesetzt wird, das hängt durchaus von den Subjekten ab, die in der Geschichte zu handeln haben. Gerade weil die Philosophie ihre Zeit in Gedanken erfaßt, bleibt sie doch auch in gewissem Sinne hilflos, was die historische Realisierung angeht.

Dabei hat Hegel in seiner dem Staat und der Gesellschaft gewidmeten Rechtsphilosophie bereits sehr genau die Dynamik der bürgerlichen Gesellschaft als einer Tauschgesellschaft erkannt und die weltweite Ausdehnung dieser Wirtschaftsform vorab beschrieben. Wenn man Hegel, dem realistischen Beurteiler der Geschichte, einen „idealistischen" Unterton abspüren möchte, dann am ehesten in dem Sinn, daß er die Umsetzung der Einheit von Vernunft und Natur im Begriff des Geistes für ein verbindliches Ziel der Geschichte hielt, dessen Verwirklichung freilich erst zu erringen ist.

Der Geist als Kraft der Einheit von Vernunft und Natur – und die geschichtliche Aufgabe seiner Darstellung und Durchsetzung in der gesellschaftlichen Wirklichkeit: das sind die beiden Akzente, die Hegel in die Geschichte der Philosophie eingebracht hat.

Daß es damit nichts sei, sondern die Philosophie ganz anders anzulegen sei, war die entschiedene Auffassung Martin Heideggers (1889–1976). Das Verstehen, das doch die Grundlage des Geistes bilden sollte, kann sich, so lautet seine Überzeugung, nur durch ein Innewerden der Endlichkeit des Menschen aufbauen. Im Entscheidenden ist der Mensch grundlegend von der äußeren Welt unterschieden, gerade weil sich diese sozusagen in sein Innerstes eingeschrieben hat, wie sich im Phänomen des Todes zeigt. Deshalb muß das Verstehen einerseits von der Endlichkeit lernen, die durch den Tod gesetzt ist; wenn es aber daran sein Eigentliches erkennt, gewinnt es eine gegenüber der Welt überlegene Stellung. Das menschliche Dasein, das sich selbst versteht, kann sich seine Existenz entschlossen aneignen, in einem Akt von geplanter Willkür sozusagen. Damit reagierte Heidegger auf die fortgeschrittene, aber auch von Katastrophen erschütterte Zeit im ersten Drittel des 20. Jahrhunderts. Es läßt sich auch hier wieder erkennen, daß die Philosophie ihre Zeit in Gedanken gefaßt hat, selbst wenn Heidegger diesen Zusammenhang eher zu leugnen bereit wäre. Die von ihm entfaltete Philosophie des Verstehensgrundes in der eigenen Existenz ist doch nur die Konsequenz der gescheiterten Vermittlung, wie sie in Hegels Geistbegriff schematisiert war. Die Selbstbeziehung des Kapitals gilt, so scheint es, als das Ganze. Die scheinbare Unmittelbarkeit des Sichverstehens auf dem Boden der eigenen Existenz findet in der Selbstbeziehung des Kapitals ihren tatsächlichen Grund.

Der späte Heidegger hat, nach dem Zweiten Weltkrieg, in einer nur scheinbar paradoxen Wende seiner Philosophie diese Interpretation bestätigt. Denn zu dieser Zeit war er zu der Auffassung gelangt, das Werden des Verstehens verdanke sich nicht der aktiven Tätigkeit des humanen Subjekts, das seiner selbst angesichts des Todes innewird, sondern dem Ereignis der Sprache selbst, in welches der Mensch eingelassen ist. Die darin aufscheinende Depotenzierung subjektiver Aktivität ist jedoch nichts anderes als das Widerspiel der früheren Aktivitätstheorie, mittels derer das humane Dasein seine ihm zugemutete Endlichkeit zu begreifen versuchte. So wie diese abstrahiert war von der Weltaneignung, so ist sie nun eingebettet in eine sich über die Köpfe der Subjekte hinweg vollziehende Geschehnisfolge.

Genau diese Widersprüchlichkeit ist es, die auch die Struktur der gesellschaftlichen Phase ausmacht, die oben Finanzkapitalismus hieß. Die gesellschaftliche Triebkraft bezieht sich – abstrakt – auf sich selbst; und gerade diese in der Abstraktion wurzelnde Dynamik erzeugt den Anschein einer selbstläufigen Wirklichkeit, in die die Subjekte nur eingesenkt sind. Das Eigentümliche ist: beides trifft zugleich zu, die Isolierung der Individuen und ihre Einordnung in einen umfassenden Zusammenhang. Daß Heidegger aufgrund dieser Konstellation seiner Philosophie die Nähe des Nationalsozialismus suchte und sie nie völlig hinter sich lassen konnte, verwundert nicht. Daß sich große Teile der Philosophie immer noch an Heidegger abarbeiten, spricht dafür, daß die Grunddeterminanten der historischen Situation, in der seine Philosophie entstand, durchaus wirksam geblieben sind, auch wenn die historische Phase des Nationalsozialismus vorüber ist.

Sich frühzeitig aus dem Bannkreis Heideggers gelöst zu haben, war ein entscheidender Akt der Befreiung, den Jürgen Habermas (geb. 1929) vollzogen hat. Er konnte damit die Entwicklungen der Zeit nach dem Zweiten Weltkrieg unverstellter wahrnehmen und reflektieren, dabei wieder Anschluß an die wegbereitenden Einsichten Hegels suchen und sie mit analytischen Beobachtungen verknüpfen, die wir Karl Marx und der ihn weiterdenkenden Kritischen Theorie Max Horkheimers und Theodor W. Adornos verdanken. Es ließ sich dann, in den sechziger Jahren des 20. Jahrhunderts, deutlich beobachten, daß es Wissenschaft und Technik waren, die zu einem neuen Aufschwung in den westlichen Gesellschaften führten. Dieser Aufschwung verdankte sich vor allem der Tatsache, daß die erfolgreichen Prozesse von Wirtschaft und Wissenschaft selbst schon die Maßgaben zu enthalten schienen, derer es für die Gestaltung einer humanen Zukunft bedarf. Doch war es das große Manko dieser wissenschaftlich-technisch hervorgebrachten Leitlinien, daß sie sich kritischer Reflexion meinten entziehen zu können. Eine Philosophie aber, die ihre Zeit in Gedanken erfaßt, enthält in sich notwendigerweise eine kritisch-analytische Sicht auf die Geschehnisse – und auch eine normative Spitze gegenüber der faktischen Gegenwart. Dafür schien es Habermas nötig, unter dem Titel „Interaktion" einen Diskurs über die Zuordnung von sozialer, wirtschaftlicher und technischer Zukunft zu eröffnen. Die Ressourcen dafür stehen, so Habermas, in der kommunikativen Wirklichkeit bereit; diese muß nur selbstreflexiv aktiviert und prozeßhaft strukturiert werden.

Diese Forderung der mittleren sechziger Jahre unterzog Habermas in den achtziger Jahren einer kritischen Präzisierung. Die Ausgangswahrnehmung dafür bestand darin, die Selbstläufigkeit der Prozesse von Wissenschaft und Wirtschaft als so massiv und durchgreifend zu verstehen, daß ihnen mit dem kritischen Potential einer Einheit von Kommunikation und Interaktion – also etwa einer aufgeklärten Protestbewegung – nicht mehr beizukommen wäre. Vielmehr droht eine „Kolonisierung der Lebenswelt" durch das „System". Dieser Tendenz etwas entgegenzusetzen, machte es nötig, einerseits die kommunikativen Bestände zu stärken, die dem verständigungsorientierten Austausch von Individuen entspringen, andererseits stärker als zuvor die politisch-rechtlichen Instanzen zu profilieren, denen die Aufgabe der gesellschaftlichen Reflexion zugemutet wird. Das Stichwort „Lebenswelt" markiert insofern sowohl eine individuelle Zuspitzung als auch eine institutionelle, anthropologische Verbreiterung der reflexiven Basis moderner Gesellschaften. Das ist eine zentrale Einsicht in Habermas' großem Werk *Theorie des kommunikativen Handelns* (1981), das am besten zusammen mit seinem Buch *Faktizität und Geltung* (1992) gelesen wird.

Diese zuspitzende Interpretation der gesellschaftlichen Dynamik belegt, wie genau Habermas deren Ausmaß erwogen hat. Denn tatsächlich ist es die selbstbezügliche Form fortgeschrittener Kapitalverhältnisse, die die Alternative von „System" und „Lebenswelt" heraufführt. Allerdings bleibt Habermas weit davon entfernt, sich auf eine Abstraktion im Sinne Heideggers einzulassen, nach der das einzelne Subjekt dem Ganzen hilflos gegenübersteht. Stattdessen weist die bislang letzte große Einsicht, die wir Habermas verdanken, darauf hin, daß auch dieser Gegensatz von „System" und „Lebenswelt" nicht zwei völlig disparate Elemente einander entgegenstellt; in beiden steckt, wenn auch verdreht und verschoben, so etwas wie „Vernunft". Denn auch die härtesten Differenzen sind nicht davor gefeit, auf die in ihnen waltende Logik befragt zu werden. Damit hat die Philosophie aber immer noch nicht auf ihren Anspruch verzichtet, ihre Gegenwart in Gedanken zu erfassen, und sie muß das auch nicht tun. Am Ort des Lebens, inmitten der allgemeinen Systemdynamik ebenso wie im Zusammenhang der individuellen Kommunikation gilt es, die Elemente von Rationalität zu entdecken und zu fördern, die eine Reflexion der Gegenwart – analytisch und normativ – erlauben. Allerdings gehört zu dieser Einsicht auch die unabdingbare Forderung, sich zu dieser kritischen Selbstbesinnung wirklich aufzumachen.

Das geschieht am besten, so lautet mein Kommentar dazu, wenn es kommunikative Zusammenhänge gibt, in denen sich Subjekte des Grundes ihrer eigenen Individualität versichern können. Dafür steht die Religion. Es ist Habermas hoch anzurechnen, daß er auch jenseits seiner individuellen, privaten Gestimmtheit als „religiös unmusikalisch" ein solches gesellschaftlich relevantes Sinnreservoir der Religion nicht ausschließt. Diesem Aspekt – der gedanklichen Herausforderung der Philosophie durch die Religion und der Aneignung religiöser Bestände durch die Philosophie – hat er sein großes Alterswerk *Auch eine Geschichte der Philosophie* (2019) gewidmet.

Die epochal von Kant eröffnete Beziehung von gesellschaftlicher Dynamik und philosophischem Gedanken, ein prägendes Merkmal aller modernen Philosophie, hat uns nun über deren große Repräsentanten Hegel, Heidegger und Habermas exemplarisch vor Augen geführt, daß auch in den von ihnen verantworteten Debatten auf ein Phänomen zu verweisen ist, das sich, solange Kommunikation noch möglich ist, nicht eliminieren läßt: das individuelle Subjekt und seine sprachlich-gedankliche Selbstäußerung im sozialen Kontext. Wie selbstverständlich greift die Philosophie auf dessen Kompetenzen zurück, nimmt selbst Interpretationen der Verfaßtheit von Subjektivität vor und macht sich an die Rekonstruktion ihrer Genese – auch wenn es sich in veränderten Kontexten bewegt. Es lassen sich eben auch diese gedanklich erfassen.

Genau dies – das Phänomen des eigenen Lebens, welches immer schon vorausgesetzt werden muß, wenn es um die historisch verantwortete Gedankenbildung zu tun ist – erlaubt es der Theologie, sich zur Philosophie, die ihre Zeit in Gedanken erfaßt, ins Verhältnis zu setzen. Darum gehört zum Studium der Theologie ein Bewußtsein der hauptsächlichen Prägemale der modernen Philosophie und der von ihr immer mitbehandelten sozialen und gesellschaftlichen Wirklichkeit.

Allerdings geht die Gründung des eigenen individuellen Lebens nicht darin auf, darüber Gedanken zu bilden. Vielmehr entspricht der Unmittelbarkeit, in der dieses Leben gegeben ist, ebenso das Bestreben nach einem unmittelbaren Ausdruck. Unter diesem Aspekt zählt auch die Kunst zu den elementaren Kontexten der Theologie.

**Leseempfehlungen**

KANT
Was ist Aufklärung?, in: Was ist Aufklärung? Thesen, Definitionen, Dokumen-
te (RUB 18824), hg. v. Barbara Stollberg-Rilinger, Stuttgart 2014, S. 9–14. Einleitung zur Kritik der reinen Vernunft 2. Aufl., zum Beispiel in: Werke in zehn
Bänden, hg. v. Wilhelm Weischedel, Bd. 3, Darmstadt 1968, S. 45–66. Zur Einführung: VOLKER GERHARDT, Immanuel Kant. Vernunft und Leben (RUB
18250), Stuttgart 2007.

HEGEL
Phänomenologie des Geistes (PhB 414), Hamburg 1988, Einleitung, S. 3–53.
Grundlinien der Philosophie des Rechts, Werke, Bd. 7, Frankfurt am Main
2013, Vorrede, S. 11–28. Zur Einführung: HANS FRIEDRICH FULDA, Georg
Wilhelm Friedrich Hegel (Beck'sche Reihe Denker), München 2003.

HEIDEGGER
Was ist das – die Philosophie?, Stuttgart 2003. Zur Einführung: GÜNTER
FIGAL, Martin Heidegger zur Einführung, Hamburg 2016.

HABERMAS
Technik und Wissenschaft als ‚Ideologie‘, in: DERS., Technik und Wissenschaft
als ‚Ideologie‘, Frankfurt am Main 1968, S. 48–103. DERS., Auch eine Geschichte der Philosophie, Bd. 1: Die okzidentale Konstellation von Glauben und Wissen; Bd. 2: Vernünftige Freiheit. Spuren des Diskurses über Glauben und Wissen, Berlin 2019. Zur Einführung: Kommunikative Vernunft. Jürgen Habermas,
interviewt von Christoph Demmerling und Hans-Peter Krüger (https://www.
degruyter.com/view/j/dzph.2016.64.issue-5/dzph-2016-0061/dzph-2016-0061.
xml; Zugriff 5.2.20). KLAUS VIERTBAUER/FRANZ GRUBER, Habermas und die
Religion, 2. Aufl. Darmstadt 2019.

## 2.2 Kunst – ihre Zeit, in Darstellungen ausgedrückt

Anders als die Philosophie ist die Kunst expressiv, nicht diskursiv. Daß
sie freilich auch Diskussion anregt, versteht sich von selbst und ist gewollt. Aber sie tut das, indem sie Werke hervorbringt, in denen sich
ein Eindruck, eine Intuition, eine Idee sinnlich präsentiert, in Form
und Farbe, Klang und Rhythmus, Erzählung und Metrum. Als Ganzes
muß ein Kunstwerk gewürdigt werden, auch wenn es stets auf andere
Kunstwerke verweist. Die Kunst bildet einen eigenen Kosmos von Be-
zügen aus, die sich nicht linear rekonstruieren lassen. Vielmehr bauen
sich Konstellationen auf, die jeweilige Ganzheiten zueinander ins Verhältnis setzen. Kunstwerke sind komplexer als Gedanken und schlich-
ter zugleich. Sie verfahren nicht analytisch, auch nicht prognostisch,
sondern fassen Vergangenheit und Zukunft in ihre gegenwärtige Ge-

stalt. Sie stellen gerade in dieser Hinsicht einen wichtigen Kontext der Theologie dar.

Das sei hier an drei Werken der bildenden Kunst beispielhaft gezeigt. Wir werden sehen, in welcher Weise die gesellschaftlichen Situationen und die gedanklichen Erfassungen der jeweiligen historischen Situationen in sie eingegangen sind.

*Der Mönch am Meer* heißt ein bekanntes Werk Caspar David Friedrichs (1774–1840; entstanden 1808–1810; Alte Nationalgalerie Berlin). Eine fast horizontale Achse zieht sich durch das Bild, trennt Strand und Meer und den Himmel darüber. Die kleine Gestalt des Mönchs, nur als Umriß zu erkennen, steht mit dem Rücken zum Betrachter auf dem Strand; der Kopf ragt nicht über das Meer hinaus, doch scheint der Himmel an dieser Stelle gerade heller zu werden. Ein Landschaftsbild? Oder ein Sinnbild? Unweigerlich wird der Betrachter, schon durch die Größe des Bildes, in die Position des Mönchs hineingezogen, nimmt selbst diesen Blick ins Unendliche auf, über das Meer hinaus in den Himmel hinein. Fast scheinen sich die Figur auf dem Bild und der Betrachter in dies Unendliche hinein aufzulösen – und es kommt doch auf sie, auf uns als Betrachtende an. Der Reiz besteht eben in der Spannung, sich selbst auf dieser Grenze des Unendlichen und Endlichen zu spüren – und darin dann auch zu verharren.

Vereinzelt ist der Mensch hier vorgestellt, dem Ganzen gegenübergestellt und zugleich in dieses einbezogen. Diese einzelne Menschengestalt – und das bewegte Ganze ohne einzelne Gestalten. Der Mensch muß mit dieser Situation umgehen. Wie das zu geschehen hat, wie das überhaupt geschehen könnte, zeigt das Bild nicht. Wohl aber spricht sich in ihm die Hoffnung aus, daß es gelingen möge. Das Bild hat im Jahr 2016 eine umfassende Restaurierung erfahren, bei der die originalen Blautöne hervortraten, die zuvor unter mehrfachen Firnisaufträgen in ein schmutziges Braun verwandelt worden waren. Die ehemals depressive Stimmung hat sich so in Zuversicht gewandelt. Der Romantiker Friedrich erwartet nicht das Verschwinden im Unendlichen, sondern ein Aufgehen und Eingehen in dasselbe, eine – wenn auch jetzt nur geahnte – Synthese.

Wollte man dieses Werk in den Zusammenhang unserer philosophischen Betrachtungen einordnen, dann muß man die Kantische Hervorhebung der menschlichen Perspektive gegenüber einer an sich ungeformten Natur voraussetzen; man darf aber ebenfalls die von Hegel repräsentierte mögliche Einheit von Geist und Natur unterstellen – jedoch eben nicht als diskursive Erörterung, sondern in der Verdichtung auf ein Werk, das all dies und noch viel mehr in sich enthält. Darum kommt als nächste Referenz Friedrich Schleiermachers Ausdruck vom „Anschauen des Universums" in Betracht, auf den wir im nächsten Kapitel zu sprechen kommen (zumal Schleiermacher selbst dieses Bild schon im Atelier des Malers Friedrich zu Gesicht bekam).

Das zweite Werk, auf das wir achten wollen, ist *Das Schwarze Quadrat* von Kasimir Malewitsch (1878–1935; entstanden zuerst 1915; Tretjakow-Galerie Moskau). Mit seiner Größe von ca. 80 × 80 cm ist es viel kleiner als Friedrichs Werk, entfaltet aber eine ganz ähnliche Sogkraft. Das „Quadrat" ist ohne Werkzeug mit der Hand gemalt; man sieht deutlich, daß die Kanten keine geometrischen Grenzen bilden. Vielmehr ist der weiße Rahmen selbst – gemalt. Es handelt sich also um das Bild von einem Bild, ja, um das Bild von dem Inbegriff eines Bildes. Überdies ist die Farbfläche aufgesprungen, als suchte das Bild nach seiner dritten Dimension. Es läßt sich auf doppelte Weise lesen. Einmal scheint es so zu sein, daß das monochrome Schwarz darunterliegende Formen und Farben verdeckt. Ganz schwarz – da erwarten wir als Betrachter doch, daß etwas dahinter verborgen sein muß. Das ist auch tatsächlich der Fall, wie eine technische Untersuchung des Bildes ergeben hat. Doch das sehen wir ja nicht, und damit hebt die andere Betrachtungsweise an: daß wir nämlich Dinge aus dem Bild hinaussehen. Unsere eigene Einbildungskraft ist es, die dann den ästhetischen Reiz erzeugt. Daß wir „etwas" sehen, ist Erzeugnis unseres Betrachtens.

Genau das ist die Spannung, mit der Malewitsch spielt. Eine komplette Verweigerung von Form und Farbe als Provokation aller möglichen Formen und Farben, die aber immer nur individuell zu realisieren ist. Daß diesem Bild die Aura einer Ikone innewohnt, ist unübersehbar; vielleicht wird es auch darum oft „Ikone der Moderne" genannt. Um es so zu verstehen, wie hier vorgeschlagen, müssen wir uns abermals die historische Situation klarmachen, in der es entstanden ist. Daß nämlich ein Objekt gar nicht mehr zu sehen ist, auf das das Subjekt sich beziehen könnte, daß sich aber alle möglichen Effekte gleichwohl ergeben – und daß es genau diese Spannung ist, in die das Bild einführt. Das vereinzelte Subjekt ist der Betrachter, der nichts als Schwarz und darin alles sieht: bedrückend und befreiend zugleich – und ohne Auflösung in ein mögliches Ganzes. Jeder versteht, aber niemand versteht mehr dasselbe; man muß sich unweigerlich zum eigenen Verstehen entschließen.

Das dritte Beispiel aus der bildenden Kunst geht über die Werkform eines Gemäldes hinaus und greift ein in die soziale Wirklichkeit:

das Projekt *7000 Eichen – Stadtverwaldung statt Stadtverwaltung* von Joseph Beuys (1921–86; realisiert 1982–1987, in der Öffentlichkeit der Stadt Kassel zu sehen). Zur documenta 7 im Jahr 1982 ließ Beuys siebentausend Basaltstelen auf dem zentralen Friedrichsplatz in Kassel aufschichten. Sie waren als Begleiter derselben Anzahl von Bäumen, überwiegend Eichen, gedacht, die an markanten Stellen der Stadt, an Plätzen und Straßen, zum Teil alleeförmig, in den folgenden Jahren bis zur documenta 8 (1987) gepflanzt wurden. Die Kunst überschreitet damit die Grenzen isolierter und aufs Anschauen reduzierter Werke. Schon die Finanzierung (über 4 Millionen DM) konnte nur überindividuell erfolgen, durch Beiträge von Spendern und Förderern, am Ende und nicht unerheblich durch den Künstler selbst. Es ist das Zusammenwirken einer künstlerischen Idee und einer gesellschaftlichen Beteiligung, die das komplexe Werk auszeichnet: ein gezielter Eingriff in die Gestalt der Stadt, der bis heute prägend wirkt. Die ästhetische Pointe kann man in der Verbindung der Basaltstelen und der Bäume sehen. Die Stelen sind sozusagen Ur-Formen der Plastik; in ihrem unbehauenen Zustand stehen sie für verschiedene Inhalte, nicht zuletzt für die menschliche Gestalt. Aufgerichtet sind sie, nach oben strebend. Daneben der Baum, in seiner Form reicher und differenzierter, sich aus eigener Kraft verändernd, wachsend. Beide nebeneinander: eine Verbindung von Kultur und Natur, ein Ausblick auf Versöhnung.

Beuys' Werk hat dergestalt die Qualität einer romantischen Verheißung, sieht sich aber abhängig von der sozialen Vermittlung und weiß um die unabdingbar partikulare Gestalt seiner selbst im überwiegend verkehrstechnisch und wirtschaftspraktisch geprägten städtischen Umfeld. Immer aber ist es eine Erinnerung an die Utopie des Möglichen, gerade in seinem kontrafaktischen Zuschnitt. Stellen wir auch dieses Werk einer Aktionskunst mit bleibendem Resultat in seinen gesellschaftlichen Zusammenhang. Die Beiträge der Menschen als für ihre Öffentlichkeit verantwortliche Bürger sind erforderlich, wenn auch das Ergebnis begrenzt auf Plätze und Straßen bleibt. Pflege ist weiter nötig, damit die utopische Anmutung nicht verschwindet. Nicht alles kann die Kunst, aber ohne sie würde dieser eingreifende Kommentar in die Gegenwart nicht stattfinden.

Selbstverständlich ließen sich andere Werke nennen und betrachten, die ähnlich exemplarisch zu bewerten sind wie diese drei. Und sinnvoll, ja nötig ist es, die Perspektive der Deutung solcher Kunstwerke weiter zu üben und zu intensivieren. So unterschiedlich diese drei Werke auch sind, in der Konzentration auf ihre besondere Gestalt liegt auch die Herausforderung, sie in einem religiösen Sinn zu interpretieren. Denn die dargestellte Ganzheit verhilft zu einer Vergegenwärtigung, wie sie durch die Bildung von Gedanken allein nicht erlangt werden kann.

Wollte man einen entsprechenden exemplarischen Dreischritt in anderen Kunstgattungen ausprobieren, könnten sich für Musik, Literatur und kulturelle Institutionen folgende Werke anbieten:

**Musik**
Ludwig van Beethoven, Sinfonie Nr. 3, Es-Dur, op. 55 (Eroica) (1804). Ein Musterbeispiel für das Vorwärtsstürmen im 1. Satz, das Bewußtsein vom Scheitern im Trauermarsch des 2. Satzes, der Wechsel von Innehalten und Aufbrechen im 3. und 4. Satz.

John Cage, 4'33" (1954). Ein Stück, in dem man – keine „Musik" hört. Das Klavier, für das es geschrieben ist, wird geöffnet, jedoch nicht gespielt. Es ist aber dennoch keine Stille gegeben: Die Außengeräusche fallen auf, bilden eine individuelle Komposition im Hörenden. Und sollte der Raum schalltot sein, wären innere Geräusche hörbar: die Arbeit des Nervensystems und des Blutkreislaufs.

Philipp Glass, Einstein on the Beach (1974). „Minimal music" wird dieser Stil genannt. Die Abwandlungen der Klänge sind gering, dadurch gewinnt jede Änderung allerdings ein besonderes Gewicht. Die Eigenaktivität der Hörenden findet sich herausgefordert. Die kulturelle Akzeptanz dieser Musik ist hoch, nicht zuletzt durch die Filmmusiken, die Glass komponiert hat. (vgl. https://cdn-storage.br.de/iLCpbHJGNL9zu6i6NL97bmWH_-bP/_-ZS/524c_-8p/155fdb48-ffbc-49b3-aee0-7b9adfaf648c_3.mp3; Zugriff am 26.11.19).

**Literatur**
Karl Philipp Moritz, Anton Reiser (1785–90). Konflikthafter Entwicklungsroman zwischen frommer, einengender Herkunft, ständischer Sozialschichtung und empfindsamer Unbeständigkeit: das individuelle Subjekt auf dem – gescheiterten – Weg zu sich selbst am Ende der Aufklärungszeit.

Robert Musil, Der Mann ohne Eigenschaften (1930). Eine Biographie im Zerbrechen vor und nach 1918. Die Vereinzelung des Subjekts geschieht im Rahmen wechselnder und widersprüchlicher Umstände, die teils angeeignet, teils erlitten werden. Erzählt wird von einer Person – aber in einer vielfältig fremden Welt.

Paul Auster, 4 3 2 1 (2017). Eine Biographie in vierfältiger Variation von 1947–1970. Was hätte anders sein, anders werden können, wenn sich nur hier und da etwas Geringes geändert hätte? Der Erzählfluß der vierfachen Geschichte hält im Laufen, was sich in eine einheitliche Lebensgeschichte nicht fassen läßt. Immerhin kein Zerbrechen!

**Kulturinstitutionen**
*Das Denkmal:* Heroisierung von Personen und Geschehnissen in öffentlicher Darstellung zu identifizierendem Zweck (Lutherdenkmal Worms 1868, Niederwalddenkmal 1871).

> *Das Museum/das Opernhaus:* Kunstgenuß als kulturelle Erbauung unter der
> Voraussetzung standesgemäßer Bildung. Man muß hingehen – und zahlen, um
> zu genießen. Kunst als Verwendungsgegenstand.
> *Das Festival/der Event:* Zeitlich flüchtig, aber Hochstimmung gesucht. Hoch-
> kulturelle Festspiele (Bayreuth, Salzburg) und popkulturelle Festivals (Wood-
> stock, Wacken). Intensivierung von Empfindungen, instrumenteller Umgang
> mit ästhetischen Erwartungen.
>
> **Als Überblick zu Kunst und Religion**
> WILHELM GRÄB, Ästhetik, in: Handbuch Praktische Theologie, hg. v. Wilhelm
> Gräb und Birgit Weyel, Gütersloh 2007, S. 737–747.

Indem wir uns hier auf die Kunst konzentriert haben, kommt an den
Tag, daß die jeweilige geschichtliche Situation von großem Reichtum
kultureller Gestaltung ist – über das hinaus, was in der Philosophie
zur Sprache gelangen kann. Die Theologie, die sich im Kontext von
Philosophie und Kultur bewegt, hat es mit diesen Grundformen von
Lebensgestaltung zu tun, sieht sich aber mit ihnen gemeinsam auf
einen Lebenszusammenhang verwiesen, der Geschichte und Gesellschaft zugrunde liegt. Dieser Lebenszusammenhang ist der Bezugspunkt von Religion.

## 3. Religion in der modernen Dynamik von Gesellschaft und Kultur

Sowohl die Unerläßlichkeit individueller Gedankenbildung, auf der
die Philosophie beruht, als auch der Erfindungsreichtum künstleri-
scher Produktivität weisen auf den Sachverhalt hin, daß Menschen
schon immer ein selbstverantwortetes und reflektiertes Leben führen – in den Umständen, die sich geschichtlich wandeln. Es ist dieser
Aspekt, der den Sinnbildungen zugrunde liegt, wie wir sie oben § 1.3
beschrieben haben. Daß sich dieses individuelle Leben trotz wandeln-
der Umstände erhält, das ist möglich aufgrund der Sprache, an der die
Individuen teilhaben. Wir schließen damit an unsere Überlegungen
von § 1.2 an, in denen wir auf die Religion zu sprechen kamen. Denn
Religion erwächst, wie wir sahen, aus dem Sprachgebrauch. Der bewegt sich nun aber in historisch variablem Gelände. Diesem Sachverhalt gilt jetzt unsere Aufmerksamkeit.

Die geschichtliche Bewegung der Gesellschaft, die wir uns vor
Augen führten, ist von einer Tendenz gekennzeichnet, die die Bedeutung individueller Subjektivität zugleich reduziert und vertieft. Indem
der gesellschaftliche Tauschmechanismus sich vom einfachen Warentausch über das Geldwesen in die kapitalistische Formatierung der

Industrie, des Finanzwesens und des Informationskosmos ausdehnt, kommt es immer weniger auf die konkrete Besonderheit des Lebens an. Das Gesamtgefüge wird unabhängig davon, daß die Einzelnen sich so oder anders verhalten. Man kann auch sagen: Eine moralische Integration der Gesellschaft wird durch eine ökonomische abgelöst. Damit verliert die Frage nach dem individuellen Verhalten, dem ja unausweichlich eine innere Überzeugung innewohnt, ihre bestimmende Kraft. Dadurch werden aber auch diejenigen Sprachformen, die für die Ausbildung solcher Lebensleitlinien zuständig sind, verändert. Sie besaßen einmal eine große Bedeutung, als es darum ging, die Individualität des Handelns sozialverträglich zu verallgemeinern: Indem alle von denselben Voraussetzungen ausgehen und dieselben Regeln teilen, kommt die nötige Intersubjektivität zustande. Sofern die ökonomische Integration der Gesellschaft sich von diesem Modell unabhängig macht, scheinen auch die religiös-moralischen Systeme ihre Funktion zu verlieren.

Doch das ist nur die eine Seite der Medaille. Denn die Entlastung der religiös-moralischen Sprachspiele von ihrer gesellschaftsintegrativen Rolle hebt die Verwendung der Sprache für die Lebensführung ja nicht auf. Es ist vielmehr trotz allem der Fall, daß wir unser Leben nur führen können, indem wir von Voraussetzungen ausgehen, die im tatsächlichen Handeln nicht wieder in Frage gestellt werden. Das kann man sich relativ einfach klarmachen, wenn man daran denkt, daß unser Leben im fortgesetzten Handeln besteht. Dafür müssen wir nicht nur uns selbst in unserem geistigen und leiblichen Vermögen kennen, sondern auch die Umstände in der gegenständlichen und sozialen Welt, in der wir unser Handeln vollbringen. Nun läßt sich aber schon die Kenntnis der Welt uns gegenüber nicht vollständig erreichen. Noch weniger vermögen wir, uns selbst ganz und gar zu erfassen. In jeder Handlung steckt aber dennoch ein Moment der Unwiderruflichkeit: Was getan ist, kann nicht wieder ungeschehen gemacht werden. Trotz dieser – subjektiven wie objektiven – Unsicherheit kommen wir um das Handeln nicht herum, wenn wir unser Leben erhalten wollen. Wir müssen also, wenn auch vielleicht unausgesprochenermaßen, davon ausgehen, daß das Handeln trotz der in ihm enthaltenen Risiken erfolgreich sein kann. Das heißt, wir verbinden wie von selbst ein Verhältnis zu uns selbst als Handelnden mit einem Verhältnis zur Welt als dem Horizont unseres Handelns. Es kann nun dahinstehen, in welcher Aufmerksamkeitstiefe wir uns diesem Sachverhalt zuwenden, also uns um wissenschaftliche Erkenntnis und moralischreligiöse Selbstwahrnehmung kümmern. Entscheidend ist jedoch, daß die hier umrissene Situation des Handelns immer schon in die Sprache eingegangen ist. Denn unsere Vorhaben können wir – subjektiv betrachtet – sprachlich bezeichnen, manchmal müssen wir sie auch sprachlich rechtfertigen. Und wir können objektiv angeben, was deren Sinn und Ziel sein soll.

Sofern wir also aus der Situation des Handelns nicht entlassen werden können, bedürfen wir der Sprache – und in ihr steckt eine tiefe, unlösbare Verbindung unseres Selbstverständnisses mit unserem Weltverhältnis. Diese Verbindung wird zwar, wie zuvor beschrieben, in ihrer Form historisch modifiziert, kann aber historisch nicht aufgelöst werden. Im Gegenteil: Sofern Geschichte sich nur durch das Handeln von Menschen fortsetzt, bleibt die Angewiesenheit auf Sprache – und damit die Kombination von Selbstverständnis und Weltverhältnis – unauflöslich bestehen.

Daher bleibt auch die Aufgabe erhalten, sich in irgendeiner Weise über die Situation des eigenen Handelns in der Welt, seine Voraussetzungen und Implikationen, zu verständigen. Das ist die andauernde reflexive Aufgabe im menschlichen Leben. Sie stellt sich unausweichlich, auch wenn ihre Bearbeitung vernachlässigt oder gar verweigert werden sollte. Eine solche Verweigerung ist auch möglich, denn es gibt keine Nötigung zur kommunikativen Beschäftigung mit diesem Grundaspekt menschlichen Lebens und erst recht keinen Zwang zu einem solcherart reflexiven Umgang mit ihm. Allerdings wird dadurch die unerläßliche Notwendigkeit einer wenn auch minimalen Selbstdeutung nicht negiert; es zeigen sich stets neue Selbstdeutungen, weil auf einen Umgang mit sich selbst nicht verzichtet werden kann.

Diese Selbstdeutungen allerdings, so sehr sie aus dem Bedürfnis der Reflexion erwachsen, wurzeln in einem Bewußtsein, das eigene Dasein gedanklich beschreiben, damit aber nicht begründen zu können. Vielmehr bleibt die Fähigkeit zur Erfassung des Lebens in Gedanken verwiesen auf das unmittelbare Dasein, das sich immer schon präreflexiv vollzieht. Das Zutrauen in den möglichen Erfolg von Erkenntnis und Handeln, die Hoffnung auf Glück und Gelingen, sind nicht erst von der Zustimmung zu reflexiver Erörterung abhängig. Insofern wird Religion, trotz ihres Funktionswandels, in der modernen Gesellschaft nicht verschwinden. In dieser Weise und aus diesen Gründen gehört Religion zu den Kontexten der Theologie.

Doch beschreibt diese Kontextangabe noch nicht hinreichend den genauen Ort, an dem Theologie getrieben wird. Denn als eine institutionell verfaßte Disziplin bedarf sie selbst einer gesellschaftlichen Ortsbestimmung – im thematischen und im organisatorischen Zusammenhang.

WILHELM GRÄB, Religion und Religionen, in: Handbuch Praktische Theologie, hg. v. Wilhelm Gräb und Birgit Weyel, Gütersloh 2007, S. 174–187.

## § 3 Der Ort der Theologie

Wer mit der Theologie anfängt, tritt ein in einen Prozeß der Erörterung, der nicht erst mit der eigenen Person beginnt. Es haben sich vielmehr bereits intellektuelle Formationen und Traditionen ausgebildet, die ihre eigene Gestaltung und Geschichte besitzen. Davon wird auch nicht frei, wer in vermeintlicher Unmittelbarkeit etwa religiöse Gespräche mit Kindern als „Kindertheologie" zu betreiben versucht. Denn schon diejenigen, die vorurteilsfrei diese Gespräche führen möchten, ja bereits die Kinder selbst, sind von Deutungsoptionen geprägt, um die sie möglicherweise noch nicht wissen. Es kommt also darauf an, sich des Ortes zu vergewissern, der heutigen theologischen Debatten vorgegeben ist – gerade dann, wenn man durch die eigene Beteiligung Dinge ändern möchte. Solche „vorgegebenen Orte" kann man „Institutionen" nennen – also Sprach-, Gedanken- und Organisationszusammenhänge, die sich schon gewissen Leitlinien verdanken. Diese gilt es, in ihrem Sinn zu verstehen, wenn man sich erfolgreich und verändernd an den Abläufen beteiligen will, die sie ermöglichen und strukturieren. Die für unsere Theologie in Deutschland einschlägigen Institutionen sind Kirche und Wissenschaft. Warum diese beiden? Und inwiefern sind sie für die Theologie möglich und nötig? Diese Frage läßt sich aus der Eigenart des Christlichen heraus beantworten.

### 1. Das Wesen der christlichen Religion

Über den Ausdruck „Wesen des Christentums" gibt es eine lange Diskussion. Sie hat insbesondere durch die gleichnamige Vorlesung für Hörer aller Fakultäten Rasanz gewonnen, die Adolf von Harnack 1899/1900 in Berlin hielt. Zu den wichtigsten Beiträgen dieser Debatte gehört ein großer Aufsatz von Ernst Troeltsch, in dem er das methodische Problem einer Wesens-Formel ebenso wie den Inhalt von Harnacks Wesensbestimmung kritisch analysiert hat. Als Fazit dieser breiten Erörterungen kann man die Einsicht festhalten, daß es in der Moderne, in der mehrere (auch religiöse) Sinnsysteme nebeneinanderstehen, unerläßlich ist, deren jeweilige Eigenart zu beschreiben – und zwar in Gestalt einer zentralen Idee, um die sich religiöse Vorstellungen, soziale Interaktionen, theologische Lehren etc. sammeln. Dabei ist es ebenso klar, daß die Formulierung eines solchen Wesens nicht auf eine substantielle Identität zielt, die es zeitüberdauernd gibt, sondern stets ein geschichtlicher Vorschlag ist, der darauf hinweisen möchte, worauf sich die Erörterung über Sinn und Gehalt einer Religion in einer geschichtlichen Gegenwart entscheidend beziehen soll. In diesem Sinn wird der Ausdruck auch hier verwendet.

„Gott der Allmächtige ist mein Vater durch Jesus Christus im Glauben." So kann eine Formel lauten, die das Eigentümliche des Christlichen zur Aussage bringt. Sie verbindet Gott als umfassenden Horizont und mich im Glauben durch eine historische Person, Jesus Christus.

Analysieren wir diese Formel nach dem Muster, das wir für Sinndeutungen sprachlicher Art gebrauchen, dann kann man sie in einen weiteren Rahmen einzeichnen, dabei aber zugleich den spezifischen Akzent hervorheben. Beginnen wir mit dem allgemeinen Aspekt.

Alle Lebensdeutungen, die im Handeln orientieren sollen, verbinden individuelle Geltung und universale Reichweite: Was ich jetzt tue, tue ich unwiderruflich, weil es in einen mich umfassenden Horizont hineingehört. Religiöse Lebensdeutungen machen diesen Zusammenhang explizit, indem sie die subjektive Geltung an eine universale Instanz binden, die eben für die Koinzidenz verantwortlich gemacht wird; oft ist dafür das Wort „Gott" in Gebrauch. Diesem Muster entspricht die kurze, gerade genannte Formel. Sie verbindet den universalen Pol (Gott der Allmächtige) mit mir als Individuum gemäß der Vorstellung der symbolischen Beziehung von Vater und Kind, worunter die Stiftung einer Lebensgrundlage und Lebensherkunft („Vater") durch den Vorgang der Anerkennung (nicht einer natürlichen Herkunft) zu verstehen ist. Als „Kind Gottes" bin ich mit „Gott dem Allmächtigen" verbunden. Und das geschieht „im Glauben", also in der Gestalt einer Antwort auf eine erfahrene Anerkennung. Im Glauben senkt sich dieses Verhältnis gegenseitiger Anerkennung in die Mitte des eigenen Existenzvollzuges ein; kein Lebensmoment ist ohne diese Beziehung zu realisieren.

Die Pointe dieser Beziehung – und damit kommen wir auf den historischen Aspekt – besteht nun darin, daß sie „durch Jesus Christus" gestiftet ist. Das bedeutet, ganz elementar gesprochen, daß es das

humane Individuum Jesus Christus ist, in dem einerseits die ganze
Gegenwart des Göttlichen, also die Fülle von Geltung überhaupt,
präsent ist. Darin steckt die Aussage, daß sich Gott selbst in einem
menschlichen Individuum vergegenwärtigt. Das ist der Hintergrund
der klassischen Lehre von der „Gottheit Christi". Diese Form der Vergegenwärtigung zielt aber nun genau auf die Gestalt humaner Individualität, in der wir selbst uns kennen und wahrnehmen. Die unbedingte Geltung, wie sie in Jesus Christus gegenwärtig ist, geht in
die unbedingte Geltung des Ganzen in meiner eigenen Individualität
ein – und das ohne eine externe Vermittlung durch eine andere, nicht
zu Gott und mir gehörende Instanz (einer Lehre oder eines Geset-
zes, die einen Lehrer oder Gesetzgeber voraussetzen). Ihr Übergang
zu mir als humanem Subjekt kann nur durch Gott selbst hergestellt
werden, und zwar in dem Modus, in dem sie sich selbst bezeugt: Die
Wahrheit der Geltung kommt nicht durch äußere Gründe zustande, sondern kommuniziert sich selbst; dieser Vorgang ist es, der in
der dogmatischen Sprache als Werk des Heiligen Geistes bezeichnet
wird. Darum findet die Wahrheit eben im individuellen Bewußtsein
eines jeden Menschen statt. Sich darauf einzustellen, liegt in der Konsequenz des christlichen Glaubens selbst.

Im Geflecht möglicher anderer religiöser Deutungstraditionen
nimmt das Christentum also darin seine spezifische Rolle ein, daß
alles von der Person Jesu Christi abhängt und auf sie zugespitzt ist.
Es gibt, scharf gesagt, gar keine wahre Geltung, gar keine Gottesgegenwart im Endlichen ohne ihn – in der konkreten Gestalt seiner
Geschichte. Denn weil es sich bei der Präsenz des unbedingt Geltenden in seiner Person um ein Geschehen handelt, welches in einem
menschlichen Individuum stattfindet, kann sich die Erkenntnis dieses
Sachverhalts nur in der Form einer Geschichte ereignen.

„Gott der Allmächtige ist mein Vater durch Jesus Christus im Glauben." In dieser Grundformel für das Christentum ist, um es noch einmal zu sagen, eine allgemeine Struktur enthalten, die einen historisch-
partikularen Ursprung besitzt. Daraus ergibt sich, daß es auch eine
historisch-besondere Formation ist, die diese Wahrheit vertritt – die
Kirche. Sie tut das aber so, daß dabei immer die Allgemeinheit aller
Menschen im Blick bleibt – und dafür steht die Wissenschaft. Das
wollen wir jetzt näher erörtern.

ADOLF VON HARNACK, Das Wesen des Christentums. Sechzehn Vorlesungen
vor Studierenden aller Fakultäten im Wintersemester 1899/1900 an der Universität Berlin gehalten, hg. v. Claus-Dieter Osthövener, Tübingen 2007.

ERNST TROELTSCH, Was heißt „Wesen des Christentums?", in: Ernst Troeltsch, Gesammelte Schriften, Bd. 2, Tübingen 1922 (ND Darmstadt 2016), S. 386–451.

## 2. Kirche

Es ist nicht selbstverständlich, daß religiöse Gemeinschaften eine regelrechte Theologie ausbilden. Sie könnten sich auch damit begnügen, ihre grundlegenden Mythen und Geschichten zu erzählen, Verhaltensregeln für die Mitglieder der Gemeinschaft zu erlassen, Vorschriften für das religiöse Personal zu formulieren.

*Nötig* wird eine Theologie als reflexive Instanz erst da, wo der Unterschied zwischen der unbedingten Wahrheit einer Religion und ihrer Gründung in der Geschichte zum Wesen einer Religion selbst gehört. Das ist da der Fall, wo – wie im Christentum – diese Wahrheit an eine einzelne geschichtliche Person gebunden wird und von ihr abhängig bleibt, nämlich Jesus Christus. Dann muß man in der Geschichte, in die hinein Jesus gehört, stets den wahren Sinn des Christentums ermitteln und festhalten. Das geschieht so, daß die in der Geschichte sich wandelnde Religion immer wieder von ihrem Ursprung her neu zu bestimmen ist. Dafür ist es nötig, eine Distanz zwischen der eigenen Position der Kirche in der fortlaufend sich verändernden Geschichte und dem wahren Sinn und Ursprung des Christentums anzunehmen. Es ist diese Distanz, die eine reflexive Theologie nötig macht, welche immer auch kritische Züge trägt. Daß die umfassende Wahrheit des Christentums in Jesus Christus gründet, ist der Grund dafür, daß es christliche Theologie gibt. Die Kirche braucht Theologie.

Eine solche Theologie ist nun auch *möglich*. Denn das Gottesverhältnis besteht ja im Glauben, also der innersten und durchdringenden Bestimmung des eigenen Lebens, die mithin alle anderen geistigen Fähigkeiten und leiblichen Verhaltensweisen einschließt. Es gibt insofern einerseits einen direkten Kontakt zwischen dem Unbedingten oder Gott und dem eigenen menschlichen Dasein. Ein Christenmensch zu sein, ist nicht die Folge der Mitgliedschaft in der Kirche, sondern beruht auf dem Gottesverhältnis im Glauben. Daher ist die individuelle Person eine bleibend kritische Instanz auch gegenüber der geschichtlich sich wandelnden Kirche. Andererseits ist die individuelle Person auch das Kriterium für wissenschaftliche Erkenntnis. Es ist die je eigene Einsicht, die erlangt werden muß, damit überhaupt eine Erkenntnis als allgemeingültig behauptet werden kann. Daher ist auch ein wissenschaftliches Verhalten nicht nur mit dem Glauben vereinbar; der freie

Gebrauch von Wissen, zugespitzt in der freien Ausübung von Wissenschaft, gehört geradezu zu den Äußerungsweisen eines christlichen Bewußtseins. Der Glaube scheut keine Kritik, sondern ist selbst vielmehr ein Grund fortgesetzter Kritik – der auch Selbstkritik einschließt. Dies hat, schließlich, zur Folge, daß sich in der Theologie selbst ein intellektueller Zusammenhang dessen aufbaut, worum es im Christentum zu tun ist. Die kritische Selbstbesinnung vollzieht sich daher als Erstellung eines historisch und sachlich auf Vollständigkeit angelegten Gesamtbildes. Die Kirche ermöglicht Theologie.

Reflexive Theologie ist für das Christentum als Kirche daher nicht nur nötig und möglich, sie ist auch für die Kirche selbst *erwünscht*. Denn wenn sie Kirche Jesu Christi sein will, also der Sache nach eine geschichtliche Erscheinung und Darstellung der christlichen Wahrheit zur Anschauung bringen soll, dann kann und muß sie sich ihrerseits der Theologie bedienen. Theologie nützt der Kirche. Man kann diesen Nutzen in drei Dimensionen unterscheiden. Erstens hilft die Theologie der Kirche, bei ihrer Sache zu bleiben, indem sie – auf dem Stand der jeweiligen Einsicht in der Geschichte – das Wesentliche des Christentums bestimmt. Die Formulierungen dafür ändern sich je nach den aktuellen Kommunikationsbedingungen, den geistigen Bestimmungen einer Zeit und ihren philosophischen Ausdrucksmöglichkeiten. Doch die grundsätzliche, kategoriale Unterscheidung von Wesen und Erscheinung bleibt erhalten. Zweitens hilft die Theologie der Kirche dadurch, daß sie sie befähigt, sich selbst zu steuern. Organisationen wie die Kirche müssen ja ihre Selbstdarstellung in der Geschichte selbst verantworten. Das können sie – im geschichtlichen Wandel – nur so tun, daß sie Verstehensformen und Handlungsnormen für ihre Leitung und ihre Mitglieder so regeln, daß sie in allen Veränderungen bei dem religiösen Kern bleiben, um den es geht. Wie verhält sich also das jeweilig zu erringende Bild Jesu Christi zu seiner bestimmenden Funktion in historisch verschiedenen Lebenswelten? Drittens sind diese Leistungen, sowohl die Besinnung auf das Wesen als auch die Reflexion auf die Anwendungen, nur zu erbringen, wenn zugleich das Verhältnis der Kirche zu ihrer Umwelt in Geschichte und Gesellschaft erkannt und theoretisch erfaßt wird. Wie blickt eine Kirche – im Auftrag der Bezeugung ihrer Wahrheit – auf die Welt, in der sie lebt und die sich in ihrer Gestaltung von anderen Grundsätzen leiten läßt? Wir werden noch sehen, wie diese Aufgaben die Gestalt der Theologie als Wissenschaft mitbestimmen. Doch dafür müssen wir uns zuvor noch der Wissenschaft als Ort der Theologie widmen.

Wenn wir sagen, daß die Theologie für die Kirche nötig, möglich und erwünscht ist, dann muß man allerdings darauf hinweisen, daß sich diese Grundbestimmung in der Geschichte in verschiedener Form realisiert hat. In der Antike fand die Theologie vor allem in bischöflichen Kanzleien und mönchischen Konventen statt. Im hohen Mittelalter traten Universitäten hinzu, die sich freilich noch im kirchlichen Kontext bewegten. Erst in der Neuzeit verselbständigten sich die Universitäten – mit der Konsequenz, daß die kirchliche Theologie teils (wie in Deutschland) in sie integriert, teils auch (wie in den USA) aus ihnen ausgegliedert wurde. Diese wechselnde Zuordnung der Theologie zu Kirche und Wissenschaft hatte historische Gründe. Sie liegen vor allem in der Frage, in welchem Maße sich die Wissenschaft von der ehemals kirchlichen Dominanz befreit hat.

KARL BARTH, Die Kirchliche Dogmatik I/1, Zollikon-Zürich 1932, § 1 Die Aufgabe der Dogmatik, 1. Kirche, Theologie, Wissenschaft, S. 1–10.

## 3. Wissenschaft

In Deutschland hat die kirchliche Theologie ihren institutionellen Ort im System der Wissenschaften, in der Regel an staatlichen Universitäten. Dieser Ort ist das Ergebnis der Geschichte, die Kirche und Wissenschaft miteinander haben. Insbesondere in den evangelischen Kirchen konnte die Selbständigkeit der Theologie an den Universitäten in höherem Maße anerkannt und begrüßt werden, als das in der katholischen Kirche noch immer der Fall ist. Die evangelische Sichtweise legen wir im folgenden zugrunde.

Die Wissenschaft hat sich in der modernen Gesellschaft als die Institution verbindlichen Wissens herausgebildet. Für sie sind drei Grundsätze maßgeblich. Erstens repräsentiert die Wissenschaft den Ort allgemeinverbindlichen Wissens. Was in der Wissenschaft erforscht und was an wissenschaftlichen Ergebnissen kommuniziert wird, tritt ins Licht der Öffentlichkeit. Es setzt sich damit der Kritik aus, die sich an der Leitlinie besseren Wissens orientiert. Darin steckt bereits logisch eine Tendenz auf umfassende Allgemeinheit. Diese Tendenz kann, zweitens, durchgehalten werden, sofern die Wissenschaft methodisch verfährt. Im Gedanken der Methode wird ein Unterschied aufgemacht zwischen dem einzelnen Fall, der gerade thematisiert und untersucht wird, und den Regeln, denen diese Untersuchung folgt und die darum allgemeiner sind als der jeweilige Einzelfall, nach denen also auch andere Fälle an diesen einen angeschlossen und mit ihm kritisch konfrontiert werden können. Ein drittes Merkmal kommt hinzu. Die umfassende Tendenz auf ein methodisch abgesichertes Allgemeines kann nur dann durchgehalten werden, wenn es keinen partikularen Einfluß auf die Wissenschaft gibt, komme er nun aus der Politik, der Wirtschaft, den Kirchen oder anderen gesellschaftlichen Institutionen. Die Universitäten sichern diese Unabhängigkeit der Wissenschaft bis jetzt immer noch am besten, trotz mancher Einschränkungen in Einzelfällen – und solche Einflußnahmen können und müssen, schon aus methodischen Gründen, immer wieder kritisiert werden.

Inwiefern kann nun die Theologie als Wissenschaft auftreten? Sie kann das, weil sie allen drei Kriterien entspricht, die autonome Wissenschaft auszeichnet. Erstens ist sie auf Allgemeinheit hin ausgerichtet. Die christliche Theologie betreibt ja nicht, wie sich schon aus unserer Wesensformel ergab, das partikulare Interesse einer Religionsgemeinschaft auf der Suche nach einer Erhöhung ihrer Mitgliederzahl, sondern reflektiert die Tendenz in der christlichen Grundausrichtung auf die Einheit von Allgemeinem und Besonderem, von unbedingter Geltung und individueller Geschichte, von Gott und Mensch. Daß sie das, der christlichen Einsicht zufolge, auf der Basis der Vermittlung durch Jesus Christus tut, ist methodisch ausgewiesen als ein besonderer, zu untersuchender Fall des Aufbaus von Wahrheit überhaupt. Darum verfährt die christliche Theologie, zweitens, eben auch methodisch. Sie reflektiert das Christentum in seinem geschichtlichen Ursprung und in seiner religiösen Bedeutung. Dabei werden die kritischen Verfahrensweisen der Geschichtswissenschaft ebenso genutzt wie die konstruktiven Potentiale der Philosophie – stets unter kritischer Einbeziehung auch der weltanschaulichen Rahmenbedingungen beider Disziplinen, der Geschichtswissenschaft wie der Philosophie. Die Theologie steht damit nicht nur als eine unter den Wissenschaften dar, sie vermag durchaus auch Erörterungen anzustellen, die sich quer zu eingespielten Wissenschaftsroutinen stellen. Drittens besitzt die evangelische Theologie an den Universitäten die erforderliche Unabhängigkeit, die für jede Wissenschaft verlangt werden muß. Die Kirche ist weder der Auftraggeber noch der Kontrolleur und schon gar nicht der Endbeurteiler der Theologie und ihrer Ergebnisse. Jedenfalls für die evangelische Theologie ist deren Unabhängigkeit gerade der Sinn der Ausdifferenzierung der Theologie gegenüber der Kirche überhaupt. Als wissenschaftlich gebildete Personen kommen Männer und Frauen als künftige Pfarrerinnen und Pfarrer in Betracht.

Die Tatsache, daß die Besetzung von Lehrstühlen an evangelisch-theologischen Fakultäten auch der Zustimmung der jeweiligen Landeskirche bedarf, bezieht sich allein darauf, ob die Verbindlichkeit der thematischen Ausrichtung – evangelische Theologie – innerhalb der Wissenschaftsfreiheit anzunehmen ist. Die katholische Kirche sieht das etwas anders. Hier bleibt auch die wissenschaftliche Theologie in die bischöflich-päpstliche Verantwortung für die Lehre eingeschlossen. Das sorgt regelmäßig für Probleme, die auf eine mangelnde Anerkennung der Selbständigkeit der Wissenschaft – und der modernen Welt insgesamt – zurückgehen.

Daß die evangelische Theologie eine Wissenschaft ist, wirkt sich nun für die Kirche hilfreich kritisch aus. Denn als Wissenschaft steht die Theologie in enger Verbindung mit der Art und Weise, wie heute verantwortlich und mit allgemeiner Zielsetzung die Wirklichkeit zu erkennen und das Handeln darauf auszurichten ist – und wie man sich selbst in dieses Geflecht von theoretischer Erkenntnis und praktischer Tätigkeit einzustellen hat. Das gilt in dreifacher Hinsicht. Erstens hilft die Theologie der Kirche, ihr Eigenes zu bestimmen. Es ist ja in der Geschichte keinesfalls so, daß alte Formulierungen der Wahrheit unverändert durch die Zeit gehen. Vielmehr ist es nötig, einen in der Vergangenheit aufscheinenden und wirksam gewesenen Sinn in seinem Sachgehalt zu erkennen und in die Gegenwart zu übersetzen. Das gilt insbesondere dann, wenn die Wahrheit selbst von personaler, nicht doktrinaler Art ist. Deren Erkenntnis muß mit den Mitteln geschehen, die die historische Forschung bereitstellt; und dazu muß man sich auch der begrifflichen Möglichkeiten bedienen, die sich heute darbieten. Die an die Person Jesu Christi gebundene geschichtliche Wahrheit des Christentums ist also nicht auf die Weise in der Vergangenheit verschlossen, daß sie erst mühsam und nur mit Verlusten reformuliert werden müßte; sie gewinnt vielmehr unter Umständen durch die gegenwärtige Ausformulierung eine höhere Prägnanz, als sie diese in der Vergangenheit besaß. Zweitens betrachtet die Theologie die Vermittlungsmedien des kirchlichen Christentums kritisch auf ihren Sinn und ihre Effektivität. Das „Wort" zum Beispiel, von dem am Anfang des Johannesevangeliums die Rede ist, wirkt im Medium des Internets anders als in der Mündlichkeit der Antike. Inwiefern im „Sakrament" eine Vermittlung des „Heils" stattfindet, ist im Blick etwa auf gegenwärtige Präsenztheorien zu interpretieren. Wie das „Amt" beschaffen ist und warum es für Männer und Frauen offensteht, ergibt sich dann, wenn zwischen bloß historischer Tradition und sachlichen Gründen unterschieden wird. Drittens vermag der wissenschaftliche Blick auf die Kirche auch deren Abhängigkeiten von historisch kontingenten Umständen heute zu analysieren. Als sozial bedeutsame Institution ist die Kirche regelmäßig Gegenstand politischer und gesellschaftlicher Beeinflussung; oft fällt es schwer, das hinreichend kritisch zu erkennen. Darum bedarf es einer in der Tat unabhängigen Institution wie der Wissenschaft, um einen genauen Blick auf die Empirie der Kirche zu werfen. In dieser Hinsicht ist es selbstverständlich, daß die wissenschaftliche Theologie auch neue Disziplinen ausbildet, wie etwa die Sozialethik oder die Religionsgeschichte bzw. die Religionswissenschaft. Gerade die Erweiterung der Theologie um die Religionswissenschaft gibt zu erkennen, daß eine bewußte methodische Außenbetrachtung der Kirche zur Autonomie der Theologie gehört. Gegen diese in der Logik der Wissenschaft liegende Selbstbestimmung gibt es keine theologischen Gründe.

WOLFHART PANNENBERG, Wissenschaftstheorie und Theologie (1973), Frankfurt am Main 1987.

## § 4 Das Ziel der Theologie

Wer mit der Theologie anfängt, darf erwarten, daß ihn die Theologie auf ein Ziel hinführt. Dieses Ziel läßt sich von den Zusammenhängen her bestimmen, die wir erörtert haben – von der Ortsbestimmung, den Kontexten und dem Bildungsimpuls der Theologie im gegenwärtigen Christentum. Zu dieser Zielbestimmung kann uns die Leitformel dienen, daß die Theologie auf die gebildete Identität des christlichen Glaubens ausgerichtet ist. Diese Formel deklinieren wir in drei Schritten durch.

### 1. Die gebildete Identität des christlichen Glaubens

Die gegenwärtige Wirklichkeit ist durch enorme, sich in unterschiedlichen Formen äußernde Vielfalt geprägt. Es besteht eine Vielheit von Religionen nebeneinander, und deren Gleichzeitigkeit wird immer stärker empfunden, je mehr sich Lebensverhältnisse erweitern und verknüpfen. Migration ist ein globales Phänomen, das uns Religionen anderer Länder und Erdteile in Gestalt von neuen Mitbürgerinnen und Mitbürgern nahebringt. Auch unter uns Christen wächst damit die Wahrnehmung der Verschiedenheit von Konfessionen; Formen der weltweiten Christenheit werden auch bei uns heimisch; das verlangt nach verständiger Unterscheidung einerseits, einer Erkenntnis der Zusammengehörigkeit andererseits. Schließlich haben alle, jeder und jede von uns, unterschiedliche religiöse Vorstellungen, auch im gemeinsamen christlichen Leben. Wir setzen im Glauben verschiedene Schwerpunkte, je nach biographischer Wichtigkeit. Wir verbinden damit freie, nicht aus dem Lehrbestand der Kirche stammende Überzeugungen; oftmals sind diese nicht einmal spezifisch christlicher Herkunft. In allen diesen Zusammenhängen ist das, was Christentum und Kirche ausmacht, allererst zu identifizieren. Was eine jeweilige Kirche insbesondere ist, wie sie sich zu den religiösen Vorstellungen ihrer Mitglieder und zu anderen christlichen Kirchen verhält und wie sie sich in der Pluralität der Religionen verortet, ist eine Bildungsaufgabe: die Identität muß erst gebildet werden. Darauf zielt die Theologie. Sie tut das so, daß sie aufzeigt, wie mit den genannten Dimensionen der Vielfalt umzugehen ist.

Erstens verhilft die Theologie dazu, die individuellen Vorstellungen vom Glauben zu verstehen und zu ordnen. Es ist ja nicht so, als würden von der Kirche bestimmte „Glaubensinhalte" vorgegeben, die die Christenmenschen übernehmen und vertreten müßten. Das ist eine theologisch und empirisch unsinnige Annahme. Theologisch falsch ist sie, weil den Formulierungen von „Inhalten" stets schon eine lebendige religiöse Gemeinschaft vorausgesetzt ist, die nicht erst durch solche „Inhalte" entsteht. Empirisch verhält es sich vielmehr so, daß sich die religiösen Vorstellungen stets mit anderen Weisen verbinden, sich in der Welt und zu sich selbst zu verhalten. Die Theologie kann aber einerseits dazu verhelfen, den Sinn dieser aus der Lebenswelt stammenden Vorstellungen analytisch zu begreifen – was ist mit ihnen gemeint? wozu sollen sie dienen? –, andererseits dazu anleiten, sie auf einen Mittelpunkt hin zu orientieren, also das gemeinsam Christliche zu befördern. Das ist der spezifische Sinn der Verkündigung, die darum eine theologische Bildung derer voraussetzt, die für sie zuständig sind. Theologie ist, so kann man sagen, in dieser Hinsicht eine Hermeneutik der Religion.

Zweitens trägt die Theologie dazu bei, kirchliches Handeln zu bündeln. Es gehört ja zur Logik von (erfolgreichen) Organisationen, daß sie sich nicht nur nach innen differenzieren, sondern auch dazu neigen, ihre äußeren Aufgaben auszuweiten. Nun dürfen Kirchen sich nicht einfach diesem Trend überlassen, wenn sie ihrem Sinn treu bleiben wollen, die religiöse Bildung der Menschen zu fördern. Darum ist der Aufbau der kirchlichen Organisation ein Thema der Theologie; er darf nicht nur den – unbedingt nötigen! – Juristen und Betriebswirten überlassen werden. Wie kann man etwa erreichen, daß die Diakonie, tief in den Sozialmarkt verflochten, als Tätigkeit der Kirche, also getragen vom Sinn des Christentums, von Mitarbeitern und Klienten erkennbar bleibt? Der Bestimmung nach innen entspricht eine Bestimmung nach außen. Das Verhältnis zu anderen Kirchen zu regeln, kann nicht allein dem Geschick und dem Geschmack von Kirchenleitungen überlassen bleiben. Sie bedürfen ihrerseits einer theologischen Orientierung darüber, wie sie in der gemeinsamen Christenheit zu diesen anderen stehen. Theologie ist daher Theorie der Kirchenleitung, immer institutionell und ökumenisch ausgerichtet.

Drittens lassen sich alle diese Leistungen nur erbringen, wenn es auch am Ort individuellen Lebens zur Ausbildung und Stärkung christlicher Identität kommt. Darauf zielt Theologie schon von ihrem ganzen Verfahren her. Es bedarf solcher Personen, die sich im Bewußtsein der Komplexität von Bildungsvorgängen darauf einlassen, sich dem christlichen Handlungs- und Vorstellungskosmos auszusetzen, sich an ihm abzuarbeiten und damit eine Stellung zu sich selbst – in der gegenwärtigen Welt – zu gewinnen, in der religiöse Selbstbesinnung und ausgeprägtes Selbstbewußtsein zusammengehen. Die Theologie führt einerseits (als kirchliche Theologie) vertieft in die religiösen Themen und Vorstellungen ein, macht sie diskursiv zugänglich; sie vermittelt andererseits (als wissenschaftliche Theologie) die nötige Freiheit und Unabhängigkeit, sich der religiösen Bestände eigenverantwortlich zu bedienen. Im Studium der Theologie verbinden sich diese beiden Seiten in exemplarischer Dichte. Darum besitzt es auch für Menschen, die nach einer Verbindung von innerem Selbstverhältnis und äußerem Weltbewußtsein suchen, eine besondere Anziehungskraft. Das, was sich in der Theologie in methodischer Genauigkeit vollzieht, prägt aber auch das Leben eines jeden Christenmenschen, nämlich seines eigenen Glaubens gewiß zu werden und mit beiden Beinen auf der Erde zu stehen. Insofern ist die Theologie ein exemplarisches Bildungsgeschehen auch jenseits des akademischen Studiums.

Diesen beiden Aspekten gehen wir jetzt weiter nach: der Frage nach dem exemplarischen Status der Theologie und der Frage nach dem theologischen Studium als einer Berufsausbildung.

## 2. Theologie und allgemeine Bildung

Die aktuellen Debatten über die Bedeutung von Bildung bewegen sich in einem Raum großer Vielfalt. Den Ansprüchen der modernen Lebens- und Berufswelt zu entsprechen, erfordert eine innere Stärke einerseits, eine bewegliche Auffassungs- und Verarbeitungsfähigkeit andererseits. Es ist nicht leicht, beide Seiten zusammenzuhalten. Derzeit überwiegt, auch im akademischen Studium, der Gedanke der Ausbildung; Bachelor-Abschlüsse sollen ihrer Konzeption nach berufsqualifizierend sein; ob das empirisch erreicht wird, kann hier dahinstehen. Allerdings droht mit dieser Schwerpunktsetzung eine Aufspaltung der Bildungsziele, nämlich das Auseinanderdriften von Persönlichkeits- und Fachbildung. Das ist aber ein Zustand, der auch im Sinne einer ökonomisch erfolgreichen Wirtschaft langfristig nicht erwünscht sein kann, weil dadurch Zielprojektionen künftiger Entwicklungen zu einseitig werden und die Gemeinwohlorientierung vernachlässigt zu werden droht. Daß es Theologie an den Universitäten gibt, ist daher immer auch ein Anstoß für andere Studiengänge, die daran erinnert werden, daß die Idee der Universität nicht nur auf einen Zusammenhang des Wissens zielt, sondern auch auf die Bildung von Personen ausgerichtet ist, die mit diesem Wissen umgehen.

Wie sich freilich unter den verschärften Bedingungen des wissenschaftlichen und gesellschaftlichen Pluralismus eine solche Bildung der Person erreichen läßt, ist eine weitere Frage. Eine Antwort muß in Rechnung stellen, daß es nicht ein übergeordneter Blick aufs Ganze sein kann, der solche Bildung vermittelt. Es wird immer dabei bleiben müssen, von einem partikularen Ausgangspunkt her auf das Ganze zu schauen. Daher kommt es sehr darauf an, welche besondere Perspektive eingenommen wird, von der man sich diesen Ausblick vorstellen kann – als einen, der die Wirklichkeit nicht verbiegt und verzerrt. Macht man sich diese Umstände klar, dann zeigt sich das Studium der Theologie als ein möglicher Weg, sich von einem besonderen Brennpunkt her auf das Ganze zu orientieren. Denn der Theologie liegt ja gerade die Ausrichtung auf das Ganze zugrunde, vermittelt über Gott als Gegenüber des eigenen Selbst. Auf diese Weise also verbindet sich ein von Gewißheit getragenes inneres Selbstverhältnis mit einem zuversichtlichen Zugehen auf die Wirklichkeit und einem entschiedenen Handeln in ihr.

Die theologische Bildung kann in dieser Weise als exemplarisch gelten für eine Allgemeinbildung, die eben die Pole des individuellen

Selbstseins und der welthaften und sozialen Existenz umfaßt. Dabei wird im theologischen Studium nur ausdrücklich gemacht, was dem Bildungsgedanken überhaupt eingeschrieben ist. Es kann und muß daher von der Struktur theologischer Bildung für Bildungsprozesse insgesamt und speziell für religiöse Bildung Gebrauch gemacht werden. Aufbau und Pflege des religiösen Bewußtseins gehören zu den Zielen, denen sich die Theologie verpflichtet weiß. Sie nimmt damit eine Schlüsselfunktion im allgemeinen Bildungsdiskurs ein – und sollte sich auch nicht scheuen, diese Position aktiv zu besetzen.

### 3. Theologie als Beruf

Das Allgemeine gibt es nur in besonderen Darstellungen – auch die Rolle der Theologie für die allgemeine Bildung kommt nur in besonderer Gestalt zur Geltung, nämlich durch die Individuen, die sich theologischer Bildung unterziehen. Darauf liefen ja schon unsere Überlegungen gerade hinaus, daß es auch am Ort individuellen Lebens zur Ausbildung und Stärkung christlicher Identität kommt. Sie findet zu einer das Leben prägenden Betätigung in der Form des Berufs. Der Berufsgedanke findet sich derzeit durch die Rede vom „Job" abgelöst, dem man seine Zeit, nicht aber sein Herz widmet. Jobs kann man beliebig wechseln, wenn die Umstände passen und die Bezahlung attraktiv ist. Für den Beruf gilt dagegen, daß die Form der Tätigkeiten, die die alltägliche Routine ausmachen, getragen wird von innerer Zustimmung zu sich selbst in dieser Tätigkeit. Das Zurücktreten dieser Figur ist nun nicht zufällig, sondern entspricht der gesellschaftlichen Realität.

Von der Theologie gilt, daß sie sinnvollerweise das eigene individuelle Leben mit den Ausdrucksgestalten und Tätigkeitsformen dieses Lebens verknüpft und diese von innen heraus prägt. Der Impuls, das theologische Studium zu einer Kraft der Lebensgestaltung zu machen, legt sich von der Theologie selbst her nahe. Insofern gehört ein innerer Antrieb zu jedem Beruf, der sich theologisch mit Religion beschäftigt – zumal die Theologie als Wissenschaft auch wieder in eine Distanz zur eigenen Individualität versetzt.

Wenn die Theologie zum Beruf wird, dann legen sich bei uns derzeit vor allem zwei Tätigkeitsfelder nahe: Kirche und Schule. Damit werden die beiden Pole aufgenommen, die schon das Studium bestimmen, nämlich der religiöse Bezug auf die Kirche und der wissenschaftliche Bezug auf die gesellschaftliche und natürliche Wirklichkeit. Manche beginnen das Studium schon aus einer solchen Berufsperspektive; für sie ist die Eigendynamik des Studiums ein nötiger Umweg, der sie näher an das heranführt, was sie zu tun beabsichtigen.

Vom Studium in die Kirche: das ist ein sinnvoller und konsequenter Weg. In der Kirche lassen sich die Grundbestimmungen des christlichen Glaubens, wie sie in der Theologie artikuliert werden, als Lebensausdruck gestalten. Dabei kommen zwei Dimensionen in den Blick, die sich miteinander verbinden. Die erste ist die des beruflichen Auftrags. Pfarrerinnen und Pfarrer sind als Hermeneuten der Religion tätig, um die befreiende Kraft des Glaubens erkennbar zu machen und zu bezeugen. Das ist darum keine ihnen selbst fremde Tätigkeit, weil sie ja wissen: Es ist mit ihnen in ihrer eigenen Person auch so gegangen, daß sie von der Wahrheit des Glaubens durch diese selbst überzeugt werden mußten. Die andere Seite ist, daß sie diesem Auftrag eben als gebildete Persönlichkeiten nachkommen. Sie können gar nicht tun, was sie tun, ohne mit ihrer Person in dieser Tätigkeit präsent zu sein und sie also auch auf diese Weise zu bezeugen. Dabei geht es vor allem darum, die christliche Überzeugung, den Glauben, zu festigen und zu verbreiten – immer mit der Absicht, die Angesprochenen auch in ihrer Person zu erreichen.

Vom Studium in die Schule: das ist ein nicht minder sinnvoller und konsequenter Weg. Mit guten Gründen hält der Staat des Grundgesetzes am öffentlichen Religionsunterricht fest. Denn nur dieser vermag eine Kenntnis von religiösen Inhalten und Praxen und deren lebensprägender Funktion zu vermitteln. Das tut er am besten, wenn auch die Seite der subjektiven Aneignung, also das nicht erzwingbare Geschehen des Sich-Einfindens in einer Religion, mit zum Thema des Religionsunterrichts gemacht wird – ohne daß ein solches zum Ziel des Unterrichts werden könnte. Die Schule hat die Aufgabe, exemplarische und methodisch zielführende Aufschlüsse über die Verfassung unserer Welt so zu vermitteln, daß sich Schülerinnen und Schüler erfolgreich in ihr bewegen können. Dazu gehört, nach unseren Überlegungen zum Bildungsbegriff leicht nachzuvollziehen, auch die Seite der religiösen Bildung, d. h. die Kenntnis der Religionen, ihrer logischen Struktur und ihrer praktischen Verfassung. Das geschieht sinnvollerweise zunächst am Material der eigenen Religion, die dann den Ausgangspunkt dafür bildet, auch andere Religionen und das Funktionieren von Religion überhaupt zu verstehen und zu würdigen. Auch hier kommt es auf die Person der Unterrichtenden an. Denn was sie zum Thema machen, kann schon der Sache nach gar nicht ohne entsprechende personale Resonanzen gelehrt und verstanden werden.

Vom Studium durch die Kirche oder Schule zur Universität: das ist der dritte klassische Berufsweg, der aus der Theologie folgt. Zu ihm ist hier gar nicht so viel Neues zu sagen. Denn er bewegt sich innerhalb der Parameter Kirche und Wissenschaft, die wir schon bedacht haben. Wer an der Universität im Fach Theologie tätig ist, muß diese beiden Pole beachten – auch wenn die akademischen Qualifikationsanforderungen (Promotion und Habilitation) einen eigenen Sog in Richtung Wissenschaft entfalten. Weitere Ausführungen sind auch darum an dieser Stelle überflüssig, weil dieser Text selbst schon ein Beispiel dafür gibt, wie sich akademische Theologie artikuliert. Sachliche Neugier und Freude am Unterrichten im Beruf miteinander verbinden zu können, gehört zu den großen Privilegien der theologischen Wissenschaft an der Universität.

Weil die Theologie, wie wir gesehen haben, sich inmitten verschiedener Kontexte bewegt, vermag sie auch einzelne Aspekte von Kunst und Kultur, Wirtschaft, Politik und Gesellschaft zu fixieren – und daraus lassen sich ebenfalls Berufsperspektiven für Absolventinnen und Absolventen eines theologischen Studiums erarbeiten, auch wenn es dafür bisher keine tradierten Ausbildungswege gibt. Doch vermag das individuelle Interesse und die je eigene Fähigkeit zur Orientierung inmitten der Vielfalt von Sinnwelten dazu beitragen, Wege der Lebensführung und der Lebensgestaltung aufzutun, die als Beruf zum eigenen Lebensentwurf passen.

VOLKER LADENTHIN, Bildung, in: Handbuch Praktische Theologie, hg. v. Wilhelm Gräb und Birgit Weyel, Gütersloh 2007, S. 17–28.
BIRGIT WEYEL, Pfarrberuf, ebd., S. 639–649.
BERNHARD DRESSLER/ANDREAS FEIGE, Religion in der Schule, ebd., S. 650–660.

## II. Was ist Religion?

Religion stellt den Leitbegriff dar, über den die Bestimmung gegenwärtiger Theologie verläuft. Denn der Begriff der Religion bezeichnet keinen abgeschlossenen Sachverhalt, sondern eröffnet ein Erörterungsfeld, auf dem verschiedene strittige Diskurse ausgetragen werden.

Grundsätzlich lassen sich hier zwei Kontroversen unterscheiden, eine kulturgeschichtlich-anthropologische und eine theologisch-dogmatische. Die erste geht von der Beobachtung aus, daß im allgemeinen Sprachgebrauch Religion und Theologie nahezu identifiziert werden. „Theologie – die hat doch etwas mit Religion zu tun, oder nicht?" Wie dann die Religion gesehen wird, davon ist auch das Urteil über die Theologie betroffen. Die Geschichte der Religion in der Moderne wirkt sich auch auf die Sicht der Theologie als Wissenschaft aus. Wo eine Kritik der Religion erwächst, wird diese auch auf die Theologie ausgedehnt. Der Religionsbegriff dient auf diese Weise dazu, Theologie weltanschaulich zu plazieren – und zwar oftmals als nicht mehr zeitgemäß.

Diese Kontroverse spiegelt sich nun auch in der Theologie selbst. Es liegt nahe, daß sich die Theologie einer Ein- und Unterordnung unter die allgemeine Religionsgeschichte zu entziehen versucht, indem sie das Spezifikum der christlichen Religion starkmacht. Das kann zum Beispiel dadurch geschehen, daß eben der Religionsbegriff als übergeordneter Begriff abgelehnt und Theologie etwa durch den Bezug auf „Glauben" aufgebaut wird. Diese dogmatische Zuspitzung der Theologie entfaltet jedoch höchstens innerkirchlich ihre Wirkung; sofern sie sich stets gegen den üblichen Sprachgebrauch abgrenzen muß, hat sie schon deshalb wenig Aussicht auf eine allgemeine Akzeptanz.

Eigentümlich ist, daß in beiden Kontroversen der Religionsbegriff als Allgemeinbegriff verstanden wird, der in dieser Rolle ein jeweils negatives Urteil vorbereitet: einmal, indem verschiedene Phänomene unter „Religion" zusammengefaßt werden, um sie gemeinsam zu verabschieden; sodann, indem die Leistungsfähigkeit des Begriffs von der christlichen Theologie her in Frage gestellt wird. Wie immer in solchen Fällen gibt es Anhaltspunkte für die Kontroversen am Begriff selbst. Doch um das zu verstehen, ist es nötig, sich die Geschichte des Begriffs klarzumachen. Denn die Begriffsgeschichte läßt erkennen, wie und warum heute so mit „Religion" umgegangen wird. Daher führt die Begriffsgeschichte in die Sache selbst hinein. Wer sich auf diesem Weg den aktuellen Debatten annähert, hat gute Aussicht, kurzschlüssige Alternativen kritisch zu überwinden. Man muß sich ja den Aufstellungen, die einem immer wieder zugemutet werden, nicht einfach überlassen, sondern kann diese selbst in ihrem Werden und ihrer Reichweite durchschauen.

Darum wählen wir hier den Weg über die Geschichte des Begriffs hin zur Bestimmung seiner gegenwärtigen Bedeutung für die Theologie.

## § 5  Religionsbegriff und Religionsgeschichte

### 1.  Über den Begriff der Begriffsgeschichte

Das Konzept der Begriffsgeschichte verbindet sich vor allem mit den Namen des Philosophen Joachim Ritter (1903–1974) und des Historikers Reinhart Koselleck (1923–2006), auf deren wesentliche Initiative die beiden großen Nachschlagewerke *Historisches Wörterbuch der Philosophie* (HWPh, 13 Bände, 1971–2007) und *Geschichtliche Grundbegriffe* (GG, 8 Bände, 1972–1997) zurückgehen. Es empfiehlt sich, beide Werke im Studium immer zu Rate zu ziehen, wenn es um die Kontur wichtiger Grundbegriffe geht. Sie zeichnen nach, daß sich die historische Entwicklung und der sachliche Gehalt nicht voneinander trennen lassen.

Der Grundgedanke der Begriffsgeschichte besteht in der Einsicht, daß die Sprache in der Geschichte – vor allem bei ihrer methodischen Verwendung in der Philosophie und den Wissenschaften – Begriffe ausbildet, die komplexe Sachverhalte sprachlich verdichten, sie damit feststellen und bearbeitbar machen. In gewissem Sinn ist das ja, wie wir sahen, die Funktion der Sprache überhaupt, nämlich im Wechsel der Erscheinungen Bezeichnungen hervorzubringen, die diese festhalten, und Verständigungsformen zu schaffen, die den Austausch darüber ermöglichen. Aus dieser sprachlichen Gestaltungskraft erwachsen eben auch solche Begriffe, die einer Orientierung in der Geschichte dienlich sind. Sind diese Begriffe einmal gefunden, kommen zwei nähere Merkmale in den Blick. Einerseits gilt, daß auf diese orientierenden

Begriffe immer wieder Bezug genommen wird. Es gibt also so etwas wie eine Fortschreibung von Begriffen, eine reine Beliebigkeit ist fast immer ausgeschlossen. Andererseits werden natürlich Begriffe aufgrund neuer Erfahrungen in historisch veränderten Konstellationen variiert und modifiziert. Fortschreibung heißt immer auch Neuverwendung, daher sind der alte Begriffsgehalt und die frühere Begriffsverwendung nicht letztlich maßgebend für die Gegenwart.

Das Konzept der Begriffsgeschichte leitet die Aufmerksamkeit auf den Sachverhalt, daß wir uns in historischen Kontexten immer wieder neu, aber immer auch mit Hilfe von geprägten Begriffen, ihrem Gehalt und ihren Verwendungsweisen verständigen. Man muß diesen Sachverhalt von zwei Seiten lesen: einmal unter der Perspektive der Begriffsproduktivität einer jeden historischen Epoche, so daß in einem historischen Begriff auch der Gehalt der Sache in ihrer Zeit aufscheint; dann aber auch aus dem Blickwinkel, daß durch die Begriffe diese historischen Gehalte so präsent bleiben, daß sie noch die gegenwärtige Wahrnehmung mitbestimmen.

Das begriffsgeschichtliche Verfahren läßt sich beispielhaft am Begriff „Säkularisierung" nachzeichnen (HWPh 8, 1133–1161; GG 5, 789–829). Der Begriff stammt seinem Ursprung nach aus der Rechtssprache der katholischen Kirche. Dort meint er in seinem engsten Sinn, daß ein Ordensgeistlicher zu einem Weltpriester wird, also nicht mehr den (schärferen) Ordensregeln unterliegt, sondern nur noch den (ermäßigten) Ansprüchen an das Priestersein in der Welt entsprechen muß. In einem weiteren Sinn ist dann auch damit gemeint, daß materielles kirchliches Gut in eine weltliche Zuständigkeit überführt wird. Der aus dieser *juristischen* Verwendung stammende Terminus gewinnt dann – nach einer Zwischengestalt im Westfälischen Frieden 1648 – einen politischen Sinn im Jahre 1803 mit Napoleons Aufhebung der kirchlichen Besitztümer im Deutschen Reich. Hier steht die Übertragung der Herrschaftsgewalt von der Kirche auf den Staat im Mittelpunkt, welcher darin mit Macht beansprucht, sich von kirchlichen Einschränkungen seiner Verfügungsgewalt zu befreien. Dieser *politische* Begriffsgebrauch wird schließlich zu einem *geistesgeschichtlichen* erweitert und meint, in vielerlei Abstufung geschichtlicher und weltanschaulicher Art, den Wandel von einer religiös zu einer weltlich geprägten Gesellschaft. Damit verbindet sich zumeist die Auffassung, Religion verliere im Lauf der Zeit ihre Bedeutung und werde durch andere Instanzen der gesellschaftlichen Vermittlung abgelöst. Mit diesem Dreischritt ist die genaue, im einzelnen auch verwickelte und kontroverse Begriffsgeschichte nur holzschnittartig skizziert. Es läßt sich aber gerade am Begriff der „Säkularisierung" leicht verstehen, wie und unter welchen historischen Umständen ein Begriff seine Kontur verändert und erweitert. Als Begriff mit einer juridisch-politischen Vorgeschichte ist „Säkularisierung" von verschiedenen Interessen motiviert und entsprechend programmatisch aufgeladen. Nimmt man den kirchenrechtlichen Hintergrund wahr, erscheint er als Kennzeichnung eines geschichtlichen Rechtsbruchs; stellt man die politische Dimension in den Vordergrund, dient er zur Beschreibung eines Emanzipationsaktes von kirchlicher Vorherrschaft. Diese Einsicht verweist darauf, daß die Verwendung des Begriffs in aktuellen kontroversen kulturwissenschaftlichen Diskursen – zumal dann, wenn er für eine globale Einschätzung der Gegenwart gebraucht wird – alles andere als neutral-deskriptiv ist. Eine historisch-distanzierte Betrachtung der Begriffsgeschichte, die diese Verwicklungen wahrnimmt, bewahrt vor Kurzschlüssigkeiten in der eigenen Argumentation und leitet zu kritischer Selbstreflexion des Begriffsgebrauchs an.

Ulrich Barth, Art. Säkularisierung I., TRE 29 (1998), S. 603–634.

## 2. Religion in der Religionsgeschichte

Es versteht sich nach diesen Überlegungen von selbst, daß wir mit dem Religionsbegriff nicht unmittelbar und naiv umgehen können. Auch seine Geschichte läßt sich in einer gewissen Schematisierung nachzeichnen. Der Ursprung des Begriffs liegt im Lateinischen. Im römischen Reich meint *religio* die aktive und sichtbare, also auch der Sozialkontrolle unterliegende Teilnahme am öffentlichen (Kaiser-) Kult. Man sieht sogleich, daß es dabei vor allem auf die Einordnung ins soziale Leben durch „Religion" ankommt. Die gemeinsame kultische Aktion verpflichtet die Bürger (und auch die Priester) als Glieder der Gesellschaft.

In Augustins Frühwerk *De vera religione* (ca. 390) wird unter Religion der Weg zu einem guten und glücklichen Leben verstanden. Die platonische Glückseligkeitsvorstellung dient dabei als Zielbeschreibung, der trinitarisch verfaßte kirchliche Glaube konkretisiert den Weg der Religion, indem er – durch die Autorität der Kirche vermittelt – den Ursprung des Lebens (Gott, der Vater) mit dem Vorbild des Verhaltens (Jesus, der Sohn Gottes) verbindet, das durch die versöhnende Gnade (die Wirksamkeit des Geistes) tätig gelebt wird. Damit ist eine Verinnerlichung des religiösen Lebensweges anvisiert, die sich einerseits von der Äußerlichkeit des antiken Ritus unterscheidet, andererseits auf die autoritative Vorgabe der Kirche angewiesen bleibt, im Ganzen aber im Vorstellungshorizont glücklichen Lebens verharrt. In der Reformationszeit bekommt der Begriff, relativ unbetont aufgenommen, einen differenzierteren Sinn. An Johannes Calvins Hauptwerk *Institutio religionis Christianae* (Unterricht in der christlichen Religion, letzte Fassung 1559) kann man beobachten, daß der Religionsbegriff auf die Innerlichkeit des Glaubens eingestellt wird, der zum Ort der Gottesbegegnung und Gotteserkenntnis wird; das gute Leben tritt als allgemeiner anthropologischer Sinnhorizont dagegen zurück. Die religiöse Anlage (*semen religionis*) wird nämlich nur dann zu einer soliden frommen Überzeugung des Herzens und Erleuchtung des Verstandes, wenn das Wort Gottes die an sich instabile, von Gott abweichende menschliche Frömmigkeit richtig ausrichtet. In dieser Umwendung erst erfüllt sich der Begriff der Religion, und darum versteht sich das reformatorische Christentum auch als „wahre Religion".

Etwa zweihundert Jahre später gewinnt der Religionsbegriff in der Aufklärungszeit abermals eine neue Kontur. Nicht zuletzt die Religionskriege des 17. Jahrhunderts zwischen Katholiken und Protestanten haben dazu beigetragen, daß den Konfessionen ihr Anspruch, jeweils und allein die „wahre Religion" zu repräsentieren, bestritten wurde. Zwar konnte das Beharren der Konfessionsparteien, „Religion" zu vertreten, nicht geleugnet werden, doch konnte ihre Besonderheit nun als Ausprägung einer „natürlichen Religion" interpretiert werden, die keinen gewaltsamen Kampf um die Wahrheit erlaubt. Jedenfalls dann nicht, wenn als deren Eckpfeiler der Monotheismus und eine allgemeinmenschliche Sittlichkeit gelten. Diese so aufgefaßte „natürliche Religion" stand damit durchaus in der Nachfolge der reformatorischen Auffassung von der Maßgeblichkeit des subjektiven Glaubens; in gewisser Weise wurde dieser aber als verbindendes Merkmal aller Religionen aufgefaßt.

Nimmt man diese begriffsgeschichtliche Betrachtung des Religionsbegriffs vor, dann stellt sich eine zwiefache Überlegung ein. Einerseits ist man davor gewarnt, das Resultat dieser Geschichte, wie es in der Aufklärung vorliegt, umstandslos geschichtlich auf alle Erscheinungsformen von Religion an allen Orten und zu allen Zeiten anzuwenden. Andererseits ermöglicht es aber doch auch dieser Begriff allererst, den Blick über die Grenzen der eigenen kulturell gebundenen Religion hinauszurichten und historisch und geographisch ferne Phänomene zu interpretieren. Es ergibt sich aus der Begriffsgeschichte, daß sich die Disziplin einer „Religionsgeschichte" oder einer „Religionswissenschaft" der Aufklärung verdankt. Der aufgeklärte Religionsbegriff erst eröffnet die Möglichkeit dieser Wissenschaften, wie sie seit der Mitte des 19. Jahrhunderts ausgearbeitet wurden. Zugleich kann man bereits den immanenten Widerspruch erahnen, der am Ende des 20. Jahrhunderts artikuliert wurde, daß nämlich dieser aus der Aufklärung stammende und von ihr konfigurierte Religionsbegriff zur Interpretation von Sachverhalten außerhalb dieses Geschichtskreises ungeeignet sei.

Die Religionswissenschaft ist bis heute von diesem Zwiespalt gezeichnet, mit einem Allgemeinbegriff aufklärerischer Herkunft arbeiten zu müssen, der ihr allererst das Feld der Phänomene eröffnet, welche von ihr zu bearbeiten sind – und in gleichem Maße an der Allgemeinheit des Begriffs scheitern zu müssen, der den Einzelheiten nicht gerecht zu werden scheint. Dieser Zwiespalt ist unüberwindbar – und gerade darin fruchtbar. Denn es ist der Allgemeinbegriff, der es ermöglicht, die Frage nach historischen und strukturellen Differenzen zwischen den Religionen zu stellen. Ohne ihn würden die Phänomene auseinanderdriften, so daß sie sich nur in Gestalt von einander feindlichen Kulturen artikulieren und ausleben könnten. Die Disziplin der Religionsgeschichte (bzw. der Religionswissenschaft, wie sie sich mit stärkerem Autonomieanspruch gern selbst nennt) kann zwar die praktischen, gesellschaftlichen und politischen Differenzen zwischen Religionen und religiösen Kulturen nicht aufheben, vermag aber immerhin auf gemeinsame Strukturen hinzuweisen, die in den zu untersuchenden Religionen vorkommen und in Anspruch genommen werden.

Dabei hat es sich gezeigt, daß man Religionen grundsätzlich in drei verschiedenen Hinsichten analysieren kann: im Blick auf ihren Mythos, ihren Ritus und ihr Ethos. Da es sich bei Religionen um geschichtliche Erscheinungen handelt, gehen sie auf Entstehungsumstände zurück, die in die Form von Erzählungen gefaßt werden. Das gilt auch dann, wenn diese Erzählungen den Anspruch haben, um ihrer unbedingten Geltung willen nichtgeschichtliche Sachverhalte wiederzugeben. In diesem Sinn kann man von „Mythen" sprechen, die für eine Religion maßgeblich sind. Sie sind das aber immer schon und immer nur in Verbindung mit sozialen Handlungszusammenhängen, die die Aufmerksamkeit der Religionsangehörigen auf diese Grundlegung richten, sie in die Ursprungsgeschichte einbeziehen und damit selbst zum aktuellen Teil des religiösen Geschehens machen. Das heißt dann

„Ritus" und bezeichnet die über Handlungssequenzen verlaufende religiöse Vermittlung des sozialen Lebens mit der Ursprungsdimension. Dieses rituelle Geschehen steht nun freilich seinerseits in einem sozialen Handlungszusammenhang intersubjektiver Art: der „Gottesdienst" bestimmt das „Weltleben". Darum ist mit jeder religiösen Prägung von Mythos und Ritus auch ein soziales „Ethos" verbunden, nach dem die Religionsangehörigen untereinander und mit anderen Menschen sowie Phänomenen in der Welt interagieren. In welcher Weise Mythen ausgebildet werden, wie sie sich im Ritus darstellen und welche Konsequenzen beide für das Ethos haben, ist von Fall zu Fall verschieden und verändert sich auch in der Geschichte.

Man muß es als eine große Leistung anerkennen, daß sich ein derartiges Schema ausbilden läßt, welches einen Allgemeinbegriff so faßt, daß er mit verschiedenen Besonderheiten zu verbinden ist, die in ihrem Bestand erhalten bleiben. Allerdings darf man sich auch nicht verhehlen, daß mit dieser wissenschaftlichen Ordnung zugleich ein implizites normatives Gefälle gegeben ist – nämlich die Aussicht darauf, daß eine solche theoretische Zuordnung auch zu einer praktischen und friedlichen Koexistenz von Religionen führt.

Wenn man in Rechnung stellt, daß sich die Prägung von Begriffen immer auch der Geschichte verdankt – in diesem Fall die Prägung des Religionsbegriffs auch der Religionsgeschichte –, dann läßt sich nicht übersehen, daß ein entscheidender Impuls zu dem Allgemeinbegriff, der das Besondere in sich trägt, ohne es in seiner Bedeutung zu mindern, auf die religionsgeschichtliche Konstellation des Christentums zurückgeht, derzufolge Gott, das Absolute, sich in dem absolut Besonderen, einem einzelnen Menschen, zur Darstellung bringt. Berücksichtigt man diesen Hintergrund, daß zu dem wissenschaftlich gebrauchten Allgemeinbegriff auch eine religiöse Quelle beigetragen hat, dann verstärkt sich zunächst der Vorbehalt gegen den Allgemeinbegriff noch einmal mehr. Zugleich wird aber auch verständlich, daß es nicht die bloß wissenschaftlich kategorisierende Anwendung des Allgemeinbegriffs ist, durch die das Besondere mit dem Allgemeinen versöhnt und verbunden wird. In dieser Einsicht steckt das Recht des Widerspruchs gegen eine „imperial" verfahrende Religionsgeschichte, die den aufklärerischen Begriff, wonach die „natürliche Religion" in der Kombination von Monotheismus und universaler Sittlichkeit besteht, als geschichtliche Normvorgabe für alle religiösen Phänomene behandelt. Allerdings erweist sich der Widerspruch als abstrakt, wenn er meint, die Last eines Allgemeinbegriffs von Religion gänzlich loswerden zu können. Denn damit geht nicht nur die Kompetenz der Religionswissenschaft verloren, es wird auch programmatisch auf den mindestens potentiell friedensfördernden Charakter der Besinnung auf Religion verzichtet.

> DIETRICH KORSCH, Die Vollendung der Religion. Theorie(n) der Religion und Theologie, in: WILHELM GRÄB, BIRGIT WEYEL (Hg.), Religion in der modernen Lebenswelt. Erscheinungsformen und Reflexionsperspektiven, Göttingen 2006, S. 335–347.

### 3. Gehört Religion zum Menschsein?

Die begriffsgeschichtliche Fassung des Religionsbegriffs läßt die Konzeption des Faches Religionswissenschaft, aber auch dessen Komplikationen erkennen. Was der Religionswissenschaft als einer historischen Disziplin entzogen bleibt, ist das Urteil darüber, wie es mit der Zukunft der Religion aussieht, ob also das geschichtliche Auftreten von Religion, deren Anfänge weit zurückreichen, künftig etwa zu einem Ende von Religion führt, weil deren Potentiale erschöpft sind bzw. von anderen Funktionen ersetzt werden. Wendet man sich dieser Frage zu, die alltagssprachlich oft in die Formulierung gefaßt wird, ob Religion zum Menschsein gehört, dann geht man von der Religionswissenschaft über in die Anthropologie, die Lehre vom Menschen.

Bei der Anthropologie handelt es sich um eine Wissenschaft, die sich unter anderem darum bemüht, die Grundelemente des Menschseins zu ermitteln. Eines dieser Elemente ist die Fähigkeit zur Lebensführung, also die Fähigkeit, mit dem eigenen Leib inmitten der natürlichen und sozialen Welt sinnvoll und verantwortlich umzugehen. In diesen Horizont der Lebensführung gehört in anthropologischer Betrachtung unter anderem die Religion; insofern ist Religion ein Thema der Anthropologie.

Allerdings unterliegt auch die Anthropologie der Dynamik von Geschichte und Gesellschaft. So ist es keinesfalls selbstverständlich, von „dem Menschen" zu reden und dabei den sozialen Status und alle anderen Umstände fortzulassen. Das ist erst eine Errungenschaft der Aufklärung. In den Menschenrechten, wie sie zuerst im späten 18. Jahrhundert und später, seit 1948, weltweit wirksam in der Erklärung der Menschenrechte der Vereinten Nationen ausgesprochen wurden, ist dieser Gedanke von „dem Menschen" grundlegend. Indem hier das Menschsein als mit Rechten ausgestattet verstanden wird, erhebt die anthropologische Rede von „dem Menschen" einen Anspruch auf dauerhafte und umfassende Geltung. Damit gewinnt das Verständnis vom Menschen, unbeschadet seiner durch und durch historischen Verfassung, einen normativen Status.

Es zeigt sich in dieser Betrachtung, daß die Allgemeinheit des aufklärerischen Religionsbegriffs und die Allgemeinheit des Begriffs von „dem Menschen" in einem historischen Zusammenhang stehen. Handelt es sich dabei nur um eine geschichtliche Gleichzeitigkeit – oder gibt es auch sachliche Gründe der Zusammengehörigkeit?

Das entscheidet sich am Begriff des Menschen. Die Menschenrechte behandeln das Menschsein als eine unbedingte Gegebenheit. Das ist jedenfalls der gemeinsame Sinn der Formulierungen „all men are created equal" aus der amerikanischen Unabhängigkeitserklärung und „all human beings are born free and equal in dignity and rights" aus der UN-Menschenrechtscharta. Es erhebt sich damit die Frage, wie die hier beanspruchte Unbedingtheit zu deuten ist. Als reine Konsequenz der natürlichen Evolution kann sie nicht verstanden werden, als Setzung aufgrund eines Mehrheitsprinzips auch nicht; in beiden Fällen wären die Aussagen überwindbar oder widerrufbar – das soll aber nicht sein. Alle Deutungen, die für den Grundbegriff der Menschenrechte, das Menschsein, gegeben werden, besitzen vielmehr einen nichtempirischen Status. Damit nehmen sie eine Funktion wahr, die auch der Religion zukommt, nämlich transzendente Deutungen für die innerweltliche Unbedingtheit des Menschseins zu geben. Menschenrechte und Religion besitzen darin einen gleichen Rang; das enge Verhältnis ist nicht nur ein historisch zufälliges, sondern geht auf denselben Sachgrund zurück.

So gewiß Religion und Menschenrechte historische Phänomene sind und als solche betrachtet zu werden verlangen, so gewiß ist in ihrer gemeinsamen Entwicklung ein normatives Gefälle mit doppelter Zielsetzung enthalten. Einerseits ist den historischen Religionen aufgegeben, hinter den Universalitätsstatus und den Geltungsanspruch der Menschenrechte nicht zurückzufallen; eine Religion, die an der modernen Gesellschaft aktiv teilhaben will, kann nicht darauf verzichten, sich auf alle Menschen als Gleiche zu beziehen; und das unabhängig davon, ob sie zur „eigenen Religion" gehören. Umgekehrt ist aber auch den Vertretern der Menschenrechte zuzumuten, Religion in ihrem Geltungsbereich anzuerkennen; eine Menschenrechtsbetrachtung, die Religionen in ihrer historischen Verschiedenheit ausschließen wollte, würde sich damit auch gegen ihre eigenen Begründungen wenden.

Deshalb lautet die Antwort auf die Frage, ob Religion zum Menschsein gehört: Ja – und das gilt insbesondere für das Verständnis des
Menschseins heute nicht nur in einem historischen Sinn, sondern mit
sachlichem Grund. Die Verbindung von Menschenrechten und Religion erzeugt dabei die normative Verpflichtung, sich gemeinsam auf
das Ziel einer humanen Verständigung und eines gerechten Friedens
hin zu orientieren; in diesen vollenden sich unbedingte Freiheit und
Gleichheit aller Menschen.

Indem aber der normative Gehalt in der Verknüpfung von Menschsein und Religion erkannt wird, ist damit zugleich festgehalten, daß
die empirische Wirklichkeit dieser Norm noch nicht entspricht. Es
kommen also auch Sachverhalte in den Blick, die zumindest vorerst
das gemeinsame Ziel entweder verfehlen oder ihm sogar widersprechen. Das ist zum Beispiel dann der Fall, wenn einzelne Religionen
ihren Geltungsanspruch nicht von ihren unvermeidlichen kulturellen
Rahmenbedingungen unterscheiden, sodaß die Tendenz entsteht, die
„eigene Religion" und damit die eigene Kultur allen anderen Menschen aufzuzwingen. Das ist freilich auch der Fall, wenn man umgekehrt verlangen wollte, daß alle historischen Religionen in einer „allgemeinen" oder als „natürlich" konstruierten Religion aufgehen und
dabei ihre Eigenheiten aufgeben sollten.

Da nun in der historischen Wirklichkeit unserer Gegenwart empirische und normative Bestimmungen zugleich vorkommen, führt die
positive Antwort, daß Religion zum Menschsein gehört, in die Aufgabe, sich für ein universales, aber die konkreten Einzelheiten nicht
unterdrückendes Menschsein einzusetzen. Die theoretische Antwort
besitzt somit einen unmittelbar praktischen Sinn. Auch diese Einsicht
ist eine Folge theologischer Reflexion auf das Phänomen der Religion
in der Geschichte.

WILHELM GRÄB, Vom Menschsein und der Religion. Eine praktische Kultur-
theologie (Praktische Theologie in Geschichte und Gegenwart 30), Tübingen
2018.

## §6 Religion in der Moderne

Unsere Beobachtungen zur Begriffsgeschichte des Religionsbegriffs
haben uns auf zwei miteinander verbundene Einsichten geführt. Einerseits handelt es sich bei Religion um ein Merkmal humaner Existenz überhaupt, wie es sich insbesondere in der Gegenwart zeigt,

wenn von „dem Menschen" geredet wird. Religion ist für die Begründung von Menschsein unerläßlich. Andererseits unterliegt die Art und Weise, wie die Religion geschichtlich auftritt, ganz und gar den historischen Bedingungen, die geschichtliche Epochen bestimmen. Religion ist daher selbst ein geschichtliches Phänomen und wandelt sich dementsprechend unter sich verändernden historischen Umständen.

Wenn wir jetzt den Blick auf Religion in der Moderne werfen, dann stellen wir uns auf die Vorgeschichte unserer eigenen Gegenwart ein – und können erwarten, daß sich auch die Religion, wie sie in der Theologie begrifflich gefaßt und reflektiert wird, in diesen Gegebenheiten selbst verortet. Und das geschieht auf besonders aufschlußreiche Art und Weise, denn die Betrachtung der Religionsgeschichte der Moderne gibt Auskunft über die Wege, die die anthropologische Notwendigkeit einer Begründung unbedingter Geltung des Menschseins eingeschlagen hat. Der Religionsbegriff in der Moderne läßt sich gar nicht ohne diese Kontextualisierung erörtern; vielmehr gewinnt er erst aus dieser Perspektive seine aktuelle Brisanz.

Die Leitformulierung für den Vorgang, den wir nun näher analysieren, lautet: In der Moderne wird die Religion daraufhin befragt, wie sie die Sicherung der unbedingten Geltung individuellen Menschseins vornimmt. Damit wird gesagt, daß es die Umstände der modernen Geschichte sind, welche die – natürlich längst vorliegenden – Bestände der Religion auf neue Weise ordnen und formatieren. Zugleich wird damit zum Ausdruck gebracht, daß diese neuen Umstände Religion keineswegs schädigen oder gar auflösen; vielmehr gewinnt die Religion gerade unter den Beanspruchungen der Moderne eine eigene, sie selbst präzisierende und klärende Gestalt.

Die Reichweite der hier ausgesprochenen Leitformulierung läßt sich ermessen, wenn man sich die damit ausgeschlossene Gegenthese vor Augen führt: Die Religion verfügt über den Menschen. Dieser Anschein kann aufkommen, wenn sich soziale, politische und religiöse Lebensumstände noch nicht ausdifferenziert haben. Denn unter diesen Bedingungen kann zwischen der Bedeutung von Religion und der Erfahrung von Herrschaft und Besitz noch nicht hinreichend unterschieden werden. De facto besagt daher die Aussage, Religion verfüge über den Menschen, nichts anderes als dessen Abhängigkeit von gesellschaftlichen Machtverhältnissen, die sich (auch) religiös darstellen. Dagegen eröffnet unsere Leitformulierung, nach der es die Religion mit der Sicherung der unbedingten Geltung individuellen Menschseins zu tun hat, eine emanzipatorische Perspektive, sofern sie jede gesellschaftliche Beanspruchung von Menschen an dem Maßstab mißt, ob damit dem grundlegenden Charakter humaner Selbständigkeit widersprochen oder diese anerkannt und gefördert wird.

Genau dann, wenn wir uns dieser Betrachtung unterziehen, wird die Geschichte des Religionsbegriffs in der Moderne aussagekräftig für die gesellschaftlichen Veränderungen und ihre Wahrnehmung im Bereich religiöser Verarbeitung. Das ist der Grund dafür, daß wir uns im folgenden an drei historischen Gestalten und theoretischen Positionen orientieren, die sich sowohl durch ihre persönliche Teilhabe an Wendepunkten der europäischen Geschichte seit der französischen Revolution auszeichnen als auch durch ihr theoretisches Vermögen, in ihrer Zeit einen historisch triftigen Religionsbegriff zu formulieren.

In die Lebenszeit von Friedrich Schleiermacher (1768–1834) fallen die großen Zäsuren der Französischen Revolution und ihrer napoleonischen Nachgeschichte, die ganz Europa verändert haben, ebenso wie die deutschen Befreiungskriege gegen Napoleon, die preußische Reform und die ab 1815 anschließende Restauration, die den Gegenpol der revolutionären Aufbrüche des späteren 19. Jahrhunderts bildete. Karl Barth (1886–1968) wurde Zeitgenosse des Ersten Weltkriegs sowie der nachfolgenden Umwälzung Europas, des Nationalsozialismus und des von diesem begonnenen Zweiten Weltkriegs mit der anschließenden Neuordnung Deutschlands, aber auch der Phase des Kalten Krieges zwischen West und Ost in den fünfziger und sechziger Jahren des 20. Jahrhunderts. Niklas Luhmann (1927–1998) gehörte zu der Generation, die nach dem Zweiten Weltkrieg in die intellektuelle Debatte der Soziologie als einer neuen Leitwissenschaft eingriff, dabei die Neuformatierung der politischen Kultur in Deutschland seit 1968, schließlich auch die politische Wende mit der Wiedervereinigung Deutschlands 1989 begleitete.

In der Geschichtsforschung spricht man inzwischen gern von den Jahren vor und nach 1800 als der Sattelzeit der Moderne (Koselleck), die man 1789 beginnen (und gegen 1848 enden) läßt – und der dann das „lange 19. Jahrhundert" bis zum Ende des Ersten Weltkriegs 1918 folgt. Dagegen schrumpft das „kurze 20. Jahrhundert" auf die Zeit zwischen 1918 und 1989 zusammen. Man sieht, daß sich die Geschichtsforschung durchaus eher an historischen Knotenpunkten als an einer linearen Chronologie orientiert. Die drei Autoren, deren Religionstheorie wir in ihrem zeitlichen Kontext betrachten, nehmen an der Geschichte dieser Knotenpunkte intensiven Anteil. Aufmerksamen Lesern wird es nicht entgangen sein, daß wir uns damit auf dem Boden der Religionstheorie in denselben Schritten bewegen wie in unserer Übersicht über Stationen der modernen Philosophie, die mit den Namen Hegel, Heidegger und Habermas bezeichnet waren; es ist auch nicht zufällig, daß sich die Religionstheoretiker dabei durchaus im Gegensatz zu den Philosophen sahen; über die Gründe dafür wird noch zu reden sein.

## 1. Religion ist Anschauen des Universums: Friedrich Schleiermacher (1768–1834)

Friedrich Schleiermacher den „Kirchenvater des 19. Jahrhunderts" zu nennen, ist eine Unterbestimmung seiner Person und seines Werks. Denn tatsächlich reicht Schleiermachers Bedeutung weit über die Theologie hinaus.

Als Sproß eines reformierten Pfarrergeschlechts ist er 1768 in Breslau geboren. Seine Schulzeit hat er im Pädagogium der Herrnhuter in Niesky (bei Görlitz) verbracht und ist ins Theologiestudium der herrnhutischen Gemeinde in Barby (Elbe) eingetreten. Dort kam es 1787 für ihn zum Bruch mit seiner pietistischen Herkunft – ein ergreifender Brief an seinen Vater legt davon Zeugnis ab. Im aufklärerischen Halle setzte er sein Studium fort und schloß es 1790 (Erstes Examen) und 1794 (Zweites Examen) ab. Von 1796–1802 war er Prediger an der Charité in Berlin – und von seiner Wohngemeinschaft mit Friedrich Schlegel aus Teil der romantischen Bewegung und ihrer Gesellligkeit. Persönliche Gründe vertrieben ihn nach Stolp in Pommern, bevor er 1804 eine Professur für Theologie, verbunden mit dem Amt des Universitätspredigers, in Halle übernahm. Als der napoleonische Feldzug der dortigen Universität 1807 ein Ende setzte, ging er nach Berlin zurück, wo er 1809 Prediger an der Dreifaltigkeitskirche und 1810, mit der Gründung der Berliner Universität, zugleich Professor und erster Dekan der Theologischen Fakultät wurde. An dieser, seiner Universität, deren ideenpolitische Ausrichtung vor der praktischen Gründung durch Wilhelm von Humboldt wesentlich auf ihn zurückging, war er bis zu seinem Tode 1834 tätig.

Schleiermacher war in Kirche und Universität ebenso präsent wie auf dem Felde der Königlichen Akademie der Wissenschaften und der politischen Öffentlichkeit. An der Universität hat Schleiermacher neben der Theologie (in allen Disziplinen außer dem Alten Testament) auch in der Philosophie, der Pädagogik, der Psychologie und der Staatslehre unterrichtet. Dazu kommen seine Übersetzung der

Werke Platons und sieben Bände mit Predigten. Kirchenpolitisch widersprach er dem Vorhaben des Königs Friedrich Wilhelm III., in das liturgische Recht der Gemeinden einzugreifen. Die Kritische Gesamtausgabe (KGA), die seit 1980 erscheint, bildet nach und nach diese umfassende religiöse und wissenschaftliche Wirksamkeit sowie seine reiche Korrespondenz in ihrem nun erst völlig sichtbar werdenden Umfang ab (bis 2019 sind 54 Bände erschienen).

Die größte Wirkung freilich hat Schleiermacher mit einer kleinen Schrift aus seiner Frühzeit erzielt, die unter dem Titel *Über die Religion. Reden an die Gebildeten unter ihren Verächtern* im Jahr 1799 anonym in Berlin erschien. Sie ist nicht nur für Schleiermachers eigene Religionsauffassung maßgeblich, sie hat auch die Verwendung des Religionsbegriffs nachhaltig geprägt. Denn sie schließt, wie der Untertitel zu erkennen gibt, an die aufklärerischen Religionsdebatten des ausgehenden 18. Jahrhunderts an, verschafft aber der Religion im Verhältnis zu diesen Diskursen eine eigene Stellung. Die Konzeptionen der Aufklärung hatten, wo sie sich affirmativ zur Religion äußerten, darauf bestanden, entweder die Erkenntnis Gottes als Abschlußfigur der Welterkenntnis zu verwenden oder sie der Moral zuzuordnen. Die erste Variante, Religion und Vernunft miteinander zu verknüpfen, hatte sich im 18. Jahrhundert oft der Figur des teleologischen Gottesbeweises bedient, demzufolge die sinnhafte Ordnung der Natur auf einen transzendenten Gesetzgeber zurückzuführen sei. Immanuel Kants Kritik der Gottesbeweise in seiner *Kritik der reinen Vernunft* (1781) hatte diese Erweiterung der Naturerkenntnis ins Überweltliche mit erkenntnistheoretischen Gründen kritisiert – und Kant hatte seinerseits den Gottesbegriff als notwendige Idee der Vernunft in die praktische Philosophie verschoben. Die erste große, für die Folgezeit bestimmende Neukonzeption des Gottesbegriffs durch Schleiermacher ging nun – im Gefolge der Aufklärung, aber kritisch gegen deren Ausprägungen – darauf aus, der Religion einen eigenen Ort in den Funktionen des Bewußtseins zu verschaffen, und zwar durch eine genauere Analyse des Bewußtseins selbst.

Die theoretische Philosophie (die Schleiermacher Metaphysik nennt) geht, ebenso wie die praktische Philosophie (Moral geheißen) auf ein Ganzes aus; in der Metaphysik ist es um die Ganzheit der Welt im Erkennen zu tun, in der Moral überschreitet das Handeln stets die vorgegebenen Grenzen, um auf ein durchs Handeln geschaffenes Ganzes zuzugehen. Dabei ist aber immer schon vorausgesetzt, daß es die Beziehung zwischen dem einzelnen Erkennen bzw. dem vereinzelten Handeln und dem Ganzen gibt – und zwar trotz der Tatsache, daß dieses Ganze noch nicht in der Erkenntnis abgebildet, geschweige denn im Handeln verwirklicht ist. Es wird daher in diesen starken Tätigkeiten der aufklärerischen Vernunft immer schon eine Voraussetzung in Anspruch genommen, die aus den eigenen Vollzügen nicht zu begründen ist. Um nun aber dieses Anwesen des Ganzen im einzelnen Bewußtsein zu erklären, spricht Schleiermacher vom „Anschauen des Universums" und kennzeichnet diesen Ausdruck als „die allgemeinste und höchste Formel der Religion" (2. Rede, S. 81). Die Anschauungsmetapher beschreibt das unmittelbare Vorkommen des Angeschauten im Anschauenden und stiftet damit die Verbindung, von der dann Metaphysik und Moral zergliedernd und aufbauend Gebrauch machen. Beispielhaft kann man sich klarmachen, was Schleiermacher damit im Sinn hat. Etwa am „gestirnten Himmel über mir": Auch ohne das Weltall erfassen zu können, stellt sich anschaulich das Bild eines Ganzen ein, in das ich als Anschauender einbezogen bin. Dabei handelt es sich nicht um eine wissenschaftliche Erkenntnis, sondern um ein Modell der Vergewisserung universaler Präsenz. Oder am Phänomen einer Blume, klassisch einer Rose: Wer sich ins Einzelne dieser schönen Erscheinung versenkt, entdeckt in ihr ein Ganzes, Vollkommenes, das Anwesen des Absoluten in diesem Einzelnen – und nimmt in der Anschauung unwillkürlich an dieser Einheit teil. Daß diese tendenziell über äußere Beispiele laufende Anschauungsmetaphorik tatsächlich mit einer Begründung des Bewußtseins verbunden ist, erweist sich im Gefühl, welches die Anschauung begleitet und sozusagen die innere Resonanz der Anschauung bildet.

„Anschauung des Universums" als Präsenzgewißheit des Absoluten stellt nun die Eigenart und Eigenständigkeit der Religion unter Beweis. Auf dem Boden der Kriterien der Aufklärung wird eine Kritik an der dort stattfindenden Ein- und Unterordnung der Religion artikuliert. Allerdings kommen sofort Erweiterungen ins Spiel, die einerseits konsequent und unvermeidlich sind, die andererseits aber auch Komplikationen schaffen. Denn „Anschauung des Universums", dabei kann es sich immer nur um einen Akt handeln, keine feste Struktur des Bewußtseins. Ein Akt aber verlangt vollzogen zu werden, und alles, was sich vollzieht, gehört der Geschichte an. Religion ist daher von ihrem Grundbegriff her geschichtlich. Damit verbindet sich automatisch die Vorstellung einer Vielfalt von Konstellationen, die als Ausdrucksgestalten der Anschauung des Universums gelten können; unsere beiden Beispiele in ihrer Harmlosigkeit haben das bereits gezeigt. Religion ist also nicht nur geschichtlich, sondern auch vielfältig. Damit hat sich Schleiermacher von den aufklärerischen Konstruktionen einer universalen, vorgeschichtlich gegebenen „allgemeinen" oder „natürlichen" Religion verabschiedet. Auch das Christentum fällt unter diese Bestimmungen, es ist geschichtlich geworden und stellt eine Religion neben anderen dar.

Genau daraus aber erwächst die Komplikation, diese individuellen Darstellungsformen von Religion einerseits zueinander, andererseits zur Allgemeinheit der Vernunft ins Verhältnis zu setzen. Das ist darum eine interessante Aufgabe, weil es keine übergeordnete Perspektive gibt, diese Verhältnisse zu bestimmen. Ein Vergleich der Religionen kann daher nur über eine hermeneutisch verfahrende Wahrnehmung der jeweiligen Aufbaumomente verlaufen. Es zeigt sich nämlich, daß die Individualität der religiösen Varianten auch beschränkt ist, weil nicht alle Weltphänomene zur Repräsentanz des Universums taugen. „Natur", „Menschheit", „Geschichte" – diese Größen kommen in Betracht, bleiben aber einigermaßen unverbunden nebeneinander stehen, auch wenn die Vorstellungen immer dynamischer werden. Einen Schritt voran kommt man, wenn man die Verfahrensweisen der verschiedenen Religionen auf ihr inneres Funktionieren hin untersucht. Dann kann man erkennen, daß es zumeist darauf hinausläuft, das Individuelle im Allgemeinen aufgehen zu lassen: Der einzelne Mensch ist Teil der Natur, ein Mensch unter anderen, Moment der Geschichte, die über ihn hinweggeht. Das Verhältnis zwischen der Eigenaktivität der Anschauung und der Einwirkung des jeweiligen Universums bleibt unklar. Erst wenn man den Gegensatz der Eigenaktivität zum Universum in den Begriff der Religion aufnimmt, kommt man weiter. Genau das ist aber im Christentum der Fall: Dort wird die menschliche Eigenaktivität im Gegensatz zum Göttlichen als Sünde markiert – und durch die Aktivität des Universalen, durch Gottes Gnade, überwunden und aufgehoben. Insofern kann Schleiermacher das Christentum die „Religion der Religionen" nennen – nicht aufgrund eines positionellen Werturteils, sondern als Resultat einer strukturellen Betrachtung der Religionen.

Damit ist allerdings das andere Problem noch nicht gelöst, nämlich die Zuordnung der Besonderheit der historischen Religionen zur Allgemeinheit der Vernunft. Hier zeigt sich zuerst, daß die Bewegung des Bewußtseins, wie sie in allen Religionen stattfindet – nämlich ein Aussichherausgehen und ein Insichzurückkehren, wie es sich in der Anschauung vollzieht –, tatsächlich auch der Bewegung des Bewußtseins überhaupt entspricht, die dort jedoch in unterbrochener, reflektierter Form vor sich geht. Im Christentum, das diese Bewegung selbst in den Mittelpunkt der Anschauung des Universums gestellt hat, wird dies am deutlichsten bewußt. Allerdings erscheint es über diese Analogie hinaus nicht möglich zu sein, eine weitere Zuordnung vorzunehmen. Die Allgemeinheit der Vernunft ist gesetzt, die Besonderheit der Religion artikuliert sich gerade im Verhältnis zu dieser Allgemeinheit. Die Lösung, auf die Schleiermacher später explizit zusteuern wird, sieht so aus, daß das partikulare Christentum das universale Ziel der Geschichte vorabbildet und durch Handlungsimpulse voranbringt.

Eine neue Selbständigkeit der Religion, welche kategoriale Eigenart und historische Besonderheit der Religion verknüpft – das ist die große Errungenschaft von Schleiermachers *Reden*. Zwar sind sie als solche nie gehalten worden, doch hat ihr rhetorisch-dialogischer Stil, ebenso wie die metaphorische Dichte des Ausdrucks, dafür gesorgt, daß Religion ins Gespräch kommt – und als Gespräch verstanden wird.

Umso mehr muß es überraschen, daß sich Schleiermacher in seinem späteren theologischen Hauptwerk, seiner Dogmatik unter dem Titel *Der christliche Glaube* (zweite Auflage 1830/31), ausgesprochen zurückhaltend gegenüber dem Religionsbegriff ausspricht und ihn in seiner systematischen Funktion durch den Begriff der Frömmigkeit ersetzt. Das hat damit zu tun, daß Schleiermacher befürchtet, gegenständliche Vorstellungen und rituelle Vollzüge ließen sich nicht erfolgreich vom Religionsbegriff fernhalten (§6 Zusatz, S. 58 f.). Es kommt ihm aber darauf an, sich ganz auf die innere Funktionsfähigkeit des Bewußtseins zu konzentrieren, wenn es um die Bestimmung der Rolle der Religion geht. Im allgemeinen theologischen Sprachgebrauch hat man diese Differenzierung nicht immer mitvollzogen und spricht auch in der Erörterung der Aufstellungen in der „Glaubenslehre", wie Schleiermachers Dogmatik kurz genannt wird, weiter vom Religionsbegriff.

In gewisser Weise knüpfen die Erörterungen in der *Einleitung in die Glaubenslehre* an die Differenzierungen der *Reden* an, präzisieren aber den Bewußtseinsvorgang, in dem Frömmigkeit sich aufbaut, über die Verwendung der Anschauungs-Metapher hinaus. Hier geht Schleiermacher von einer Analyse der Verfahrensweisen des Bewußtseins aus und blickt auf deren Grund zurück. Ihre Basis findet seine Argumentation in der Beobachtung unseres menschlichen Daseins in der Welt. Als Weltwesen sind wir von unserer Umgebung (allgemein gesprochen also: von der Natur überhaupt) abhängig, wir stehen unter ihrem Einfluß. Zugleich aber sind wir, wie es sich an unserem Handeln ablesen läßt, auch mit Freiheit begabt und erzielen dadurch unsererseits Wirkungen in der Welt. Es ist ein besonderes Merkmal des Menschseins, diese Wirkungen nicht nur quasi mechanisch auszulösen, sondern um unsere menschliche Ursächlichkeit auch noch zu wissen und sie insofern auch bestimmen zu können und verantworten zu müssen. Bereits diese Fähigkeit der Freiheit setzt uns in eine gewisse Distanz zur uns umgebenden Welt, in der wir leben; wir bilden wie von selbst Deutungen unseres handelnden Verhaltens in der Welt aus.

Nun stellt sich die Frage, woher diese Freiheit entspringt – und diese Frage läßt sich auch gar nicht abwenden, da wir ja sowieso schon in einem Prozeß der Deutungen begriffen sind. Es liegt auf der Hand, daß diese unsere Freiheit nicht Resultat einer innerweltlichen Einwirkung auf uns sein kann; das würde Freiheit gar nicht erklären können, sondern sie nur als einen Fall von Wechselwirkung auffassen können. Könnten wir statt dessen die Freiheit aus uns selbst erzeugt haben? Aber: Wie kämen wir dann zu der Vorstellung, durch die Welt beschränkt und von ihr abhängig zu sein? Dann müßten wir die Welt selbst gesetzt haben – aber das würde unserem eigenen Empfinden weltlicher Abhängigkeit widersprechen. Es muß also eine Deutung der Herkunft unserer Freiheit geben, die weder auf innerweltliche Phänomene noch auf uns selbst zurückgeht. Diese Deutung muß in sich enthalten, daß wir in der Welt mit Freiheit begabt sind, daß diese Freiheit aber ganz und gar von woanders her bestimmt ist (wenn es sie tatsächlich gibt, wie wir doch de facto unterstellen). Wir sind also angehalten, unser Dasein in der Welt von einem Ursprung unserer Freiheit her zu verstehen, demgegenüber wir keinerlei Rückwirkung ausüben (können), sondern zu dem wir – gerade als innerweltlich Freie – in einem Verhältnis absoluter Abhängigkeit stehen. Das Bewußtsein davon ist Frömmigkeit; die Instanz, im Verhältnis zu der wir unsere Freiheit begründet wissen, wird Gott genannt; der anthropologische Ort, an dem uns diese Deutung aufgeht, ist nicht Wissen oder Tun, sondern das Gefühl. Frömmigkeit besteht im Gefühl schlechthiniger Abhängigkeit, wie Schleiermacher sich ausdrückt – und diese ist der Boden innerweltlicher Freiheit, welche sich darum als begrenzte Freiheit, aber auch als Basis erfolgreicher Welterkenntnis erweist, weil wir auch die Existenz der Welt, in der wir leben, die uns erschlossen ist und in der wir erfolgreich zu handeln vermögen, nur als von Gott herkommend deuten können. Frömmigkeit ist daher die angemessene Beschreibung für den Vorgang, in dem menschliches Bewußtsein seine eigene Grundlegung vollzieht und damit sich selbst versteht.

Diese Erörterung über den Aufbau des Bewußtseins der in der Welt lebenden Menschen ist eine Umformulierung des früheren Ausdrucks „Anschauung des Universums"; damit ist die Rolle der Frömmigkeit für das Menschsein überhaupt oder im allgemeinen festgestellt. Doch wir wissen es ja, daß die Religionen geschichtliche Gebilde sind, die diese besondere Stellung der Religion auf je eigene Weise wahrnehmen und verarbeiten. Hier, in der Glaubenslehre, nimmt sich Schleiermacher dieses Problems so an, daß er den Unterschied der Religionen mit der jeweiligen Form zusammenbringt, nach der sich die schlechthinige Abhängigkeit und die innerweltliche Dialektik von Abhängigkeit und Freiheit konfigurieren. Es bedarf nach seiner Auffassung nämlich historischer Variation – oder eines geschichtlichen Fortschritts –, bis einmal die jetzt eben kategorial geklärte Struktur der Religion auch in der gelebten Frömmigkeit zum Durchbruch kommt. Nachdem es viele Religionen gegeben hat, die die Instanz des Grundes der Freiheit mit irgendwelchen weltlichen Mächten (Polytheismus) oder der Welt im Ganzen (Pantheismus) identifiziert haben, kam erst im Christentum der Unterschied zwischen beiden Seiten der menschlichen Existenz, der schlechthinigen Abhängigkeit und der weltlichen, begrenzten Freiheit, zu klarem Bewußtsein. Denn in Jesus ist der Mensch aufgetreten, der in seinem Lebensvollzug die reine Überlegenheit des Grundes der schlechthinigen Abhängigkeit gegen die Verwirrungen der weltlichen Abhängigkeit (und der darin mitgegebenen bloß innerweltlichen Freiheit) zum Durchbruch gebracht hat – weshalb er nun auch als Erlöser der Menschen gilt, die allein durch sein Dasein die rechte Ordnung ihres Lebens nicht nur erkennen, sondern sich auch bekräftigt wissen, diese Ordnung in ihrem Leben zur Geltung kommen zu lassen. Ist Jesus selbst einmal in seiner Funktion als Erlöser erkannt, kann diese Erkenntnis ihre durchgreifende Wirkung im menschlichen Leben auch nicht verfehlen, denn diese Klarheit ist genau das, was in der Anlage humanen Lebens schon immer erwartet wurde. Jesu Existenz nimmt damit den Rang eines real existierenden humanen Urbildes ein.

Die überzeugende Kraft dieses wirksamen Urbildes erweist sich im Glauben als der innersten Selbstbestimmung des Menschen und führt zur Versammlung der Gläubigen in der Kirche. Deren Ausrichtung ist eine doppelte. Einerseits pflegt die Kirche die Einstellung der Menschen auf den Glauben und seinen Ursprung hin. Zugleich ist sie eine gesellschaftliche Institution und als solche in der Welt erkennbar und tätig. Die Reinigung und Stärkung des Gottesbewußtseins in der Kirche hinterläßt geschichtliche Spuren.

Die Konsequenzen, die sich aus dieser Einsicht in den Aufbau und die Wirkung der Frömmigkeit ergeben, sind umwälzend. Denn die Erkenntnis der Präsenz Gottes als des Grundes schlechthiniger Abhängigkeit in der urbildlichen Existenz Jesu zieht einerseits die Kritik aller Götterverehrung – wir könnten auch sagen: aller Ideologie – nach sich, nach denen innerweltliche Gegebenheiten zum Zwecke der Unterdrückung der Freiheit verwendet werden. Damit aber wird – andererseits – die Richtung menschlicher Tätigkeit auf die Gestaltung einer humanen und freien Gesellschaft hin freigesetzt. Es ist das Ineinander und Gegenüber unterschiedlicher Vergemeinschaftungsformen der Menschen ohne eine machtförmige Hierarchie, die nun angestrebt und deren Verwirklichung auch möglich wird. Das ist – und das wird für unsere weiteren Überlegungen sehr wichtig – der Weg, auf dem sich die Besonderheit (auch) der historischen Religion des Christentums mit der Allgemeinheit der Weltgeschichte – und insofern der Allgemeinheit der Vernunft – verbindet. Schleiermacher hebt damit den Zug des Christentums hervor, sich aufgrund des unmittelbaren Gottesbewußtseins immer wieder herrschaftskritisch zu betätigen; auch gegen die eigenen Tendenzen, die Herrschaft Gottes politisch abbilden zu wollen. Schleiermacher selbst hat mit seinem Vorschlag einer Differenzierung der Gesellschaft nach den Funktionen Herrschaft (Staat), Wissen (Wissenschaft), Frömmigkeit (Kirche) und Privatraum (freie Geselligkeit) ein noch heute diskutables Modell entwickelt, wie eine Zuordnung von Vergemeinschaftungsformen erfolgen kann, bei denen die Überordnung der einen über alle anderen vermieden werden soll.

An dieser Stelle ist es aufschlußreich, auf den Unterschied zwischen Hegel und Schleiermacher hinzuweisen. Hegel war 1818 als Nachfolger Johann Gottlieb Fichtes (1762–1814) an die Berliner Universität gekommen; er und Schleiermacher blieben zeitlebens in Gegnerschaft miteinander verbunden. Denn Schleiermacher hatte ja mit seinem Programm der Selbständigkeit der Religion als Wirklichkeitszugang eine Alternative zu Hegels Zentralthese von der Alleinzuständigkeit der Vernunft für die Wirklichkeit ausgearbeitet. Religion, nach Schleiermacher, muß der Vernunft nicht widersprechen; es ist aber auch unmöglich, die Religion als noch nicht zu sich selbst ge-

kommene Vernunft in diese aufzuheben, wie es Hegels Absicht schien.
Bei Hegel können wir eine starke Tendenz dahin entwickelt finden,
die Vernunft als Kern des Geistes auch zur treibenden Entwicklungs-
kraft der Gesellschaft zu machen – ungeachtet der auch von ihm
genau wahrgenommenen tatsächlichen Spannungen und Widersprüche der bürgerlichen Gesellschaft. Die Religion – das Christentum vor
allem – nimmt dafür eine fördernde, aber auch über sich selbst als Religion hinausweisende Rolle ein. Schleiermacher dagegen betrachtet
die Religion als Quelle auch des philosophischen und wissenschaftlichen Bewußtseins – ohne dessen Kompetenz auch nur im mindesten
einzuschränken. Die Gegebenheit der Welt, in der wir leben, ist die
Voraussetzung auch der vernünftigen Betätigung in ihr, und die Zustimmung zu dieser Gegebenheit stellt die Basis allen vernünftigen
Handelns dar. Daß sich die bürgerliche Gesellschaft nach eigenen
Funktionsgesichtspunkten differenziert, sorgt dafür, daß die Religion
keine inhaltlich bestimmende Macht über Wissenschaft und Kunst,
Politik und Familie ausübt – was nicht ausschließt, daß diese Funk-
tionsbereiche aus christlicher Überzeugung kräftig und erfolgreich gefördert werden können. So bleiben beide, Schleiermacher und Hegel,
trotz ihres durchaus polemisch geprägten persönlichen und theoretischen Zwiespalts, durchaus im Rahmen der sich formierenden bürgerlichen Gesellschaft zu Beginn des 19. Jahrhunderts.

Diese Einsicht ist nun für die genaue Bestimmung des Religionsbegriffs bei Schleiermacher von erheblicher Bedeutung. Denn durch
sie wird klar, daß die unmittelbare Einheit von Absolutem und Individuellem, wie wir das grundsätzliche Konzept von Religion an der vorangehenden Begriffsgeschichte bestimmt haben, bei Schleiermacher
so gefaßt worden ist, daß es in der Tat das Allgemeine von Vernunft
und Gesellschaft ist, welches das Gegenüber der individuellen Vergewisserung durch die Religion darstellt. Die „Anschauung des Universums" ist ebenso wie das „Gefühl schlechthiniger Abhängigkeit"
ein Ausdruck des individuellen Bezogenseins aufs Ganze. Was in den
Voraussetzungen dieses Religionsbegriffs steckt, nämlich der bürgerliche Optimismus auf eine gelingende Welt in eigener Verantwortung,
hält sich durch bis in die Konsequenzen.

**Leseempfehlungen**
Friedrich Schleiermacher
Zweite Rede. Über Wesen der Religion, in: Ders., Über die Religion. Reden
an die Gebildeten unter ihren Verächtern (1799), hg. v. Günter Meckenstock,
Berlin/New York 1999, S. 74–115.

Der christliche Glaube nach den Grundsätzen der evangelischen Kirche im Zusammenhange dargestellt (1830/31), hg. v. Rolf Schäfer, Berlin/New York 2008, S. 13–150.

Zur Einführung: HERMANN FISCHER, Friedrich Schleiermacher (Beck'sche Reihe Denker), München 2001. Schleiermacher Handbuch, hg. v. Martin Ohst, Tübingen 2017.

Zur politisch-historischen Verortung: ANDREAS ARNDT, Die Reformation der Revolution. Friedrich Schleiermacher in seiner Zeit, Berlin 2019.

## 2. Religion ist Unglaube: Karl Barth (1886–1968)

Auch Karl Barth wurde einmal der Titel eines Kirchenvaters für sein Säkulum, das 20. Jahrhundert, verliehen. Mehr als für Schleiermacher trifft diese Beschreibung zu, denn Barth war einerseits Zeuge und theologisch-politischer Mitgestalter seiner Zeit, blieb aber auf der anderen Seite, auch in seinem politischen Engagement, doch auf eine Wirksamkeit in der Kirche und durch die Kirche beschränkt. In die wissenschaftlichen Diskurse jenseits der Theologie hat er nicht eingegriffen, kirchliche (oder politische) Ämter hat er nach 1921 nicht mehr bekleidet. Das hat mit seiner Theologie zu tun, mit der sich freilich durchaus ein umfassender Anspruch verband.

Karl Barth wurde 1886 in Basel geboren und wuchs dann in Bern, wo sein Vater Professor für Neues Testament wurde, in einem evangelisch-bürgerlichen Milieu auf. Ähnlich wie Schleiermacher vom Pietismus, wandte er sich im Studium von der „positiven" Frömmigkeit seiner Herkunft ab und studierte bei den „Liberalen" Adolf von Harnack in Berlin und Wilhelm Herrmann in Marburg. Die Zeit im Pfarramt im aargauischen Safenwil (1911–1921) brachte dann abermals einen Abschied, nun von der Theologie seiner Studienzeit, und führte zur ersten Konzeption eines eigenen theologischen Entwurfs mit dem *Römerbrief* (1919), einer religiösen Zeitdiagnose in der Form eines Kommentars zum paulinischen Hauptbrief. Dieses Buch brachte Barth – ohne klassisch-akademische Qualifikationsschriften – den Ruf auf eine Honorarprofessur für Reformierte Theologie an der Universität Göttingen ein. In den zwanziger Jahren entfaltete Barth seinen theologischen Ansatz, der dann „Dialektische Theologie" genannt wurde, auch in kirchlichen Kontexten. Nach einem Zwischenspiel in Münster war Barth ab 1930 Professor für Systematische Theologie an der Universität Bonn. Dort begann die Neufassung seiner Theologie, die seit 1932 in der *Kirchlichen Dogmatik* ihren Niederschlag fand. Darin stellte Barth den Begriff des Wortes Gottes in den Mittelpunkt, spitzte ihn christologisch zu und entfaltete ihn zu einem Gesamtwerk, das trotz seiner 13 Bände auch im Jahr 1968 nicht abgeschlossen war. Nachdem Barth 1934 als Christ, Theologe, Sozialdemokrat und Schweizer die Unterschrift unter den von Hitler geforderten Führer-Treueeid verweigert hatte, war er 1935 dienstentlassen worden und nach Basel zurückgekehrt, von wo aus er den deutschen Kirchen-kampf, den er schon zuvor inspiriert und befördert hatte, weiter un-terstützte, welcher sich gegen die Herrschaft des Nationalsozialismus in der Kirche wehrte. Nach 1945 besuchte er sogleich Deutschland wieder und wurde eine wichtige Bezugsperson für die Organisation der Kirchen in der Nachkriegszeit. Die theologischen Debatten der zwei Jahrzehnte nach Kriegsende waren von dem Gegensatz zwischen Karl Barth und Rudolf Bultmann (1884–1976) bestimmt, in dem es um die Art und Weise ging, eigenständige Theologie und aktuelle Wis-senschaft miteinander zu verknüpfen.

Aus der Schweiz ins deutsche Kaiserreich – Beobachter des Ersten Weltkriegs von der Schweiz aus – Zeitgenosse der Weimarer Repu-blik und der beginnenden Naziherrschaft in Göttingen, Münster und Bonn – „Remigrant" in die eigene Heimat, mit Deutschland verbun-den bleibend – wichtige Figur für Kirche und Theologie während der Nazizeit und auch in der Nachkriegszeit: intensiver geprägt von his-torischen Verwerfungen kann ein intellektuelles Leben in der Theo-logie kaum sein. Dabei hat es Barth seit 1919 vermocht, die Frage nach dem authentischen Christsein zum Fokus seiner Theologie zu machen; eine Frage, die mit gewissen Modifikationen bis in sein Spät-werk, fünfzig Jahre danach, fortwirkt. Worum handelt es sich?

Wir hatten in unseren Schlußbeobachtungen zu Schleiermachers Religionsbegriff festgehalten, daß sich sein starkes Konzept einer Ei-genständigkeit der Religion im gesellschaftlichen und geistigen Leben seiner Epoche auf die vorausgesetzte Allgemeinheit der Vernunft be-zieht, die in der Religion auf unmittelbare Weise – sei es als Anschau-ung des Universums, sei es als Gefühl der schlechthinigen Abhängig-keit – zu einer individuellen Wahrheitsgewißheit wird, welche mit einer umfassenden Wirklichkeitserschließung verbunden ist. Genau dieses Gegenüber des Allgemeinen ist es, das sich im Übergang zum 20. Jahrhundert als problematisch herausgestellt hat. Bereits Wilhelm Herrmann, Barths theologischer Lehrer in Marburg, hatte seine Auf-merksamkeit auf die Veränderung im individuellen Bewußtsein ge-lenkt, die mit dem Glauben verbunden ist – der Glaube wird zum individuellen Erleben. Barth hat diesen religiösen Abschied vom unmittelbar Allgemeinen nun entscheidend fortgesetzt; der Kulturbruch, als der der Erste Weltkrieg verstanden wurde, hat dieser Tendenz kräftigen gesellschaftlichen und geschichtlichen Vortrieb gegeben. Die religiöse Frage ließ sich danach nicht mehr in der Form einer Gründung des allgemeinen Wahrheits- und Wirklichkeitsbewußtseins beantworten. Was als Sicherheit und Sicherung des an sich selbst fraglichen individuellen Bewußtseins aufgeboten werden konnte, zerfiel unter den Ansprüchen, die an eine solche Allgemeinheit gerichtet wurden. Eine „Anschauung des Universums" etwa hätte überall nur Chaos und Zerstörung gewahren können statt eines gerundeten Ganzen. Damit stellt sich aber die Frage nach dem Gegenüber des religiösen Bewußtseins, welches dessen eigene Fraglichkeit aufnimmt und mit ihr umzugehen lehrt, auf neue und vertiefte Art und Weise. Barths Antwort, deren Entfaltung seine ganze Theologie bestimmt hat, lautet: Es ist das Wort Gottes, welches Grund und Gegenstand des Glaubens als gewisser Gotteserkenntnis ist. Es liegt auf der Hand, daß der als solcher ja vieldeutige Begriff des Wortes Gottes dann durchgängig zu entfalten ist. Wie sich diese positive Antwort Barths zu der kritischen Ausgangsbeobachtung vom Verlust des unmittelbaren Allgemeinen verhält, bildet den Bogen, unter dem auch Barths Religionsbegriff zu bestimmen ist.

Die kritischen Anfänge der eigenen Theologie Barths kann man sich gut an einem sehr anschaulichen Vortrag klarmachen, den Barth 1922 vor sächsischen Pfarrern in Schulpforta gehalten hat. Unter dem Titel *Not und Verheißung der christlichen Verkündigung* geht er die Situation im Gottesdienst am Sonntagmorgen durch, indem er die Perspektive der Gottesdienstbesucher, der „aufgeschlagenen Bibel" und des Pfarrers in hermeneutischer Absicht analysiert. Für die Besucher des Gottesdienstes nimmt er eine – durchaus implizite – Frage an, nämlich die Frage nach der Wahrheit und Gültigkeit von allem, was es gibt: „Ob's wahr ist", heißt die rhetorische Verknappung dieser Frage. In ihr steckt die weitreichende Erwartung, mit nichts Vorläufigem abgespeist werden zu wollen; man könnte mit Schleiermacher sagen: weder durch religiöse Vorstellungen („Metaphysik") noch durch religiöse Forderungen („Moral"). Alles, was auf diesen Linien geboten werden könnte, verfällt der kritischen Sicht auf die Wirklichkeit. Es ist, so meint Barth, tatsächlich eine unausgesprochene Frage nach Gott, die nur von der unmittelbar einleuchtenden und überzeugenden Antwort Gottes selbst gestellt werden könnte.

Auf der anderen Seite: die Bibel. Sie nimmt die Frage der Menschen auf und präzisiert in einem ersten Schritt die vorlaufend kritische Frage nach dem Sinn von allem, was ist, dezidiert zur Frage nach Gott. Die Lebensfrage wird zur Gottesfrage, kann man sagen. Das heißt freilich auch umgekehrt: Die religiöse Frage hat nur dann Sinn, wenn sie als umfassende Frage nach dem Lebenssinn verstanden wird. Allerdings folgt dann noch der zweite Schritt in der Bestimmung dieser menschlichen, radikalen Frage, und der ist überraschend: Denn die Bibel ist gerade darin von unvergleichlicher Kraft, daß sie es verweigert, auf diese zur Gottesfrage zugespitzten Lebensfrage eine positive, abschließende, begründende Antwort zu geben. Vielmehr hält sie die Frage als dauernde *Frage* nach *Gott* fest – und richtet so das ganze Leben auf Gott aus, von dem her der Sinn des Lebens im Modus zuversichtlicher Hoffnung erwartet wird.

Der Pfarrer nun steht zwischen beiden Polen, ja, er hat an beiden Frage-Antwort-Bewegungen teil. Er ist ein Mensch mit seiner Lebensfrage wie die Gottesdienstbesucher, er ist – von Amts wegen – Anwalt der Bibel und ihres Bestrebens, die Frage als Gottesfrage offen zu halten. Seine Kunst besteht darin, es in diesem Zwiespalt auszuhalten, mit seiner eigenen Existenz ein Zeuge des gesamten Geschehens zu sein.

Dieser Gedankengang verdient hohe Anerkennung. Es wird in ihm die Unmöglichkeit ausgesprochen, sich im ersten Viertel des 20. Jahrhunderts eine religiöse Antwort vorgeben zu lassen, die die offene Frage nach der eigenen Existenz und der Zuverlässigkeit der gesamten Wirklichkeit abschließend beantwortet. Vielmehr kann es nur „Gott selbst" sein, der für beides zuständig ist – aber Gott ist nicht zu „haben", und jede behauptete Repräsentanz Gottes im eigenen Bewußtsein (ob in der Anschauung oder im Gefühl) wird von der Kraft der kritischen Frage, der auch das eigene Selbst fraglich geworden ist, unterhöhlt. Es ist diese durchgreifend kritische Seite, alles in Frage zu stellen, welche auch als Grundüberzeugung hinter Barths *Römerbrief* steht, dessen zweite Fassung von 1921/22 diese Zuspitzung auf die Alternative von Tod und Leben bringt: Die radikalkritische Frage ist Indiz eines Lebens, das sich nicht selbst erhalten kann, also Anzeichen des Todes – und das neue Leben beginnt unanschaulich, aber nicht negierbar jenseits des Todes. Es liegt auf der Hand, diese Struktur von Jesu Kreuz und Auferweckung her zu deuten: das neue Leben ist Leben jenseits des Todes in der Unanschaulichkeit der Auferweckung.

Aus diesen Aufstellungen Barths ergeben sich zwei Einsichten, die uns weiter beschäftigen müssen. Erstens ist darin bereits eine Kritik des Religionsbegriffs enthalten, wie wir ihn an Schleiermacher erörtert haben. Religion ist nicht allgemeine Wirklichkeitsversicherung, auch keine individuelle Wahrheitsgewißheit, auf die man zurückkommen und über die man verfügen könnte. Religion – ob man das, was Barth vorführt, so nennt oder nicht – ist unbedingte Offenheit für Gott, Bezug des ganzen Lebens auf ein Kommen Gottes, das von einer allgemeinen Bewahrheitung der Wirklichkeit zu unterscheiden ist. Genau so und nur darin ist Religion die Art und Weise individuellen Vorkommens des Absoluten.

Es liegt aber, zweitens, nun eben darin auch ein erhebliches Problem. Wie soll sich denn diese Gegenwart Gottes in der reinen menschlichen Fraglichkeit ereignen, wenn sie von der Unmittelbarkeit der allgemeinen Wirklichkeit unterschieden ist? Dieses Problem wird durch die Konzeption des Wortes Gottes bearbeitet.

Barth hat sie in der *Kirchlichen Dogmatik* entfaltet, die die Gesamtheit der christlichen Lehre von hier aus zu entwickeln sucht. Der Grundgedanke des Werks zeigt, inwiefern Barth seinerseits die Aufgabe wahrnimmt, die unmittelbare Gegenwart des Absoluten im individuellen Bewußtsein zu denken, also den Begriff der Religion unter veränderten historischen und geistigen Rahmenbedingungen zu fassen. Er soll hier in seinem grundsätzlichen Aufbau vorgestellt werden.

Dafür kann man die Ausgangsformel verwenden: „Gott spricht den Menschen an in seinem Wort." Wir analysieren zuerst die in dieser Formel enthaltenen Merkmale, um dann auf ihre dogmatische Ausführung und schließlich auf die tatsächlich stattfindende Kommunikation einzugehen. Grundsätzlich muß man die Formel so verstehen, daß es Gott selbst ist, der spricht. Er ist, wie er spricht – sein Sprechen ist ein Vollzug seiner Selbstbestimmung. Darin ist einerseits enthalten, daß man Gott verstehen kann, wie man Worte, verbindliche Aussagen, versteht. Darin steckt andererseits, daß das Sprechen stets ein lebendiger Vollzug ist und bleibt, nicht in eine dauerhafte Struktur eingeht oder sich durch Medien, etwa Schrift, festhalten läßt. Daß der Mensch angeredet ist, entspricht diesen Merkmalen. Die umfassende Bestimmung ist „Hören". Was gehört wird, hinterläßt Spuren in den Hörenden. „Auf Gottes Wort hören" zielt auf die eigene humane Selbstbestimmung – von woher sonst sollte man seine Selbstbestimmung ausrichten? Darin liegt einerseits, daß etwas Verständliches gehört wird; es ist immer ein Inhalt, der mitgeteilt wird und aufgefaßt zu werden verlangt. Andererseits bleibt das Wort eine geistige Größe, die sich im Vollzug des Sprechens ereignet, die nicht substanzhaft in den Menschen eingeht, also auch nicht von seinem Verstehen loszukoppeln ist.

Diese strukturellen Gesichtspunkte unserer Formel „Gott spricht den Menschen an in seinem Wort" sind nun selbst nichts anderes als eine analytische Fassung der Grundeinsichten des christlichen Glaubens. Jesus Christus ist das Wort Gottes, in dem Gott sich selbst bestimmt. Das ist die Basis. Das Wort Gottes ist insofern einerseits ein historisches Ereignis von empirischer Qualität. Die Geschichte Jesu Christi ist als solche verständlich; man kann und muß von ihm erzählen. Das Wort Gottes ist aber zugleich von unbedingter Geltung, denn es erweist seine Wirklichkeit darin, daß es, als Wort Gottes verstanden, in die Selbstbestimmung der Menschen übergeht. Vom Menschen aus betrachtet, heißt das: Gottes Wort hat eine narrative Struktur. Es ist ein Wort unter anderen menschlichen Worten, das sich jedoch dadurch auszeichnet, aufgrund seines Inhalts zur Grundlage der humanen Selbstbestimmung zu werden. Dafür bedarf es aber einer Kommunikation, in der und durch die es mitgeteilt und variiert, gehört und angeeignet wird.

Damit wird die gesamte Vorstellungswelt des christlichen Glaubens auf die Selbstmitteilung Gottes in Christus hin ausgerichtet. Gott ist in seinem Wesen kommunikativ. Alles, was es an überkommenen Überlieferungen und Lehrsätzen gibt, muß von der Kommunikation des Wortes Gottes her verstanden und reformuliert werden. Insofern stellt die *Kirchliche Dogmatik* eine große Revision der kirchlichen Lehre dar; nicht immer, aber oft resultieren daraus originelle Veränderungen des Lehrbestandes.

Wie soll man sich diese Kommunikation nun empirisch vorstellen? Barths Konzeption von der dreifachen Gestalt des Wortes Gottes im § 4 der Kirchlichen Dogmatik gibt darüber Auskunft. Es ist – wie sollte es anders sein – die Verkündigung, also das unter Menschen gesprochene Wort, welches den Ausgangspunkt bildet. Die heutigen, auf die Gegenwart hin gezielten Worte der Verkündigung erhalten nun ihre genauere Ausrichtung durch den Maßstab der Bibel, die aus dieser Perspektive als Modellfall gelungener Verkündigung zu verstehen ist. Diese vergangene, aber maßstabbildende Verkündigung ist darum zu ihrer Zeit gelungen, weil sie sich auf Jesus Christus als ihren zentralen Inhalt konzentriert hat – einen Inhalt, der von seiner Geschichtlichkeit und also der Person Jesu gar nicht abstrahiert werden kann. Wie es schon in dem erwähnten Vortrag über *Not und Verheißung der christlichen Verkündigung* der Fall war, bildet die Kommunikation im Gottesdienst, also die zwischenmenschlich-religiöse Verständigung, den Ausgangspunkt. Sie orientiert sich an der Bibel, die ihrerseits

Zeugnis der Lebenswirklichkeit Jesu Christi ist. Jesus Christus ist nun aber Wort Gottes in Person – und damit der Zugang zu Gott, wie er sich selbst ausspricht.

Die damit vollzogene Umstellung der christlichen Lehre, der Dogmatik, ist enorm. Denn nun wird von Barth in großer Konsequenz Gott oder das Absolute nicht als Allgemeines gefaßt, dem unvermittelt Individuelles gegenübersteht – die Grundannahme noch Schleiermachers –, sondern es wird das Verhältnis, das zwischen Gott und seiner Selbstbestimmung in dem einen Menschen Jesus Christus waltet, zur Grundlage der gesamten Dogmatik, so daß die Beziehung zu dem Individuum Christus die Art und Weise ist, als humanes Individuum in der Beziehung zu Gott zu existieren. Das macht es zum Beispiel nötig, die gesamte Schöpfungslehre von Christus her auszuformulieren (was früher nur ansatzweise der Fall war), auch die Prädestinationslehre christologisch zu fassen (was so noch nie versucht wurde), schließlich die Versöhnungslehre auf tiefgreifende Umstellungen im Gottesgedanken hin zu verfolgen (wobei Hegelsche Momente aufgenommen werden).

Diese in der *Kirchlichen Dogmatik* vorgenommenen theologischen Zuspitzungen sind die Folge der geschichtlich-anthropologischen Einsicht in die Unmöglichkeit eines direkten Zugangs zur Wirklichkeit im Ganzen, wie sie sich als Reflex der Ganzheit der Vernunft darstellt. Man kann also durchaus sagen, daß die theologische Konzeption Barths, so sehr sie streng theologisch entwickelt wird – und insofern manchmal abgehoben zu sein scheint –, auf einer Herausforderung beruht, die erst die Moderne zu Beginn des 20. Jahrhunderts so hervorgebracht hat.

Die Neuausrichtung der Theologie, die Barth vorgenommen hat, soll nun aber genau das Problem lösen, das wir als das Zerbrechen der unmittelbaren Zugänglichkeit des Allgemeinen in der Religion bezeichnet hatten. Barth steht selbst und ganz und gar im Horizont des Religionsproblems der Moderne. Von hier aus können wir Barths Behandlung des Religionsbegriffs überhaupt nachvollziehen. Daß bereits die unbedingte Fraglichkeit, wie sie in der dialektischen Theologie der zwanziger Jahre thematisch wurde, eine Kritik der Allgemeinheitsvorstellung der Religion in sich trägt, hatten wir vermerkt. Doch ist nun – erst recht – vom Wort Gottes her, wie Barth es faßt, eine Kritik des Religionsbegriffs möglich und nötig. Denn immer dann, wenn man sich auf das Vorkommen von religiösen Elementen im Bewußtsein (wir sagten als Beispiel: Anschauung des Universums oder Gefühl schlechthiniger Abhängigkeit) einstellt, nimmt man eine Haltung ein, die auf eine unmittelbare Zugänglichkeit der Wirklichkeit im Ganzen aus ist – wodurch dann nachfolgend Christus nur die Bedeutung eines Hilfsmittels der Gotteserkenntnis zugesprochen, nicht aber die Bedeutung der absoluten Grundlegung beigemessen werden kann.

Von daher ist Barths Aussage „Religion ist Unglaube" nachvollziehbar, die aber viel zu oft pauschal und polemisch aufgefaßt und verzerrt wurde. Wir verstehen jetzt, woher diese Aussage kommt, worin ihr Recht, aber auch ihre Grenze liegt. Richtig ist sie, weil sie die Distanz anzeigt, die Barth zum ihm überkommenen Religionsbegriff der bürgerlichen Gesellschaft des 19. Jahrhunderts einnimmt. Unterkomplex ist sie, weil sie so zu tun scheint, als könne man das Religionsproblem in der Moderne überhaupt loswerden, wenn man sich nur auf die Semantik des Wortes Gottes beschränkt. Tatsächlich kommt man um die Anforderungen, die der Religionsbegriff aus seiner Geschichte mit sich bringt, nicht herum. Das gibt auch Barth selbst zu verstehen, wenn er im selben § 17 der *Kirchlichen Dogmatik*, der die Ausführungen über „Religion als Unglaube" enthält, am Ende auf den christlichen Glauben als „wahre Religion" zu sprechen kommt, indem er in einer Kurzfassung seiner Dogmatik durch die Aneinanderfügung von Schöpfung, Versöhnung und Erlösung so etwas wie eine aus dem Glauben entsprungene christliche Gesamtsicht der Wirklichkeit entfaltet.

Allerdings muß man an dieser Stelle auch auf die Mängel der ja grundsätzlich einleuchtenden Idee Barths eingehen, das Fundament des Glaubens im Wort Gottes und nicht in der religiösen Zugänglichkeit der Gesamtwirklichkeit zu suchen. Die Probleme bündeln sich auf zwei Seiten. Auf der einen Seite hängt die gesamte Konzeption davon ab, daß die etwa in *Not und Verheißung* herausgearbeitete radikale Frage der Menschen als solche erhalten bleibt. Die Theologie des Wortes Gottes muß sich diese Frage voraussetzen, um in ihrem Sinn verstanden zu werden. Wenn diese Perspektive der Fraglichkeit des unmittelbaren Wirklichkeitszugangs nicht mehr artikuliert wird, droht das Wort Gottes zu einer religiösen Lehre zu werden, die durchaus unerwünschte Folgen aufweist. Es ist dann nämlich, um an den vorhin genannten Kernpunkten der Lehre von der dreifachen Gestalt des Wortes Gottes entlangzugehen, nicht ausgeschlossen, sondern geradezu naheliegend, falsche Positivierungen vorzunehmen. Etwa so, daß die Verkündigung in der Gemeinde, als Präsenz des Wortes Gottes verstanden, zur Verkündigung in einer anderen Gemeinde in Gegensatz tritt; verschiedene Frömmigkeitstypen stoßen dann mit Bekenntnisanspruch aufeinander. Oder so, daß die Bibel als Wort Gottes gegen die historisch-kritische Wissenschaft ins Feld geführt wird: Ursprung eines evangelischen Fundamentalismus. Oder schließlich so, daß durch Christus als Wort Gottes der christliche Glaube polemisch gegen andere Religionen, die eben „nur" Religion sind, abgegrenzt wird.

Auf der anderen Seite entsteht eine unaufhebbare Schwierigkeit dadurch, daß die unmittelbare Allgemeinheit zwar negiert wird, in dieser Negation aber notwendig ist und damit immer unthematisch mitgeführt werden muß. Daraus resultiert der Anspruch, im christlichen Glauben „richtig" (fromm gesagt: „gerechtfertigt") zu leben, ohne daß man diesen Anspruch zu anderen Ansprüchen von humaner Selbstbildung in ein durchsichtiges Verhältnis setzen könnte. Zwar gibt es aufgrund des Wortes Gottes im Glauben eine Tendenz zum Allgemeinen, sofern das Wort Gottes an alle Menschen gerichtet ist, doch hängt die Realisierung des Ganzen davon ab, daß diese Einsicht geteilt wird; ein Perspektivwechsel ist auf der Linie des Glaubens nach Barths Konzeption ausgeschlossen.

Beide Probleme weisen auf ein kommunikatives Dilemma in Barths Religionsverständnis, welches auf das Wort Gottes konzentriert ist. Der Ausgangslage nach stellt Barths Theologie eine sehr plausible Reaktion auf die Unmöglichkeit eines in der Religion stattfindenden unmittelbaren Zugangs zum Ganzen dar. In der Durchführung zeigt sich, daß diese Theologie auf unthematisch mitlaufende Rahmenbedingungen angewiesen ist, um nicht in ihrem Sinn verkehrt zu werden. Gewiß gibt es in Barths Theologie selbst Widerlager gegen eine falsche Positivierung des Wortes Gottes. So muß etwa die Dynamik des Wortes Gottes von der Verkündigung über die Bibel zu Jesus Christus durchgehalten werden, um dann inmitten der menschlich gesprochenen Sprache in die Tiefe der humanen Selbstbestimmung von Gott her (und jenseits aller vorläufigen Selbstfestlegungen) vorzustoßen. Und die christliche Partikularität kann als hermeneutisches Muster auch für andere soziale und religiöse Gestaltungen dienen, die eigene Selbstbeschränkung in Richtung auf das aus der Religion nicht wegzudenkende Allgemeine zu überschreiten. Diese sachgerechten Optionen verlangen aber nach einer entsprechenden, sie sorgsam kommunizierenden Praxis; insofern kommt es gerade in dieser Theologie auf kompetente Theologinnen und Theologen, Pfarrer und Pfarrerinnen, Lehrerinnen und Lehrer, an – ganz analog zu den Anforderungen, die in der dialektischen Theologie an diesen Berufsstand erhoben wurden. Es braucht eben auch aus sachlichen Gründen Theologie als Bildungsgeschehen.

Nicht unterbleiben soll an dieser Stelle aber auch ein Vergleich mit Martin Heidegger, dessen Lebens- und Wirkungszeit sich mit der Barths nahezu deckt. Beide haben wenig Interesse füreinander gehabt – anders als das zwischen Heidegger und Rudolf Bultmann, Marburger Kollegen zwischen 1923 und 1928, der Fall war. Dennoch gibt es auffällige Parallelen und Differenzen, wenn man die zeitgeschichtlichen Kontexte und deren theoretische Aufnahme betrachtet. Denn die radikale Fraglichkeit des Menschen, die aus der Unmöglichkeit eines allgemeinen Zugangs zur Wirklichkeit als ganzer erwächst und von Barth mit dem Tod assoziiert wird, gehört auch zu den Grundeinsichten von Heideggers Frühwerk, wie sich in seinem Jahrhundertbuch *Sein und Zeit* (1927) zeigt. Nur daß Heidegger das aus dem Wissen um den Tod erwachsende Bewußtsein der Endlichkeit zur eigenen und hinreichenden Bedingung des menschlichen Verstehens macht: Es ist gerade die bewußte Endlichkeit als solche, die uns das Verstehen lehrt, weil wir in diesem Bewußtsein auf uns selbst zurückgeworfen werden – und daher Anderes, Fremdes, auf uns beziehen können. Es kommt in dieser Situation dann alles darauf an, diese Lage in Entschlossenheit anzunehmen; nur dann funktioniert auch das Zu-sich-Stehen als endlicher Mensch und das Verstehen von Anderen. Die Barthsche Perspektive, die durch „Auferstehung" gekennzeichnet ist, also ein Jenseits meint, auf das sich menschliche Bestimmung bezieht, das aber seinerseits nicht mehr der Endlichkeit zu unterwerfen ist, bleibt für Heidegger ausgeschlossen. Das hat, bereits in den dreißiger Jahren, erhebliche Folgen für die Sicht der politischen Wirklichkeit. Denn die Entschlossenheitsrhetorik Heideggers führte diesen geradewegs in den Nationalsozialismus, während Barth zeitlebens der sozialistisch-demokratischen Gestaltung der Gesellschaft verpflichtet blieb.

Interessant ist sodann, daß das Werk beider eine Entwicklung nimmt, die manchmal als „Wende" bezeichnet wird, in der nämlich die impliziten Aufbauelemente der jeweiligen frühen Theorie ausgearbeitet werden. Bei Barth erfolgt das, wie wir sahen, über die Entfaltung des Terminus „Wort Gottes" in der *Kirchlichen Dogmatik*, bei Heidegger wird „die Sprache das Haus des Seins, darin wohnend der Mensch ek-sistiert", wie er sich (im Brief *Über den Humanismus*, 1949) etwas künstlich ausdrückt. Doch bestätigt die Heideggersche Erweiterung nur das frühe Programm, gerade indem sie dessen Heroismus zu mildern versucht, während Barths Präzisierung die geschichtlichen und politischen Optionen der Frühzeit hin auf eine freie Gesellschaft konkretisiert. Noch weniger als die Theologie vermag die Philosophie, wenn sie bei Sinnen bleiben will, auf das Allgemeine zu verzichten – auch wenn es nicht unmittelbar zugänglich ist.

> **Leseempfehlungen**
> KARL BARTH
> Dialektische Theologie (Not und Verheißung der christlichen Verkündigung. Das Wort Gottes als Aufgabe der Theologie), hg. und komm. v. Dietrich Korsch, Große Texte der Christenheit, Bd. 3, Leipzig 2018.
> Schlüsseltexte in der Auswahlausgabe KARL BARTH, Schriften, Bd. 1: Dialektische Theologie, Bd. 2: Kirchliche Dogmatik, hg. und komm. v. Dietrich Korsch, Frankfurt am Main 2009.
>
> **Zur Einführung**
> Barth Handbuch, hg. v. Michael Beintker, Tübingen 2016.
>
> **Zur Biographie**
> CHRISTIANE TIETZ, Karl Barth. Ein Leben im Widerspruch, 2. Aufl. München 2019.

### 3. Die Religion der Gesellschaft: Niklas Luhmann (1927–1998)

Niklas Luhmann ist zu der Generation der „Flakhelfer" zu rechnen, also zu den gegen Ende der zwanziger Jahre Geborenen, die in ihrer Jugend noch am Zweiten Weltkrieg teilnehmen mußten, deren Ausbildung und berufliche Wirksamkeit aber in die ersten Jahrzehnte der Bundesrepublik fallen. Der Jurist Luhmann war bis 1968 im Gerichtswesen und in der Verwaltung, zuletzt in der Verwaltungswissenschaft tätig, bevor er – nach einem formell kurzen Soziologiestudium – in Münster promoviert und habilitiert und dann als einer der ersten Professoren an die neugegründete Universität Bielefeld berufen wurde, der er bis zu seiner Emeritierung 1993 angehörte. In seine Lebenszeit fällt damit der Wiederaufbau Deutschlands nach dem Nationalsozialismus, die florierende, aber auch zwiespältig bleibende Epoche von (verzögerter) Aufarbeitung der jüngsten Vergangenheit und (demokratischer) Neuausrichtung – eine Epoche, die ihre erste Zäsur mit den Studentenunruhen 1967/68 erfuhr, als eine entschiedene Abgrenzung zum Nationalsozialismus eingefordert und zugleich die wirtschaftsgesellschaftlichen Deformationen der Demokratie kritisiert wurden. Außenpolitisch war der Kalte Krieg zwischen dem Westen und dem Ostblock – bis zu dessen Zusammenbruch 1989 – ein bestimmendes Thema der gesellschaftlichen Wirklichkeit.

Luhmanns Interesse bestand, Anstöße der amerikanischen Soziologie (Talcott Parsons) aufnehmend, darin, in dieser Lage distanziert nach den strukturellen Zusammenhängen zu fragen, die die Entwicklung der modernen Gesellschaft auszeichnen. Dafür sah er sich
herausgefordert, deren Eigenart in einen größeren Kontext sozialer
Evolution einzuordnen, also insbesondere gegenüber früheren Gesellschaftsformationen abzugrenzen. Damit sollte ein Rahmen verständlich gemacht werden, der es erlaubt, das Funktionieren von Gesellschaft über zeitgeschichtliche Brüche hinweg zu erklären. Es bedurfte
vermutlich der historischen Situation der Nachkriegszeit, um diese
neutralisierende Betrachtung vorzunehmen – eine Strukturbeschrei-
bung, die die möglichen Handlungsziele nicht schon historisch vor-
gibt und verbindlich zu machen versucht. Luhmann nahm damit
eine eigene Position in der Soziologie ein, die sich nach dem Zweiten Weltkrieg mit der Losung „alles ist gesellschaftlich bestimmt" an-
schickte, zur Leitwissenschaft zu werden. Denn er verweigerte sich
den durchaus mit der Soziologie verbundenen kulturkritischen Impulsen – konservativer oder fortschrittlicher Art –, mit der Diagnose
der Gesellschaft sogleich Therapievorschläge zu verbinden. Stattdessen entfaltete Luhmann eine allgemeine Theorie sozialer Systeme, die
er in der Soziologie grundlegte, dann aber auch auf alle relevanten
gesellschaftlichen Bereiche (Wissenschaft, Kunst, Wirtschaft, Politik,
Erziehungssystem, Moral, Religion) ausdehnte. Der Religion kommt
dabei, so sehr sie als Sozialgestalt in Form der Kirche neben anderen
Vergesellschaftungsformen steht, eine besondere Rolle zu, die uns weiter beschäftigen wird. Um sie zu verstehen – und dann auch den theologischen Religionsbegriffen zuzuordnen, über die wir sprachen –, ist
ein Blick auf den Grundgedanken Luhmanns erforderlich, der sich als
äußert produktiv erweist.

Dieser Grundgedanke besteht in der Unterscheidung von System
und Umwelt und ist folgendermaßen zu fassen: Ein System entsteht
dadurch, daß sich gegebene Elemente durch den Gebrauch bestimmter Selektionsmechanismen („Kontingenzformeln", „Medien" oder
„Codes" heißen sie bei Luhmann) miteinander verknüpfen und durch
den Bezug aufeinander eine interne Stabilität hervorbringen, durch
die sie sich gegenüber ihrer Umwelt behaupten. Drei Merkmale daran
sind hier hervorzuheben. Zunächst: Was eben „Bezug aufeinander"
genannt wurde, heißt bei Luhmann „Kommunikation", also Anteilhabe aneinander durch Informationsübermittlung; ein Vorgang, dem
das Moment der Rückläufigkeit und Selbstbeziehung innewohnt, wo-

durch das System sich erhält. Sodann: „Umwelt" ist, anders als in unserer Alltagssprache, immer nur von einem System aus als *je seine* spezifische Umwelt zu verstehen. Das System, als eine genau bestimmter Verknüpfungsmechanismus, läßt sich von der Umwelt als dem Feld größerer Unbestimmtheit unterscheiden. Schließlich: Jedes System *braucht* seine Umwelt, um sich ihr gegenüber auf sich selbst zu beziehen. Der Unterschied zur Umwelt wird durch systemspezifische Kontaktpunkte zu ihr aufrechterhalten; diese Umweltkontakte ändern sich in dem Maße, wie sich innersystemische Kommunikationen verdichten oder verschieben.

Das System-Umwelt-Schema bietet damit ein Modell an, nach dem man sich auch gesellschaftliche Evolution vorstellen kann. Die internen Verknüpfungen und Kommunikationen bilden die Möglichkeit neuer Umweltkontakte aus; Veränderungen in der Umwelt provozieren eine genauere Kommunikation im System selbst; beide Bewegungen ergänzen und überlappen sich. Man muß sich das so vorstellen, daß die Umweltkontakte als solche im System kommuniziert und daraufhin in ihm verarbeitet werden. Weiterhin resultiert aus dem Grundgedanken die notwendige Vorstellung einer Pluralität von Systemen-in-Umwelten. Denn wenn jedes System genau eine, nämlich seine, Umwelt hat, dann kann es keine übergeordnete Einheit des Ganzen geben. Doch wie verhalten sich dann diese Systeme-in-Umwelten zueinander? Einen systementnommenen „Blick von außen" gibt es nicht – auch nicht für den Soziologen, der diese Theorie entwirft (und sich damit selbst im System „Soziologie als Wissenschaft" bewegt). Wohl aber können Systeme aufgrund ihrer rückgemeldeten Umweltkontakte intern kommunizieren, daß es auch in ihrer Umwelt Systeme gibt, von denen man annehmen muß, daß sie nach demselben Mechanismus funktionieren wie sie selbst. Systeme können sich sozusagen – innerhalb ihrer eigenen Möglichkeiten – ein Bild anderer Systeme machen.

Daraus folgt, daß sich der Grundgedanke von System und Umwelt stets nur in sozialen Systemen darstellen kann, die nach diesem Muster operieren, das heißt nach ihren Leitbegriffen oder Codes kommunizieren. „Gesellschaft" baut sich als Miteinander solcher Systeme-in-Umwelten auf. Die Erkenntnis der operationalen Verfahrensweise der Systeme enthebt nicht von der Aufgabe, das jeweils systemspezifische Vorgehen zu analysieren. Darum hat Luhmann seiner Grundlegungsschrift *Soziale Systeme* (1983) auch eine ganze Serie von Einzeluntersuchungen folgen lassen, die sich der spezifischen Anwendungsfälle annehmen. In diesem Zusammenhang kommt der *Religion der Gesellschaft* (postum 2000) eine besondere Funktion zu. Sie läßt sich so einsehen: Die Unterscheidung von System und Umwelt wird von allen funktionierenden Systemen de facto gebraucht. Sie operieren mit dem Bestimmtheitsgefälle von kommunikativer Immanenz und umwelttypischer Transzendenz. Das darf man sich natürlich nicht substantiell vorstellen, als „gäbe" es diese Transzendenz irgendwie real, etwa in einem räumlichen oder zeitlichen Jenseits. Vielmehr taucht Transzendenz stets und immer wieder als unbestimmter Horizont auf, innerhalb dessen Systeme zu ihrer Identität finden. Allerdings ist mit dem ständigen Wiederauftreten der kategorialen Unterscheidung von (systembezogener) Immanenz und (umweltbezogener) Transzendenz die Forderung verbunden, diesen Sachverhalt selbst in einem sozialen System zum Thema zu machen. Genau das tut die Religion, die sich also nicht auf irgendwelche Gegebenheiten anthropologischer, gesellschaftlicher oder religiöser Art bezieht, sondern auf das kategoriale Schema, nach dem Gesellschaft überhaupt operiert. „Die Religion der Gesellschaft" besagt mithin, daß „Religion" fundamental zu den Sozialsystemen der Gesellschaft gehört; das hängt weder von subjektiven Stimmungen noch von objektiven Weltanschauungen ab. Das Operieren von gesellschaftlichen Systemen erzeugt aus sich selbst die Notwendigkeit von Religion.

Allerdings ist damit noch keineswegs entschieden, wie dieses System selbst konfiguriert ist und welche Leistungen es für andere Systeme erbringt. Für den begrifflichen Aufbau des Religionssystems spielen „Gott" und „Glaube" eine wichtige Rolle. Zum Thema wird in der Religion gerade das gemacht, was in allen anderen Sozialsystemen unausgesprochen und unauslotbar mitgeführt wird: die Tatsache, daß sich der Horizont der Umwelt stets und andauernd dem systemischen Zugriff entzieht. Die Möglichkeiten künftiger Bestimmung durch die Kommunikationen des Systems sind unerschöpflich. Wenn genau das nun in der Religion zum Thema gemacht wird, dann ist eine Vorstellung unerläßlich, von der her man das Funktionieren der System-Umwelt-Unterscheidung überhaupt begreifen kann. Das leistet der Gottesbegriff, der aus religiöser Perspektive dafür einsteht und den Sachverhalt deutet, daß System und Umwelt tatsächlich miteinander funktionieren. Denn „Gott" muß als präsent gedacht werden sowohl auf der Seite der innersystemischen Kommunikationen als auch auf der Seite der unerschöpflichen Umwelt. Diesem Gottesbegriff entspricht „Glaube" als Code oder Medium religiöser Kommunikation.

„Glaube" ist das Eintreten in die Erörterung der Differenz von Immanenz und Transzendenz, verbunden mit dem Interesse an einer Klärung dieses Verhältnisses. Wer das tut, wer sich also auf religiöse Kommunikation einläßt, gewinnt zwar keine Übersicht über die gesellschaftlichen Systemwelten, wohl aber eine gewisse Standfestigkeit im Umgang auch mit den in ihnen gebrauchten anderen, spezifischen Anwendungsformen des Bestimmtheitsgefälles von Immanenz und Transzendenz.

Allerdings tritt nun in der modernen Gesellschaft, in der sich die beschriebenen Systeme ausdifferenziert haben, ein Problem für die Religion auf, das sie zuvor so nicht kannte. Denn selbstverständlich gibt es ein mehrfaches, ja vielfaches Operieren verschiedener Kommunikationssysteme: Moral und Erziehung, Wirtschaft und Politik betreffen alle, Kunst und Wissenschaft immerhin viele Menschen. In der Teilnahme an deren Kommunikationsmechanismen bedient man sich stets des Gefälles von Immanenz und Transzendenz, so daß es nicht zwingend scheint, dieses Thema auch noch speziell in der Religion zu verfolgen, die ja unmittelbar materiell nichts leistet. Es kann daher auch verschiedene Anlässe geben, aus dieser oder jener Perspektive religiöse Kommunikation nachzuahmen, so daß es zu einem systemspezifischen Religionsgebrauch kommt, der mit der Eigenlogik von Religion nicht viel zu tun hat. Es ist daher nicht ausgeschlossen, gerade die religiöse Deutungsfunktion anderen Funktionssystemen ein- und unterzuordnen. Allerdings darf man auch unter diesen Umständen festhalten – und das ist ein wesentliches Ergebnis der Luhmannschen Analyse für unseren Zusammenhang –, daß das Thema der Religion in der Gesellschaft selbst vorhanden ist und von ihr immer wieder ins Spiel gebracht wird, so daß es auch möglich ist, an diese Thematisierung anzuknüpfen und sie spezifisch religiös zu bearbeiten.

An dieser Stelle muß nun aus unserer Perspektive auch eine Kritik oder Fortschreibung von Luhmanns Theorie erfolgen. Luhmann hat mehrfach darauf hingewiesen, daß seine Systemtheorie die Vorstellung eines identischen humanen Subjekts auflöse; was man soziologisch erkennen könne, seien allein kommunikative Verknüpfungen, hinter denen eine etwaige Identität des Menschen verschwinde und nur als „Umwelt" aller möglichen Systeme in Betracht kommen könne. Diese These hat man oft als anti-humanistisch empfunden, und vielleicht war sie so auch gemeint. Doch eine solche Lesart ist nicht zwingend. Man kann sie auch anders, nämlich als Freihalten

eines je eigenen Platzes des individuellen Subjekts im Vorgang univer-
seller Vergesellschaftung verstehen, und dies aus folgenden Gründen:
    Tatsächlich ist es so, daß der gesellschaftliche Aufbau von sozialen
Systemen immer tiefer in die anthropologischen Strukturen eingreift.
Daher wird man an der Vorstellung eines empirisch-psychologisch
sich selbst genügenden, alles aus sich heraussetzenden Subjekts kaum
festhalten können. Allerdings bedarf es ja, schon im Lesen dieses Textes ebenso wie im Verstehen und Kritisieren der Luhmannschen Gedanken, einer subjektiven Kompetenz und Kohärenz, die sich nicht
aus einem Querschnitt der Teilnahme an allerlei möglichen Kommunikationen ergibt. Wenn man sich diesen Sachverhalt klarmacht,
dann muß man sagen, daß der Vollzug des theoretischen Verfahrens
von Verstehen und Kommentieren voraussetzt, zwischen sich selbst
als denkender Instanz und dem, was gedacht, verstanden und kommuniziert wird, zu unterscheiden. Für diese Unterscheidung wird
aber, wie im Systemgedanken selbst, ein Rückbezug auf sich in Anspruch genommen, ob man ihn ausformuliert oder nicht. Und es
zeigt sich, daß man auf diese Figur in jedem Gedanken erneut angewiesen ist – und zwar auch und gerade dann, wenn man eine kom-
munikationsentnommene Subjektivität empirisch nicht zu fassen bekommt. Das könnte dafür sprechen, daß die scheinbar antihumane
These Luhmanns durchaus auch als Schutz des Subjekts vor einer
völligen Durchdringung mit Systemimperativen interpretiert werden
kann. Um so mehr allerdings bedarf die damit beanspruchte Freiheit
einer theoretischen Erörterung und einer praktischen Einübung, und
für die ist in besonderer Weise die Religion zuständig.
    In einem paradoxen Ausdruck könnte man sagen: Die Ausdif-
ferenzierung des Religionssystems führt zur Erkenntnis der Funk-
tionsindifferenz der Religion. Religion ist nur für sich selbst, nicht
(mehr) für anderes zuständig – und erfüllt gerade darin ihre Funktion in einer Gesellschaft, die aus lauter Funktionssystemen besteht.
Das heißt, nun auf Schleiermacher und Barth zurückgeblickt: Religion ist nicht die wesentliche oder gar einzige Weise, auf die die Wirklichkeit sich erschließt, um dann in anderen Operationsmodi wie
Wissenschaft oder Kultur gebraucht zu werden. Das begrenzt den Anspruch, der bei Schleiermacher nicht ausgeschlossen ist. Religion ist
aber auch nicht der spezifische, vereinzelte Ort, an dem allein noch
humane Individualität sich bildet, wie man in einer zu engen Barth-
Interpretation meinen könnte. Vielmehr öffnet sich in der Religion
der Weg zu einem nichtfestgestellten humanen Dasein inmitten des

umfassenden Netzes von Wirklichkeitsbezügen und Wirklichkeits-
beanspruchungen.

Diese Position der Religion kann man sich gut an der historischen
Abfolge von Gesellschaftsformationen klarmachen, mit der Luhmann
oft arbeitet. Er unterscheidet nämlich idealtypisch frühere, stratifizier-
te (hierarchische) und segmentierte (parallel strukturierte), gesellschaftliche Integrationsformen von der gegenwärtigen funktionalen
(pluralen) Formation der Gesellschaft. In der ersten Formation, der
hierarchischen, besitzt die Religion eine privilegierte Zugangs- und
Kontrollfunktion über die Gesellschaft, über ihr Wissen, ihre Moral,
ihre Kunst. Was gelten will, muß sich daran ausrichten. Darunter fallen Gesellschaften antiker und noch älterer Zeiten. In der zweiten
Form, der segmentierten Gesellschaft, stehen die genannten gesellschaftlichen Potenzen nebeneinander und ringen miteinander darum,
die anderen zu beeinflussen. Hierher gehört dann der Anspruch der
Religion auf einen letzten und tiefsten Wirklichkeitszugang – trotz des
faktischen Nebeneinanders von gesellschaftlichen Bestimmungsfaktoren. Es ist nicht zufällig, daß in dieser Epoche (die man historisch in
der Neuzeit veranschlagen kann) die Auseinandersetzung um die Geltung der Religion im Modus des Streits geführt wird; hier hat die Reli-
gionskritik ihren Ort. In der funktionalen Gesellschaft der Gegenwart
jedoch stehen die Funktionssysteme nebeneinander, auch die Religion
ist in diese Pluralität eingeordnet. Sie muß nun mit ihrem Anspruch
auf unmittelbare Einheit von Absolutem und Individuellem anders
umgehen. Als Beherrschung anderer Systeme kommt sie nicht mehr
in Betracht, nicht einmal als Grundlegung der in ihnen vorausgesetzten Wirklichkeitszugänge. Vielmehr nimmt sie die Funktion wahr, das
in allen anderen Funktionen nicht Aufgehende, die sich entziehende
Aktivität des Agierens und Operierens in der gesellschaftlichen Wirklichkeit, die nicht festgelegte Beweglichkeit des Selbstseins zu ihrem
Thema zu machen.

Bezieht man diesen Status der Religion auf die Problemlage zurück, wie wir sie bei Schleiermacher ausgearbeitet fanden, dann kann
man festhalten: Zwar besitzt die Religion keinen privilegierten Wirklichkeitszugang (etwa in der Anschauung des Universums oder im
Gefühl der schlechthinigen Abhängigkeit), wohl aber bedient sie sich
genau desselben Mechanismus von System und Umwelt, von dem
auch die anderen Funktionssysteme Gebrauch machen. Denn die religiöse Kommunikation ist einerseits auf sich selbst bezogen, nimmt
diesen Selbstbezug aber, andererseits, eben im Verhältnis zu ihrer Um-

welt wahr, und dieses Verhältnis von System und Umwelt ist durch die Kontingenzformel „Gott" bestimmt. Gott aber ist so zu verstehen, daß er als Jenseitiger diesseitig, also im Glauben präsent ist. Die innere Struktur der Religion als System läßt sich daher als Muster und Exempel für alle anderen Formen systemischer Integration der Wirklichkeit auffassen. Religion ist in ihrem Aufbau und in ihren Operationsformen gar nichts anderes als „System". Insofern gehört sie in die Grundausstattung der allgemeinen Wirklichkeitswahrnehmung hinein, wie sie in jedem System, freilich immer in abgewandelter Gestalt, vorliegt. Daß es die Religion nun aber auch noch als eigenes System gibt, steht dafür, daß es vermieden werden soll, in anderen Systemen, die sich etwa mit Macht, Politik, Kunst etc. beschäftigen, die letzte Schematisierung der Wirklichkeit behaupten zu wollen. Soviel kann man in Richtung auf Schleiermacher sagen.

Wendet man die Aufmerksamkeit nun auf die Problemstellung, wie wir sie Barth verdanken, dann ergibt sich: Die spezifische Systemform der Religion zielt nicht auf ein religiöses Subjekt im empirischen Sinn. Jede Analyse humanen Daseins muß sich vielmehr der Mittel von Anthropologie, Psychologie, Soziologie etc. bedienen; nirgendwo findet sich ein „religiöser Kern". Das stimmt auf eine überraschende Weise mit der frühen These Barths überein, nach welcher Gott die „Negation des Menschen" als eines in seinem Aufbau und Verhalten beständigen Wesens ist. Vielmehr erfolgt die Bestimmung des Menschseins gerade so, daß derartige Festlegungen dauerhaft unterlaufen werden. Das spezifisch religiöse Moment in der humanen Subjektivität ist vielmehr darin zu finden, daß in der religiösen Kommunikation alle diese scheinbaren Sicherungen unterhöhlt werden. Genau das geschieht durch das Wort Gottes, also den Eintritt in eine Kommunikationswelt, in der es allein um das Gottesverhältnis zu tun ist. Diese christliche Kommunikation vermittelt keinen empirisch besonderen Stand unter den Menschen, sondern weiß sich in allen Kommunikationen, derer wir uns als Teilnehmer an Systemen in der funktionalen Ordnung der Gesellschaft bedienen (müssen), so unanschaulich wie wesentlich auf Gott allein verwiesen. Das zeigt, daß auch die Verwendung der Wort-Gottes-Semantik bei Barth nur unter Einschluß der „Negation des Subjekts" sachgemäß funktioniert.

Luhmanns Religionsbegriff – wenn man ihn so interpretiert, wie hier geschehen – erlaubt es, die Perspektiven Schleiermachers und Barths in ihrer historischen Plazierung systematisch einander zuzuordnen. Man kann die jeweiligen Ausgangspunkte der beiden theologischen Autoren verstehen und schätzen; ihre Anliegen sind in den jetzt zuletzt entfalteten Gedankenzusammenhang modifiziert eingegangen.

Nun bleibt nur noch übrig, Luhmanns Position zu derjenigen ins Verhältnis zu setzen, die wir bei Jürgen Habermas, beide Angehörige derselben Generation, fanden. Beide haben sich 1970 einen literarischen Schlagabtausch geliefert, der es in sich hat. Wir beschränken uns hier auf die Rolle der Religion. Für Habermas kann Religion nur im Zusammenhang der moralisch-politischen Imperative verstanden werden, die sich aus der kritischen Analyse der modernen Gesellschaft im Gefolge der Aufklärung ergeben. In der Tradition der „kritischen Theorie" Max Horkheimers und Theodor W. Adornos hatte Habermas die Untiefen und Widersprüche der bürgerlichen Gesellschaft herausgearbeitet, war freilich schon früh darauf gekommen, auch die Perspektiven auf Allgemeinheit und Freiheit, also die ursprünglichen Motive der bürgerlichen gesellschaftlichen Veränderung, in den vorliegenden Formationen der Gesellschaft zu identifizieren. Das gab ihm den wesentlichen Anstoß, sich mit der Hermeneutik (Hans-Georg Gadamer, 1900–2002), dem amerikanischen Pragmatismus (vor allem bei Charles Sanders Peirce, 1839–1914) und auch der Kommunikationstheorie Karl Otto Apels (1922–2017) auseinanderzusetzen und an sie anzuschließen. In dieser Arbeitsphase kam Religion als Thema bei Habermas praktisch nicht vor. Erst in seinem Alterswerk (zentral in *Auch eine Geschichte der Philosophie* von 2019) nimmt Habermas, systematisch ganz konsequent, wahr, daß auch die Religionen – gerade da, wo sie nicht versuchen, sich selbst zu generalisieren und sich in Moralagenturen zu verwandeln – Leitgesichtspunkte bereitstellen, die auch von der „säkularen" Vernunft ernstzunehmen sind, sofern sie in moralisch-politische Argumente übersetzt werden können. Habermas hat damit de facto der Religion ein Deutungspotential zugebilligt, das auch dann von Gewicht ist, wenn man dessen Herkunft nicht soziologisch oder philosophisch zu rekonstruieren vermag. Es handelt sich, so gesehen, um die Anerkennung von Religion als ein eigenes System – freilich immer im Blick auf die gesellschaftlichen Folgen gelesen. Ob und inwieweit die Philosophie in der Lage ist und sich der Aufgabe unterziehen soll, die Bestände der Religion vollends in sich aufzunehmen, wird im Anschluß an *Auch eine Geschichte der Philosophie* weiter diskutiert werden müssen.

Dieses Ergebnis läßt sich nun – überraschenderweise – durchaus konstruktiv zu der Interpretation Luhmanns ins Verhältnis setzen, die wir hier versucht haben. Für Luhmann gilt demnach ja, daß die Religion schon grundbegrifflich ein eigenes System darstellt, mit der besonderen Funktion, auf „nichts sonst" zuzugreifen. Das schließt natürlich nicht aus, sondern macht vielmehr nötig, daß sich die Teilnehmer an den Kommunikationen des Religionssystems auch in Moral und Politik, Wirtschaft und Kultur einbringen. Es ergeben sich aus der Religion keine inhaltlichen Festlegungen („Gesetze") für das Verhalten dort, wohl aber bleibt der andauernde Imperativ bestehen, niemals so zu agieren, daß die von der Religion zum Vorschein gebrachte Unabhängigkeit der Subjekte zum Verschwinden gebracht wird. Auch die distanziert-beobachtende, bisweilen spöttisch-ironische Position Luhmanns kommt ohne Handlungsimperative, die die Subjekte sich setzen, nicht aus.

Habermas und Luhmann ordnen also, gegenläufig, System und Moral einander zu. Der späte Habermas erkennt, daß es erwägenswerte moralische Leitgesichtspunkte gibt, die aus – im einzelnen nicht vernünftig aufklärbaren – religiösen Voraussetzungen geschöpft sind; darin steckt, ob gewollt oder nicht, die Anerkennung von Religion als eigene Größe. Und Luhmann kommt aus seiner Systemperspektive nicht darum herum, auch moralisch-politische Optionen zuzulassen, ja zu fordern, selbst wenn man dann deren Logik wieder nach dem Mechanismus von systemischer Funktionalität beurteilen muß. Der Widerspruch, entweder von der subjektiv veranschlagten moralisch-politischen Perspektive auszugehen oder von dem objektiv gegebenen funktionalen Systemzusammenhang, läßt sich vermutlich nicht auflösen; er gehört offensichtlich zum Stand des intellektuellen Begreifens unserer Gegenwart.

Nun gerät allerdings der Religionsbegriff durch jüngste Veränderungen dieser Wirklichkeit vor neue Herausforderungen. Davon muß jetzt weiter die Rede sein.

**Leseempfehlung**

Niklas Luhmann
Die Sinnform Religion, in: Niklas Luhmann, Die Religion der Gesellschaft, Frankfurt am Main 2000, 7–52.
**Zur Einführung:** Dietrich Korsch, Niklas Luhmann: Religion als Funktion der Gesellschaft, in: Volker Drehsen, Wilhelm Gräb, Birgit Weyel (Hg.), Kompendium Religionstheorie (UTB 2705), Göttingen 2005, S. 248–259.
Georg Kneer/Armin Nassehi, Niklas Luhmanns Theorie sozialer Systeme. Eine Einführung, 4. Aufl. Paderborn 2009.

## § 7 Religion heute

Es gibt keinen Gesamtbegriff der gegenwärtigen Wirklichkeit – und dennoch müssen wir uns in ihr orientieren. Es läßt sich kein Zusammenhang des Ganzen rekonstruieren – und trotzdem können wir auf den Gedanken des Ganzen nicht verzichten. Man kann das universalisierte Tauschprinzip, das zwischen kommunikativen Tauschvorgängen und materiellen Tauschobjekten streng zu unterscheiden zwang, für diese Entwicklung mitverantwortlich machen – ohne doch dadurch in den Gewinn eines Hebels zu kommen, der diese Bewegung anhalten oder umkehren könnte. Das ist auch ein Grund dafür, daß wir uns, was die soziologischen Großtheorien von Habermas und Luhmann angeht, nicht auf eine Seite schlagen konnten.

Nun sind die seinerzeit getroffenen Diagnosen auch bereits fünfzig Jahre alt, und das intellektuelle Klima hat sich weiter gewandelt, ohne daß die dynamische Bewegung einer fortschreitenden Differenzierung und einer gleichzeitigen Verdichtung zum Stillstand gekommen wäre. Wir versuchen uns diese Veränderungen deutlich zu machen, um den Ort der Religion in ihnen zu bestimmen.

### 1. Leben – Überleben – Über-Leben

Die Zeitdiagnosen aus dem letzten Drittel des 20. Jahrhunderts verdankten sich vor allem der Soziologie als Leitdisziplin. Die historische Entwicklung wurde damals mit guten Gründen zurückgeführt auf „die Gesellschaft" als den Schlüssel zu einer vom Menschen gestalteten Gesamtwirklichkeit, und die Soziologie galt als dazu befähigt, deren Analyse vorzunehmen. Nun ist es auffällig, daß seither der Titel einer Leitdisziplin Zug um Zug anders vergeben wurde. Dieser Weg läßt sich in drei Schritten nachzeichnen. Dabei wird sich zeigen, daß diese nicht nur aneinander anschließen, sondern auch die frühere Leitwissenschaft auf modifizierte Weise in sich aufheben.

Der Soziologie ist zunächst die Biologie als für das Allgemeinbewußtsein maßgebliche Wissenschaft gefolgt; statt „Gesellschaft" gilt „*Leben*" als Leitbegriff. Damit wird das Modell des Organismus zum maßgeblichen Muster. Mit dem Organismus ist die Vorstellung von einer inneren Strukturiertheit verbunden, welche sich mittels biochemischer Informationen und bioelektrischer Impulse selbst reguliert und sich in einer sich verändernden Umwelt erhält und fortpflanzt. Organismen in ihren spezifischen Umwelten treten zueinander ins

Verhältnis und entwickeln sich evolutionär auf eine nicht vorherseh-
bare, darum auch dem steuernden Willenszugriff entzogene Art und
Weise. Es läßt sich deutlich erkennen, daß hier eine Parallelität zu
Luhmanns Systembegriff vorliegt, der nicht umsonst in diesem Begriff
Anregungen der Biologen Humberto Maturana (*1928) und Francis-
co Varela (1946–2001) verarbeitet hat. In der Soziologie selbst wurde
damit schon einem biologischen Grundmuster Vorschub geleistet,
so daß sich die Annahme von dessen dominanter Funktion für die
Gesamtwirklichkeit durchaus nahelegte. Der Wandel der Leitbegriffe
paßt aber auch zum fortgeschrittenen Kapitalismus, in dem man das
Bestreben nach einer temporären Selbsterhaltung von sozialen Gebilden, vor allem wirtschaftlicher Art, unterstellt, die in einer Umwelt um
Selbsterhaltung und Fortsetzung ihres Bestandes kämpfen. Was man
allerdings dabei zugleich beachten muß, ist die Tatsache, daß bei diesem Wechsel der Leitdisziplin die grundsätzliche Konzentration auf
Geschichte (welche sich auf die Natur auswirkt) einer Konzentration
auf Natur (welche eine implizite und unbewußte Geschichte in sich
trägt) weicht. Die Gesellschaft selbst wandelt sich zu einem, wie es den
Anschein hat, naturwüchsigen Ganzen. Nicht zufällig erhalten unter
den Wissenschaften die „Lebenswissenschaften" die meiste Aufmerksamkeit (und die höchsten Forschungsmittel).

Mit dieser Umstellung gewinnt der Begriff der *Umwelt* eine neue
theoretische Bedeutung. Die Aufmerksamkeit geht über von der Biologie auf die Ökologie, vor allem in Gestalt der Klimaforschung. Das
Lebens-Thema wird zum *Überlebens*-Thema. Bei Luhmann hatten wir
gesehen, daß es immer nur systemspezifische Umwelten gibt. Wenn
man aber nun die gesamte Wirklichkeit, die in Systeme zerfällt, selbst
als ein unüberschaubares und unüberbietbares Ganzes (als „Welt")
auffaßt, dann entsteht daraus – über die Annahme der Systemtheorie
hinaus, die diese Frage für unzulässig, weil systemtheoretisch nicht
bearbeitbar hält – auch ein neuer, transzendenter Begriff von Umwelt, der sich jeder Ergründung entzieht. Damit wird einerseits der
Umwelt-Begriff an die Kosmologie anschlußfähig: „Umwelt" ist so
wenig greifbar wie die Unendlichkeit des Weltalls. Allerdings kommt
in Gestalt des Klimas und des menschengemachten Klimawandels
diese kosmologische Unendlichkeit auf die nähere Umwelt der Erde
zurück; mit Luhmann würde man von einem Wiedereintreten des
Unendlichkeits-Problems in die systemspezifisch zugänglichen Umwelten sprechen. Jedoch weist diese ökologische Perspektive ein un-
überwindbares Dilemma auf. Denn einerseits gilt das Klima mitsamt

seinem Wandel als die wichtigste und alle Umweltfragen bündelnde ökologische Frage, auf der anderen Seite entzieht sich diese Frage gerade einer sinnvollen und kompetenten Bearbeitung, weil für das globale Problem immer nur partikulare Systeme zuständig sind (und sein können); eine Koordination dieser Systeme ist aber nicht möglich, da es ja unter den Bedingungen der ausdifferenzierten Gesellschaft kein Welt-Gesamtsystem geben kann. Die Umwelt- als Klima-Frage bleibt, trotz aller ehrenwerten Anstrengungen, schon aus begrifflichen Gründen unlösbar.

Genau das ist aber eines der Motive, die zur Konjunktur einer neuen Leitdisziplin beigetragen haben; deren Konsequenzen sind vorerst nur zu ahnen. Es handelt sich um die sogenannte *„Künstliche Intelligenz"* (KI), die durch den Prozeß der „Digitalisierung" vorangetrieben wird. In einem noch ganz engen Sinn ist darunter der verstärkte Gebrauch von Computertechnologie und eine immer tiefer sich aufbauende Vernetzung von Daten („big data") zu verstehen. Doch dieses eher instrumentelle Verständnis findet man in der Regel weltanschaulich gesteigert vor, wenn man von „Digitalisierung" als künftigem Schicksal und von „Künstlicher Intelligenz" als der Zukunft der Menschheit reden hört. Was sich damit präsentiert, ist ein weiterer Schritt in der Naturalisierung der geistigen Situation der Zeit. Den Ausgang dafür bildet die Vorstellung von der evolutionären Grenze des Menschengeschlechts, das sich nun vor die Aufgabe gestellt sieht, seine natürliche Entwicklung in eine technische Verfügung zu übernehmen und zu optimieren. Das kann aber nur so geschehen, daß die Defizite des natürlichen Menschseins von Maschinen kompensiert werden sollen, die einerseits dem Menschen dienen (also sein Leben fördern) sollen, andererseits aber dem Menschen auch Entscheidungen abnehmen (und damit seine Verantwortung vermindern). Gerade in dem programmierten Verzicht auf Selbstverantwortung wird von Vertretern der KI die Bedingung gesehen, eine ansonsten unerreichbare Förderung zu erlangen. Die Technik als Kulturleistung mutiert nicht nur insgeheim, sondern explizit in eine Funktion von Technik als Moment quasinatürlicher Evolution. Aus dieser Perspektive speisen sich die Utopien (und begleitend auch die – vor allem literarischen und filmischen – Dystopien) einer „Überwindung des Menschen", wie sie medienwirksam propagiert werden. Nietzsches Idee des Übermenschen erscheint noch kulturbürgerlich naiv im Vergleich mit diesen Phantasien eines *Über-Lebens* mit Hilfe natürlich-technischer Evolution. Wo Menschen an der Komplexität der Umwelt zu scheitern drohen, tritt eine neue anthropomorphe Technik (oder eine technoide Menschheit) auf, die die Grenzen des Erträglichen weiter hinausschiebt. Allerdings wird auch diese Obsession der intensivierten Fortsetzung der Evolution mittels KI an zwei Grundsätzen scheitern. Erstens an der Ziellosigkeit der Evolution, die keineswegs das Erträumte hervorbringt, zweitens an der bleibenden Differenz von System und Umwelt, also an der Notwendigkeit größerer Umweltkomplexität für das Funktionieren von Systemen, und der damit verbundenen Unerschöpflichkeit der Umwelt. Es ist jedoch – und das wird uns jetzt beschäftigen – aufschlußreich, nach den Motivationen für solche Konzepte zu fragen. Sie bekommt man (nur) in den Blick, wenn man die mitlaufenden religiösen Komponenten gewahrt, die in diese moderne Gesellschafts- und Wissenschaftsgeschichte eingewoben sind.

ULRICH BECK und ELISABETH BECK-GERNSHEIM (Hg.), Neuere Tendenzen der Zeitdiagnose: Riskante Freiheiten. Individualisierung in modernen Gesellschaften, Frankfurt am Main 2015. VOLKER GERHARDT, Öffentlichkeit. Die politische Form des Bewußtseins, München 2012. HARTMUT ROSA, Resonanz. Eine Soziologie der Weltbeziehung, Berlin 2019.

## 2. Religion als Lebensdeutung

So sehr die Religion in der Moderne ausdifferenziert wird und als eigenes System zu behandeln ist, so sehr spielt doch auch eine Rolle, daß die einzelnen Systeme nach demselben Muster operieren, das auch in der Religion verwendet wird. Insofern kann, extrem gesprochen, jedes System seine eigene „Religion" ausbilden, sofern es seinen jeweiligen Code als Schlüssel fürs Ganze zu etablieren sucht, etwa „Macht" oder „Geld" oder „Liebe". Das bedeutet nun auch umgekehrt, daß das Religionssystem seinerseits anfällig wird für die Auf- und Übernahme von Leitgesichtspunkten aus der allgemeinen, an sich pluriformen Gesellschaft – insbesondere dann, wenn sich inmitten des Pluralismus bestimmte Codes als besonders stark und wichtig und damit alles andere mitbetreffend artikulieren; solche etwa, deren Prominenz wir uns gerade vor Augen geführt haben. Es ergibt sich damit das eigentümliche Phänomen einer gegenseitigen Verstärkung von kulturellen Trends mit ihren religiösen Besetzungen und (neuen) Schwerpunktbildungen in der Religion.

*Religion des Lebens*, so kann die erste Variante heißen. Darin steckt, vom Lebensbegriff aus betrachtet, die Tendenz, das Leben zum höchsten aller Güter und Werte zu machen. Das leibliche Leben zunächst – und alles, was dessen Erhalt und Förderung dient: gesunde Lebensführung und medizinische Technik als erstes. Diese Art des Lebenserhalts geht über in mehr oder weniger explizite Religion, wo sich die Erwartung auf Dauer gestellten Lebens in Vorstellungen der Wiedergeburt verwandeln, die dann, anders als in den fernöstlichen Ursprüngen dieser Idee, auf die positive Wiederherstellung und Fortsetzung leiblichen Lebens zielen (und keineswegs die Strafe einer Wiederholung endlichen Lebens darstellen).

*Ökologische Religion* könnte man die zweite Spielart nennen. Sie zeichnet sich einerseits dadurch aus, daß die Abhängigkeit des Menschen von seiner natürlichen Umwelt betont wird, also sein Einbezogensein in den Kreislauf des Lebens. Andererseits dient doch das Starkmachen dieser Abhängigkeit durchaus wieder dem humanen Lebenserhalt, gewissermaßen auf dem Umweg über die Erhaltung der Umwelt. Diese Orientierung trägt zunächst die Züge einer dauernden moralisch-technischen Überforderung in sich; deren Gründe stammen ja, wie wir sahen, aus dem Mißverhältnis von einzelsystemisch möglichen technischen Interventionen und dem Scheitern einer gesamtgesellschaftlichen Koordination derselben. Aufgrund der starken moralischen Akzentuierung ist insbesondere der Protestantismus anfällig für die Aufnahme dieser Intention. Als Kompensation des gefühlten Unvermögens liegt sodann eine esoterische Weltanschauung nahe, die das konflikthafte Verhältnis von humanen, technischen Umgangsweisen und transzendenten, kosmischen Sphären zu harmonisieren verspricht. Jedenfalls wäre es auf dieser Spur immer darum zu tun, das kritische Verhältnis des menschlichen Handelns zu seinen natürlichen Folgen zu eliminieren.

Von einer *Religion des Über-Lebens* zu sprechen, ist vielleicht noch verfrüht. Dabei liegen die religiösen Implikationen der KI-Promotoren sogar ziemlich deutlich am Tage, nämlich die Absicht, mit Hilfe der Technik über sich hinauszuwachsen, potentiell sogar die Endlichkeit als Sterblichkeit zu überwinden. Doch sind die Übergänge dieser Haltung in explizite religiöse Vorstellungswelten noch nicht sehr deutlich zu sehen. Würde man die technischen Utopien religiös ausformulieren, kämen am ehesten Bilder vom Ende der uns vertrauten Welt in Betracht, die vermutlich, wie schon immer in diesen Bildwelten, zwischen dem Gericht als dem Triumph der Vergänglichkeit, dem Ende des Menschen einerseits, und der Rettung als einer Verleihung von unendlicher Dauer, als Transformation in „himmlische"

Existenz andererseits, schwanken würden. Oder es fände sich dieser Gegensatz nach dem Muster des Weltgerichts in der verschiedenen Behandlung der Guten und Bösen, der Erfolgreichen und der Versager, zusammen.

Sich diese Zusammenhänge klarzumachen, verschafft erst einmal Luft gegenüber den Zumutungen auf Akzeptanz, die sich mit diesen religiös aufgeladenen Figuren verbinden. Denn wer hätte sich nicht schon einmal eine dauerhafte Fortsetzung des eigenen Lebens gewünscht? Wer wäre noch nie von der Kluft zwischen eigenem Vermögen und den unendlichen Anforderungen, die Umwelt zu retten, betroffen worden? Wer hätte nicht dann und wann gefragt, worauf das alles hinauslaufen soll, was wir derzeit technisch und wissenschaftlich hervorbringen? Gegenüber diesen das religiöse Empfinden berührenden Regungen ist Distanz geboten, denn sie bedienen sich des Mittels eines Kurzschlusses, um subjektive Verantwortung mit unbedingten Forderungen zu bedrängen. Diese Distanz hilft auch den Menschen, die sich im kommunikativen Horizont der christlichen Religion damit konfrontiert sehen, diese Anliegen (Leben, Umwelt, menschliche Zukunft) unmittelbar aufzunehmen.

Allerdings wirken diese Zumutungen nur darum, weil sie durchaus auch richtige Momente in sich enthalten. Doch die muß man erst einmal freilegen. Das gelingt, wenn man bedenkt, daß in allen diesen Spielarten von Religion zwischen den Themen und Vorstellungswelten einerseits und den Subjekten, die sich ihrer bedienen, andererseits unterschieden werden muß. Wir hatten ja schon oben gesehen, daß die moderne Religion darauf abzielt, gerade die Funktion des Nichtfunktionalen einzunehmen und insofern dem Subjekt den Anspruch auf einen Freiraum gegenüber der systemischen Vergesellschaftung zu vermitteln. Dieser Freiraum entsteht, wenn wir uns auf den Begriff der Deutung konzentrieren.

Dessen systematischen Ort können wir gut im Ausgang vom Lebensbegriff nachvollziehen. Leben läßt sich, hatten wir gesagt, im Ausgang vom Begriff des Organismus rekonstruieren. Organismen erhalten sich (temporär) selbst, indem sie innerlich so verfaßt sind, daß sie sich (durch innere Kommunikation) gegenüber ihrer Umwelt dichter mit sich selbst verschalten, als das mit der Umwelt der Fall ist. Zugleich sind sie aber auch von der Umwelt abhängig und müssen in der Lage sein, ihren inneren Energieverlust durch äußere Zufuhr zu kompensieren. Daß wir das nun so vom Leben *sagen* können, beruht einerseits darauf, daß die Strukturen dieser Aussage innerhalb der Natur so hervorgebracht wurden; so zu reden, ist aber andererseits auch nur deshalb möglich, weil wir in der Sprache von diesen Strukturen mit Bewußtsein Gebrauch machen. Dieses Gebrauchmachen heißt „Deuten", denn es befähigt uns dazu, zu etwas in der Welt (bis hin zum eigenen Körper) Stellung nehmen zu können, uns also distanziert zu dem zu verhalten, was gleichwohl die materialen Bedingungen unserer Stellungnahme hervorgebracht hat. Im „Deuten" weisen wir auf etwas hin, machen die Deutung damit von dem unabhängig, auf das wir deuten, und ermöglichen insofern eine Kommunikation über das Gedeutete, in welche andere Wesen, die der Deutung fähig sind, einsteigen können. Damit entsteht das Deutungsgeflecht der Sprache, die der elementare Ausdruck der Tatsache ist, daß wir unsere Natur nur leben können, wenn wir mit ihr kulturell umgehen.

Es ist genau dieser Aspekt der Deutung, der uns dazu befähigt, das Subjekt von Religion gegenüber den Themen, die sich als religiös aufdrängen, zu unterscheiden. Nehmen wir diese Differenzierung vor, dann können wir den eigentlichen religiösen Deutungsvorgang, die religiöse Leistung, innerhalb der drei Formationen der gesellschaftlich sich aufdrängenden Themen ermitteln.

*Religion des Lebens*, so hieß unsere erste Konfiguration. Dabei stand die Selbstbezüglichkeit des Lebens im Vordergrund, aus der die Frage nach dem Umgang mit der Endlichkeit des Lebens erwuchs. Wenn wir uns klarmachen, daß diese Frage sich nicht aus dem Prozeß des Lebens selbst ergibt, sondern durch unseren deutenden Umgang mit ihm, dann folgt aus dieser Einsicht, daß es nicht die Verlängerung des Lebens, nicht ein – am Ende erfolgloser – Schutz vor Krankheit und Tod ist, auf die das religiöse Interesse eigentlich hinausläuft, sondern daß es darum geht, wie wir als leiblich-endliche Wesen trotz unserer Endlichkeit erhalten werden. Darauf kann es nur eine Antwort geben, wenn Gott mit ins Spiel kommt, von dem gilt, daß er für unser leibliches und geistiges Dasein verantwortlich ist, also Leben und Deutung umgreift. Wie diese Antwort aus christlicher Perspektive gegeben werden kann, wird uns gleich beschäftigen.

Zuvor wenden wir uns der *Religion des Überlebens* zu, deren spezifisches Kennzeichen in der Überforderung durch die Aufgabe einer „Rettung der Umwelt", vor allem in der Gestalt einer Begrenzung des Klimawandels, besteht. Wir haben gesehen, daß es hier vor allem der Zwiespalt zwischen dem natürlich-technischen Leben in seiner entwickelten Komplexität und der begrenzten Reichweite unserer moralischen Handlungen ist, welcher für Beklemmung sorgt und nach einer religiösen Auflösung verlangt. Die kann nicht darin bestehen, daß man versucht, mittels Religion die fehlenden moralischen Kräfte zu mobilisieren, um der Anforderung nun doch nachzukommen. Vielmehr geht es um die Einsicht und Anerkenntnis, daß diese Aufgabe unsere Kräfte übersteigt. Das heißt nicht, daß man gar nichts tun könnte – aber die „Rettung der Welt" hängt von diesen Impulsen nicht ab, nicht einmal die „Rettung des Klimas". Worauf man sich aber wohl einstellen muß, ist, die Belastungen durch das moralisch-technische Scheitern anzuerkennen und die daraus entstehenden Lasten zu teilen. Auch darauf werden wir noch eingehen.

Darum hilft es auch nicht, sich aus der Verantwortung in eine technische Utopie zu flüchten, und sei sie transhumanistisch, also verantwortungslos. Der Traum vom – positiven oder negativen – Ende der Welt und dem Untergang oder der Überwindung des Menschen nimmt ebenfalls nicht wahr, daß es unsere Einsichten sind, die diese Konzepte entwerfen. Der Charakter der Vertröstung und des falschen Versprechens ist von dieser Spielart gesellschaftlich induzierter Religion schon gar nicht zu trennen. Eine *Religion des Über-Lebens* nimmt die Bedrängnisse jetzigen Lebens nicht ernst, sondern flüchtet sich ins Imaginäre. Das betrifft die Deutung des Endes der Welt, auf die wir noch zu sprechen kommen.

> Zu den Konzepten der virtuellen Realität und des Transhumanismus: JARON LANIER, Gadget. Warum die Zukunft uns noch braucht, Berlin 2010. RAY KURZWEIL, Menschheit 2.0. Die Singularität naht, Berlin 2014. PHILIPP VON BECKER, Der neue Glaube an die Unsterblichkeit: Transhumanismus, Biotechnik und digitaler Kapitalismus, Wien 2015.

### 3. Leben im Glauben

Auch wenn man darauf verzichtet, „Glaube" in einen Gegensatz zu „Religion" zu stellen, so gibt es doch gute Gründe, an dem Begriff des Glaubens festzuhalten. Hier wird er verstanden als Begriff, der die erfüllte Form christlicher Religion meint: Glaube ist der Ausdruck der Gegenwart Gottes im individuellen Leben.

Das war ja die Leitformel gewesen, mit der wir uns des Religionsbegriffs angenommen hatten, daß es in der Religion um die Einheit des Absoluten und des Individuellen zu tun ist. In der christlichen Religion wird diese Einheit darin gesehen, daß es der Glaube als die auf Gott ausgerichtete und sich von Gott her verstehende Bestimmung des menschlichen Lebens ist, welche die spezifische Gestalt dieser Einheit ausmacht.

Darin stecken zwei Einsichten, die es festzuhalten gilt. Erstens ist die Bestimmungsbedürftigkeit des menschlichen Lebens zu unterstreichen. Es gehört zum Leben, wie wir gesehen haben, daß es bewußt geführt werden muß. Handlungen und Entscheidungen vollziehen sich nicht von selbst, so stark auch die unbewußten Anteile sein mögen, sondern verlangen Zustimmung und Verwirklichungskraft. Das ist auch der Grund dafür, daß Handlungen individuell zugerechnet werden. Weil aber Handlungen zeitlich und räumlich aneinander anschließen, kann auch auf die Vorstellung eines Zusammenhangs im Leben nicht verzichtet werden. Der ergibt sich nicht durch eine – empirisch unmögliche – Erinnerung an alles Geschehene, erst recht nicht durch eine Projektion zukünftiger Zustände, sondern läßt sich nur als eine in allem Handeln mitlaufende Orientierung verstehen, die dem ansonsten ungeordneten und richtungslosen Leben ein Sinngefälle vermittelt. Die Suche nach einer solchen Lebenseinheit muß nicht immer explizit vorgenommen werden; sie wird aber rein faktisch nie unterbleiben. Aussichtsreich sind solche Sinnbestimmungen, die über unmittelbare Handlungsziele hinausgehen („reich werden wollen" ist kein konstanter Lebensinhalt) und die sich auch in Fällen des Scheiterns und des Irrtums bewähren. Da, wo dies auftritt, geht es um religiöse Lebensbestimmtheit. Im christlichen Glauben geht diese Bestimmung des Lebens von Gott aus, der von der Welt und allen innerweltlichen Gegebenheiten unterschieden ist.

Wie diese Bestimmung durch Gott erfolgt, muß darum auch von Gott her plausibel gemacht werden. Die Aussagen über Gott, die zu dieser Lebensbestimmung des Menschen nötig sind, bilden den Kern der christlichen „Lehre", der „Dogmatik". Dafür kommen zwei Gedankenreihen in Betracht. Die göttliche Lebensbestimmtheit im christlichen Glauben beruht erstens darauf, daß der jenseitige Gott diesseitig wird. Der Gehalt des Glaubens vermittelt sich durch den Menschen Jesus Christus, der Gott auf der Erde zu unbedingter Geltung bringt. Dadurch wird das abstrakte Gegenüber von Gott und Mensch aufgehoben; zugleich wird deutlich, daß Gott nicht nur ein bloßer Gedanke, eine Phantasievorstellung, ist, sondern eine Realität auch in der Welt. Die Voraussetzung dieser Einheit von Gott und Mensch in Jesus Christus wird durch die Lehre von der Dreieinigkeit Gottes ausgesagt. Denn sie bindet Gottes Sein in Jesus Christus an die Einheit Gottes mit sich im Heiligen Geist; aufgrund dessen ist Gott in der Lage, mit seinem eigenen Wesen beim Menschen und im Menschen zu sein. Dabei kann hier die Frage, ob und wie sich der Glaube in psychologisch zu beobachtenden Bewußtseinszuständen finden läßt, dahingestellt bleiben. Im Duktus unserer Argumentation reicht die Tatsache hin, sich für den Gewinn einer eigenen Lebensbestimmtheit in der pluriformen Welt auf die Beteiligung an der christlichen Kommunikation zu beschränken. Diese Beschränkung ist nicht zuletzt auch deshalb möglich, weil man die Trinitätslehre selbst mit Hilfe des Kommunikationsbegriffs rekonstruieren kann.

„Glaube" ist der zentrale Begriff für die Bestimmtheit des menschlichen Lebens durch Gott aufgrund von Gottes Gegenwart im menschlichen Leben: Gott selbst geht in diesen Vorgang der Lebensbestimmtheit ein. Darum kann man den Glauben eine Lebensdeutung nennen. Der Deutungsbegriff besitzt dabei zwei ineinander verwobene Dimensionen. Er entspricht einerseits den Strukturen des Lebens selbst; darum ist er ein Phänomen natürlich-menschlichen Lebens überhaupt. Und er macht andererseits eine Distanz zur Unmittelbarkeit des Lebens auf, die es erlaubt, sich auf das Leben zurückzubeziehen; das macht den spezifischen Charakter *bewußten* menschlichen Lebens aus. Im christlichen Glauben sind die beiden Dimensionen aufs Tiefste vereint. Im Glauben wird die natürliche Seite des Lebens anerkannt – und es wird zugleich eine orientierende Stellungnahme, eine Lebensbestimmtheit artikuliert, die von der Gegenwart Gottes im gedeuteten Leben ausgeht.

Wenn wir nun vom Glauben im so bestimmten Sinn Gebrauch machen, dann rücken die durch die geistige Lage der Zeit provozierten religiösen Herausforderungen in eine genauere Perspektive. Die *Religion des Lebens* wird zur Deutung des Lebens in der Welt (und zur Deutung der Welt als des Ortes unseres Lebens) durch den Gedanken der Schöpfung. Es gibt ein uns gegebenes Leben, zu dessen Zustandekommen wir als Individuen nicht beigetragen haben. Gleichwohl gibt es in diesen Zusammenhängen uns selbst aber als Individuen – in der Umgebung der Natur und der anderen Menschen, die mit uns kommunizieren. Dadurch sind wir in der Lage, uns in der Welt über die Welt zu verständigen, wissenschaftlich und technisch tätig zu sein, darin auch moralische Verantwortung zu übernehmen. Das alles ist nur möglich, weil wir eben in der Welt von der Welt unterschieden sind – und weil wir beides, die weltliche Existenz und die weltliche Differenz, demselben Ursprung verdanken: Gott. In unseren Kommunikationen über diesen Sachverhalt baut sich auf, was tatsächlich der Fall ist.

Die *Religion des Überlebens* wird als Aufgabe verstanden, das soziale Leben in der Welt verantwortlich zu gestalten. In der verschärften „Umweltkrise" kommt nur konzentriert an den Tag, daß das menschliche Leben in der Welt einerseits von den Ressourcen der Natur lebt, andererseits auch immer schon menschliche Arbeit mit all ihren komplizierten Sozialverhältnissen voraussetzt. Wenn aufgrund der Vergangenheit – die die Folgen humaner Tätigkeit nicht sehen konnte oder nicht in ihrer Reichweite abzuschätzen vermochte oder auch den Gedanken an Folgen mißachtete – die Umweltbedingungen für die Menschheit sich möglicherweise dramatisch verändern, dann ist ein neues Zusammenstehen der Menschheit nötig. Eines, das die Unterschiede untereinander nivelliert; eines, das aber auch die Versäumnisse der Vergangenheit nicht andauernd anrechnet; eines, das gemeinsame Verantwortung für die Zukunft unternimmt. Daß sich menschliche Verhältnisse so gestalten lassen, kann man nicht einer scheinbar „natürlichen" Evolution der Menschheit überlassen, es wird auch nicht allein durch moralische Verantwortung zu leisten sein. Es bedarf – gerade dann, wenn sich die negativen Zukunftsszenarien verdichten sollten – einer religiösen Deutung und Verständigung über das, was künftig gemeinsam zu tun und zu erleiden ist.

Insofern kann man dann auch von der *Religion des Über-Lebens* Abstand nehmen, sowohl in ihrer konstruktiv-utopischen wie in ihrer destruktiv-dystopischen Variante. Als Menschen sollen wir nicht über uns hinauswachsen wollen, weil wir es nicht können: Jede von uns angestoßene künftige Zukunft trägt die Züge unserer Vergangenheit und Gegenwart; daß Maschinen das Schicksal wenden, ist eine schiere Illusion, ein Traum von der rettenden Kraft des Bewußtlosen, dem zu diesem Zweck der Name einer „künstlichen Intelligenz" gegeben wird. Darum wird aber auch diese Zukunft, sollte sie eintreten, nicht das Ende der Menschheit, sondern – schlimmer – den Eintritt in ihre selbstgeschaffene Unmündigkeit, das programmierte Ende der Aufklärung, zur Folge haben; eben das, wogegen Religion seit der Aufklärung angegangen ist. Die religiöse Vorstellung vom „Weltgericht", in ihrer ganzen vorstellungsmäßigen Begrenztheit, bringt statt dessen diese Grenze zu Bewußtsein, indem sie sagt: So wie alles, was ist, aus Gott kommt, so wird alles, was kommt, in Gott enden.

Der christliche Glaube läßt sich daher von seiner Struktur her als „wahre Religion" (Karl Barth) oder als „Religion der Religionen" (Friedrich Schleiermacher) bezeichnen. Es kommt in der Neuzeit, die den Begriff der Religion erst ermöglicht hat, alles darauf an, den Religionsbegriff in der Vielfalt religiöser Phänomene und der Mannigfaltigkeit historischer Religionen so zu verstehen, daß er als individuelle Lebensdeutung wahrgenommen werden kann. Diesem Maß müssen sich alle Religionen stellen, die ihrer geschichtlichen Situation standhalten wollen. Daß die historische Lage der Gegenwart alles andere als eindeutig ist, haben wir gesehen; darum sind auch rückwärtsgewandte Versuche, Religion für eigene Zwecke einzuspannen, empirisch nicht ausgeschlossen. Doch werden sie sich langfristig gegen die Ansprüche auf authentische religiöse Selbstdeutung nicht behaupten können.

Das Potential des Christentums unter den Religionen hängt entscheidend von seiner Fähigkeit ab, diesen Kern religiöser Selbstdeutung von seinem sachlichen Mittelpunkt her zu stärken – und den deutenden Umgang mit ihm einzuüben. Das erfordert eine Konzentration auf Jesus Christus, in dem Gottes Gegenwart zur Mitte des menschlichen Lebens wird. Es ist daher im folgenden zu zeigen, daß und wie menschliche Selbstdeutung durch Jesus Christus zur frohen Anerkennung von Gottes Präsenz im Leben wird.

# III. Wer ist Jesus Christus?

## § 8 Die Erkenntnis Jesu Christi in der Gegenwart

### 1. Die Moderne – das christologische Zeitalter des Christentums

Daß und inwiefern sich Religion als Lebensdeutung vollzieht, war Thema der soeben abgeschlossenen Überlegungen und wird als Ausgangspunkt der weiteren Erörterungen zusammengefaßt. Wir hatten gesehen, daß menschliches Leben, auf dem Boden seiner Struktur als in der Natur interagierender Organismus im Kontext der Kultur, den Modus des Deutens beansprucht, um zu seiner Bestimmung zu gelangen. Es muß im Deuten ein Abstand zu sich selbst eingenommen werden, der es zugleich erlaubt, auf sich zurückzukommen. Diese interne Differenz ermöglicht es dann, sich in ein bewußtes Verhältnis zu anderem zu setzen und damit das eigene Verhalten verantwortlich zu steuern. Wir hatten auch gesehen, daß diese Struktur von Selbstdistanz und Selbstbezug im Gefüge von natürlichem Leben und bewußter Verantwortung ihrerseits nach einer Deutung verlangt, mit deren Hilfe man sich über die eigentümliche Tatsache verständigt, daß diese Struktur von keinem Menschen erzeugt ist, daß sie aber gleichwohl ihre Funktion erfüllt, nämlich menschliche Existenz in ihrer Einheit und Vielfalt zu ermöglichen. Das ist das Grundphänomen dessen, was mit dem neuzeitlichen Begriff der Religion gemeint ist.

Nun liegt es auf der Hand, daß sich die Ausdrucks- und Gestaltungsformen, die für diese Aufgabe religiöser Deutung gefunden werden, mit den Veränderungen in der Geschichte wandeln. Das Verhältnis von Mensch und Natur, beispielsweise, erfährt nicht nur durch die biologische Evolution, sondern auch durch die technische Naturbeherrschung eine stets fortlaufende Modifikation. Dasselbe gilt, unter anderen Rahmenumständen, auch für das, was man kulturell gesellschaftliche Evolution oder historische Entwicklung nennen kann; moralische Verantwortlichkeiten und existentielle Selbstverständnisse nehmen unter abgewandelten geschichtlichen Bedingungen eine neue Gestalt an. Unsere Beobachtungen zur Begriffsgeschichte konnten das bis in die wissenschaftliche Terminologie hinein verfolgen.

Für diesen Gesamtprozeß einer sowohl natürlichen als auch kulturellen Entwicklung muß man nun überdies Interferenzen in Rechnung stellen, die im einzelnen sehr komplex sind und die sich daher auch nie vollständig rekonstruieren lassen. Es wäre zu kurz gegriffen, wollte man alles aus der Biologie ableiten; diese Versuche scheitern bereits im Ansatz, sofern sie für ihre Deutungsanstrengungen immer schon auf begriffliche, also kulturelle Konzepte zurückgreifen müssen. Allerdings kann man auch keine reine Geistesgeschichte ohne Berücksichtigung der natürlichen und gesellschaftlichen Umstände entwerfen. Vielmehr verhält es sich so, daß es religiöse Deutungshorizonte gibt, die sich im Verlauf der Geschichte weiter ausdifferenzieren, sofern sie in sich selbst vertiefungsfähig und über sich hinaus entwicklungsoffen sind. Es mag aber auch solche religiösen Ansätze geben, deren Leistungsfähigkeit zur Lebensdeutung sich angesichts gesteigerter Anforderungen erschöpft hat und die darum der historischen Erinnerung überlassen werden. Man tut also gut daran, in der gesellschaftlichen Entwicklung mit einem im einzelnen sehr vielschichtigen Zusammenhang von grundlegenden, differenzierungsfähigen Deutungen und schrittweisen, nach neuer Deutung verlangenden evolutionären Veränderungen zu rechnen.

Das gilt nun auch für das Verhältnis von Christentum und Moderne. Das Christentum hat mit seiner Grundidee von dem in Jesus Christus Mensch gewordenen Gott ein Deutungspotential in die Geschichte eingebracht, das sich als vertiefungsfähig erwies; und es hat zugleich auch Entwicklungs- und Deutungsmöglichkeiten eröffnet, die ohne diese Idee nicht zu erringen gewesen wären. Einen Primat dieser oder jener Seite zu behaupten, wird sich nicht durchführen lassen; eine solche monothematische Geschichtsdeutung ist auch nicht sinnvoll.

Nun kann man allerdings in der Moderne eine eigentümliche Passung zwischen Christentum und Gesellschaft erkennen. Sie besteht darin, daß sich zunächst im Schatten gesellschaftlicher Allgemeinheit eine Tendenz zur individuellen Verantwortung entwickelt hat, die dann auch als Maßstab für akzeptable religiöse Deutungen gewertet wird. Um diesen Sachverhalt in der früher schon gebrauchten Ausdrucksweise des Verhältnisses von Absolutem und Individuellem wiederzugeben: Die Seite des Individuellen erfährt in der Geschichte eine Aufwertung, indem immer mehr gesehen wird und verantwortet werden muß, daß das Individuelle selbst der Ort des Absoluten ist. Man kann dieser Fortentwicklung des religiösen Grundgedankens des Christentums daher auch das Potential beimessen, für gesellschaftliche Entwicklungen offen zu sein, die die individuelle Verantwortung der Menschen verlangen und zu fördern imstande sind. Ob sich dieser Zug in der Geschichte freilich schon bewährt hat oder ob die Realisierung dieser Tendenz gerade in noch unaufgelöste Widersprüche führt, ist damit jedoch, wenn man nicht die Augen vor der Wirklichkeit verschließen will, nicht entschieden. Die eigentümliche Konjunktur von auferlegter individueller Verantwortung und vorgegebenen anti-individuellen Strukturen, wie etwa im Kapitalismus, lehrt jede nur geistesgeschichtliche Deutung allergrößte Vorsicht.

Wenn man sich diesen – hier nur strukturell hervorgehobenen – Zusammenhang klarmacht, dann läßt sich verstehen, warum die Moderne als das christologische Zeitalter des Christentums bestimmt werden kann. Denn zu keiner Zeit vorher hat die Anschauung Jesu Christi, die religiöse Verehrung seiner Person, haben auch die Debatten um seine individuelle Gestalt so tief gegriffen wie in der Moderne. Das ging bis dahin, daß die Gotteserkenntnis überhaupt – sofern sie eine den Menschen existentiell betreffende sein soll – an die Person und Geschichte Jesu Christi geknüpft wurde.

Bereits die Reformation muß man aus dieser Perspektive verstehen. Für Martin Luther gilt: Erst und allein in Christus eröffnet sich die ganze und heilsame Tiefe der Erkenntnis Gottes; ohne ihn bleibt Gott ein unthematischer Hintergrund abstrakter Welterkenntnis. Die spezifische Erkenntnis Gottes erschließt sich nämlich allein im Glauben als der Gegenwart des durch Jesus Christus vermittelten Heils; der Glaube aber ist der innerste Kern des Menschseins. Darum benötigt dieser Glaube auch das eigene Verständnis, also die Wahrnehmung des den Menschen anredenden Wortes, das ihm in der Bibel begegnet, die zentral auf Christus verweist. Nur so und darin kommt dann die Unverfügbarkeit des Gottesverhältnisses zur Geltung, die man Gnade nennt. Es läßt sich leicht erkennen, daß die Pointe der später als reformatorisch bezeichneten „sola-Formeln" (*sola fide, sola scriptura, sola gratia*) auf die Grundformel *solus Christus* zielt, die ihrerseits eben für die Auszeichnung der Individualität des Gottesverhältnisses steht. Und auch das Gegenbild wird schlüssig, nämlich die von dieser reformatorischen Grundeinsicht ausgehende Kritik an der Ausweitung der Vermittlungsinstanzen des Heils in der vorreformatorischen Christenheit, wie sie sich in der Negation der Verehrung Marias und der Heiligen als Repräsentanten der Kirche zeigt – einer Kirche, die sich als überindividuelle Institution die Verfügung über die Regulierung des Gottesverhältnisses angemaßt hatte.

Auch die beiden schon bedachten grundlegenden Autoren für die Theologie des 19. und 20. Jahrhunderts, Friedrich Schleiermacher und Karl Barth, bringen, bei allem Unterschied zueinander, die christologische Zuspitzung der modernen Theologie entschieden zum Ausdruck.

Schleiermacher definiert im § 11 seiner *Glaubenslehre*: „Das Christentum ist eine der teleologischen Richtung der Frömmigkeit angehörige monotheistische Glaubensweise, und unterscheidet sich von andern solchen wesentlich dadurch, daß alles in derselben bezogen wird auf die durch Jesum von Nazareth vollbrachte Erlösung." (*Der christliche Glaube*, Bd. 1, S. 93). Wie es sich für eine Definition gehört, geht Schleiermacher vom Allgemeinen zum Besonderen; allerdings tut er dies, anders als es die herkömmliche Lehre von der Definition will, in drei Schritten. Der Oberbegriff ist Monotheismus; damit steht das Christentum typologisch neben den religionsgeschichtlichen Phänomenen von Judentum und Islam, in denen es um die Verehrung des einen Gottes geht. Der Mittelbegriff ist „teleologische Frömmigkeit". Damit ist gemeint, daß sich das Gottesverhältnis vor allem in der bewußten, selbstverantwortlich tätigen Mitwirkung an Gottes Willen vollzieht; darin sieht Schleiermacher Judentum und Christentum einig – im Unterschied zum „ästhetisch" genannten Islam, der im Schicksal auf eine hinnehmende Weise alles von Gottes Fremdbestimmung erwartet. Von besonderem Interesse freilich ist der dritte Schritt, die „wesentliche" Differenz, nämlich daß in der christlichen Glaubensweise „alles bezogen wird auf die durch Jesum von Nazareth vollbrachte Erlösung". Das ist nun freilich eine markante Veränderung dessen, was man gemeinhin von einer Definition erwarten darf. Denn danach müßte es um eine weitere spezifische Differenz gehen, sozusagen um eine nächste Untergruppe, die die Bestimmungen der übergeordneten Aussagen nicht verändert. Genau das ist hier anders. Denn daß „alles bezogen wird auf die durch Jesum von Nazareth vollbrachte Erlösung", verändert sowohl den Sachverhalt des Monotheismus als auch den Begriff der teleologischen Frömmigkeit. Eigentlich, so müßte man Schleiermacher verstehen, sind diese religionstheoretischen Begriffe nur Hilfsmittel, das Christentum anderen, ihm nahestehenden Religionen zuzuordnen. In Wahrheit geht eben alles von der in Jesus von Nazareth vollbrachten Erlösung aus, das heißt: von dem durch ihn geschichtlich vermittelten Gottesverhältnis. Entsprechend nimmt auch die Erörterung der Erlösung in Schleiermachers Dogmatik den größten Raum ein. Wenn man so will, kann man in der logischen Unstimmigkeit des Definitionsverfahrens bei Schleiermacher erkennen, in welcher Weise der ehemalige Zugang vom Allgemeinen zum Besonderen bereits von der neuen Perspektive, nämlich der Schlüsselstellung des absolut Besonderen, wie es in Jesus Christus auftritt, unterlaufen wird.

„Jesus Christus, wie er uns in der Heiligen Schrift bezeugt wird, ist das eine Wort Gottes, das wir zu hören, dem wir im Leben und im Sterben zu vertrauen und zu gehorchen haben." So lautet die erste These der *Barmer Theologischen Erklärung* von 1934. Sie kann zugleich als Grundformel der Theologie Karl Barths gelten; entsprechend hat er sie in seine *Kirchliche Dogmatik* (IV/3,1) aufgenommen. Hier tritt der Name Jesus Christus ganz an den Anfang. Damit wird die Wahrnehmung aus der Bibel verbunden – und das Verstehen des Wortes Gottes, welches zum Glauben (als Vertrauen) und zum Gehorsam (dem Lebensvollzug) führt. Die Unmittelbarkeit, mit der der Name Jesu Christi an den Anfang tritt, wird damit eingebunden in den Prozeß des Verstehens und Glaubens und des tätigen christlichen Lebens. Die unbedingte Individualität Jesu Christi gewinnt den Charakter eines Zielpunktes, auf den hin Leben, Glauben und Verstehen sich ausrichten – weil sie, wie man dann erkennt, von ihm bereits herkommen. Es liegt auf der Hand, daß Barths These einerseits die Prinzipialität der Erkenntnis Jesu Christi als Individualitätsgrund auszeichnet, daß sie aber andererseits das Problem nicht hinter sich lassen kann, zu klären, wie sich diese Besonderheit zur Allgemeinheit des Verstehens verhält. Daß es sich bei Barths Formel um eine Fortschreibung des bereits bei Luther und Schleiermacher identifizierten Sachverhalts handelt, dürfte unbestreitbar sein. Sie verweist jedoch auch auf ein damit an den Tag gekommenes Problem, das für eine tiefgreifende Irritation im kirchlichen Christentum gesorgt hat.

Zur zentralen Einsicht Luthers vgl. Dietrich Korsch, Die religiöse Leitidee, in: Luther Handbuch, hg. v. Albrecht Beutel, 3. Aufl. Tübingen 2017, S. 115–122.

Friedrich Schleiermachers Dogmatik (Der christliche Glaube, 2. Aufl. 1830/31, hg. v. Rolf Schäfer, Berlin, New York 2008) bestimmt in der Einleitung das Wesen des Christentums im Zusammenhang eines religionsgeschichtlichen Schemas in den §§ 11–14, Bd. 1, S. 93–127.

Karl Barth verwendet die erste These der Barmer Theologischen Erklärung als Leitsatz im ersten Paragraphen des dritten Teils der „Versöhnungslehre" seiner Kirchlichen Dogmatik (KD IV/3,1, Zollikon-Zürich 1959), § 69, S. 1. Der Text der Barmer Theologischen Erklärung, gegen den theologischen Einfluß des Nationalsozialismus gerichtet, findet sich mit einer Einführung in: Georg

PLASGER, MATTHIAS FREUDENBERG (Hg.): Reformierte Bekenntnisschriften. Eine Auswahl von den Anfängen bis zur Gegenwart, Göttingen 2004, S. 230–245.

## 2. Die historische Problematik des christologischen Zeitalters

Die Betonung des durch Jesus Christus gestifteten Gottesverhältnisses und seiner Realität im Glauben zielt auf die humane Individualität als den Ort gelebter Religion. Deren Status ist seit der Reformation umstritten. Einerseits konnte die kirchliche Lehre auf der objektiven Begründung individuellen frommen Lebens im Zusammenhang der Verkündigung bestehen und damit eine Einbindung subjektiver Freiheit propagieren. Auf der anderen Seite regte sich in den Bewegungen der polemisch „Spiritualisten" genannten Seitenzweige der Reformation auch schon das Bestreben nach einer Behauptung der Selbständigkeit individuellen frommen Lebens, für die das unmittelbare Wirken des Heiligen Geistes in Anspruch genommen wurde. Darin äußert sich eine Dynamik, die auch dem kirchlichen Christentum reformatorischer Herkunft stets schon innewohnte, nämlich im Glauben auf der in Jesus Christus gegründeten Individualität eigenen Lebens zu beharren.

Es konnte daher nicht ausbleiben, daß sich diese Tendenz auch öffentlich, politisch und institutionell Gehör verschaffte. Dazu trugen historisch nicht zuletzt die Konfessionskriege der nachreformatorischen Epoche bei, zumal der Dreißigjährige Krieg, die der Nivellierung der institutionellen Herkunft religiösen Glaubens zugunsten der eigenen individuellen Überzeugung historisch Vorschub leisteten. Aber auch von der Sache her gilt, daß die Inanspruchnahme von Individualität sich über kurz oder lang als Kritik an allen aufgenötigten Begründungsformeln vollziehen muß. Die Selbständigkeit des Selbst- und Weltzugangs konnte so als authentischer Grund der ursprünglich religiös beförderten Individualität in Anspruch genommen werden. Mit diesem Anspruch ließen sich zugleich Traditionen verbinden, die sich beständig neben dem kirchlichen Hauptstrom der Religionsgeschichte erhalten und im Renaissancehumanismus ihren kulturellen Ort gefunden hatten. Diese neue Form der Behauptung von Eigenständigkeit vollzog sich vor allem als Kritik an der als bloß historisch aufgefaßten religiösen Begründung von humaner Subjektivität. Als früher Fall, aber auch als sachliches Vorbild dieser Art von Kritik kann der 1670 erschienene *Tractatus theologico-politicus* Baruch de Spinozas (1632–1677) gelten, in dem Spinoza vor allem das Alte Testament auf seine machtförmigen Voraussetzungen hin untersuchte und seine Geltung auf die vernunftgemäßen Tugendlehren beschränkte.

Es macht die Stärke seiner Position und der ihr nachfolgenden frühaufklärerischen Argumentationen aus, daß sie mit einer Unmittelbarkeit der Vernunft rechnen, die der religiös begründeten Unmittelbarkeit des Gottesverhältnisses um nichts nachsteht. Wer das bereits als Abfall vom Glauben oder als Entfremdung von der Religion betrachten wollte, hätte die epochale Wende unterschätzt, die mit der religiösen Auszeichnung der individuellen Selbständigkeit im Glauben erreicht worden war. Eine solche mußte sich gerade erst einmal gegen den Eindruck verwehren, als sei diese Autonomie doch durch äußere Begründungen fremdbestimmt – etwa durch eine formale Autorität der Bibel oder durch kirchliche Lehren und deren institutionelle und politische Verankerung.

In dieses Autonomiestreben wurde dann auch die Person Christi hineingezogen, von deren grundlegender Bedeutung ja gerade die reformatorische Verkündigung zehrte. Denn so sehr, nach dieser Auffassung, das Gottesverhältnis durch das Individuum Jesus Christus bestimmt war, so wenig konnte ihm seitens der Kritik von vornherein, abstrakt und unbegründet, die Autorität zugestanden werden, die ihm kirchlich beigelegt wurde. Die Maßgeblichkeit Jesu Christi mußte sich unter den Bedingungen der neuen menschlichen Selbständigkeit erst noch erweisen. Dafür war ein eindringliches, historisch und religiös überzeugendes Bild Jesu Christi nötig. Damit aber tat sich ein kategoriales Problem auf, das nicht einfach im Handstreich zu lösen war.

Denn die historische Wahrnehmung Jesu Christi mußte sich auf Jesus als historische Gestalt beschränken, konnte ihm also nicht zuvor eine „übermenschliche", „göttliche" Eigenart zubilligen. Vielmehr erschien aus dieser kritischen Perspektive eine Aufladung der historischen Person Jesu mit Hoheitstiteln oder überweltlichen Prädikaten als Versuch, für diese Gestalt der Geschichte eine übergeschichtlich-autoritative Bedeutung festzuschreiben. Wird aber Jesus wie jeder andere Mensch betrachtet, dann kann seine mögliche Vorzüglichkeit nur im Rahmen dessen ausgesagt werden, was sich an bemerkenswerten Menschen auch sonst feststellen läßt. Dazu zählt vor allem eine moralische Außerordentlichkeit, also diejenige Fähigkeit eines Menschen, dem Entwurf der idealen Menschheit möglichst gut zu entsprechen. Diese Auszeichnung freilich bewegt sich immer auf dem Boden des für alle Menschen grundsätzlich Möglichen. Es läßt sich mithin auf dieser Basis eine absolute, prinzipielle Bedeutung Jesu Christi nicht aufbauen. Statt dessen ist die Grundlage des Urteils das Menschliche überhaupt, wie es in dem eigenen Selbstempfinden zugänglich wird – also die Allgemeinheit des humanen Urteilsvermögens oder die Unmittelbarkeit der Vernunft, die als solche faktisch unterstellt wird.

Nimmt man diese Betrachtungsweise ein, dann baut sich der Unterschied auf, den man als Gegensatz zwischen einer „historischen" und einer „dogmatischen" Sicht bezeichnet hat. Die als „dogmatisch" angesehene Auszeichnung Jesu in seiner unbedingten Besonderheit und Bedeutung für alle Menschen aufgrund seiner „Göttlichkeit" verfällt der Kritik; das „historische" Verständnis bleibt allein übrig, und das verdankt sich zunächst der Annahme eines unmittelbaren Zugangs aller Menschen – oder der Menschheit als Gesamtbegriff – zur Vernunft. Das hatte freilich die auch für das aufgeklärte kritische Bewußtsein nachteilige Folge, daß die Auszeichnung der unbedingten Individualität nicht mehr grundsätzlich eingesetzt werden konnte: Vor der Allgemeinheit der Vernunft sind eben alle gleich, und die Unterschiede fallen demgegenüber nicht ins Gewicht; damit wird auch die Individualität zu einem Bündel empirischer Merkmale herabgesetzt. Indem die Kritik dieser Logik folgt, zerstört sie zugleich, ungewollt aber unweigerlich, die Grundlage ihres kritischen Impulses.

Dieses Schwanken zwischen einer prinzipiellen Individualität und einer Gleichheit aller vor der Vernunft mit bloß empirisch-individuellen Abschattungen macht den Dauerkonflikt der Geistesstellung aus, die die aufgeklärte Kritik einnimmt. Diese Konfliktlage entspricht im übrigen genau der gesellschaftlichen Zweideutigkeit, das individuelle Engagement zu fordern, es dann aber im vorgegebenen Allgemeinen etwa des Wirtschaftssystems aufgehen zu lassen.

Für die theologische – und theologiegeschichtliche – Betrachtung aufschlußreich an dieser Problemstellung ist, daß sich das Gegenüber von „historischer" und „dogmatischer" Methode keinesfalls einfach dem Gegensatz von „Kirche" und „Welt" oder „Theologie" und „Wissenschaft" in der Moderne verdankt. Die methodische Kontroverse ist vielmehr selbst historischen Ursprungs, und in diesen Ursprung ist die religiöse Befreiung der individuellen Unmittelbarkeit durchaus eingegangen. Das spricht dafür, sich der Logik dieser Alternative nicht einfach zu überlassen, sondern nach einer Lösung zu suchen, die aufgrund der Einsicht in die Herkunft des Streits auch wiederum über ihn hinauszugehen vermag. Das muß, um es vorab anzudeuten, dadurch geschehen, daß das historisch-kritische Bewußtsein sich selbst besser zu verstehen genötigt wird. Bevor wir aber zur Erörterung dieses Themas übergehen, sei ein Sachverhalt ins Bewußtsein gehoben, der manchmal allzuleicht übersehen wird: die enorme Steigerung unseres Wissens über Jesus von Nazareth.

Baruch de Spinozas Tractatus theologico-politicus ist ein Meisterstück kritischer Analyse; dabei wird insbesondere der Erhalt von Herrschaft durch Religion aufgedeckt. Deutsche Ausgabe: BARUCH DE SPINOZA, Theologisch-Politischer Traktat, neu übers., mit Einl. u. Anm. vers. v. Wolfgang Bartuschat (Philosophische Bibliothek 93), Hamburg 2012.

### 3. Die theologische Problematik des historischen Wissens über Jesus von Nazareth

Wohl noch kein Zeitalter hat über ein so differenziertes und genaues Wissen über Jesus verfügt. Dazu hat die Entwicklung der historischen Methode beigetragen, wie sie sich exemplarisch in der Untersuchung der biblischen Überlieferung herausgebildet hat. Gerade die kirchlich-machtförmige Verwertung des biblischen Materials für geschichtliche Geltungsansprüche hat die Aufmerksamkeit auf das Verhältnis zwischen der Mitteilung historischen Geschehens und seiner praktischen Aneignung und Umsetzung gelenkt.

Bis in die Reformationszeit hinein wurde der in den Evangelien gesammelte Stoff theologisch ohne historische Unterschiede verwendet; die Zitate und Beispiele konnten „dem Evangelium" entnommen werden – auch da, wo man sich, wie etwa Luther, auf die konkrete menschliche Existenz Jesu bezog. Diese biblische Referenz auf den Menschen Jesus leistete dann später dem Bestreben Vorschub, das Menschsein Jesu auch ohne theologisch-dogmatische Vorgaben zu erforschen. Dafür war erstens eine innere Differenzierung der Überlieferungen der Evangelien nötig. Weiterhin mußten diese analytischen Beobachtungen in die jeweiligen historischen Kontexte eingeordnet werden. Schließlich erwuchs aus beiden Verfahrensweisen die Aufgabe, das untersuchte Material auch wieder zu einem Bild Jesu zusammenzufügen, in das die unterschiedenen Momente eingehen konnten.

Allerdings zeigte es sich dabei, daß zwischen den analytisch-kritischen und den synthetisch-konstruktiven Verfahrensweisen der historischen Kritik durchaus ein Spannungsverhältnis herrschte. Es fand darin seinen Ausdruck, daß aus den analysierten Einzelmomenten faktisch eine Vielzahl von Jesusbildern rekonstruiert wurde, über deren Verhältnis zueinander es aber keine Klarheit gab; sie alle traten mit dem Anspruch auf historische Verläßlichkeit auf. Das mag als Resultat der immer nur hypothetisch arbeitenden historischen Forschung unvermeidlich sein; allerdings läßt sich aufgrund der Vielzahl der Jesusbilder auch nicht einsehen, welches Bild – aus welchen Gründen – religiöse Verbindlichkeit besitzen sollte. Zu stark dominierte in der Konstruktion der synthetischen Jesus-Bilder noch immer die Unmittelbarkeit der als allgemein aufgefaßten Vernunft. Die vorhin bemerkte methodische Spannung zwischen dem unbedingten Individualitätsimpuls und seiner Relativierung in der historischen Forschung blieb unaufgelöst.

Daraus erwächst heute die Aufgabe, die historische Individualität Jesu Christi mit den methodischen Verfahren der historischen Kritik so genau zu beschreiben, daß der Zusammenhang mit der von den christologischen Lehrsätzen ausgesagten Geltung erkennbar wird. Dieser Aufgabe wenden wir uns jetzt zu.

Dazu werden wir zunächst in eine genauere Reflexion von Sinn und Grenzen der historischen Methode überhaupt eintreten und dem Ergebnis der Erörterungen einen Überblick über die analytischen und synthetischen Verfahrensweisen der historischen Methode im Blick auf die Überlieferung der Evangelien anfügen. Dabei werden wir auf die Vielzahl von Jesus-Bildern stoßen. Diese Vielfalt fordert uns auf, die Elemente der Jesus-Überlieferung neu zu ordnen und damit genauer vor die Frage nach der Individualität Jesu Christi gestellt zu werden. Das Ziel besteht darin, eine verständliche Beziehung zwischen einem „historischen" Bild und der „dogmatischen" Bedeutung Jesu Christi herzustellen.

> Zu Luthers Christologie vgl. NOTGER SLENCZKA, Christus, in: Luther Handbuch, hg. v. Albrecht Beutel, 3. Aufl. Tübingen 2017, S. 428–439.

## § 9 Jesus Christus, Mensch in der Geschichte

### 1. Die Konsequenz der historischen Kritik

Wenn von der Konsequenz der historischen Kritik gesprochen wird, dann ist damit ein doppelter Sinn verbunden. Einerseits zeigt sich, daß die historische Kritik tatsächlich eine innere Kohärenz und Schlüssigkeit aufweist, die eine durchgängige methodische Verwendung erlaubt. Andererseits entläßt die historische Kritik Folgerungen aus sich, die selbst wiederum der Diskussion und der Beurteilung bedürfen;

das gehört zu ihrer Verfassung als wissenschaftliches Verfahren, das sich stets neu bewähren muß.

In seinem bedeutenden Aufsatz *Über historische und dogmatische Methode in der Theologie* aus dem Jahr 1900 hat Ernst Troeltsch grundlegende Einsichten zum Thema formuliert. Der Text steht auf der Schwelle zwischen einem ordnenden Rückblick auf die Geschichte der Theologie und einem perspektivischen Ausblick auf künftige Aufgaben der historischen Methode. Rückblickend hat Troeltsch die Unterscheidung von „historisch" und „dogmatisch", über deren Entstehung wir ja schon nachgedacht haben, als Gegensatz zweier Methoden dargestellt. Wenn Troeltsch „Kritik", „Analogie" und „Korrelation" als die Grundbegriffe der historischen Methode benennt, dann wendet er sich damit gegen den Anspruch einer dogmatisch genannten Theologie, die Grundlagen des Glaubens dem Zugriff der Kritik entziehen zu wollen, weil es sich dabei um historisch nicht zu verstehende (analogielose) Sachverhalte handle, die einer anderen, transzendenten Sphäre der Wirklichkeit entstammen. Indem er den Methodengegensatz so beschreibt, ist Troeltsch selbst diesem Widerspruch verhaftet. Es liegen aber, und das ist die in die Zukunft weisende Seite seines Vortrags, darin auch die Grundlagen für eine Erörterung der historischen Methode, die sich diesem Gegensatz nicht mehr verpflichtet sieht.

Wir nehmen jetzt zunächst den Blickwinkel ein, der uns dazu verhilft, die Geschichte der Anwendung der historischen Methode für die Erkenntnis Jesu Christi zu gliedern. Vom Resultat dieser Rekonstruktion her kommen wir auf die in die Zukunft gerichtete Perspektive Troeltschs zurück.

Ausgehend von Troeltschs Grundbegriff der Kritik läßt sich nämlich die Logik der historischen Forschung als eine geschichtliche Abfolge von Stufen der Kritik nachzeichnen. Wir beschränken uns hier, unserem Thema entsprechend, auf bibelwissenschaftliche Forschungen zu den Evangelien, die uns den Weg zum Verständnis Jesu in der Moderne weisen sollen. Dabei gibt es, anders als es unsere systematische Übersicht nahelegt, keine Planmäßigkeit des Fortschreitens; wohl aber schlagen sich historische Randbedingungen auch in den methodischen Verfahrensschritten nieder. Was sich auf diesem Feld entwickelt, hängt, unabhängig von den jeweils akzentuierten Schwerpunkten, immer miteinander zusammen; man kann daher die einzelnen methodischen Schritte nicht gegeneinander ausspielen.

Der erste kritische Schritt ist die Feststellung eines authentischen Textes der Überlieferung, die „Textkritik". Das motivierte bereits Erasmus von Rotterdam zu seiner Ausgabe des Neuen Testaments im Jahr 1516. Alsbald zeigte sich, daß wir nirgendwo auf einen einzigen vollständigen Text des Neuen Testaments stoßen und schon gar nicht ein einziges „Original" finden, sondern daß wir die jeweils älteste Gestalt eines Textes aus verschiedenen Bruchstücken unterschiedlicher Herkunft zusammensetzen müssen. Die heute im Institut für Neutestamentliche Textforschung in Münster gesammelten und bewerteten Textfragmente erlauben die Rekonstruktion des ältesten Textes der einzelnen neutestamentlichen Schriften in einer Genauigkeit, die es zuvor noch nie gab.

Wenn der jeweils beste erreichbare Text feststeht, dann kommt als nächstes die Frage nach seiner Entstehung auf, also wer ihn wann und wo geschrieben hat und wie er sich zeitlich und sachlich zu anderen Texten des Neuen Testaments verhält: die sog. „Literarkritik". Dieser Schritt stellte sich – nach dem Vorlauf bei Spinoza – im 18. Jahrhundert als eine Befreiung von der Inspirationslehre dar, derzufolge (wenn man es etwas äußerlich beschreibt) die Texte der Bibel authentisch so von Gott hervorgebracht sein sollten, daß die Menschen nur als unselbständige Schreiber beteiligt waren. Dagegen traten nun Überlegungen zu den menschlichen Verfassern der biblischen Schriften auf, und es wurden Zuordnungen etwa der Evangelien zueinander vorgenommen. Das wichtigste Resultat dieser Forschungsrichtung besteht in der heute weit überwiegend geteilten Hypothese, daß es sich beim Markusevangelium um die älteste Gestalt dieser Gattung handelt, das sowohl Matthäus als auch Lukas kannten und verwerteten. Dazu wurde in den Evangelien des Matthäus und Lukas auch eine als eigene Quelle nicht enthaltene Schrift, die sog. Logienquelle Q, verwendet. Im Unterschied zu diesen drei Evangelien, deren literarische Abhängigkeit und Zusammensetzung man gut rekonstruieren kann, nimmt das – später entstandene – Johannesevangelium eine eigene Stellung ein. Allerdings dauerte es bis ins späte 19. Jahrhundert, bis sich diese Sichtweise nach den Anfängen hundert Jahre zuvor durchsetzte.

Bezog sich die Literarkritik auf das Vorliegen der verfaßten Quellen, so richtete sich die Aufmerksamkeit als nächstes auf die Tatsache, daß die Verfasser der Evangelien Überlieferungen aufnahmen, die ihnen überkommen waren. Sie griffen – neben den von ihnen selbst formulierten Texten – ganz entscheidend, ja überwiegend, auf Material zurück, das in anderen Zusammenhängen entstanden war. Dieses Material verdankt sich nicht (oder selten) einer schriftlichen Fixierung, sondern entstammt sozialen Kontexten, in denen und für die es eine Funktion einnahm, also etwa den Gottesdiensten, in denen Lobpreis und Gemeindeermahnung stattfinden. Diese Stoffe von eigener Form sind es, die dann durch die Verfasser der Evangelien in den Rahmen einer Gesamterzählung eingebracht wurden – und die Reflexion auf diese soziologischen Entstehungs- und Verwendungszusammenhänge von situativ geprägten Texten heißt „Formkritik". Man kommt damit, wie sich sofort versteht, hypothetisch näher an die sozialen Anfänge der frühen Christenheit heran – auch wenn man nicht durchweg unterstellen darf, die Verwendung einer „reinen Form" sei bereits der Nachweis eines höheren Alters einer Überlieferung.

Nun werden aber diese einzelnen Überlieferungen doch in einen Zusammenhang der Erzählung eingebracht – und das ist selbst ein sehr kreativer Akt, hinter dem eine mehr oder weniger deutliche Konzeption der Evangelisten als Schriftsteller steht. Sie wollen ja denen, für die sie schreiben, ihrerseits eine bestimmte Sichtweise der Dinge – und zumal der Person Jesu – mitgeben, verfolgen also selbst ein theologisches Ziel. Darauf richtet sich die Aufmerksamkeit der sogenannten „Redaktionskritik", die im Unterschied zur Formkritik wieder stärker an der integrativen Arbeit der Evangelisten interessiert ist.

Schließlich kommt als derzeit jüngste Fragestellung in den Blick, wie sich die einzelnen Überlieferungsstücke, aber auch die Gesamtkonzeptionen der Evangelisten zu ihrer Umwelt verhalten, vor allem zum engsten jüdischen Kontext; insbesondere, was sie mit diesem Kontext verbindet, den wir seit den Funden antiker Schriften in den Höhlen von Qumran immer differenzierter wahrnehmen können. Damit wird eine grundsätzlich neue Wendung vorgenommen. Denn waren die früheren Forschungsschritte mehr oder weniger ungeklärt von einem christlichen Sonderanspruch ausgegangen, den es theologisch und religionsgeschichtlich zu untermauern gilt, so galt nun, nach dem 2. Weltkrieg und dem Holocaust, dem Verhältnis zum Judentum in all seinen differenzierten Facetten eine besondere Aufmerksamkeit.

Tatsächlich verhält es sich so, daß sich die hier unterschiedenen Verfahrensschritte der historischen Kritik auch stets zeitgeschichtlichen Umständen verdanken, aus denen sie erwachsen sind und in denen sie sich entfaltet haben. Die Textkritik ist gewissermaßen der erste Schritt einer Historisierung des reformatorischen „Schriftprinzips", demzufolge immer der Urtext der Bibel die entscheidende Argumentationsbasis darstellt. In der Literarkritik rückt, der Epoche der Aufklärung angemessen, die Frage nach den literarischen Verfassern in den Vordergrund. Sie ist über zeitgenössische Erfahrungen mit schriftstellerischer Autorschaft motiviert. Die Formkritik dagegen bindet den individuellen Autor wieder stärker in sein gesellschaftliches Umfeld ein. Die Autoren sind gerade nicht autonome Schöpfer ihrer Geschichte, sondern bewegen sich in einem vorgegebenen und religiös konnotierten Umfeld. Das ist eine spezifische Einsicht seit der Mitte des 19. Jahrhunderts. Die Redaktionskritik negiert das nicht, fragt aber doch auch nach der kompositorischen Absicht der jeweiligen Schrift und ihrer Verwendungsabsicht. Diese begrenzte Restitution des Autors fällt ins mittlere 20. Jahrhundert. Dagegen besitzt die zuletzt genannte Wendung der historisch-kritischen Methodik einen stark selbstkritischen Zug; hier wird der zeitgeschichtliche Kontext ausdrücklich als maßgeblich für die Erweiterung und die Korrektur herkömmlicher Fragehaltungen benannt.

Das Fazit dieses kleinen Durchgangs durch die wichtigsten methodischen Schritte der historischen Kritik kann lauten: Die methodischen Verfahrensweisen entfalten sich aus dem einen Grundgedanken der Kritik, die es erlaubt und verlangt, immer genauer nach den Entstehungs- und Wirkungszusammenhängen der überlieferten Texte zu fragen. Die Fortschritte und Entfaltungsformen der methodischen Arbeitsschwerpunkte sind dabei durchaus zeitgeschichtlich hervorgerufen und beeinflußt. Die historische Methode unterliegt selbst – wie könnte es auch anders sein – einer historischen Entstehungs- und Betrachtungsweise. Dabei zeigt sich, daß die fortschreitende Kritik die analytische Schärfe jeweils steigert; das liegt in der Natur der Kritik selbst, die auf immer höhere Verfeinerung aus ist.

Allerdings stellt sich dann die Frage, wie mit den analytisch gewonnenen Ergebnissen auch wieder konstruktiv umzugehen ist. Denn so sehr die Kritik ins Einzelne geht und immer kleinere und spezifisch konnotierte Details findet – ihr Ausgangsinteresse bestand und besteht doch darin, mittels der analytischen Differenzierung ein zutreffendes Bild der Wirklichkeit bzw. des tatsächlichen geschichtlichen Geschehens zu ermitteln. Es muß daher stets auch ein synthetisches Arbeitsverfahren verfolgt werden – und das war auch, auf jeder Stufe der Entwicklung der exegetischen Methoden, immer der Fall.

Das große Projekt, das unter diesem synthetischen Blickwinkel erwächst, ist „der historische Jesus"; und diese Aufgabe grenzt sich, wie wir an Troeltschs Methodenalternative sehen konnten, grundbegrifflich gegen „den dogmatischen Christus" ab. Jesus ist geschichtlicher Mensch – und nicht geglaubter Gottmensch: das ist die fraglose Grundlage dieser Forschungsrichtung. Was aber ein geschichtlicher Mensch ist, das entscheidet sich aus der akuten Selbstwahrnehmung und Selbstdeutung der forschenden Zeitgenossen. Wenn also nach dem „historischen Jesus" gesucht wurde, dann ging diese Suche auf ein religiöses Subjekt aus, das uns verständlich ist, weil es grundsätzlich von derselben Art ist wie wir.

Albert Schweitzer hat in seiner *Geschichte der Leben-Jesu-Forschung* von 1913 (erste Auflage 1906) die Bilder Jesu kritisch untersucht, die aus dieser Fragestellung seit dem späten 18. Jahrhundert erwachsen sind. Schweitzer konnte zeigen, daß die Aufgabe, sich historisch mit Jesus von Nazareth zu beschäftigen, seit Friedrich Schleiermacher als Rekonstruktion eines „Lebens Jesu" nach dem Muster des bürgerlichen Romans erfolgte, der mit einer inneren Entwicklung der Hauptfigur rechnet und diese nacherzählt. Nun erweisen sich diese Nacherzählungen in zweifacher Hinsicht als untauglich. Erstens unterstellen sie für eine antike Figur, Jesus von Nazareth, ein religiöses Innenleben wie für ein Subjekt der bürgerlichen Welt der Aufklärung, dessen Entwicklung man romanhaft nacherzählen kann. Zweitens kommen sie in ihrem Bestreben, Jesus als irgendwie vorbildlich herauszustellen, nicht über die Versuche hinaus, diese Vortrefflichkeit als religiös-moralische Vorbildlichkeit zu schematisieren. Sie wiederholen damit nur, in der Gestalt einer frommen Biographie, die Auffassungen von Religion, die in ihrer eigenen Gegenwart vorherrschen. Hier stellt sich die Verbindung zu unseren Beobachtungen zum Religionsbegriff her: Der Religionsbegriff des 19. Jahrhunderts war ja wesentlich von der Annahme eines allgemeinen Vorliegens von Religion im Bewußtsein bestimmt, wie es der allgemeinen Zugänglichkeit der Vernunft entspricht.

Wie stark sich diese Fragehaltung auch auf historische Behauptungen auswirkt, dafür gibt der Streit um die Priorität der Evangelien ein anschauliches Beispiel. Denn zunächst wurde das Johannesevangelium als Urbild und Muster des Evangeliums angesehen, so auch von Schleiermacher; und dies zweifellos aus dem Grund, weil man Jesus in diesem Evangelium am besten als Redner in größeren Zusammenhängen wahrnehmen kann; dieses Bild Jesu entspricht der bürgerlichen Erwartung an einen religiösen Lehrer am besten. Dagegen mußten die Verfechter der historischen Priorität des Markusevangeliums mit einem sehr viel schrofferen, ja bisweilen rätselhaften Jesus vorliebnehmen – was der Akzeptanz ihrer These abträglich war.

Schweitzer selbst war in seinem eigenen Jesus-Bild, das er auch in die Rekonstruktion der Geschichte des Problems einordnet, auf eine interessante Figur gestoßen. Wie schon vor ihm Johannes Weiß, so erkannte auch Schweitzer in aller Deutlichkeit, wie stark Jesus in die antike jüdische Weltanschauung der Apokalyptik eingewoben war. Jesu Rechnen mit dem manifesten Weltende machte es nach Schweitzers zutreffender Einsicht unmöglich, eine religionsgeschichtliche Entwicklung zu zeichnen, die in Jesus ihren Anfang nahm und in ihm ihr Maß fand. Vom Apokalyptiker Jesus ausgehend, gibt es keine geschichtliche Kontinuität in die Gegenwart. Damit ist der religiös motivierte historische Anschluß an Jesus ausgeschlossen. Das war die negative Seite in der Analyse Schweitzers. Eine Maßgeblichkeit Jesu ließ sich für ihn nur feststellen, wenn man die Weltanschauung des unmittelbar bevorstehenden Weltendes nicht wörtlich nimmt, sondern als Umschreibung für die Unbedingtheit der Ethik auffaßt, als letzte und tiefstmögliche Einschärfung der Verantwortlichkeit menschlichen Handelns. Es ist aber unser gegenwärtiges Bewußtsein, das um die Notwendigkeit einer solchen Vertiefung des Grundes der Ethik weiß; von diesem Bewußtsein aus baut sich die Wahrnehmung Jesu als religiös bedeutsam auf. Die positive Seite in Schweitzers Analyse weist damit auf die Notwendigkeit, das eigene Verständnis von Subjektivität, Handeln und Verantwortung mit ins Spiel zu bringen, wenn es um eine gegenwärtige religiöse Aneignung Jesu geht.

Damit hat Schweitzer das Dilemma der historischen Jesusforschung des 19. Jahrhunderts auf den Begriff gebracht. Es ist, einerseits, methodisch verboten, für die Rekonstruktion des historischen Jesus die moderne religiöse Subjektivität vorauszusetzen – das ist selbst ein ahistorisches Verfahren und widerspricht somit den Prinzipien der historischen Kritik, sofern es die Selbstkritik ausschließt. Auf der anderen Seite zeigt das von diesen Vorannahmen befreite Bild des historischen Jesus, daß sich aufgrund seiner Weltanschauung keine geschichtliche Kontinuitätslinie in die Gegenwart ziehen läßt, erst recht keine, die irgendwie eine religiöse Begründungsleistung für heute erbringen könnte. Dieses Dilemma ist nun kein Zufall, sondern stellt die Konsequenz der historischen Methode dar, sofern sie von dem unmittelbaren Selbstverständnis des modernen Bewußtseins und seiner Auffassung von Religion ausgeht. Bei Schweitzer kommt an den Tag, daß dieses moderne Bewußtsein unterbestimmt ist, wenn es sich als selbstverständlich (und damit ahistorisch) auffaßt. Vielmehr ist es selbst auf seine Aufbauelemente hin zu analysieren, wenn es seine Kompetenz für zutreffende historische Erkenntnis behalten will.

Daß der historische Jesus keine religiös grundlegende Bedeutung besitzt, darin war Rudolf Bultmann mit Albert Schweitzer einig. Allerdings verdankte sich Bultmanns kritische Zustimmung zu Schweitzers Ergebnis etwas anders gelagerten Argumenten. Näherhin sind es drei. Anders als Schweitzer hatte Bultmann die formkritische Einsicht in das soziale Gewachsensein von Überlieferungen ernstgenommen. Daraus folgt, daß die neutestamentlichen Quellen als Material für eine Biographie nicht taugen; sie sind durch und durch von anderen (Verwendungs-)Interessen bestimmt. Das ist das historische Argument. Hinzu kommt ein hermeneutisches, nämlich der Hinweis auf die Differenz zwischen einem religiösen Bewußtsein in der Antike und dem gegenwärtigen Bewußtsein; daß das heutige Bewußtsein mit ins Spiel gebracht werden muß, darin ist Bultmann mit Schweitzer einig. Aber über Schweitzer hinaus macht Bultmann ein systematisches Argument stark, daß nämlich die Eigenart des religiösen Bewußtseins tiefer zu erfassen ist, als Schweitzer das mit der Unbedingtheit der ethischen Verpflichtung tat: In der Religion geht es um das unmittelbare Selbstverständnis des Subjekts, das man sich nicht aussuchen kann, sondern das allen Aktivitäten des Bewußtseins schon vorausliegt; dieses Subjektverständnis ist es, welches Bultmann als „Existenz" bezeichnet, und darum ist eine „existentiale Interpretation" der neutestamentlichen Verkündigung nötig.

Bultmanns Auffassung der Differenz zwischen dem historischen Jesus und Jesus als Grund des Glaubens erwies sich für die Debatte im 20. Jahrhundert als wegweisend. Doch war in Bultmanns Argumentationen nicht immer klar, welcher der Gesichtspunkte für seine Negation der religiösen Bedeutung des historischen Jesus wirklich ausschlaggebend war: die historische Skepsis angesichts von Quellenlage und Epochendifferenz (also eine historisch-methodologische Einsicht) oder die anthropologische Überzeugung von der historischen Ungreifbarkeit der Existenz (also eine theologische Grundhaltung). Bisweilen konnte der Eindruck entstehen, als würde Bultmann die historischen Grenzen einer Rekonstruktion des Lebens Jesu als Grundlage für die Behauptung der religiösen Unmaßgeblichkeit des historischen Jesus ansehen, etwa, wenn er vom „Daß des Gekommenseins Jesu" spricht. Soll damit die geschichtliche Wirklichkeit einer Person ohne alle inhaltlichen Bestimmungen gemeint sein? Das wäre ja ganz undenkbar, denn von Personen muß man immer etwas erzählen. Oder wollte Bultmann damit unterstreichen, daß es nicht auf die religiöse Verkündigung Jesu ankommt, die man – als seine „Lehre" – von seiner Person ablösen kann, sondern auf die Verkörperung der Lehre in seiner Person? Das ist viel plausibler – auch wenn Bultmanns Ausdruck ungenau bleibt. In der Rezeption Bultmanns freilich schien seine Auffassung als historische Skepsis aufgefaßt zu werden, und davon gingen dann die Rückfragen an Bultmann aus, die nach dem 2. Weltkrieg von Ernst Käsemann und anderen vorgebracht wurden – ohne daß die Fragestellung klar bearbeitet worden wäre, die schon Albert Schweitzer herausgearbeitet hatte: Ob es überhaupt möglich ist, das historisch-kritisch analysierte Material so zu einem Bild Jesu zusammenzufügen, daß daraus Jesu spezifische religiöse Bedeutung hervorgeht. Das ist die Frage, der wir uns jetzt stellen.

Dazu wenden wir uns noch einmal Troeltschs Aufsatz von 1900 zu und nehmen seine Grundbegriffe als weiter auszuführende Hinweise für eine Entwicklung der historischen Methode ernst.

Das grundlegende Moment der historischen Methode ist die *Kritik*. Sie gründet in der Fähigkeit zur Selbstunterscheidung, wie wir sie auch für das Verfahren der Deutung als maßgeblich erkannt haben. Sich von sich selbst zu unterscheiden, um auf sich zurückzukommen, erlaubt es, anderes von sich zu unterscheiden. Nur so gewinne ich die Möglichkeit, eine Differenz zwischen etwas anderem außer mir und mir selbst zu entdecken und festzuhalten. Damit ist aber zugleich festgestellt, daß ich selbst es bin, der für die Beurteilung von anderem maßgeblich ist. Und diese kritische Kontrolle richtet sich auf alles, was mich umgibt, was ich wahrnehme und erfasse. Sie vollzieht sich so, daß ich das andere nicht einfach so nehme, wie es sich selbst präsentiert, sondern daß ich seine Gestalt, sein Wesen und sein Werden, untersuche im Blick auf das, was wirklich Bestand hat. Jede Überlieferung ist daraufhin zu überprüfen, was tatsächlich der Fall ist. Daher muß hinter das Ergebnis der Überlieferung zurückgegangen und auf ihre Genese geachtet werden, um von ihr her zwischen der Erscheinung und dem, was zur Erscheinung kommt, zu unterscheiden. Es zeigt sich bereits darin, daß das Geschäft der Kritik ein potentiell unendliches ist, das nur aus pragmatischen Gründen eingeschränkt wird, aber jederzeit wieder aufgenommen und fortgesetzt werden kann. Aber nicht nur das – die Maxime, alles kritisch zu untersuchen, schließt auch die eigene kritische Subjektivität ein. Sie ist ja, in ihrer tatsächlichen historischen Gestalt, auch das geworden, was sie ist – und kann und muß auch dieses eigene Gewordensein zum Thema machen. Gerade die kritische Subjektivität kann sich nicht fraglos gegenüber sich selbst verhalten.

Mit *Korrelation* hatte Immanuel Kant in der *Kritik der reinen Vernunft* einen speziellen Fall der Relation bezeichnet, der zur Aussage bringen soll, daß alles mit allem zusammenhängt. So operiert eben unser Bewußtsein, daß es nicht nur Kausalitäten, also einlinige Abhängigkeiten konstruiert, sondern auch Wechselwirkungen zu konstatieren vermag. Das bedeutet in der praktischen Anwendung der historischen Methode, daß man das Verfahren der Kritik überall einsetzen kann, weil wir dadurch die Kohärenz und Kontinuität der Wirklichkeit absichern, wie wir sie überhaupt wahrnehmen. Darum kann man in jedem historischen Zusammenhang immer weiter und immer genauer nach den Umständen fragen, die auf ein bestimmtes Ereignis eingewirkt haben und die für es mitverantwortlich sind. Das ist die synchrone Ebene der Korrelation: alles gehört zu einer bestimmten Zeit zusammen, nichts ist ohne Wirkung auf anderes. Es gibt aber auch die diachrone Dimension, derzufolge keine nachfolgende Gegenwart sich von der Vergangenheit lösen kann, aus der sie geworden ist. Das heißt insbesondere, daß auch wir als heute Verstehende in einem Zusammenhang mit unserer eigenen Vorgeschichte stehen. Das fordert in besonderem Maße unsere Kritik heraus: Wenn die Gegenwart nicht einfach ein zufälliges Resultat unserer Geschichte sein soll, dann muß ihre Erkenntnis eine konsequente Selbstkritik einschließen. Wir müssen uns in der Geschichte als Menschen mit eigenem Freiheitsanspruch behaupten, uns also in der allgemeinen Korrelation, die uns den Zugriff auf die gesamte Wirklichkeit eröffnet und erlaubt, als besondere Verstehende davon unterscheiden, ohne aus ihr aussteigen zu können.

Eben diese Differenz gegenüber der Korrelation, derzufolge alles mit allem verbunden ist, ermöglicht uns die *Analogie*. Anders als bei der Korrelation, die sich gemäß der Einrichtung unseres Bewußtseins unausweichlich vollzieht, setzt die Analogie das Vornehmen von Deutung voraus. Wenn wir überhaupt etwas aus dem allgemeinen Strom miteinander korrelierender Ereignisse festhalten wollen, müssen wir deutend tätig werden, das heißt: diesen Strom dadurch unterbrechen, daß wir Merkmale zu Gestalten zusammenfassen. Wir würden uns selbst im Getriebe der Korrelation verlieren, wenn wir uns nicht in der Weise der Deutung auf bestimmte Momente in ihm beziehen, sie herausheben und besondern würden. Dieses Herausheben und Festhalten geschieht nun eben nicht automatisch, von selbst, sondern durch unsere deutende Aktivität. Es entstehen, im Falle der Historie, daraus etwa geschichtliche Gestalten, denen man Taten zurechnen und deren Leben man rekonstruieren kann. Auch das hat wieder mit uns selbst zu tun – denn wir bilden uns selbst eben durch solche Selbstdeutungen. Dabei erfinden wir das Verfahren der Deutung nicht aus uns selbst, sondern sind immer schon, seit den ersten Anfängen des eigenen Bewußtseins, damit vertraut. Weil wir davon stets herkommen, können wir auch Veränderungen an uns selbst bemerken.

Man sieht es leicht: Kritik, Korrelation und Analogie sind aufs engste miteinander verbunden. Es ist die Grundbewegung der Kritik, der gegenüber die Wirklichkeit ein kontinuierliches Ganzes ist, in dem wir mittels Deutung Bestimmtes hervorheben und es dadurch verstehen und zuordnen können. Diese dichte Verbindung ihrer Elemente zeichnet die historische Kritik als allgemeine Methode aus, die auf alles mögliche anwendbar ist. Und nicht nur das: Sofern die historische Kritik als Methode aus der Grundbewegung der Kritik resultiert, die auf der maßgeblichen Selbstunterscheidung beruht, ist diese Methode auch alternativlos, wenn man nicht auf die mit der Kritik verbundene Selbstkritik, Selbständigkeit und Autonomie in der Moderne verzichten will. Für eine Opposition gegen die historische Methode, wie sie mancherorts und immer wieder einmal in theologischen Randgruppen formuliert wird, gibt es keine Gründe, sie ist weder sinnvoll noch nötig; mit dem Verlust der kritischen Betrachtung von Geschichte und Gegenwart würde auch die Fähigkeit zur Selbstkritik verschwinden.

ERNST TROELTSCHS methodisch bedeutender Aufsatz ist am leichtesten greifbar im Ernst Troeltsch Lesebuch, hg. v. Friedemann Voigt, Tübingen 2003, S. 1–26. Dieser Band enthält auch den wichtigen Vortrag „Die Bedeutung der Geschichtlichkeit Jesu für den Glauben" von 1911, S. 61–92, in dem Troeltsch eine religionspsychologische Notwendigkeit für die Entstehung des Christusbildes diskutiert.

Zur Forschungsgeschichte des Alten Testaments vgl. RUDOLF SMEND, Kritiker und Exegeten. Porträtskizzen zu vier Jahrhunderten alttestamentlicher Wissenschaft, Göttingen 2017. Zur Forschungsgeschichte des Neuen Testaments vgl. WERNER GEORG KÜMMEL, Das Neue Testament. Geschichte der Erforschung seiner Probleme, 2. Aufl. Freiburg 1970.

Die Ausgabe des Neuen Testaments durch ERASMUS VON ROTTERDAM heißt in der zweiten Auflage 1519 „Novum Testamentum omne" (Basel, bei Froben); diese Ausgabe, die freilich nur auf wenigen Bibelhandschriften fußte, diente Luther als Grundlage für die Übersetzung des Neuen Testaments ins Deutsche. Heute ist maßgeblich die aktuelle Ausgabe des Neuen Testaments: Nestle-Aland, Novum Testamentum Graece, 28. revidierte Ausgabe Stuttgart 2017.

Den Impuls zur Textkritik gab RICHARD SIMON, Histoire critique du texte du Nouveau Testament, Rotterdam 1689.

Zur Kritik des Kanons und zur Begründung der Literarkritik: JOHANN DAVID MICHAELIS, Einleitung in die göttlichen Schriften des Neuen Testaments, Göttingen 1750 (digital erreichbar unter https://gdz.sub.uni-goettingen.de/id/ PPN684907909, Abruf 5.2.20). JOHANN SALOMO SEMLER, Abhandlung von freier Untersuchung des Canon, 4 Bde., 1771–1775, hg. v. Heinz Scheible, Gütersloh 2. Aufl. 1980.

Für die Formkritik sind grundlegend die Arbeiten von HERMANN GUNKEL, paradigmatisch: Genesis, Göttingen 1901, 9. Aufl. Göttingen 1977. Für das Neue Testament bedeutend ist das Buch von RUDOLF BULTMANN, Die Geschichte der synoptischen Tradition, 10. Aufl. Göttingen 1995.

Die Methode der Redaktionskritik wurde vor allem von den Neutestamentlern GÜNTHER BORNKAMM und WILLI MARXSEN entwickelt, vgl. REINHARD G. KRATZ/OTTO MERK: Art. Redaktionsgeschichte/Redaktionskritik I. Altes Testament II. Neues Testament, in: TRE 28 (1997), S. 367–384.

Die jüngste Phase der Forschung wurde entscheidend von ED PARISH SANDERS, Jesus and Judaism (1986), 2. Aufl. London 1987, und Sohn Gottes. Eine historische Biographie Jesu, Stuttgart 1996, geprägt. Auf reflektierte Weise gehört dazu auch GERD THEISSEN, Jesus als historische Gestalt, Göttingen 2003 (digital zugänglich unter https://digi20.digitale-sammlungen.de/de/fs1/object/ display/bsb00048630_00003.html; Abruf 5.2.20).

## 2. Das Leben und die Individualität Jesu Christi

Wir beginnen die Überlegungen mit einer Besinnung auf die methodischen Möglichkeiten für die Erkenntnis eines Menschen als historisches Individuum. Vorausgesetzt und in Anspruch genommen wird dabei erstens die Fähigkeit zu analoger Erkenntnis als einer kritischen Deutungskompetenz. Wir sind in der Lage, Erscheinungen der geschichtlichen Wirklichkeit zu verstehen und zu benennen, dabei von anderen Erscheinungsgestalten zu unterscheiden, uns virtuell und real zu ihnen ins Verhältnis zu setzen – und dabei zugleich auch auf uns selbst kritisch zu reflektieren. Wir nehmen, zweitens, diese Deutungen selbst als individuelle Menschen vor – wir wissen, daß wir es selbst sind, die so verfahren; wir wissen, daß wir das bewußt und willentlich tun; wir wissen auch, daß wir dabei verneinende Abgrenzungen vornehmen können. Damit unterstellen wir aber zugleich, daß es Wesen wie uns in der uns umgebenden geschichtlichen Wirklichkeit gibt, denn wir verstehen uns in einem Korrelationszusammenhang, in dem alles mit allem zusammenwirkt. In diesen beiden Hinsichten machen wir ganz praktisch von den beiden Grundbedingungen kritischer historischer Erkenntnis Gebrauch, die als Analogie und Korrelation ausgezeichnet sind.

Wenn wir nun weiter danach fragen, wie sich ein historisches Individuum außerhalb unser selbst erkennen läßt, dann werden wir auf eine Struktur aufmerksam, die uns abermals von uns selbst her vertraut ist. Denn die Grundlage dieser Erkenntnis sind Äußerungen von Menschen in Worten und Taten – sowie, wenn es sie gibt, Rezeptionen derselben und Reaktionen darauf. Eben so kennen wir uns ja auch selbst: daß wir unser Leben sprechend und handelnd vollziehen, darin uns selbst äußern und in die Welt einbringen. Indem aber Worte gebraucht und Taten vollbracht werden, tritt jedes individuelle Leben sogleich in den Horizont des Allgemeinen ein; das ist überhaupt die Bedingung dafür, daß wir Individuelles verstehen können. Das bedeutet aber: Individualität als solche ist unerkennbar, wir kommen auf sie tatsächlich im Analogieschluß, indem wir Worte und Taten (ob selbst wahrgenommen oder aus Quellen rekonstruiert) auf ein produktives Individuum zurückführen, wie wir es von uns selbst her kennen.

Die Erkenntnis von Individualität geschieht insofern zunächst indirekt. Wir bilden für die Erkenntnis von geschichtlichen Vorgängen allgemeine Kategorien aus, mit denen wir das Verhältnis von Individuen zu ihren Worten und Handlungen zu beschreiben vermögen. Kein Individuum aber geht in seinen Äußerungen in Wort und Tat gänzlich auf. Das hat einmal zeitliche Gründe; solange ein Leben währt, kann immer noch einmal anders gesprochen, anders gehandelt werden. Das hat sodann sachliche Gründe, weil auch eine größte Vielzahl von Äußerungen niemals alles erschöpft, was möglich ist. Immerhin aber ergibt sich aus dem Zusammenwirken von Worten und Taten, ebenso wie aus der Überlappung verschiedener Sprach- und Handlungskonstellationen, so etwas wie eine verläßliche Vermutung, wer der andere als Individuum ist. Auch hier verhält es sich analog zur eigenen Selbstwahrnehmung: Wir kennen von uns selbst her die Absicht – und registrieren auch immer wieder einmal deren Gelingen –, daß wir uns zutreffend ausdrücken, passend handeln, weil und wenn wir erleben, daß unsere Intentionen verstanden und unsere Bestrebungen gutgeheißen werden.

Daß ein individuelles Leben sich bildet, wir also nie fertig sind, sondern uns in gewisser Weise auch immer entzogen bleiben, gehört zur Signatur des gegenwärtigen Selbstverständnisses – und hilft darum auch, vergangenes subjektives Leben zu verstehen, jedenfalls für dessen Bildungsprozesse offen zu bleiben. Daher ist das, was wir jetzt zur Erkenntnis der Individualität Jesu Christi zusammenstellen, durchaus mit dem aktuellen Stand der Selbstwahrnehmung verbunden; die Subjekte historischer Erkenntnis erkennen sich selbst als grundsätzlich historische, also nicht fertige Instanzen.

Es ist nun nicht einfach – und die exegetische Forschung arbeitet sich immer noch daran ab –, „authentische" Worte und „zuverlässige" Berichte über Taten Jesu zu ermitteln. Das ist auch deshalb schwierig, weil immer ein Vorverständnis von dem mitläuft, was man im Falle der Person Jesu für möglich hält. Solche Annahmen sind unvermeidlich; problematisch werden sie dann, wenn sie dabei nach einem „religiösen Selbstbewußtsein Jesu" suchen, denn ein solches zu unterstellen, würde ja wieder auf die Fiktion hinauslaufen, Jesus nach dem Muster einer modernen Subjektivität etwa des 19. Jahrhunderts vorzustellen. Darum bedienen wir uns hier eines anderen Verfahrens.

Man kann nämlich davon ausgehen, daß sich grundsätzlich in der historischen Überlieferung Wahrnehmungsformen bei den Zeitgenossen einstellen, die Eindrückliches und Typisches festhalten und hervorheben. Das gilt auch für die Überlieferungen, die sich über Jesus erhalten haben – und zwar gerade auch dann, wenn die Überlieferung selbst über den engeren Kern historischer Eigenwahrnehmung hinausgewachsen ist, wie es tatsächlich in dem Stoff geschehen ist, den die Evangelien enthalten. Wir gehen darum davon aus, daß bestimmten Deutungskategorien in der Tradition historische Eindrücke zugrundeliegen. Wir postulieren aber nicht, daß sich diese Kategorien vereinheitlichen lassen müssen, und wir verzichten explizit darauf, als Grundlage der Deutungen ein religiöses Selbstbewußtsein vorauszusetzen. Wie sich die Individualität Jesu bestimmen läßt, kann sich vielmehr nur aus der Überschneidung der verwendeten Betrachtungshinsichten ergeben, die ja immer auf allgemeine Kategorien zurückgreifen müssen. Im grundsätzlichen Verfahren folgen wir dabei einer Einsicht, die sich bereits in dem bedeutenden Buch von Gerd Theißen und Annette Merz über den historischen Jesus findet, daß sich nämlich die Jesus-Überlieferung in verschiedene Deutungsstränge einordnen läßt. Diese sind hier etwas anders gefaßt als in jenem Werk; das hat mit der folgenden Ausgangsüberlegung zu tun:

Für eine Erkenntnis Jesu gilt es als grundlegende Aufgabe, sein Verhältnis zum Reich Gottes als dem Zentrum seiner Verkündigung und seines Verhaltens zu bestimmen. In der Überlieferung der Evangelien ist das Reich Gottes durchgängig der Inbegriff, von dem her Jesus verstanden werden muß. Jesus hat diesen Begriff in der von Johannes dem

Täufer proklamierten Gestalt kennengelernt: als die Erwartung eines unmittelbar bevorstehenden Weltendes, auf das man sich durch eine Bußtaufe im Jordan vorbereiten kann. Daß Jesus der Bewegung des Johannes angehört hat, darf als sicher gelten. Wenn man fragt, warum Jesus sich von dieser Bewegung auch wieder entfernt hat, dann läßt sich folgende sachliche Überlegung anstellen: Das in nächster Zukunft erwartete Reich Gottes bestimmt schon die Gegenwart – im Modus seiner Erwartung. Doch wie verhält sich diese Erwartung zur demnächst eintretenden, aber jetzt noch nicht vollendeten Wirklichkeit? Diese Erwartung kann doch selbst nur deshalb wahr sein, weil sie bereits ein Modus des Anwesens des Reiches Gottes selbst ist. Dann ist aber dessen Wirklichkeit nicht nur zukünftig, sondern schon gegenwärtig. Und das stimmt ja auch mit dem Gehalt des Gedankens vom Reich Gottes überhaupt überein: Wenn Gott in seinem Reich der Herr der Welt ist, dann beginnt seine Herrschaft nicht erst irgendwann später, und sei es noch so bald; dann hat sie schon begonnen. Das Reich Gottes ist also schon da, gerade indem es kommt.

Das kann ein sachlicher Grund dafür sein, warum sich Jesus von der asketisch-weltverneinenden Auffassung des Johannes abgesetzt hat. Jesus wendet sich zu einem Leben in der Alltagswelt seiner Zeit, gerade indem er seine Ausrichtung auf das Reich Gottes zum bestimmenden Moment seiner Lebensführung als Wanderprediger macht. Mit dieser Lebensform in diesen Kontext einzutreten, ist keine Verminderung, sondern eine Steigerung des Bewußtseins von der bestimmenden Kraft des Reiches Gottes.

Es ist nun auffällig, daß es für die aus dieser Wendung folgende Existenzform Jesu keinen einheitlichen Begriff seines tätigen Lebens und seiner sprachlichen Verkündigung gibt. Vielmehr kommen verschiedene schon ausgebildete Traditionen in den Blick, wie mit der Gegenwart Gottes zu rechnen ist. Das ist auf alle Fälle eine Einsicht, die es festzuhalten gilt. Denn das Verhältnis dieser Deutungstraditionen zueinander ist nicht von vornherein klar. Es läßt sich jedoch von ihrem zeitlichen Bezug zum Reich Gottes her rekonstruieren. Wir greifen im folgenden einige typische Stellen aus dem synoptischen Überlieferungsstoff heraus, an denen man sich die verschiedenen Funktionen deutlich machen kann.

Im Zusammenhang der Bergpredigt, einer Komposition des Evangelisten Matthäus, findet sich im 6. Kapitel dieser Gedankengang:

25 Darum sage ich euch: Sorgt euch nicht um euer Leben, was ihr essen und trinken werdet; auch nicht um euren Leib, was ihr anziehen werdet. Ist nicht das Leben

mehr als die Nahrung und der Leib mehr als die Kleidung? 26 Seht die Vögel unter dem Himmel an: Sie säen nicht, sie ernten nicht, sie sammeln nicht in die Scheunen; und euer himmlischer Vater ernährt sie doch. Seid ihr denn nicht viel kostbarer als sie? 27 Wer ist aber unter euch, der seiner Länge eine Elle zusetzen könnte, wie sehr er sich auch darum sorgt? 28 Und warum sorgt ihr euch um die Kleidung? Schaut die Lilien auf dem Feld an, wie sie wachsen: Sie arbeiten nicht, auch spinnen sie nicht. 29 Ich sage euch, daß auch Salomo in aller seiner Herrlichkeit nicht gekleidet gewesen ist wie eine von ihnen. 30 Wenn nun Gott das Gras auf dem Feld so kleidet, das doch heute steht und morgen in den Ofen geworfen wird: Sollte er das nicht viel mehr für euch tun, ihr Kleingläubigen? 31 Darum sollt ihr nicht sorgen und sagen: Was werden wir essen? Was werden wir trinken? Womit werden wir uns kleiden? 32 Nach dem allen trachten die Heiden. Denn euer himmlischer Vater weiß, daß ihr all dessen bedürft. 33 Trachtet zuerst nach dem Reich Gottes und nach seiner Gerechtigkeit, so wird euch das alles zufallen. 34 Darum sorgt nicht für morgen, denn der morgige Tag wird für das Seine sorgen. Es ist genug, daß jeder Tag seine eigene Plage hat.

Wenn man eine traditionelle Deutung für diese Redeweise Jesu sucht, dann wird man auf die Weisheit verwiesen, die Sachverhalte aus der Naturerfahrung für menschliches Selbstverständnis – auch für menschliches Selbstverständnis vor Gott – verwertet. Hier wird dieser Zusammenhang, den man auch in einer der Weisheitsschriften des Alten Testaments finden könnte, mit dem Reich Gottes in Verbindung gebracht. Für das Zeitverhältnis, das sich darin ausspricht, gilt also: Das Reich Gottes ist schon in dieser Deutung der natürlichen Beobachtungen präsent. Und wer sich auf das Reich Gottes einstellt, der wird in Wahrheit den tiefsten Sinn dieser natürlichen Gegebenheiten erkennen.

Daher können auch Vorgänge der Alltagswelt als Schlüssel für das Reich Gottes dienen (Mt 13):

33 Ein anderes Gleichnis sagte er ihnen: Das Himmelreich gleicht einem Sauerteig, den eine Frau nahm und unter drei Scheffel Mehl mengte, bis es ganz durchsäuert war.

Man muß diesen Vorgang, und das ist die Pointe der Gleichnisse überhaupt, nur als Moment dieses Reiches Gottes benennen – und er wird schon auf den in ihm anwesenden Sinn hin durchschaut.

Analog verhält es sich mit der Parallele allgemeiner Lebenserfahrung, die Jesus heranzieht, um – wieder aus dem Zusammenhang der Bergpredigt genommen (Mt 7) – den Umgang mit seiner Verkündigung plausibel zu machen:

24 Darum, wer diese meine Rede hört und tut sie, der gleicht einem klugen Mann, der sein Haus auf Fels baute. 25 Als nun ein Platzregen fiel und die Wasser kamen

und die Winde wehten und stießen an das Haus, fiel es doch nicht ein; denn es war auf Fels gegründet. 26 Und wer diese meine Rede hört und tut sie nicht, der gleicht einem törichten Mann, der sein Haus auf Sand baute. 27 Als nun ein Platzregen fiel und die Wasser kamen und die Winde wehten und stießen an das Haus, da fiel es ein und sein Fall war groß.

Die Verkündigung des Reiches Gottes tritt in einen Erfahrungsraum ein, der sich auch sonst schon bewährt hat.

Jesus als *Weisheitslehrer*, so lautet die herkömmliche Deutung, von der her man solche Stellen interpretieren kann. Entscheidend ist es, sie vom Verhältnis des Reiches Gottes zur Gegenwart zu verstehen. Zehrt die Weisheit sonst aus der Regelmäßigkeit von Beobachtungen und Abläufen, so wird hier dieses Verfahren nicht aus der zurückliegenden Vergangenheit, sondern von der schon gegenwärtigen Wirklichkeit des Reiches Gottes her gedeutet. Darum kann es auch nicht ausreichen, Jesus allein oder auch nur wesentlich unter dem Aspekt des (traditionellen) Weisheitslehrers zu verstehen.

Vielmehr kommt von dem zweiten Zeitverhältnis, das mit dem Reich Gottes verbunden ist, eine andere Deutungskategorie in den Blick: die des *Propheten*. Für das klassische Prophetenbild des Alten Testaments ist es maßgeblich, die Menschen der Gegenwart auf die von Gott her auf sie zukommende Zukunft einzustellen – auf die Zukunft, in der unwiderruflich deutlich werden wird, was in der Gegenwart getan und gesagt wurde. Diese künftige und definitive Klarheit drückt sich aus im Bild des Gerichts Gottes; darum ist die Prophetie wesentlich Gerichtsankündigung. Wie sehr Jesus auch unter diesem Blickwinkel zu verstehen ist, zeigt Mt 12:

33 Nehmt an, ein Baum ist gut, so wird auch seine Frucht gut sein; oder nehmt an, ein Baum ist faul, so wird auch seine Frucht faul sein. Denn an der Frucht erkennt man den Baum. 34 Ihr Otterngezücht, wie könnt ihr Gutes reden, die ihr böse seid? Wes das Herz voll ist, des geht der Mund über. 35 Ein guter Mensch bringt Gutes hervor aus seinem guten Schatz; und ein böser Mensch bringt Böses hervor aus seinem bösen Schatz. 36 Ich sage euch aber, daß die Menschen Rechenschaft geben müssen am Tage des Gerichts von jedem nichtsnutzigen Wort, das sie reden.

Der Anschluß an die gegenwärtige Wirksamkeit des Reiches Gottes liegt auf der Hand – wird aber hier auf die alles ans Licht bringende Zukunft hin ausgedeutet. Für diese Verbindung von Gegenwart und Zukunft können auch, wie das in der Prophetie gebräuchlich war, Geschehnisse der sozialen Welt als Zeichen verwendet werden, wie etwa Lk 13:

1 Es waren aber zu der Zeit einige da, die berichteten Jesus von den Galiläern, deren Blut Pilatus mit ihren Opfern vermischt hatte. 2 Und er antwortete und sprach zu ihnen: Meint ihr, daß diese Galiläer mehr gesündigt haben als alle andern Galiläer, weil sie das erlitten haben? 3 Ich sage euch: Nein; sondern wenn ihr nicht Buße tut, werdet ihr alle ebenso umkommen. 4 Oder meint ihr, daß die achtzehn, auf die der Turm von Siloah fiel und erschlug sie, schuldiger gewesen seien als alle andern Menschen, die in Jerusalem wohnen? 5 Ich sage euch: Nein; sondern wenn ihr nicht Buße tut, werdet ihr alle ebenso umkommen.

Es ist darum nicht zufällig, daß es sich bereits den Zeitgenossen nahelegte, Jesus als Propheten zu bezeichnen, wie Mk 8 zeigt:

27 Und Jesus ging fort mit seinen Jüngern in die Dörfer bei Cäsarea Philippi. Und auf dem Wege fragte er seine Jünger und sprach zu ihnen: Wer, sagen die Leute, daß ich sei? 28 Sie aber sprachen zu ihm: Sie sagen, du seiest Johannes der Täufer; andere sagen, du seiest Elia; wieder andere, du seiest einer der Propheten.

Es ist aber offensichtlich, daß auch dies keine abschließende und hinreichende Charakteristik Jesu darstellt. Schon in der zitierten Stelle läßt Markus daher Jesus seine Jünger fragen: „Ihr aber, wer, sagt ihr, daß ich sei?" Allerdings zeigt der Versuch des Petrus, die Identität Jesu auf einen Begriff zu bringen, auch gleich dessen Ungenügen an; wir kommen darauf zurück.

Weisheitslehrer, Prophet – das sind die ersten beiden Betrachtungs- und Deutungskategorien, unter denen Jesus wahrgenommen wird. Sie akzentuieren einmal die Gegenwart, dann die Zukunft des Reiches Gottes. Es fehlt aber noch ein drittes Zeitverhältnis, und das ist das der bereits in die Gegenwart dringenden Zukunft. Es ist offensichtlich, daß damit die herkömmliche Zeitrichtung umgewendet wird. Nicht resultiert die Zukunft aus der Vergangenheit und der Gegenwart, sondern die Zukunft kommt auf die Gegenwart zu (und verändert damit auch noch den Blick in die Vergangenheit). Diese Umkehrung des allgemeinen Zeitverhältnisses versteht sich nicht von selbst; es braucht vielmehr individuelle Repräsentanten, die – gegen das Übliche – dafür eintreten, also mit ihrem eigenen Geschick diese Wendung repräsentieren. Das geht nicht ohne einen Kampf mit der herkömmlichen Zeit- und Weltordnung ab. Doch auch dafür gibt es eine kategoriale Bezeichnung: *Charismatiker*. Auch Jesus kann zutreffenderweise unter dieser Deutungskategorie wahrgenommen werden, wenn es im Zusammenhang von charismatischen Heilungen verteidigend heißt (Lk 11):

17 Er aber kannte ihre Gedanken und sprach zu ihnen: Jedes Reich, das mit sich selbst uneins ist, wird verwüstet, und ein Haus fällt über das andre. 18 Ist aber der

Satan auch mit sich selbst uneins, wie kann sein Reich bestehen? Denn ihr sagt, ich treibe die Dämonen aus durch Beelzebul. 19 Wenn aber ich die Dämonen durch Beelzebul austreibe, durch wen treiben eure Söhne sie aus? Darum werden sie eure Richter sein. 20 Wenn ich aber durch den Finger Gottes die Dämonen austreibe, so ist ja das Reich Gottes zu euch gekommen.

Dieses Verständnis steht generell hinter den Heilungen, die zu Jesu Wirken gehören und die vor allem Menschen galten, die wir heute als psychisch krank bezeichnen würden. Dabei kann er als „apokalyptischer Wundercharismatiker" bezeichnet werden, der „entgegen einem apokalyptischen Pessimismus" die Gegenwart, als von Gott ergriffene Zeit, als eine Zeit des Heils verstehen läßt (Gerd Theißen). Möglicherweise geht dieses charismatische Wirken Jesu auf so etwas wie einen Grundeindruck zurück, der sich Jesus erschlossen hat und der so formuliert wird (Lk 10):

18 Jesus sprach aber zu ihnen: Ich sah den Satan vom Himmel fallen wie einen Blitz.

Damit hat der Satan die Macht über die Wirklichkeit verloren; er ist sozusagen von Gott aus dieser Funktion entfernt worden, weil Gott selbst die Herrschaft übernimmt. Dadurch aber wird die Welt eindeutig von Gott her bestimmt – und dafür steht der Charismatiker mit seiner Person ein. Das betrifft nun auch Jesus, der mit seiner eigenen Existenz unweigerlich in diese Perspektive rückt.

Weisheitslehrer – Prophet – Charismatiker: das sind drei traditionelle Deutungskategorien, mit denen man Schwerpunkte der Jesus-Überlieferung charakterisieren kann. Sie haben alle Anhalt an Stücken dieser Überlieferung, ohne daß man im einzelnen diesen oder jenen Text für definitiv authentisch behaupten müßte – was im Einzelfall auch praktisch kaum möglich ist. Immerhin kann man diese Sichtweisen ganz gut von der spezifischen Wendung her verstehen, die Jesus dem Gedanken vom Reich Gottes gab, wie er ihn bei Johannes dem Täufer kennengelernt hatte. Gleichwohl bestätigt sich, daß es keine kategoriale Einheit gibt, die diese drei Perspektiven auf einen Begriff bringen könnte. Ja, man könnte sogar skeptisch sein, ob man überhaupt so etwas wie eine einheitliche Weltanschauung Jesu, in der sich diese hier nach den Funktionstypen unterschiedenen Momente des Reiches Gottes vereinen, konstruieren kann. Es würde sich gegen einen solchen Versuch abermals der Einwand erheben, daß man mit einem solchen Rekonstruktionsversuch der Suche nach einem modernen produktiven, religiös kohärenten Selbstbewußtsein aufsitzt.

Diese Zurückhaltung bestätigt sich dadurch, daß es auch keine einheitliche und zusammenfassende personale Bezeichnung Jesu gibt, obwohl – oder gerade weil – man in den Evangelien die unvermeidlichen Bestrebungen danach beobachten kann. Hinter diesen Versuchen steht die Erwägung: Wenn es schon nicht gelingt, so etwas wie eine zusammenhängende Weltanschauung Jesu zu ermitteln, dann müßte man doch wenigstens seine Person, die ja aus seinen Worten spricht und durch seine Handlungen wirkt, als solche fassen können. Für die Schwierigkeiten einer solchen Benennung Jesu mit „Hoheitstiteln", wie man in der älteren Exegese gern sagte, blicken wir noch einmal auf Mk 8 zurück und nehmen die Stelle in einem größeren Umfang wahr:

27 Und Jesus ging fort mit seinen Jüngern in die Dörfer bei Cäsarea Philippi. Und auf dem Wege fragte er seine Jünger und sprach zu ihnen: Wer, sagen die Leute, daß ich sei? 28 Sie aber sprachen zu ihm: Sie sagen, du seiest Johannes der Täufer; andere sagen, du seiest Elia; wieder andere, du seiest einer der Propheten. 29 Und er fragte sie: Ihr aber, wer, sagt ihr, daß ich sei? Da antwortete Petrus und sprach zu ihm: Du bist der Christus! 30 Und er bedrohte sie, daß sie niemandem von ihm sagen sollten. 31 Und er fing an, sie zu lehren: Der Menschensohn muß viel leiden und verworfen werden von den Ältesten und den Hohenpriestern und den Schriftgelehrten und getötet werden und nach drei Tagen auferstehen. 32 Und er redete das Wort frei und offen. Und Petrus nahm ihn beiseite und fing an, ihm zu wehren. 33 Er aber wandte sich um, sah seine Jünger an und bedrohte Petrus und sprach: Geh hinter mich, du Satan! Denn du meinst nicht, was göttlich, sondern was menschlich ist.

Hinter der Frage Jesu nach seiner Bezeichnung durch die Jünger steckt deren eigene Schwierigkeit, die Eigenart Jesu zu benennen. Zwei „Titel" kommen dabei ins Spiel: „Messias" (gr. „Christus") und „Menschensohn" – aber beide treffen nicht wirklich zu.

Die Vorstellungen von einem *Messias* waren schwankend. Versucht man, einen gewissen Korridor der Vorstellungen aufzumachen, dann kann man sagen: Als Messias wird eine Gestalt erwartet, die das Volk Israel erkennbar in Richtung auf die Gottesherrschaft hin führt; das kann, muß aber nicht eine politische Selbständigkeit (also in diesem Fall: eine Befreiung von der römischen Fremdherrschaft) einschließen.

Nun soll aber der Messiastitel, wie er dem Christusnamen zugrundeliegt, geheimgehalten werden. Das spricht dafür, daß Jesus ihn selbst für sich nicht verwendet hat; die Konstruktion, er habe zwar ein Messiasbewußtsein gehabt, dessen Äußerung aber verschwiegen, nimmt wieder eine unerlaubte Anleihe beim bürgerlichen religiösen Subjekt.

Vielmehr legt es sich nahe, diese Stelle so zu deuten, daß ein Gebrauch des Messiastitels wegen der politischen Konnotationen mißverständlich wäre, so sehr auch der Charakter, daß Jesus als Charismatiker auf das Reich Gottes hinführt, zutreffen mag. Für die frühe Gemeinde dagegen war der Christustitel unproblematisch, weil er sich durch die Geschichte Jesu Christi neu bestimmt hatte.

Was es mit dem *Menschensohn* auf sich hat, ist noch schwieriger zu beschreiben. Die Vorstellung entstammt dem Danielbuch (Dan 7, 13). Mit ihr ist dort eine Gestalt gemeint, die als himmlischer Herrscher im Zusammenhang der Königsherrschaft Gottes eingesetzt wird. Dazu paßt nun gar nicht, daß von einem leidenden und sterbenden Menschensohn gesprochen wird; insofern ist dann auch die Rede von einer Auferstehung des Menschensohnes unangebracht.

Auch dieser Ausdruck konnte also nur in einer gründlichen Abwandlung und Umformung auf Jesus angewendet werden. Daß der seinerzeit nicht besonders verbreitete, ja als Titel ungebräuchliche Ausdruck aber mit Jesus zusammengebracht wurde, läßt nach dem Anhalt fragen, den diese Rede an Jesus selbst besitzt. Da ist die Vermutung nicht unplausibel, daß er sich selbst als den besonderen Menschen sieht, der mit dem Geschick des Reiches Gottes in engster Verbindung steht: „Sohn des Menschen" ist dann Ausdruck eines individuellen Menschseins, in dem aber der Anbruch des Reiches Gottes aufscheint.

Daher kann es dann in Lk 12, die zurückhaltende Selbstbezeichnung Jesu als „Mensch" mit der apokalyptischen Vorstellung aus Dan 7 verbindend, aus Jesu Mund heißen:

8 Wer mich bekennt vor den Menschen, zu dem wird sich auch der Menschensohn bekennen vor den Engeln Gottes. 9 Wer mich aber verleugnet vor den Menschen, der wird verleugnet werden vor den Engeln Gottes.

In der – im einzelnen sehr komplexen – Traditionsgeschichte der Menschensohn-Bezeichnung kommt wieder ganz gut das eigentümliche Schwebeverhältnis von ankommender Zukunft des Reiches und schon von Gott bestimmter Gegenwart zum Ausdruck – und zwar gerade darin, daß es dafür keinen schon feststehenden Begriff, keine ausgearbeitete Vorstellung, keine allgemeine Bezeichnung gibt, die einfach auf den „Einzelfall Jesus" angewandt werden könnte.

Entsprechend verhält es sich mit dem Messias-Titel. Immerhin gibt es in Jesu Einzug nach Jerusalem eine Art Zeichenhandlung, die man als messianisches Symbol auffassen konnte, wie Mt 21 zu entnehmen ist:

1 Und als sie in die Nähe von Jerusalem kamen, bei Betfage und Betanien am Öl-
berg, sandte er zwei seiner Jünger 2 und sprach zu ihnen: Geht hin in das Dorf, das
vor euch liegt. Und alsbald wenn ihr hineinkommt, werdet ihr ein Füllen angebunden finden, auf dem noch nie ein Mensch gesessen hat; bindet es los und führt es
her! 3 Und wenn jemand zu euch sagen wird: Was tut ihr da?, so sprecht: Der Herr
bedarf seiner, und er sendet es alsbald wieder her. 4 Und sie gingen hin und fanden
das Füllen angebunden an einer Tür draußen am Weg und banden's los. 5 Und einige, die da standen, sprachen zu ihnen: Was tut ihr da, daß ihr das Füllen losbindet?
6 Sie sagten aber zu ihnen, wie ihnen Jesus geboten hatte, und die ließen's zu. 7 Und
sie führten das Füllen zu Jesus und legten ihre Kleider darauf, und er setzte sich darauf. 8 Und viele breiteten ihre Kleider auf den Weg, andere aber grüne Zweige, die
sie auf den Feldern abgehauen hatten. 9 Und die vorangingen und die nachfolgten,
schrien: Hosianna! Gelobt sei, der da kommt in dem Namen des Herrn! 10 Gelobt
sei das Reich unseres Vaters David, das da kommt! Hosianna in der Höhe!

Man kann sich fragen, ob diese Zeichenhandlung nicht ironisch zu
deuten ist, also selbst die Umkehrung eines als militärisch gedachten
Triumphzuges darstellt. Zweifellos hat sich Jesus auf den Weg nach
Jerusalem gemacht und damit möglicherweise beabsichtigt (oder
zeichenhaft angezeigt), daß er seine Zeitgenossen in das nun sichtbar kommende Reich Gottes führen wolle. Daß aber eine schlichte
Identifikation mit einem so oder so gefaßten, feststehenden Messias-
Begriff stattgefunden hätte, das kann man ausschließen. Vielmehr
paßt es zu dem angesprochenen Schwebezustand, wenn, wie es wahr-
scheinlich ist, Jesus darauf verzichtet hat, sich selbst mit den beiden in
Mk 8 vorkommenden Titeln zu belegen.

Damit stoßen wir nun aber auf ein eigentümliches Ergebnis, was
die Individualität Jesu angeht. Für die von ihm als lebensbestimmend
angesehene Position im Verhältnis zum Reich Gottes reicht keine der
herkömmlichen Deutungskategorien aus. Selbstverständlich legen
Weisheitslehrer von der Präsenz Gottes in der Welt Zeugnis ab; zweifellos verweisen Propheten mit Emphase auf die künftige Wirklichkeit
Gottes, die die Welt zurechtbringen wird. Und erst recht stehen Charismatiker mit ihrer eigenen Existenz für die Lebendigkeit und Wirksamkeit des göttlichen Geistes ein. Jesus läßt sich nicht konsequent
einem dieser Typen zurechnen – und hat doch an allen teil. Seine individuelle Existenz entzieht sich der Kategorisierung, gerade indem
sie sich in diesen drei Formen der Deutung von Gottes Gegenwart
ausspricht.

Und auch die Versuche einer personalen Identifikation scheitern;
Züge des Messias und des Menschensohnes kommen irgendwie zum
Vorschein, sind aber auf keinen Fall hinreichende Bezeichnungen sei-

ner individuellen Existenz. Als Mensch, der den Anspruch erhebt, der Messias zu sein, ist er nicht identifizierbar; sein eigener Umgang mit der Bezeichnung Menschensohn ist erst recht viel zu brüchig, um als Identifikation dienen zu können.

Wenn man die gemäß historischer Methode konsequente Frage nach der individuellen Identität Jesu nicht aufgeben will, dann nötigt dieser Befund dazu, die Aufbauelemente seiner Identität anders zu fassen. Die entscheidende Einsicht besteht darin, Jesu eigene Zuordnung zum Reich Gottes – in dem herausgearbeiteten Schwebezustand der Zeitdimensionen – als für sein Selbstsein maßgeblich zu erachten: Jesus ist nur er selbst, wenn er von dem Reich Gottes her verstanden wird, für das er eingetreten ist. Sein Verhältnis zum Reich Gottes ist das entscheidende Moment seines eigenen Selbstseins.

Folgt man der Erwartung, die sich zeitgeschichtlich mit Jesu Auftreten, seiner Verkündigung und seinen Taten verbunden hat, dann wäre das sichtbare Eintreten der Gottesherrschaft im Sinne einer letzten, umfassenden Veränderung der Welt und der Durchführung des Jüngsten Gerichts als Beweis dafür zu werten, daß der Grund der Individualität Jesu von ihm zu Recht in Anspruch genommen wird. Doch das ist nicht eingetreten. Vielmehr ist Jesus gestorben, genauer: am Kreuz hingerichtet worden. Was besagt dieses Geschick für die Identität Jesu Christi?

Das gegenwärtige Standardwerk zum „historischen Jesus" ist das Buch von GERD THEISSEN und ANNETTE MERZ, Der historische Jesus, 3. Aufl. 2001. Die Geschichte der Erforschung des historischen Jesus hat klassisch behandelt ALBERT SCHWEITZER, Geschichte der Leben-Jesu-Forschung, 2. Aufl. Tübingen 1913 (1. Aufl. unter dem Titel „Von Reimarus zu Wrede", 1906), 9. Aufl. Tübingen 1984, auch als e-Book. Schweitzers eigene Sicht auf Jesus enthält das Kapitel 21 („Die Lösung der konsequenten Eschatologie"), wichtig ist auch die zusammenfassende „Schlußbetrachtung" im Kapitel 25. Schweitzer sieht sich, was seine eigene Position angeht, verbunden mit JOHANNES WEISS, Die Predigt Jesu vom Reiche Gottes, Göttingen 1892.

RUDOLF BULTMANN hat in seinem Jesus-Buch von 1926 Jesus als religiöse Persönlichkeit geschildert – der aber gerade keine den Glauben begründende Funktion zukommt. Eine solche Funktion entwickelt vielmehr die „Christologie des Neuen Testaments", wie der Aufsatz aus dem Jahr 1933 heißt (am einfachsten greifbar in: RUDOLF BULTMANN, Neues Testament und christliche Existenz. Theologische Aufsätze, Tübingen 2002, S. 99–121) – aber darin spielt der historische Jesus keine Rolle.

ERNST KÄSEMANN, Schüler Rudolf Bultmanns, hat im Jahr 1953 mit dem Vortrag „Das Problem des historischen Jesus" (in: DERS., Exegetische Versuche und Besinnungen I, Göttingen 1960, S. 187–214) die Position seines Lehrers in Frage gestellt und damit eine breitere Diskussion ausgelöst; jedoch blieben die methodischen Probleme unklar. RUDOLF BULTMANN hat schließlich selbst noch einmal in die Debatte eingegriffen und seine frühere Auffassung verteidigt: Das Verhältnis der urchristlichen Christusbotschaft zum historischen Jesus, in: DERS., Exegetica, Tübingen 1967, S. 447–469. Dort findet sich auch die Rede vom „Daß des Gekommenseins Jesu", S. 450.

Unsere Rekonstruktion von Überlieferungen über den historischen Jesus, die mit der Beobachtung schließt, daß sich die Individualität Jesu dem direkten Zugriff entzieht, besitzt ein Vorbild und literarisches Äquivalent in dem schönen Buch von GERD THEISSEN, Der Schatten des Galiläers. Historische Jesusforschung in erzählender Form, 26. Aufl. Gütersloh 2019.

Theißen und Merz nehmen als Deutungskategorien für die Wahrnehmung Jesu heraus: Jesus als Charismatiker: Jesus und seine sozialen Beziehungen; Jesus als Prophet: die Eschatologie Jesu; Jesus als Heiler: die Wunder Jesu; Jesus als Dichter: die Gleichnisse Jesu; Jesus als Lehrer: die Ethik Jesu. Das ist von den Phänomenen der Überlieferung her natürlich möglich, doch scheint mir das grundlegende Zeitverhältnis darin unterbelichtet zu sein.

Jesus wird von Theißen als „apokalyptischer Wundercharismatiker" bezeichnet in: THEISSEN/MERZ, Der historische Jesus, S. 279, unter Verweis auf sein frühes Buch: Urchristliche Wundergeschichten, Gütersloh 1974, S. 247.

Zu den Titeln „Messias" und „Menschensohn" vgl. THEISSEN/MERZ, a. a. O., S. 462–480. Zuletzt sehr überzeugend: MICHAEL WOLTER, Jesus von Nazareth, Göttingen 2019, S. 256–271.

### 3. Der Tod und die Identität Jesu Christi

Diese Frage erfordert, daß wir uns dem Problem stellen, ob und wie sich der Tod überhaupt verstehen läßt. Martin Heidegger hat hier Recht: Der Tod ist das Versiegen von Sinn. Denn der Tod ist das Verschwinden des Subjekts, das zu einer Sinngebung überhaupt in der Lage ist. Das gilt in einer doppelten Perspektive. Kein Lebender, auch kein Sterbender, kann seinem Tod einen Sinn geben. Mit dem Tod ist vielmehr jede Sinngebung erschöpft. Alles, was ein Mensch vor seinem Tod über seinen Tod sagen und gar über ihn hinaus vermuten kann, bleibt ihm entzogen. Auch eine noch so sinnvoll erscheinende Zweckbestimmung des Todes etwa geht ganz in die Verfügung der Weiterlebenden ein. Selbst wer sein Leben „für andere" geben will, kann niemals wissen, ob diese Intention sich erfüllt. Das gilt, umgekehrt, nicht nur für die Sterbenden, sondern auch für die, die andere Menschen töten; unerheblich ist hierfür, ob das mit dem Anschein des Rechts oder aus offensichtlichem Unrecht geschieht. Anders als etwa eine zur Erziehung gedachte Einwirkung auf einen Menschen als Strafe läßt sich ein Sinn im Töten nicht überprüfen. Die Auslöschung eines Menschenlebens ist der Entzug des Sinnes; auch darum ist die Todesstrafe im wahrsten Sinne des Wortes sinnlos. Das zeigt sich weiterhin daran, daß die Tötenden eine nachträgliche, ihrem Zugriff entzogene Sinndeutung nicht verhindern können. Wenn man einen Tod mit Sinn belegen will, dann kann das nur durch die Weiterlebenden erfolgen, die Leben und Tod eines Gestorbenen zu einem Anhalt ihrer eigenen Sinndeutung nehmen. Es wird sich zeigen, daß diese Art von Sinndeutung eben auch einen Umgang mit eigenem Lebenssinn voraussetzt und einschließt.

Ob Jesus aus seinem Leben heraus seinem Tod einen Sinn gegeben hat, ist also, selbst wenn man die Frage schlüssig beantworten könnte, aus sachlichen Gründen unerheblich. Auch wenn er es getan hätte, dann wären seine Vorstellungen davon diejenigen eines Lebenden – also desjenigen, der er im Tod nicht mehr ist. Nun kann man nicht ausschließen, daß Jesus selbst mit einem gewaltsamen Tod gerechnet hat. Was aber daraus folgen könnte, muß offenbleiben. So kann man etwa Jesu Einzug in Jerusalem als eine Zeichenhandlung verstehen, die die Dringlichkeit eines Eintritts des Reiches Gottes nicht nur zur Darstellung bringt, sondern womöglich gar befördern soll. Doch wie das dann aussehen könnte, bleibt der Phantasie überlassen, besitzt also keine irgendwie geartete Überzeugungskraft. Es läßt sich auch in der Überlieferung nichts davon erkennen. Tatsächlich kann eine solche Aktion nicht mehr zum Vorschein bringen als alle anderen Handlungen Jesu sonst, nämlich seine enge Beziehung zum Reich Gottes als dem Grund seines Daseins.

Die Unmöglichkeit einer Sinngebung des Todes betrifft nun aber auch diejenigen, die für seine Hinrichtung am Kreuz verantwortlich sind. Bei der Todesstrafe geht es um die Auslöschung eines sinnhaften Lebens, also eines Menschen, der sich im Horizont seines Lebenssinns bewegt. Dafür gibt es, in der Geschichte bis heute, Vorwände, die sich auf vermeintlich schädliche Wirkungen stützen wollen, die von einem handelnden Menschen ausgegangen sind oder womöglich, hypothetisch, noch ausgehen werden. Doch macht der Tod geschehene böse Taten nicht ungeschehen; und anders als Bestrafungsmaßnahmen, die auf eine Veränderung des Täters abzielen, schaltet die Hinrichtung ihn als Subjekt überhaupt aus. Nun kann man im Falle der Hinrichtung Jesu durchaus Absichten derer vermuten, die ihn zu Tode brachten. Die religiösen Autoritäten Jerusalems konnten ihren Status als bevollmächtige Vermittler des Heiligen durch die Vergegenwärtigung des Reiches Gottes in der Verkündigung Jesu bedroht sehen. Wer, wie Jesus das tat, das künftige Geschick im Gericht an seine Person bindet, indem er von einem Menschensohn als Vorläufer des Endes spricht, hat sich von der Verwaltung des Heils im Tempel abgesetzt. Und eine Zeichenhandlung wie die „Tempelreinigung" (Mk 11, 15–19) befördert diesen Eindruck. Der politische Repräsentant Roms, Pontius Pilatus, konnte die irgendwie in der Luft liegende Messiaserwartung als möglichen Anfang eines Aufstandes betrachten, auch wenn sich keine konkreten Vorbereitungen für Gewaltaktionen feststellen ließen. Die Reich-Gottes-Botschaft mit ihrer Unmittelbarkeit der göttlichen Präsenz bedrohte herkömmliche Religion und Politik. Ob die Tötung des Verkündigers Jesus freilich diese Bedrohungen beseitigt, läßt sich durch den Tod selbst hindurch nicht sicherstellen. Die Idee könnte immer wieder neu aufbrechen. Das konnte auch die Wahl der schändlichsten Todesart, nämlich der Kreuzigung, nicht verhindern, die zugleich eine allen Anwesenden sichtbare Entehrung des Getöteten darstellte.

Für die Nachfolgerinnen und Nachfolger Jesu mußte sein Tod am Kreuz jedoch den Zusammenbruch der Erwartungen darstellen, die sich auf das Reich Gottes als eine in die Gegenwart einbrechende apokalyptische Macht richteten, welche ja auch in Jesu Verkündigung den leitenden weltanschaulichen Kontext ausmachte. Insofern muß man sagen, daß Jesu eigene Vorstellungen, wenn er die gehabt haben sollte, sich nicht erfüllten – also etwa die Hoffnung, in einem künftigen Gottesreich in die Funktion des Menschensohnes eingesetzt zu werden. Nach einer zeitgenössischen Erwartung im Judentum gab die Art des Todes einen Aufschluß über den Gehalt des vorangegangenen Lebens. Da mußte nun der mit der Kreuzigung verbundene Entzug der Ehre besonders schmerzlich als Negation des Identitätsgrundes Jesu im Reich Gottes empfunden werden. Die Evangelien lassen in den Mitteilungen über die Flucht der Jünger vom Ort der Kreuzigung diese Erregung und Enttäuschung noch erkennen.

Der Einbruch der Sinnlosigkeit im Tod provoziert freilich erst recht die Versuche, dem Sinnentzug durch Erinnerung standzuhalten. Es kann schon für Menschen, die mit anderen einen Lebensraum teilen, die Suche nach einem deutenden Sinn nicht ausbleiben; zumal nach dem Tod eines Menschen stellt sich Aufgabe, sich zu ihm, der genau dieses Leben gelebt – also darin seine Identität verwirklicht – hat, ins Verhältnis zu setzen. Trauer und Erinnerung

finden hier ihren Platz. In der Trauer wird der Platz, den ein Mit-
lebender eingenommen hat, welcher nun fehlt, neu bestimmt, seine
Individualität wird dem eigenen Leben zugeordnet. Dazu braucht
es die Erinnerung – an einzelne Begebenheiten, aber auch an den
Grundakkord, aus dem ein Leben sich speist. Allerdings ging es danach für die Nachfolgerinnen und Nachfolger Jesu nicht nur darum,
den Abschied von einem Freund und Vertrauten in einem Trauerpro-
zeß zu bearbeiten, wie es sonst immer auch geschieht, sondern zugleich den Tod Jesu in ein Verhältnis zum Reich Gottes als dem bestimmenden Faktor seines Lebens zu setzen. Das war von besonderer
Aussichtslosigkeit, hatte ihnen doch der Kreuzestod alle Möglichkeit
einer positiven Deutung genommen, die bestimmte Züge des Ver-
storbenen aufbewahren und retten will. Die Reichweite der „Trauer-
arbeit" war von daher begrenzt.

Es mußte den Hinterbliebenen also nicht nur darum gehen, ihre eigene Erinnerung an Jesus gegen sein schreckliches Ende zu bewahren,
sondern sein Geschick auch ins Verhältnis zu Gott zu setzen. Dafür
gab es aber keine andere Möglichkeit, als sich an die vorliegende
Kundgabe göttlichen Willens, also an die Schrift, zu halten. Dort heißt
es etwa in Jes 53 über einen leidenden Knecht Gottes:

1 Aber wer glaubt dem, was uns verkündet wurde, und an wem ist der Arm des
Herrn offenbart? 2 Er schoß auf vor ihm wie ein Reis und wie eine Wurzel aus
dürrem Erdreich. Er hatte keine Gestalt und Hoheit. Wir sahen ihn, aber da war
keine Gestalt, die uns gefallen hätte. 3 Er war der Allerverachtetste und Unwerteste,
voller Schmerzen und Krankheit. Er war so verachtet, daß man das Angesicht vor
ihm verbarg; darum haben wir ihn für nichts geachtet. 4 Fürwahr, er trug unsre
Krankheit und lud auf sich unsre Schmerzen. Wir aber hielten ihn für den, der ge-
plagt und von Gott geschlagen und gemartert wäre. 5 Aber er ist um unsrer Missetat
willen verwundet und um unsrer Sünde willen zerschlagen. Die Strafe liegt auf ihm,
auf daß wir Frieden hätten, und durch seine Wunden sind wir geheilt. 6 Wir gingen
alle in die Irre wie Schafe, ein jeder sah auf seinen Weg. Aber der Herr warf unser
aller Sünde auf ihn. 7 Als er gemartert ward, litt er doch willig und tat seinen Mund
nicht auf wie ein Lamm, das zur Schlachtbank geführt wird; und wie ein Schaf, das
verstummt vor seinem Scherer, tat er seinen Mund nicht auf.

Hinzu kamen Vorstellungen von Märtyrern, die um ihrer Treue Gott
gegenüber den Tod erlitten und dafür von Gott aus dem Tode errettet
wurden. Es gibt also von der Schrift her und aus religiösen Überlieferungen die Möglichkeit, den Tod von Gott her anders zu verstehen als
ein vollständiges Scheitern. Es kann durch Gott sogar aus dem Tod ein
Sinn erwachsen. Aber trifft das auch im Falle des Todes Jesu zu? Und
wenn ja, mit welcher Bedeutung?

Es ist eine nicht unerhebliche, wiewohl zu wenig erörterte Frage, in welchen sozialen Kontexten man sich vorstellen kann, daß solche Erwägungen angestellt werden. Dafür werden doch Zusammenkünfte der Nachfolgerinnen und Nachfolger Jesu anzunehmen sein, die sich mit ihrer Erinnerung an Jesus beschäftigten und dem Versuch, zu verstehen, was geschehen war. Zusammenkünfte, die das gemeinsame Mahl einschlossen und damit, in anderer Gestalt, an die Lebensgemeinschaft mit Jesus anschlossen. Das zeigen die Texte, die solche – vor allem abendliche – Versammlungen der Jünger voraussetzen (vgl. Lk 24, 30–39, Mk 16, 14).

Jesus hatte mit seinen Nachfolgerinnen und Nachfolgern eine Art Lebensgemeinschaft geführt, die sich unter anderem – und symbolisch am stärksten – im gemeinsamen Mahl, in Essen und Trinken, ausdrückte. In der Trauer um Jesus hatte sich diese Gemeinschaftsform erhalten. „Wie mit Jesus selbst", so konnte es scheinen, nur „jetzt ohne ihn". Präsenz durch Erinnerung und aktuelle Entzogenheit fallen darin zusammen. Jene in der Bibel gesuchte Einsicht von Gottes Nähe auch zu dem leidenden Gottesboten und diese lebenspraktische Erfahrung einer erinnerten Jesusnähe – sie zusammen sind als die soziale Situation vorstellbar, in der man das Vorkommen derjenigen Präsenzerfahrungen vermuten kann, die man als „Visionen des Auferstandenen" bezeichnet. Die anschauliche Erzählung von den Emmausjüngern Lk 24, 13–35 ist ein zusammengefaßtes Modell dieses Erlebens und Verstehens des Auferstandenen.

Offenbar hatte sich eine Gewißheit der Gegenwart Jesu trotz seines Todes und durch seinen Tod hindurch eingestellt, für die dann kein anderes Verständnismodell verfügbar war als die Rede von der Auferstehung der Toten, wie sie mit den apokalyptischen Endzeiterwartungen vom Reich Gottes verbunden war. Allerdings nun in spezifischer Abwandlung, sofern es hier, in der Auferweckung Jesu, um das endzeitliche Geschick eines Einzelnen geht; diese Verwendung der Rede von der Totenauferweckung hatte es vorher nicht gegeben. Daß die Auferstehung im apokalyptischen Sinn etwas anderes ist als eine Wiederbelebung, auf die ein späteres Sterben folgt, das war von vornherein klar. Wenn nun von Jesus gesagt wird, daß er auferweckt wurde, dann bedeutet das eine besondere, endzeitliche Auszeichnung seiner Person. Es ist aber damit zugleich eine Veränderung im Verständnis des Reiches Gottes verbunden, dessen Kern sich aus dem apokalyptischen Vorstellungszusammenhang befreit, sofern es mit der Auferweckung Jesu in der Gegenwart präsent ist.

Die Reichweite dieser Deutung ist immens: Im Tod Jesu ist Gott gegenwärtig – und damit ist der Tod keine Widerlegung des Reiches Gottes, sondern die vertiefende Transformation desselben. Denn es handelt sich, wie man jetzt erkennt, nicht um eine religiöse Idee, deren Wirklichkeit in einer näheren oder ferneren Zukunft liegt (oder vielleicht liegen könnte), sondern um eine Wirklichkeit, die bereits eingetreten ist und die sich darin als wirkmächtig erweist, daß sie Jesus, den Boten des Reiches Gottes, neu vergegenwärtigt – und damit seinen Tod als ein Moment des Reiches Gottes selbst anerkennt und in seine Wirklichkeit eingliedert. Die Auferweckung Jesu ist die absolute Konstitution von Sinn, die die letzte Sinnlosigkeit in sich aufnimmt.

Die Visionen vom Auferstandenen kann man als verdichtete Schlüsselerfahrungen beschreiben, die zur Erkenntnis der individuellen Identität Jesu Christi führen: Seinem Lebensverhältnis zum Reich Gottes entspricht, wie man erst jetzt sehen kann, ein Verhältnis Gottes zu ihm, das auch durch den Tod nicht zerbrochen wird. Damit eröffnet sich aber, auch für Jesus selbst, der tiefste und festeste Bezugspunkt humaner Existenz überhaupt – und diese Tiefe erschließt sich eben erst dann und dadurch, daß die vom Menschen ausgehende Lebensbeziehung zu Gott nicht mehr als Grund der Gottesbeziehung in Frage kommt. Wenn sich diese Erkenntnis über Jesus einmal eingestellt hat, braucht es auch die frühen schlüsselhaften Visionserfahrungen nicht mehr, die möglicherweise – wenn man von Paulus absieht, der sich selbst als Ausnahme beurteilt (1 Kor 15, 8) – ohnehin auf solche Menschen beschränkt waren, die Jesus zu seinen Lebzeiten kannten. Allen, denen diese Erkenntnis der Identität Jesu Christi aufging, wurde zugleich deutlich, daß damit ihr eigenes Gottesverhältnis auf einen neuen Grund gestellt wurde, sie „kamen zum Glauben".

Die Visionen vom Auferstandenen sind daher als Durchgangserfahrungen zu bezeichnen: Jesus läßt uns nicht allein, er ist von Gott her „mit uns" und „für uns" da. Die momentanen visionären Eindrücke werden daraufhin durch die Einsicht abgelöst: Er ist „für uns" gestorben – denn das Sterben ist ja die Voraussetzung seines Daseins für uns nach seinem Tod. Damit gewinnen aber auch Vorstellungshorizonte wie der aus Jes 53 eine neue Dichte. Sie gelten nun als eine von Gott her grundsätzlich bewährte Deutung, nicht nur als vorübergehender Eindruck, den man anwenden kann oder auch nicht. Diese Einsicht wiederum wird durch die Selbsterfahrung verifiziert: Jesus ist nur deshalb und insofern „mit uns", weil Gott in seinem verwandelten

Reich unverbrüchlich „für uns" ist. Denn dessen Wirklichkeit umgibt uns jetzt ohne Grenze und ohne Ende.

Der Glaube ist nicht nur die zeitliche Ablösung der Visionserfahrung, er ist schon ihr sachlicher Grund. Darum wird auch kein Fürwahrhalten der urchristlichen Visionen gefordert; erst recht geht kein maßgeblicher Sachgehalt auf sie zurück. Vielmehr gründen sie selbst in dem Glauben, der jedem von uns in gleicher Weise aus der Selbsterfahrung des ungebrochenen Gottvertrauens erschlossen ist. Die Botschaft von Jesus, die zusammenfassend den Sinn seines Lebens und Todes ausspricht, also seine Identität formuliert, ist das „Kerygma", welches den Glauben eröffnet; diese Botschaft trägt selbst den ganzen Gehalt der Wirklichkeit der Auferstehung in sich. Der Glaube ist die Teilhabe an der Wirklichkeit Gottes aufgrund der Geschichte Jesu Christi.

Jesus ist, in seiner Identität als der Gekreuzigte (also leibhaft), im Glauben der Grund des Glaubens. Der Glaube ist also nicht die Voraussetzung der Wirklichkeit des Auferstandenen. Denn da Jesus den Glauben begründet, geht er im Glauben nicht unter. Sofern er sich immer wieder als Grund des Glaubens erweist, ist er als Auferstandener lebendig. Weil aber der Glaube als Begründung der Lebenswirklichkeit des Menschen anzusehen ist, muß der Grund des Glaubens (mindestens) so real sein wie die „Welt", in der der Mensch im Glauben lebt.

Diesen Zusammenhang zwischen der Identität Jesu Christi und unserer eigenen Identität nehmen wir jetzt noch einmal in einer eigenen systematischen Perspektive wahr.

> RUDOLF BULTMANN hat die Überzeugungskraft von der Auferstehung Jesu Christi so formuliert, daß er davon spricht, Jesus sei „ins Kerygma auferstanden" (Das Verhältnis der urchristlichen Christusbotschaft zum historischen Jesus, in: DERS., Exegetica, Tübingen 1967, S. 469). Der in dieser Kürze oft mißverstandene Ausdruck besitzt, so wie hier ausgelegt, einen guten Sinn.

> HANS-GEORG GEYER, Die Auferstehung Jesu Christi. Ein Überblick über die Diskussion in der gegenwärtigen Theologie (1966), in: DERS., Andenken. Theologische Aufsätze, Tübingen 2003, S. 149–175. DERS., Rohgedanken über das Problem der Identität Jesu Christi, ebd., S. 190–207.

## 4. Die Geschichte Jesu Christi

Die Moderne als christologische Epoche des Christentums fragt nach der Erkenntnis Jesu Christi, wie sie gemäß einem nach heutiger Einsicht adäquaten Verfahren zu ermitteln ist. Dieses ist die Methode der historischen Kritik. Für sie gilt der Grundsatz, daß jede Überlieferung der Beurteilung durch das erkenntnissuchende Subjekt zu unterwerfen ist, welches insofern als maßgebliche Urteilsinstanz gilt. Von der Kritik kann man darum umfassend Gebrauch machen, weil zufolge der Kategorie der Korrelation alles mit allem zusammenhängt, so daß man immer weiter und immer tiefer nach Verbindungen suchen und Verknüpfungen vornehmen darf. Diese Zusammenhänge lassen sich grundsätzlich deshalb verstehen, weil in allem, was in der Überlieferung gegeben ist, bereits die Fähigkeit zur Deutung genutzt wurde, die Erscheinungen und Abfolgen in benennbare Gestalten faßt. Die gegenwärtige Selbsterfahrung ist mithin der Schlüssel zum deutenden Verständnis auch der Vergangenheit.

In diesem methodischen Gefüge von Kritik, Korrelation und Analogie ist die unausgesprochene Vermutung enthalten, daß es in der Geschichte so etwas wie eine fortlaufende Differenzierung gibt, die es erlaubt, aus der gegenwärtigen Perspektive auf frühere, anders strukturierte, möglicherweise weniger differenzierte Epochen zurückzublicken. Mit dieser Vermutung sind Vor- und Nachteile verbunden, die es zu unterscheiden gilt. Zweifellos gehört es zu den Vorteilen des Gedankens fortschreitender Differenzierung, daß frühere Zusammenhänge genauer durchschaut werden können, als dies zuvor der Fall war – und erst recht aus der Perspektive der historisch Beteiligten der Fall sein konnte. Dadurch lassen sich tiefere Einsichten in Abhängigkeits- und Beeinflussungsfaktoren historischer Begebenheiten gewinnen, und man kann aufgrund dieser Annahme einer geschichtlichen Fortwirkung Entwicklungspotentiale in der Vergangenheit entdecken, die man aus früherer Betrachtung nicht erkennen konnte. Es könnte insofern durchaus sein, daß infolge dieser Beobachtung eines vergangenen Geschehens oder einer älteren Einsicht deren unabgegoltene Gehalte erst später zum Ausdruck gelangen. Freilich muß man sich dabei vor dem Nachteil in acht nehmen, nicht etwa die Selbsterfassung gegenwärtiger Subjekte in die Vergangenheit zurückzuspiegeln. Davor kann man sich am besten bewahren, indem man sich selbstkritisch gegen die unmittelbare Geltungsvermutung der eigenen zeitgeschichtlichen Subjektivität wendet: Auch unsere Selbsterfassung, von der wir urteilend Gebrauch machen müssen, unterliegt der geschichtlichen Veränderung.

Die christologische Frage der Moderne artikuliert sich als Frage nach dem historischen Jesus, also nach Jesus, wie er mit den Mitteln der historisch-kritischen Forschung erkannt werden kann. Diese grundsätzliche Einsicht freilich muß ihrerseits in den Kontext der Geschichte der historischen Forschung gestellt werden. Und da erkannten wir in unserem Überblick über die Arbeit an der historischen Erkenntnis Jesu Christi eine eigentümliche Beschränkung im Gebrauch dieser Methode, nämlich eine wenig ausgeprägte Selbstkritik gegenüber dem Aufbau der eigenen Subjektivität als Maßstabsinstanz des historischen Urteils – ein Mangel, der in auffälliger Weise mit dem Festhalten an der Unmittelbarkeit des religiösen Bewußtseins übereinstimmt. Das Resultat dieser Kurzschlüssigkeit bestand in der Konstruktion von Jesusbildern, die nur als Projektionen eines bürgerlichen Subjekt-Ideals verstanden werden können.

Das Mittel der Wahl gegen diese Unterbestimmung sowohl des historischen Ergebnisses als auch der historischen Urteilsinstanz besteht darin, die Vorstellung einer vorab gegebenen oder einer sich im unmittelbaren Kontakt mit der Vernunft aufbauenden allgemeinen Subjektivität der Kritik zu unterziehen. Es kann und muß statt dessen mit einem Modell historischer Subjektivität in der Geschichte (hier: des Lebens Jesu) und einem Modell werdender Subjektivität in der Gegenwart gerechnet werden. Anders gesagt: Die Erfahrung der Brüchigkeit und der Prozeßhaftigkeit eigenen Lebens erweist sich als hilfreich dafür, auch in der Frage nach der Identität Jesu Christi mit einer größeren Offenheit zu arbeiten.

Die grundlegende Einsicht, die aus diesen methodischen Überlegungen folgt, besteht darin, bei der Identität Jesu nicht nur nach Verwendungsformen religiöser Rede und religiöser Praktiken zu fragen, die Jesus beeinflußt haben können, sondern seinen Gebrauch von Redeformen und Handlungsmustern von der Grundbestimmung seiner Existenz her zu interpretieren. Dabei zeigt sich allerdings, daß dafür kein festes, in sich bereits gebildetes religiöses Bewußtsein maßgeblich ist. Vielmehr entzieht sich der individuelle Drehpunkt, von dem her Reden und Handeln sich bestimmen, dem Zugriff. Er liegt in dem Verhältnis Jesu zum Reich Gottes, das zugleich als gegenwärtig, als zukünftig und als im Kommen begriffen verstanden wird – und dieses schwebende Verhältnis weist keinen Identitätspunkt auf, der in sich selber ruht.

Daher ist die Frage nach der Identität Jesu Christi mit dem Geschick des Reiches Gottes verbunden; nur von ihm aus läßt sich ein Urteil darüber fällen, was es mit Jesus in Wahrheit auf sich hat, also: ob dieser eigentümliche Schwebezustand seines Verhältnisses zum Reich Gottes eine Fiktion ist, der eben keine mögliche Identität entspricht – oder ob das eigenartige Verhältnis Jesu zum Reich Gottes auf die Wirklichkeit des Reiches Gottes selbst zurückgeht. Legt man den apokalyptischen Vorstellungshorizont des Reiches Gottes als festen Maßstab zugrunde, dann muß man Jesu Identität angesichts seines Todes und des Ausbleibens eines manifesten Weltendes als gescheitert beurteilen. Wenn sich allerdings der Charakter des Reiches Gottes angesichts von Jesu Tod selbst einer Transformation unterzieht, dann kann man sagen, daß dieses Reich Gottes tatsächlich der Grund ist, aus dem Jesu Leben sich speist. Denn in der erfahrenen Präsenz des gekreuzigten Jesus im Modus der Auferweckung erweist sich das Reich Gottes selbst als gegenwärtig, wird als der tragende Grund des Lebens Jesu erkennbar, der auch durch den Tod Jesu hindurch Bestand hat (was man natürlich nur nach dem eingetretenen Tod wissen kann).

Wenn wir das so formulieren, sprechen wir damit eine dreifache Umgestaltung und Vertiefung herkömmlicher Begriffe aus, nehmen also, historisch verantwortet, eine geschichtliche Modifikation von Grundbegriffen vor.

Das betrifft als erstes das anzunehmende *Modell von humaner Subjektivität*, die uns selbst auszeichnet. Als moderne Menschen wissen wir, daß wir uns alles Historische aneignen können; unsere Deutungskapazitäten sind enorm weitreichend. Wir wissen aber auch, daß wir dabei immer von einem vorab gegebenen Deutungsvermögen zehren, das wir nicht selbst erzeugt haben, sondern das uns vom ersten Moment unseres Selbstverstehens mitgegeben ist. Das ist das, was bei Rudolf Bultmann „Existenz" genannt wurde, die uns im eigenen „Selbstverständnis" zugänglich wird. Dieses Selbstverständnis ist nicht Resultat eigener Herstellung, sondern stellt sich ein – und verlangt dann nach einer faktischen Zustimmung, die sich nicht in unmittelbarer Selbstreflexion vollzieht, sondern im Verstehen von und im Umgang mit anderem. Einfacher gesagt: Wir sind jenseits der Einflüsse, die auf uns wirken, von einer in uns wirksamen Verstehensfähigkeit bestimmt, die wir uns nicht aussuchen können; denn jedes Wählen derselben wäre selbst ja wieder von der Voraussetzung bestimmt, die wir doch erst wählen wollen. Oder noch einmal anders, begrifflich enger, gesagt: In unserem sprachlichen und handlungsförmigen Umgang mit der Welt sind wir von einer Bestimmung unser selbst geprägt, hinter die wir nicht zurückkommen; man kann die Art dieser Bestimmung, einen Kantischen Ausdruck aufnehmend und abwandelnd, „transzendental" nennen. Darin liegt, wie man in der Existenz-Philosophie des 20. Jahrhunderts bemerken kann, eine Vertiefung des menschlichen Selbstverständnisses. Das für uns wichtige Resultat lautet hier: Eben diese Dimension einer vorwillentlichen, aber zustimmungsbedürftigen Bestimmung des Selbstverständnisses müssen wir in der historischen Lage der Gegenwart offenhalten, wenn wir nicht die historische Subjektivität selbst der Kritik entziehen, also dogmatisieren wollen.

Die zweite Veränderung, die wir aus unserer Debatte über die Erkenntnis Jesu Christi mitnehmen, betrifft die *Vorstellung von seiner Existenz selbst.* Wir haben gesehen, daß man eine Vielzahl von religiösen und weltanschaulichen Umständen rekonstruieren kann, denen Jesus ausgesetzt war und in denen er sich selbst wählend bewegt hat. Die Modelle des Weisheitslehrers, des Propheten und des Charismatikers hatten wir exemplarisch herausgegriffen; auch im Einzelnen kann man Jesu Tätigkeit sehr dicht in den Kontext der religiösen Praxis seiner Zeit einschreiben. Zugleich haben wir freilich gesehen, daß sich die Individualität Jesu nicht aus einer Aufsummierung von derlei Bestandteilen konstruieren läßt. Daß sie sich dieser Betrachtung entzieht, darf man nicht nur auf eine quantitative, quellenmäßig begründete Beschränkung unserer historischen Einsicht zurückführen; vielmehr kann für den historischen Blick gar nicht ausgeschlossen werden, daß die Selbstdeutung des Lebensgrundes Jesu, nämlich konstitutiv mit dem Reich Gottes verbunden zu sein, eben diese Verständnisdimension des existentiellen Selbstverständnisses meint, von dem aus alles bestimmt ist, was im Leben geschieht. Das heißt aber: Unsere gegenwärtige Einsicht in die Verfaßtheit humaner Subjektivität hilft uns, die Identität Jesu Christi genauer zu verstehen – so wie wir umgekehrt unsere Art der Vertiefung humanen Selbstseins von der geschichtlichen Gestalt Jesu herschreiben können und müssen, sofern sie dort zuerst in der Geschichte aufgetreten ist.

Die Entsprechung dieser beiden Seiten, der subjektivitätstheoretischen und der christologischen, wurzelt nun freilich in einem eigenen Grund, der als dritte Veränderung herkömmlichen Begriffsgebrauchs zu benennen ist. Die entscheidende Pointe in der erweiterten und präzisierten Fassung der *Identität Jesu Christi besteht darin, daß sich die Wirklichkeit des Reiches Gottes neu definiert.* Jesus selbst hatte sich noch mit seiner Verkündigung, trotz aller Akzentuierung der Gegenwart und des Herankommens des Reiches Gottes, im Rahmen einer apokalyptischen Weltanschauung bewegt. Erst in seinem Tod erwies sich, daß dieser Rahmen unzureichend ist. Denn die Präsenzerfahrungen, die als Gegenwart des auferweckten Jesus gedeutet wurden, besagen, daß Gott selbst im Tod Jesu gegenwärtig war, weshalb dann auch der Tod nicht mehr in die Gottferne führt. Die Einheit von Lebensende und Gottferne gilt nicht mehr. Diese Einsicht nötigt freilich zu einer noch weiter reichenden Aussage: daß nämlich in dieser Transformation des Reiches Gottes eine Veränderung und Vertiefung des Lebens Gottes selbst statthat. In der Tradition gilt Gott als das Gegenüber zur Welt, wie sehr er sich auch auf die Welt beziehen mag. Im Tod Jesu erweist sich Gott in der Welt – genauer noch und entscheidend: im Tod als Abgrund der Welt – als gegenwärtig. Gottes Leben besiegt damit den Tod – und das gilt für ihn selbst wie für den Menschen.

Nur und genau dann, wenn dies zutrifft, steht die Identität Jesu Christi fest. Und es läßt sich sagen, daß diese Aussage die tatsächliche Konsequenz der historischen Betrachtung Christi darstellt, wenn man sich nur dazu versteht, die eigene historische Subjektivität als Grundlage der historischen Erkenntnis selbst zu historisieren.

Allerdings gehört es an diese Stelle, auch die Bedingung dieser Erkenntnis zu benennen. Im Falle Jesu haben wir gesehen, daß es keine Möglichkeit gibt, seine Identität aus den historischen Umständen seines Lebens zu ermitteln, wenn wir davon absehen, seinen Bezug zu Gott und zum Reich Gottes als grundlegend in Rechnung zu stellen. Es wurde aber zugleich deutlich, daß es auch Jesus in seinem Leben, Reden und Handeln nicht möglich war, eine Synthese herzustellen zwischen der Dimension seiner grundlegenden Bestimmung durch Gott und dem Gesamthorizont seines Lebens und Verhaltens. Erst die Gegenwart Gottes in seinem Tod konnte ihm – und kann auch uns – diese Grundlegung deutlich machen. Das bedeutet aber, daß auch wir nur dazu in der Lage sind, das individuelle Leben Jesu und Jesu unbedingte Identität als Einheit zu verstehen, wenn wir uns selbst, wie Jesus und aufgrund seiner Existenz, von Gott her verstehen. Die Identität Jesu Christi versteht nur, wer ihren Grund in Gott versteht – und diesen Grund versteht nur, wer Gott auch als Grund für die eigene Identität erkennt, sich also, weil durch Jesus ermöglicht, auf Gott verläßt im Leben und im Sterben.

Genau das ist gemeint, wenn es heißt, daß Jesus „für uns gestorben" ist. Aufgrund seines Todes und infolge der Erkenntnis der in seinem Tod wirksamen Gottespräsenz ist auch uns Gottes Gegenwart – in unserem Erkennen – erschlossen. Gott wird dadurch der Grund auch unseres Lebens – und das unabhängig davon, wie unser Leben sonst verfaßt war und verlaufen ist. Das „für uns" Jesu eröffnet sich in unserem Bewußtsein von Gottes Gegenwart „bei uns" und nicht anders.

Daß es zu dieser Erkenntnis kommt, ist ein unverfügbares, aber in die Evidenz drängendes Geschehen, darum alles andere als zufällig oder beliebig. Vielmehr setzt sich in ihr die Bewegung fort, die wir von Gott ausgehen sehen, wenn er seine Gegenwart im Tod Jesu verwirklicht. Denn durch diese Erkenntnis ist auch uns der wahre und tiefste Grund unseres Lebens erschlossen. Darum gehört das Eintreten in diese Erkenntnis selbst zu der Geschichte Gottes mit dem Menschen, ist ein Wirklichkeits- und Wirkungsmodus Gottes selbst.

Zugleich muß man festhalten, daß diese Erkenntnis durchaus mit dem methodischen Kriterium der Analogie im Verstehen übereinstimmt. Denn die Überlieferung von Jesus, wie sie uns im Neuen Testament entgegentritt, konfrontiert unser Verstehen mit der Aufgabe, sich dem Problem der eigenen Selbstbestimmung zu widmen, wie sie in unserer Existenz selbst stattfindet, sofern wir uns auf die Voraussetzungen unseres Lebens und Wählens beziehen. Darum schließt die Geschichte Jesu Christi auch das Verständnis des historischen Jesus ein.

Durch diese Geschichte Jesu Christi erschließt sich Gottes Wirklichkeit in der Welt auf neue und definitive Weise als seine unverbrüchliche Gegenwart und seine Gemeinschaft mit den Menschen. Darin besteht nun der vollständige Begriff des Reiches Gottes als der von Gott ausgehenden Bestimmung der gesamten Wirklichkeit. Gottes Reich ist da, wo es zu dieser Erkenntnis Gottes kommt; von ihr aus bestimmt sich auch unser Verhalten und Handeln in der Welt im Zusammenhang unseres Begreifens der Welt. Sofern diese Gegenwart auf uns zukommt, indem sich die Erkenntnis Gottes eröffnet, wird darin jegliche Abgrenzung von Gott, wird jede mögliche Negation Gottes überwunden. Die neue Gegenwart Gottes enthält die Vergebung der Sünde. Denn nichts vermag uns mehr von Gottes Gegenwart zu trennen. Darum besitzt sie den Gehalt ewigen Lebens.

Das alles hat sich in der Geschichte Jesu Christi als einem Geschehen in unserer Welt ereignet. Darum ist sein Leben die „Offenbarung" Gottes, den wir außerhalb dieser Geschichte nicht in seiner Tiefe kennen. Darum ist seine Geschichte „für uns" geschehen. Sie eröffnet uns den Weg in das Leben.

Es ist nicht verwunderlich, daß diese grundlegende Einsicht sogleich nach Bildern und Begriffen für ihren Ausdruck und ihre Mitteilung suchte. Das begann im Neuen Testament in einer stärker auf die Verkündigung bezogenen Redeweise und setzte sich fort in der Ausbildung einer eher begrifflich akzentuierten Lehre in der Geschichte der Kirche. Die „dogmatische" Rede von Christus will nur zur Geltung bringen, wer Jesus Christus in Wahrheit ist.

## § 10  Jesus Christus, Grund des Glaubens

### 1.  Der Sinn der dogmatischen Rede

Die Worte „Dogma", „Dogmatik" oder „dogmatisch" genießen in der Gegenwart wenig Wertschätzung. Denn mit ihrem Gebrauch tauchen sofort positiv konnotierte Gegenbegriffe aus: „Dogma" steht gegen „Wissenschaft", „Dogmatik" gegen „Kritik", „dogmatische" gegen „historische" Methode. Auch Ernst Troeltsch war nicht unempfindlich für solche Gegensatzbildungen, wie wir gesehen haben. Nicht zuletzt auf ihn geht die scheinbare Alternative zweier Methoden zurück, die sich schlicht ausschließen. Doch diese Opposition ist zu einfach – und selbst unhistorisch. Es trifft zu, daß sich die weltanschaulichen Horizonte, auf die sich kirchliche Dogmatik und historische Kritik beziehen, voneinander unterscheiden. Vor allem die altkirchliche Dogmatik hat es mit den klassischen Kategorien der antiken Philosophie zu tun, die in der Neuzeit der aufklärerischen Kritik unterzogen wurden. Doch ist mit dieser Differenz das Verhältnis nicht vollständig bestimmt, und zwar auf beiden Seiten nicht. Die historische Kritik nimmt durchaus wertende Betrachtungen vor, die auf einen Kern zurückgehen, der trotz seiner Stellung im Strom der Geschichte Geltung beanspruchen muß, und sei es nur für das jetzt und heute getroffene Urteil über geschichtliche Sachverhalte; von einer deutenden Aneignung der Geschichte ganz zu schweigen. Da kommen – unvermeidlich, wie Troeltsch wußte – metaphysische Gesichtspunkte ins Spiel, die einfach nur „dogmatisch" zu nennen unzutreffend wäre. Umgekehrt schließt die metaphysische Begrifflichkeit der altkirchlichen Dogmatik nicht aus, daß dieser Redeform jenseits ihrer vorstellungsmäßigen Beschränktheit auch ein praktischer Sinn, eine kommunikative Funktion innewohnt.

Unsere Erörterung des Erkenntnisweges der Geschichte Jesu Christi hat diesbezüglich ja gezeigt, daß sich ein Verständnis der Identität Jesu Christi gar nicht gewinnen läßt, wenn man die Frage nach der Selbstbestimmung Jesu und dem Geschick, das sich damit verbindet, unterläßt. Vielmehr wird man durch die historische Erkenntnis selbst auf die Frage nach der eigenen Selbstbestimmung angesichts der Erkenntnis Jesu geführt, die sich nicht wieder mit dem Hinweis auf den fließenden Strom der Geschichte beantworten läßt, sondern eine individuelle Stellungnahme erfordert. Schon diese an der historischen Erkenntnis gewonnene Beobachtung spricht dafür, daß man in der Frage nach der Identität Jesu Christi durchaus andere Geltungsgesichtspunkte berücksichtigen muß als nur die, die sich aus der Wahrnehmung der uneindeutigen geschichtlichen Phänomene ergeben. Denn der Geltungsrahmen verlangt seinerseits nach einer begrifflichen Klärung der in der historischen Erkenntnis verwendeten Kategorien und Strukturen. Diese erste Überlegung öffnet zunächst nur das Feld für die grundsätzliche Möglichkeit, aus dem einfachen Gegensatz von „dogmatischer" und „historischer Methode" herauszutreten. Damit wird der Blick frei für die Notwendigkeit, sich einer „dogmatisch" zu nennenden Redeweise zu bedienen. Sie ist eine aus historisch-praktischen Gründen erfolgende Weiterführung der Überlieferung, die uns von Jesus Christus in Kenntnis setzt. Darin lassen sich vier Stufen unterscheiden, die jeweils in sich ein historisches und ein systematisches Gewicht besitzen.

Zuerst ist die Einsicht zu nennen, daß das individuelle Geschehen um die Person Jesu Christi, auch wenn davon erzählt wird, mit Worten und Bezeichnungen geschildert werden muß, die stets einen allgemeineren Gehalt besitzen. Das war uns an der Verwendung der Deutungskategorien „Weisheitslehrer", „Prophet" und „Charismatiker" bewußt geworden, wie sie zur Kennzeichnung Jesu verwendet werden. Bereits in den Überlieferungsstücken des Neuen Testaments finden wir begriffliche Verallgemeinerungen, die aber stets auf die konkrete Gestalt Jesu zurückbezogen werden müssen. Es resultiert daraus das Problem, durch das Verfahren der Erzählung von Jesus hindurch seine Identität sichtbar werden zu lassen. Im Johannesevangelium finden wir die deutlichsten Ansätze dazu, die Feststellung der Identität Jesu schon in Begriffe zu fassen, insbesondere, was das Verhältnis Jesu als Sohn zu Gott als Vater angeht (vgl. u. a. Joh 1, 14.18; 5, 43; 10, 30).

Die Wahrnehmung dieses Problems machte es nötig, für die Verkündigung in den Gemeinden Gesichtspunkte bereitzustellen, die die Verwendung des Erzählmaterials im gemeindlichen Gebrauch ordnen, sichern und für weitere Verwendung lehrbar machen. Am Beispiel: Es bedarf – mindestens eines Versuches – der Aussage, wer Jesus Christus in Wahrheit ist, um die Überlieferungen über ihn nicht in einem der genannten Typen aufgehen zu lassen, dem Weisheitslehrer, dem Propheten oder dem Charismatiker. Die „dogmatische" Fixierung einer solchen Fluchtlinie besitzt einen hermeneutischen Wert; sie hilft zu klären, ob die generelle Perspektive, in der von Jesus Christus erzählt wird, zutrifft. Damit wird aber klar: Die erste und wesentliche Nötigung zur Ausbildung eines „Dogmas" über die Identität Jesu Christi ist eine praktische; die „Dogmatik" ist wesentlich Hermeneutik, also Anleitung zum richtigen Erzählen von Jesus Christus; einem solchen Erzählen also, das die Pointe der Identität Jesu Christi nicht verfehlt. Damit ist zugleich gesagt, daß die „Dogmen" nicht als solche Gegenstand des Glaubens sind; sie gelten vielmehr als Leitgesichtspunkte für die praktische Verkündigung. Daher ergeben sich aus Gegensätzen, die sich mittels dogmatischer Formeln aufbauen, nicht automatisch verschiedene religiöse Vergemeinschaftungen; eher resultieren Verschiedenheiten in der „Dogmatik" aus einer Praxis differenter Verkündigung. Diese praktische Notwendigkeit einer dogmatischen „Lehrbildung" in hermeneutischer Absicht ist das zweite Moment, das hier hervorzuheben ist.

Sie bezieht sich insbesondere – und das ist der dritte Gesichtspunkt – auf eine Zuordnung der spezifischen Identität des christlichen Glaubens zum jüdischen Monotheismus, wie er nicht nur in Palästina, sondern in der mediterranen Welt der Zeit verbreitet war, sowie auf eine Zuordnung zu dem aus der griechischen Philosophie erwachsenen Monotheismus gebildeter Schichten. Dabei gilt es, einerseits die Besonderheit der Gründung des Glaubens in Jesus Christus zu bewahren, andererseits das Festhalten an dem Einen Gott kräftig zu unterstreichen.

Das vierte Moment betrifft die konkrete Durchführung der Bildung solcher dogmatischen Sätze, die die Verkündigung orientieren sollen. Denn indem das frühe Christentum über seine palästinische Herkunft hinaus in die Welt der Antike eintrat, wie sie um das Mittelmeer herum lebte, nahm es zugleich an den begrifflichen Denkhorizonten und Ausdrucksmöglichkeiten teil, die diese Welt bereithielt. Das heißt, die Zuordnung der Verhältnisbestimmung zu den Monotheismen jüdischer und griechischer Herkunft war mit den Mitteln der damals philosophisch verfügbaren Vernunft herzustellen.

Damit haben wir die praktischen Anlässe, die historischen Rahmenbedingungen und die philosophischen Möglichkeiten umrissen, die zur Ausbildung von „Dogmen" führen. Es läßt sich von hier aus leicht ermessen, warum diese Lehrbildung sich auf relativ wenige, dafür elementare Grundfragen bezog. Dabei geht es um drei Fragenkreise. Erstens: Wie verhält sich die ausgezeichnete Stellung Jesu

Christi im christlichen Glauben zur Einheit Gottes? Die Antwort
darauf lautet: Jesus Christus ist Gott, in Einheit mit dem Vater und
dem Heiligen Geist. Das ist der Sachverhalt, den die Trinitätslehre zu
beschreiben versucht. Zweitens: Wie verhält sich diese Gottheit Jesu
Christi zu seiner Menschheit, die ja Ausgangspunkt der Überlieferung
von ihm ist? Antwort: Jesus Christus ist wahrer Mensch und wahrer
Gott. Darum geht es in der Zwei-Naturen-Lehre. Drittens: Inwiefern
ist mit der Geschichte Jesu Christi das Heil der Menschen verbunden?
Antwort: Es macht das Wesen Jesu Christi aus, daß er von der Sünde
und dem Tod erlöst und in die Gemeinschaft des ewigen Lebens mit
Gott führt. Davon handelt die Versöhnungs- oder Erlösungslehre, die
sog. Soteriologie. Wie aber diese Antworten gefunden wurden, welche
Schwierigkeiten sich einstellten, sie zu formulieren und was sie für das
praktische Leben der Christen bedeuten – das war im Einzelnen eine
verwickelte Geschichte. Sie war stets von Kontroversen durchzogen,
die sich teils verschiedenen Frömmigkeitstypen verdanken, teils aus
begrifflichen Schwierigkeiten des Ausdrucks hervorgehen. Darauf beziehen wir uns im folgenden und beschränken aus auf die Heraus-
arbeitung der wesentlichen Grundzüge, wie sie sich aus den oben genannten vier Umständen der altkirchlichen Lehrbildung ergeben.

## 2. Jesus Christus, Gottes Sohn und unser Bruder

Zu diesem Zweck schauen wir uns die Rahmenbedingungen für die
Formulierung der zentralen „Dogmen" noch etwas näher an. Sie gewinnen dadurch an Anschaulichkeit; gerade dann, wenn wir die verschiedenen Hinsichten etwas skizzenhaft nachzeichnen.

   Von Göttern menschlich zu reden, war im antiken Polytheismus
kein Problem. Allerdings war klar, daß es sich dabei um bildhafte Rede
handelt, die eine große Breite von Variationen zuläßt. Das war auch
der Ansatzpunkt gelegentlicher Kritik am Anthropomorphismus vor
allem seitens der Philosophie. Grundsätzlich galt als das Schema der
Zuordnung verschiedener Gottheiten das Modell von Familie und
Verwandtschaft, vor allem über (eheliche und nichteheliche) Nach-
kommenschaft geprägt. Die vorstellungsmäßige Vielfalt der mythi-
schen Erzählungen konnte sich dann auch mit durchaus pluralen
Riten verbinden, die in der Regel nach spezifischen Bedürfnissen von
Orten und ihren Heiligtümern geformt waren. Auch die mit Ritus und
Mythos verbundenen ethischen Gesichtspunkte waren, unbeschadet
einer möglichen philosophischen Reflexion, eher situativ motiviert:

Was sich gehört, bestimmt die örtliche Gemeinschaft im Kontext der dort ausgeübten Religion. Dieser gesamte Komplex aus Ritus, Mythos und Ethos konnte deshalb in seinen vielfältigen Ausprägungen Bestand haben, weil es grundsätzlich klar war, daß es sich um Kulte handelt, bei denen es nicht um Wahrheit geht, sondern um die bildhafte Gestaltung von Macht: von den Naturmächten wie Wind und Meer angefangen über anthropologische Mächte wie etwa das (sexuelle) Begehren bis hin zu sozialen Mächten wie Autorität und Gehorsam. Das allgemeine Leben war der Kontext der Religion.

Diese religiöse Vielfalt war der Horizont, vor dem sich eine Verbreitung des antiken Judentums abhob, und das aus zwei Gründen. Einmal verstand sich das Judentum als strenger Monotheismus. Dadurch wurde die spielerische, manchmal auch unernste Vorstellungswelt auf eine zentrale Instanz hin konzentriert. Das entsprach nicht nur den verschiedenen Ansätzen der philosophischen Kritik an der bunten Volksfrömmigkeit, sondern wies auch auf vertiefte sittliche Ansprüche der Religion hin. Das ist der zweite Grund, der für eine zunehmende Wertschätzung des Judentums in der mittelmeerischen Antike sprach. Denn wenn als religiöses Gegenüber nur der Eine Gott gilt, dann besteht auch nur ihm gegenüber die humane Verantwortung; dadurch aber zentriert sich das Subjektverständnis des Menschen, und daraus erwächst eine höhere innere Befriedigung. Allerdings wurde bei dieser Rezeption des Judentums dessen historische Gestalt, also die Verwurzelung in der Geschichte Israels, ausgeblendet. Darum konnten auch die sog. Proselyten, die aufgrund von Einsicht und Überzeugung zum Judentum konvertierten, nicht aber schon durch ihr Herkommen daran Anteil hatten, keinen religiös vollgültigen Status der Zugehörigkeit erlangen, erst recht nicht die sog. „Gottesfürchtigen", die sich dem religiösen Ethos des Judentums angeschlossen hatten.

Im Kontext dieser religiösen Typen nahm das frühe Christentum – sobald es vom palästinischen Judentum unterschieden wurde und sich auf sich selbst zu besinnen genötigt war – eine eigene, für die Explikation eher schwierige Rolle ein. Denn die christliche Rede von Jesus Christus als Sohn Gottes unterschied sich kategorisch von den Geschichten über Göttersöhne aus der antiken Mythologie. Hier ging es nicht um mythologische Genealogien, die Machtverhältnisse umschreiben sollten, sondern um die Wahrheit Gottes selbst. Die damit gegebene Verbindung mit dem jüdischen Monotheismus aber weckte auf der anderen Seite das Problem, wie man denn die dort ausgesagte Einheit Gottes mit der Existenz einer nicht nur bildhaften Rede vom

Sohn Gottes verbinden kann. Denn nun ging es, aus christlicher Perspektive, darum, den historischen Grund und Anlaß des Glaubens, die Existenz Jesu Christi als Mensch, mit der Wahrheit des göttlichen Wesens selbst zu verknüpfen.

Um das zu durchdenken, war der Gebrauch philosophisch geprägter Kategorien erforderlich. Insbesondere ging es um den Begriff des Wesens Gottes. Für den Wesens-Begriff aber gab es zwei antike Vorgaben des Verständnisses. Die eine entstammt der platonischen Tradition. Dort wird der Wesensbegriff nämlich im Unterschied zu den Erscheinungen ausgearbeitet: Wesentlich ist, was im Wechsel der erscheinenden Veränderungen Bestand hat. Man muß daher durch die sich verändernden Erscheinungen sozusagen hindurchsehen auf die Idee, die in ihnen ihre eigentliche Wirklichkeit ausmacht. Dieses Schema ist sehr leistungsfähig, weil es in die lebensweltlichen Differenzen eine wertende Unterscheidung einführt, die es erlaubt, sich über Ansprüche auf Wahrheit zu verständigen. Auf der anderen Seite bleibt die Unterscheidung von Wesen und Erscheinung doch auch mit diesem Wertungsunterschied behaftet; was „nur" Erscheinung ist, ist eben nie „völlig" wesentlich. Wesen ist wesentlich „eines", steht für sich.

Die andere Vorgabe für den Umgang mit dem Wesensbegriff schreibt sich von der aristotelischen Tradition her. Aristoteles hatte, im Unterschied zu seinem Lehrer Platon, die Wesentlichkeit nicht in der (überweltlichen) Idee gesucht, sondern im existierenden, seinen Begriff erfüllenden Einzelding. Doch um diese Art von Wesentlichkeit zu bestimmen, ist natürlich auch wieder eine wertende Unterscheidung nötig. Sie besteht darin, in der sprachlichen Bezeichnung eines Wesens (in der Gestalt eines Einzeldings) zwischen den Eigenschaften zu unterscheiden, die seine Begriffserfüllung ausmachen, und denen, die an dem erscheinenden Einzelding haften. Das ist die Unterscheidung zwischen Substanz und Akzidenz. Damit verbindet sich die Einsicht, daß die Identität eines Wesens in seiner Ganzheit besteht, der gegenüber alles Vielfältige einen mitlaufenden, aber das Wesen nicht verändernden Gehalt besitzt.

Diese beiden verschiedenen Ansätze zum Verständnis des Wesens bekommen nun noch einmal einen besonderen Akzent, wenn es um das Wesen Gottes geht. Grundsätzlich gilt das, was vom Begriff des Wesens überhaupt zu sagen ist, auch vom Wesen Gottes; für ihn gibt es keine Ausnahme, wenn das Denken sich nicht selbst aufheben will. Allerdings kommt Gott eine besondere Position zu, und die läßt sich bei Aristoteles genauer erkennen als bei Platon, der hinsichtlich eines expliziten Monotheismus zurückhaltend blieb. Aristoteles verstand Gott nämlich als das reine und ganze Gegenüber zur Welt als in sich differenzierter Ganzheit. Die Welt baut sich auf durch ein großes Abhängigkeits- und Verweissystem, in dem alles mit allem geordnet zusammenhängt. Die Aufgabe der Erkenntnis ist es, diese Vielfalt als einen kontinuierlichen Zusammenhang zu begreifen – eben indem das Verhältnis von Wesenheiten zu ihrer Herkunft, ihrem Ansichsein und ihrer künftigen Bestimmung ermittelt wird. Dieses große Ganze der Welt kommt nun aber allein dadurch in die Spannung und Bewegung, die es auszeichnet, daß es von einem (in sich vollkommenen) Gegenüber angeregt wird, und das ist Gott, der in seinem Wesen die Ganzheit bereits repräsentiert, zu der hin die Welt erst unterwegs ist. Gott ist zwar in sich selbst unterschieden, er ist wie das lebendige Denken, das sich auf sich selbst bezieht, aber er ist doch zutiefst von der Welt geschieden, deren reines Gegenüber er ist und bleibt. Daher gibt es auch kein zeitliches Verhältnis zwischen Gott und Welt; beide sind gleich ewig. So sehr also Gott abgrundtief von der Welt unterschieden ist, so wenig kann man diesen Unterschied mit dem Schöpfungsgedanken zusammenbringen, der ja eine aktive Beziehung Gottes zur Welt einschließt.

Genau diese philosophische Gemengelage – die Traditionen der Explikation des Wesens-Begriffs und die Besonderung Gottes gegenüber der Welt – erschwert nun aber die Ausbildung des christlichen Denkens über die Identität Jesu Christi, wie es den Kern der „Dogmatik" ausmacht, ganz ungeheuer. Einerseits kann die christliche Denkanstrengung nicht darauf verzichten, sich der philosophisch ausgebildeten Begriffe zu bedienen; andererseits stehen einer schlichten Übernahme dieser Begriffe erhebliche Gründe entgegen. Der zentrale Grund besteht darin, daß man den Anspruch erheben muß, die historische Gestalt Jesu Christi und die Absolutheit Gottes unter den Bedingungen der Einheit und Ganzheit des Wesens und der Weltunterschiedenheit Gottes in Zusammenhang, ja in Einklang zu bringen. Das hatte es zuvor in der Religionsgeschichte nicht gegeben, daß ein solcher Anspruch an das Denken gerichtet wurde. In der Tat stieß die christliche Dogmenbildung auf Schritt und Tritt an die Grenzen der antiken Begriffsbildung, und man muß es allen, die sich an der Ausbildung der christlichen Lehre beteiligten, hoch anrechnen, daß sie es mit diesen Schwierigkeiten aufgenommen haben. Erst die Philosophie Hegels hat in der Moderne annäherungsweise die nötige Bewegung in die philosophischen Kategorien gebracht, nach denen die christliche Verwendung der Begriffe verlangte. Und man darf unterstellen, daß eine solche Präzisierung ohne die Herausforderung des Christentums auch nicht erfolgt wäre.

Damit haben wir uns einigermaßen die Komplikationen vor Augen geführt, mit denen es die Versuche zu tun bekamen, die sich darum bemühten, die für die praktische Verkündigung nötige Bestimmung der Identität Jesu Christi zur Geltung zu bringen. Wir können uns jetzt der Durchführung zuwenden.

## 2.1 Jesus Christus, Gottes Sohn

Dabei gilt es zuerst, sich über das Anliegen, die sachliche Intention Rechenschaft zu geben, die in dieser Formulierung ihr Ziel findet. Es geht darum, Jesus Christus als die Offenbarung Gottes festzuhalten und auszusagen. Damit ist, wie wir sahen, nicht gemeint, daß etwa Jesus eine (mehr oder weniger) neue Lehre von Gott mit absolutem Autoritätsanspruch vorbringt, sondern daß er selbst in seiner Lebensgeschichte diese Offenbarung *ist*. Das geschah eben darin, daß der Verkündiger des Reiches Gottes von diesem Reich Gottes selbst eingeschlossen wurde, sofern es sich über Jesu Tod selbst veränderte und ihn durch den Tod hindurch in seine Wirklichkeit einschloß.

Der zentrale Ansatz, die Zusammengehörigkeit Jesu mit Gott zu bezeichnen, stellt die Benennung und Anrufung Jesu als Kyrios (gr. κύριος) dar. Damit wird die Umschreibung des Gottesnamens aus dem griechischen Alten Testament auf Jesus übertragen. So von Jesus zu reden, ist schon früh gebräuchlich gewesen. Bereits der alte Hymnus in Phil 2, 6–11 meint diesen Ausdruck, wenn er ihn als „Namen über alle Namen" ins Zentrum rückt; für Paulus selbst bündelt sich in diesem Namen die ganze Bedeutung Jesu Christi (vgl. als eine prominente Stelle von vielen Röm 1, 4).

Damit steht zweierlei fest: Jesus Christus gehört, erstens, konstitutiv in Gottes Reich hinein, gehört also konstitutiv zu Gott selbst; Gott ist fortan nicht mehr ohne ihn zu denken, denn in Jesus und seiner Geschichte hat Gott zu seiner eigenen definitiven Gestalt gefunden. Zweitens gilt, daß diese Einheit Gottes, wie sie sich durch Jesus und Gott ereignet und darstellt, zum Zwecke der Rettung der Menschen geschieht, die vermittels der Botschaft vom Reich Gottes in der durch Jesu Tod hindurchgegangenen Gestalt selbst Anteil an Gottes Reich gewinnen; Jesus, den Auferstandenen, gibt es gar nicht anders denn als Grund des Glaubens der Menschen, die darum definitiv zu ihm und zu Gott gehören. Die Einheit zwischen Jesus und seinem Vater ist also durchgreifend eine die Menschen ergreifende, sie mit Gott verbindende Einheit. Darum können weder Vater noch Sohn ohne den von ihnen ausgehenden, den Menschen bestimmenden Geist gedacht werden.

Diese Bestimmungen, wie sie jetzt hier zusammenfassend den nachfolgenden Einzelerörterungen vorangestellt werden, nehmen ihren sprachlichen Ausgang von Redeweisen des Neuen Testaments. Historisch unbestritten ist es, daß Jesus Gott als Vater angeredet hat. Das kann (und muß, historisch gesehen) zunächst als eine metaphorische Rede verstanden werden, in der menschliche Herkunftsbezeichnungen religiös verwendet werden. Immerhin verweist schon diese Rede auf eine Abgrenzung gegenüber natürlichen Abstammungsverhältnissen; daß sich Jesus von seiner Familie absetzt, dafür gibt es genügend Hinweise. Die Anrede Gottes als Vater nimmt vielmehr den Sachverhalt auf, daß das Vater-Sohn-Verhältnis auf Anerkennung, nicht auf biologischer Herkunft beruht. Die zunächst metaphorische Verwendung der Vater-Anrede wird dann – nachösterlich – im Johannesevangelium zu einer breiteren Reflexion über das Verhältnis von Vater und Sohn, in dem bereits Aussagen über die Einheit zwischen beiden getroffen werden, ohne daß diese Redeweisen sich um begriffliche Bestimmtheit bemühten (vgl. die o. a. Stellen Joh 1, 14.18; 5, 43; 10, 30). Daß in Aussagereihen des Johannesevangeliums auch Reflexionen über den Geist als Gemeinschaft zwischen Vater und Sohn und als Gemeinschaft zwischen Jesus und den Seinen (also zwischen Gott und Menschen) auftauchen, gehört, wie wir eben schon sahen, zur Logik der Sache (vgl. Joh 14). Die triadische Formel im sog. Taufbefehl Mt 28, 18–20 ist ebensowenig als lehrhafte Aussage aufzufassen, zeigt aber, daß Gott nicht ohne Jesus und beide nicht ohne ihre Beziehung zum Menschen gedacht werden sollen. Und der Schlußgruß des 2. Korintherbriefs sieht die Einheit Gottes erfüllt durch „die Gnade unseres Herrn Jesus Christus, die Liebe Gottes und die Gemeinschaft des Heiligen Geistes" (2. Kor 13, 13).

Doch die genannte Intention und die neutestamentlichen Ansätze zu ihrer Durchführung zeigen noch nicht, wie man sich die Umsetzung in eine begrifflich konsistentere, die Identität Jesu im Verhältnis zu Gott festhaltende Lehre vorstellen kann. Vielmehr stellt die philosophische, aber auch die verbreitete religiöse Begrifflichkeit vor erhebliche Probleme. Diese resultieren vor allem aus dem Gedanken der

*Einheit* des Wesens, wie sie scheinbar begriffsnotwendig auszusagen ist. Ihm zufolge kann es eben nur ein mit sich selbst einiges Wesen Gottes geben. Nimmt man diesen Grundsatz an, dann ergeben sich für die Durchführung des Gedankens der Zusammengehörigkeit Jesu mit Gott und dem Geist lediglich folgende zwei Möglichkeiten: Entweder sind Vater, Sohn und Geist nur Erscheinungsformen des einen göttlichen Wesens, das als solches unerkennbar ist. Oder das Wesen Gottes wird mit dem Vater identifiziert, demgegenüber Sohn und Geist zwei konkretisierende Erscheinungsformen darstellen. Beide Varianten sind – das verweist auf die zwingende Macht der vorgegebenen Gedankenformationen – schon im 2. Jahrhundert aufgetreten. In der Dogmengeschichte tragen sie den Namen „Modalismus" (Vater, Sohn und Geist sind drei Modi des einen Wesens) oder „Monarchianismus" (der Vater ist der Alleinherrscher, für den Sohn und Geist Instrumente der Durchführung seiner Herrschaft sind). De facto laufen beide Varianten auf dasselbe Modell zu, nämlich die Differenz von Wesen und Erscheinung für unüberwindlich zu halten. Was man durch diese Versuche hindurch spüren kann, ist die unbedingte Anstrengung, die Einheit Gottes zu wahren. Allerdings geht genau dadurch die Gewißheit der Offenbarung, daß Jesus in seiner Person die Präsenz Gottes in der Welt darstellt, verloren. Jesus kann hier immer nur als Prophet aufgefaßt werden; seine Bezeichnung als Sohn Gottes verbleibt im Modus des Metaphorischen.

Von diesem Widerspruch sind auch alle anderen Versuche betroffen, die an der philosophischen Vorgabe der Differenz von Wesen und Erscheinung festhalten, so auch die berühmt-berüchtigte Lehre des Arius (gest. 336), der sich notwendigerweise zu der These fortgetrieben sieht, Jesus als Geschöpf Gottes und als vorzüglichen Menschen aufzufassen.

Den Ansatz zu einer Lösung bringt erst eine elastische Neuverwendung der philosophischen Terminologie zuwege. Dabei wird der Begriff der Hypostase (gr. ὑπόστασις), der als Äquivalent für den Begriff des Wesens, der Ousia (gr. οὐσία) gebraucht wurde, nun als Ausdruck einer „wesenhaften Vereinzelung", so müßte man sagen, eingesetzt. Das geschah im 4. Jahrhundert bei den sog. „großen Kappadoziern", d. h. bei Gregor von Nyssa, Gregor von Nazianz und Basilius dem Großen. Es liegt auf der Hand, daß das mindestens einen freien Umgang mit der philosophischen Tradition bedeutet. Denn eine „wesenhafte Vereinzelung" wäre ja gerade eine Existenz, die, obwohl vom Wesen unterscheidbar, doch nicht nur Erscheinung ist. Darin steckt das Geheimnis, daß es eine Individualität geben soll, die nicht bloß Einzelfall eines Allgemeinen ist, sondern selbst unbedingten Gehalt besitzt. Diese Konsequenz konnte im 4. Jahrhundert nicht ausformuliert werden; sie liegt aber potentiell in dem dort gepflegten Sprachgebrauch. Gott ist demnach Einer, aber die Einheit seines Wesens besteht eben in der Gemeinschaft der drei Hypostasen – oder, wie man im Lateinischen sagen würde: der drei Personen – der Trinität.

Das Konzil von Konstantinopel (381) hat diese Lehre über die Trinität im Grundsatz übernommen und als für alle Beteiligten verbindlich fixiert. Daß dabei etwa die Anhänger des Arius ausgeschlossen wurden, gehörte zur Absicht – läßt sich aber auch im Zuge der nötigen Präzisierung des Christentums hinsichtlich der Bestimmung der Identität Jesu Christi nachvollziehen.

Die Übersetzung des griechischen Begriffs der Hypostase mit „Person" bringt Vor- und Nachteile mit sich. Einerseits ermöglicht es der Ausdruck „Person", weiter und genauer über die Relationen nachzudenken, die zwischen den Instanzen der Trinität bestehen. Denn anders als der Seinsbegriff „Hypostase" schließt der Personbegriff auch den Aspekt des Handelns oder Sich-Verhaltens ein. Augustin hat im frühen 5. Jahrhundert davon in seiner Trinitätslehre Gebrauch gemacht. Andererseits verleitet der Personbegriff – zumal in unserem heutigen Verständnis – dazu, Personen als voneinander getrennte Individuen aufzufassen, was mit einem trinitarischen Sinn gar nicht zu vereinbaren ist. Nicht wenige der modernen Einwände gegen die Trinitätslehre speisen sich aus diesem (Miß-)Verständnis.

Man kann die Vorteile des Personbegriffs aber nutzen, wenn man als Grundverfassung des Personseins nicht die raumzeitliche Abgeschlossenheit von Individuen versteht, sondern die Beziehungsförmigkeit. Schon für uns Menschen gilt, daß wir diejenigen sind, zu denen wir in Beziehungen werden – in Beziehungen zu anderen, aber auch in Beziehung zu uns selbst. Das bedeutet in Anwendung auf die Trinitätslehre: Der dreieine Gott „ist" nicht einfach „irgendwo", sondern er vollzieht sich als andauerndes Geschehen, und das erstreckt sich über zwei Dimensionen. Gott ist er selbst und mit sich selbst eins, indem er sich – nach innen – als das Verhältnis von Vater und Sohn vollzieht, das in der Gemeinschaft des Geistes seinen Bestand hat. Das heißt, in Ausdrücken unserer Vorstellung gesprochen: Gott gibt es nur in seinem konstitutiven Verhältnis zu Jesus Christus; außerhalb dessen kennen wir Gott in seinem Wesen nicht; die Geschichte Jesu Christi gehört in die Geschichte, in der Gott sein Wesen hat. Jesus

Christus existiert nur in dem Verhältnis, das aus Gott stammt; er ist, in der Geschichte seines Lebens und Sterbens, ganz mit Gott eins. Dieses Entsprechungsverhältnis schließlich ist – so sehr es als von stetiger Dynamik erfüllt, nie als ein unbewegter Ruhezustand, gedacht werden muß – doch nicht unbeständig, sondern besitzt die Qualität des unbedingten Gott-Seins; das ist die Funktion des Geistes, der als Beziehung von Beziehungen oder als Einheit von Beziehungen zu denken ist. Das ist das eine, Gottes Einheit an und für sich. Dieselbe ist aber zugleich Gottes Einheit mit uns. Denn Gott selbst, wenn er denn trinitarisch gedacht wird, existiert nur in der ausgeübten und dargestellten Beziehung zu uns – so wie Jesus Christus im Glauben als Grund des Glaubens lebt. Darum ist der Geist als Signatur der Einheit Gottes das unabdingbare Medium der Präsenz Gottes unter uns – aber nur so, daß es in der Gegenwart des Geistes der Sohn und der Vater sind, die vergegenwärtigt werden.

Erst die Übersetzung der Seinskategorien „Wesen und Erscheinung" in die Vollzugskategorien von „Beziehung" löst die Konfrontation mit der philosophischen Begrifflichkeit der Trinitätslehre auf. Das Grundmodell für „Beziehung" aber ist aus dem Phänomen der Selbstbestimmung zu entwickeln, wie es uns in der eigenen Selbsterfahrung gegeben ist und wie es vor allem in der Philosophie Hegels zu einer vollständig durchgeführten Gestalt gefunden hat. Daher gibt es, unter philosophischer Betrachtung, keine durchschlagenden begrifflichen Einwände gegen die Trinitätslehre als notwendiges Modell dafür, die Identität Jesu Christi zu erkennen und festzuhalten.

## 2.2 Jesus Christus, unser Bruder

Auch hier gehen wir so vor, daß wir uns das Anliegen klarmachen, welches unter den gegebenen Voraussetzungen auf Widerstände der Formulierung trifft, um uns dann auf die tatsächlich erfolgte Modifikation der Rahmenbedingungen zu beziehen, die eine vorläufige Lösung ermöglicht.

Den Ausgangspunkt bildet die Überzeugung, daß sich das Reich Gottes, also Gottes Wirklichkeit selbst, in der Geschichte des Menschen Jesus von Nazareth ereignet – und zwar genau dadurch, daß sich durch sein Leben und seinen Tod die Neubestimmung des Reiches Gottes vollzieht. Gott gibt es also, das hatte die Trinitätslehre festgehalten, nicht ohne diese Geschichte. Oder anders gesagt: Jesus Christus in Person ist die Offenbarung Gottes, und durch die Aufnahme der Wirklichkeit der Offenbarung im Glauben vollzieht sich das menschliche Heil – unabhängig von eigenen Anstrengungen, die etwa zum Erreichen eines idealen Zieles erforderlich wären.

Dieses Anliegen macht es nun nötig, sich genauer über den Aufbau der Person Jesu Christi zu verständigen. Dabei taucht das Problem auf, Werden und Sein der Person einander zuzuordnen. Es ist ja offenkundig, daß Jesus als Mensch in der Geschichte in einem Werden steht, das von Gott her zu denken ist, daß aber sein Sein eben darin besteht, von Gott her als eigener Mensch zu existieren. Jesus Christus muß als wahrer Mensch und wahrer Gott gedacht werden, wenn er unser Bruder sein und das Reich Gottes unter uns realisieren soll.

Das Begriffsproblem, das damit aufgerufen wird, ist das der *Ganzheit* des Wesens. Wie immer man sich die Konstitution des Wesensbegriffs denken mag, ob in der Form der Idee wie im Platonismus oder in der Form der Herausbildung des Wesentlichen wie in der aristotelischen Tradition – das Ziel ist gerade der Gewinn eines Wesens, das nicht nur eines, sondern auch ein Ganzes ist. Damit ist aber eine Einheit von zwei Wesenheiten ausgeschlossen. „Wahrer Mensch" und „wahrer Gott" zugleich, das kann nicht als Einheit von zwei Wesenheiten gedacht werden.

Nimmt man diese Einsicht als grundlegend an, dann bleiben nur zwei Möglichkeiten offen. Entweder handelt es sich in der Person Jesu um ein göttliches Wesen in menschlicher Erscheinung – oder um einen Menschen, dem metaphorisch ein göttliches Wesen beigelegt wird. In der Tat sind diese Alternativen in der frühen Christenheit auch durchgespielt worden; zu stark wurzelte der Eindruck der unverrückbaren Ganzheit eines Wesens im Bewußtsein. „Doketismus" nennt man die Variante, die Jesus als Gottwesen in menschlicher Gestalt auffaßt; die „doxa" ist darin der Anschein des Menschlichen, in den sich das göttliche Wesen kleidet. „Ebionitismus" heißt die andere Variante; darin bleibt Jesus der „ebjon", hebräisch: der arme Mensch, der nur, wie ein Prophet, mit göttlichem Schein umhüllt wird. Beide Ansätze haben sich nicht durchgesetzt; mit guten Gründen, wie man sieht, denn beide arbeiten mit dem Motiv des Scheins, der zum wahren Wesen hinzutritt, verfehlen damit aber die Realität der Geschichte Jesu Christi.

Statt dieser Einseitigkeiten bestand der weiterführende Grundgedanke darin, sich genauer den Aufbauelementen des Menschseins zuzuwenden. Denn das menschliche Wesen vollzieht sich ja nicht als einfaches „Dasein", sondern als Werden in Entsprechung zu einer Be-

stimmung. Menschsein bildet sich in einer Geschichte, und dafür ist
eine Differenz im menschlichen Leben anzunehmen, mit der sich
ein Bestimmungsgefälle verbindet. Das klassische Modell dafür ist
das Verhältnis von Leib und Seele. Die Seele ist die den Leib bestimmende Instanz, die darum auch nicht ohne den Leib gedacht werden
kann, weil dann das Gegenüber fehlte, welches bestimmt wird. Nun
lag es nahe, diese bestimmende Seite im Menschenleben als göttliche
Instanz anzunehmen, die sich auf den Leib und seine Erscheinung
in Raum und Zeit bezieht. Dieser Gedanke besitzt den Charme, daß
man sich auf den Weg macht, eine Bestimmung Jesu durch Gott zu
denken. Es ist aber unzutreffend, diese bestimmende Seite mit der
Seele als dem Ort göttlichen Wesens zu identifizieren. Denn genau
das würde ja nicht für alle Menschen gelten; Jesus wäre also in der
Kombination von göttlicher Seele und menschlichem Leib nicht
„wahrer Mensch". Vielmehr muß die Menschheit Jesu selbst als Einheit von Leib und Seele gedacht werden – und auf diese muß sich die
Gottheit beziehen.

Den entscheidenden Schlüssel für die Entfaltung der Personein-
heit Jesu stellt der Begriff des Logos bereit, wie er in Joh 1 gebraucht
wird. Es ist offensichtlich, daß dieser Begriff dort Jesus selbst meint,
der aus der Einheit mit Gott lebt und der in seinem Leben der Bestimmung durch Gott folgt, ja daß Gott selbst in der Gestalt des Logos
und in seiner Geschichte in der Welt gegenwärtig ist. Damit stellt sich
die Wesensfrage neu. Denn es geht nicht darum, vorliegende Wesens-
begriffe mit dem ihnen anhaftenden Zwang zur Ganzheit, die keine
Ergänzung verträgt, auf einen geschichtlichen Sachverhalt, nämlich
die Existenz Jesu Christi, anzuwenden, sondern diesen Existenzvoll-
zug selbst als konstitutiv für das Wesen von Gott und Mensch – im
Sinne einer gemeinsamen Verwirklichung – aufzufassen. Das bedeutet
aber, daß die individuelle Existenz Jesu Christi als Lebensvollzug zu
verstehen ist, in welchem sich Gottheit und Menschheit gemeinsam
aufbauen, indem sich diese Wesenheiten neu bestimmen. Es gibt demnach durchaus ein anfängliches, abstraktes Verständnis von „Gott",
das mit einem identischen, von Einheit und Ganzheit bestimmten,
Sinn verbunden ist; und es gibt, ebenso abstrakt, einen entsprechenden Begriff vom „Menschen", der in dieser Abstraktion nicht wesentlich mit Gott zu tun hat. Die Geschichte Jesu Christi aber verbindet
und verändert vollzugsförmig beide Begriffe: Gott ist Gott mit dem
Menschen; der Mensch ist nicht Mensch ohne Gott. Das ergibt sich
aber nicht durch den Begriffsgebrauch selbst, sondern dadurch, daß

beide Begriffe der Geschichte Jesu Christi ausgesetzt werden, welche sie konkretisiert, also zusammenwachsen läßt.

Die Alte Kirche hatte dieser Konstellation schon kräftig vorgearbeitet, indem sie auf dem Konzil von Chalcedon (451) darauf verzichtete, die Einheit der Person Jesu als Einheit von gegebenen Wesenheiten positiv vorzustellen, sondern mit den berühmten Worten beschrieb, daß in seiner individuellen Existenz Gottheit und Menschheit „unvermischt und unverwandelt, ungeschieden und ungetrennt" (ἀσυγχύτως und ἀτρέπτως, ἀχωρίστως und ἀτέμνως) vereinigt seien. Abermals diente als Hilfsvorstellung für diese individuelle Existenz der Begriff der Hypostase, weshalb man von ihr als einer „hypostatischen Union" spricht. Allerdings besaß die Philosophie der damaligen Zeit noch keine begrifflichen Mittel, diese individuelle Vollzugseinheit genauer zur Darstellung zu bringen.

Das änderte sich erst durch den Gedanken der Selbstbestimmung als eines anthropologischen Vollzugsbegriffs. Dieser ist – wir variieren hier frühere Überlegungen – folgendermaßen zu fassen: Um unser Leben zu führen, bedürfen wir einer Ausrichtung unserer selbst, von der her wir unsere Handlungen bestimmen. Eine solche Ausrichtung hat immer schon stattgefunden. Das zeigt sich daran, daß wir von anderen nach dem Zusammenhang unserer Handlungen beurteilt werden. Diese Ausrichtung, der wir bereits faktisch folgen, ist jedoch bei wachem Bewußtsein selbst einer eigenen Wahl bedürftig. Durch diese Wahl bestimmen wir uns selbst. Aber wir können auch diese Wahl nur treffen, weil wir selbst schon zum Wählen bestimmt sind. Denn es liegt nicht in unserem Vermögen, uns als Wählende zu wählen; auch die irreale Absicht, auf das Wählen zu verzichten, wäre ja ein Akt der Wahl. Das heißt aber, wir sind in der Wahl unserer selbst stets vom Grund unseres Wählens bestimmt; nicht, was die Inhalte angeht und die Formen unserer Lebensführung, wohl aber, was die Fähigkeit des Wählens selbst betrifft. Wir befinden uns, anders gesagt, in einer Abhängigkeit, die wir selbst bestätigen müssen. Nun kommen für die Bestimmung der Horizonte der Abhängigkeit verschiedene Instanzen in Betracht; eine immer mitlaufende ist die natürliche Ausstattung unseres leiblichen Lebens, die uns dazu veranlaßt, den Erhalt unseres Lebens zu wählen. Es kommt aber auch, in einer anderen Dimension, Gott als das ursprüngliche Gegenüber unseres Lebens in Betracht; nicht gegen unser natürliches Dasein, aber auch nicht unter dessen Bedingungen, sondern als deren Voraussetzung. Die Zustimmung zu der Voraussetzung unseres Wählens im akuten Wählen unserer selbst, wie sie uns von Gott her zukommt und von uns selbst bestätigt wird, ist der Vollzugsmodus von Selbstbestimmung.

Das darf man, wenn wir von Jesus Christus als unserem Bruder sprechen, auch für ihn unterstellen. Jesus lebt von seinem Vater her, und von ihm her und auf dessen Reich hin bestimmt er sich selbst. Diese Selbstbestimmung prägt sein Leben; die Auswirkungen dieser Wahl haben wir ja in den verschiedenen Lebensvollzügen beobachtet, von denen die biblische Überlieferung spricht. Und von dieser Selbstbestimmung her hat er die Erfahrungen gemacht, die auf ihn zukamen – einschließlich des Todes am Kreuz. Nun hat es sich gezeigt, daß der Grund seiner Selbstbestimmung sich auch im Tod und gegen den Tod als beständig herausgestellt hat – ein Sachverhalt, der nur eintreten kann, wenn der Tod geschehen ist; begrifflich erwarten läßt sich das nicht. Dadurch aber erweist sich einerseits die Selbstbestimmung Jesu als tiefer verwurzelt, als es die tatsächliche Selbstbestimmung im Leben realisieren kann; andererseits zeigt es sich, daß Gott als Grund der Selbstbestimmung auf neue und tiefere Weise Gott selbst ist. In diesem Sinne also ist Jesus einerseits „Mensch wie wir" (weil er wie wir der Notwendigkeit der Selbstbestimmung unterliegt), und zugleich „wahrer Mensch", der in seiner Selbstbestimmung die Eröffnung der letzten möglichen Tiefe der Selbstbestimmung erfährt und damit den letzten Grund wahren Menschseins erschließt. Und genau in diesem Sinne ist er auch „wahrer Gott", weil sich Gott in Gestalt des Grundes humaner Selbstbestimmung durch den Tod hindurch selbst als Gott neu bestimmt: Gott ist selbst Teil seiner Geschichte.

Wenn man nun, etwas spekulativ, über das Verhältnis zwischen den in der Trinitätslehre ausgesagten Selbstbestimmungsverhältnissen und dem mit der Selbstbestimmung Jesu verknüpften Vollzug von Selbstbestimmungsvorgängen nachdenkt, dann kann man folgendes festhalten: Die Trinitätslehre der Alten Kirche hat, völlig zu Recht, sich zuerst des Verhältnisses Jesu zu seinem Vater – in der Einheit des Geistes – angenommen. Damit war der gedankliche Grundstein für die richtige Einschätzung der Identität Jesu Christi gelegt. Daß von der trinitarisch gedachten Gottheit Jesu her dann die Frage nach der Gleichzeitigkeit seines wahren Menschseins und seines wahren Gottseins sich auftat, war ebenso konsequent, sorgte aber durch die scheinbare zeitliche Priorität einer präexistenten „innertrinitarischen" Existenz Christi für erhebliche Explikationsprobleme, sofern nun eine (auch zeitlich vorgestellte) Konstitution der Person Jesu aus Gott zu formulieren versucht wurde; das brachte, zusammen mit den

Begriffsproblemen, die aus der Ganzheit des Wesens resultieren, mehr Unklarheiten auf den Tisch, als der Sache nach nötig gewesen wären. Gegen diese Abfolge der frühchristlichen Bemühungen um eine richtige „Lehre" muß man ja sagen: Es ist die Lebenshaltung Jesu Christi in seiner humanen Selbstbestimmung, die sein spezifisches Sein als Mensch Gottes auszeichnete und die insofern den Grund auch seines Verhältnisses zu Gott, dem Vater, in der Einheit des Geistes legt. Daß die moderne Betrachtung bei dem Menschen Jesus Christus ansetzt und dann seine Identität aus seiner Beziehung zu Gott her versteht, entlastet die Dogmatik von dem Vorwurf einer metaphysischen Konstruktion auf der Basis einer überholten Weltanschauung. Statt dessen darf man, eben aus der historisch-kritischen Betrachtung der zentralen „Dogmen" von Trinität und Zwei-Naturen-Lehre, die Bemühungen der Alten Kirche wertschätzen als Versuche, trotz mangelnder begrifflicher Ausdrucksmöglichkeiten die vom Grund des Glaubens her nötigen Intentionen festzuhalten, die eine Orientierung der Verkündigung benötigt, um wirklich das von Gott auf uns Menschen zukommende Heil, die Teilhabe unseres Lebens an seinem Leben, zur Geltung zu bringen.

### 3. Jesus Christus, Retter der Welt

Jesus Christus in Person ist der Retter der Welt. Denn in seiner Geschichte baut sich das veränderte Verhältnis Gottes zur Welt auf: die Tatsache, daß Gott gegen seine Ablehnung durch die Menschen seine bestimmende Gegenwart zur Geltung bringt, indem er sich in den Vollzügen humaner Selbstbestimmung als letzter und unverrückbarer Grund menschlichen Lebens erweist. Damit ist aber in der Welt eine Orientierung vorhanden, die von den Menschen aus auch die Verhältnisse in der Welt zu bestimmen ermöglicht. Es ist zugleich der Ort angezeigt, von dem her sich die Entwicklung der natürlichen Welt verstehen läßt – als der endliche Raum, der den Menschen zum Leben gegeben ist. Und es wird schließlich die Perspektive eröffnet, die uns über das Geschick der Welt hinaushebt. All das ist in dem Begriff der „Rettung" oder des „Heils" (gr. σωτηρία) zusammengefaßt.

Sofern diese Rettung in der Geschichte Jesu Christi wurzelt, vollzieht sie sich selbst in der Geschichte, also im Modus des Werdens, und das heißt: Sie nimmt als Bestimmung von Gott her eine Kritik anderer Bestimmtheiten des Lebens vor. Das zeigt sich bereits in der Verkündigung Jesu daran, daß er die Nähe des Reiches Gottes stets mit dem Aufruf zur Buße, also zur Umkehr aus einem Leben von anderer, weltlicher Grundbestimmung, verbunden hat. Die Gerichtsankündigungen Jesu stellen sich als Implikate seiner Botschaft vom Reich Gottes dar. Gerade darin erweist sich der Aufruf zur Buße selbst nicht als Vorbedingung, sondern als Anfangsgestalt des Heils. Denn keineswegs herrscht hier die Vorstellung, daß eine durchgreifend geübte Buße die hinreichende Voraussetzung für die Erlangung des Heils, den Eintritt ins Reich Gottes, darstellen könnte. Von diesem Typ der Vollkommenheitsankündigung, der stets auf utopisch-gesetzliche Aufforderungen hinausläuft, ist die Präsenzvergewisserung des Reiches Gottes durch Jesus himmelweit unterschieden. Es macht vielmehr durchgängig den Grundzug aller christlichen Verkündigung aus, daß das Reich Gottes, die bestimmende Wirklichkeit Gottes selbst, den absoluten Vorrang besitzt vor allen Versuchen, dem Reich Gottes durch menschliches Handeln zu entsprechen. Das ist der tiefste sachliche Grund für die Kritik aller Versuche, das Reich Gottes als Ziel menschlicher Tätigkeit auszugeben.

Gleichwohl ist vom Horizont des sich einstellenden Reiches Gottes auch eine durchgreifende Bestimmung des gelebten Lebens vorzunehmen. Daß sich die frühchristliche Heilsvorstellung innerhalb der Vorstellungswelt der Apokalyptik ausbildete, besaß den Vorteil, das Heil sogleich umfassend zu denken: als Rettung im Jüngsten Gericht. Bei Paulus kann man deutlich sehen, wie diese Überzeugung, durch die Teilhabe an Christus im Gericht gerettet zu sein, seine ganze praktische Verkündigung bestimmt – ebenso wie seine Theologie, die diese Verkündigung reflexiv begleitet. Seine Ausführungen in 1. Kor 15 belegen das auf Schritt und Tritt (vgl. 1. Kor 15, 20–24). Weil die endgültige Perspektive des Heils feststeht, kann und muß die gegenwärtige Lebenswirklichkeit von dort aus bestimmt werden. Das kann man auch in ethischen Partien der paulinischen Briefe beobachten, etwa in 1. Kor 6 und 7. Dabei treten zwei Grundmerkmale in den Blick. Einmal ergibt sich durch die göttliche Bestimmung des Lebens eine unbedingte Verpflichtung gegenüber dem im Menschen wohnenden Gewissen, das sich an dieser Bestimmung ausrichtet. Auf der anderen Seite zeigt sich eine relative Gelassenheit, was den Erfolg des Handelns angeht; das Gelingen wird, unbeschadet des eigenen Einsatzes, zugleich Gott anheimgestellt. In den Evangelien kann man an vielen Stellen, die aus der Lebenswirklichkeit der Gemeinde formuliert sind, nachspüren, wie die Christusbotschaft sich in der Gestaltung des sozialen gemeindlichen Lebens ausgewirkt hat. Mit der christlichen Heilsvorstellung ist daher immer auch eine ethische Sicht auf das Leben verbunden.

Diese Verknüpfung der Heilsvorstellung mit ihrer ethischen Ausprägung im jeweiligen geschichtlich-weltanschaulichen Kontext ist nun auch der Rahmen, in dem sich die christlichen Heilsvorstellungen selbst wandeln – und doch darin konstant bleiben, daß es die durch Gott selbst geschaffene Teilhabe an Gottes Leben ist, die uns im Unterschied zur Gebundenheit in der Welt die Rettung schenkt. Sofern sich die feste Gewißheit des Heils stets mit weltanschaulich geprägten Auffassungen vom Leben, seinen Beeinträchtigungen und seiner Befreiung von ihnen, verbindet, nimmt die konkrete Art der Heilserwartung in der Geschichte verschiedene Züge an, hebt jeweils das besonders Beschwerliche und Hinderliche hervor, um das Heil als dessen Aufhebung und Beseitigung zu verstehen. Da aber diese Einschränkungen sich immer auf anthropologische Kernphänomene beziehen, bleiben sie doch auch stets im Zusammenhang miteinander. Die verschiedenen Komplexe von Unheil/Heil fordern dann auch zu einer unterschiedlichen Darstellung des Erlösungsgeschehens heraus, wie es sich in der Person Jesu Christi vollzieht.

### 3.1 Befreiung von der Macht des Todes

Die Macht des Todes ist die erste und grundlegende Herausforderung, die durchgreifende Bestimmung durch das Heil zu formulieren. In einem apokalyptischen Weltanschauungshorizont ist die Verbindung von menschlichem Sterben und endzeitlichem Geschick besonders intensiv: Der Tod zielt auf das definitive Gericht; das Gericht ist mit dem Tod aller Menschen und ihrer endzeitlichen Beurteilung durch Gott verbunden. Die Befreiung aus dieser Zwangslage ist der Anfang, vom dem her die Tiefe der göttlichen Gnade zu ermessen ist. Dabei steht, nun definitiv und real durch die Auferstehung Jesu Christi begründet, fest, daß es zu einer Überwindung des Todes kommt; es ist nicht zufällig, daß die Möglichkeiten variieren, sich das Geschehen dieser Überwindung in der Geschichte Jesu Christi vorzustellen. Das kann auch nicht anders sein, weil es ja keine übergeordnete Theorie gibt, die es ermöglichte, die in Gott selbst stattfindende Veränderung (das, was wir die Transformation des Reiches Gottes genannt hatten) als Fall einer Regel zu verstehen. Darum reicht etwa auch die Kategorie des Opfers, in der Antike weit verbreitet, nicht aus, um den Sinn dieses Geschehens zu umfassen.

Das kann man schon bei Paulus sehen, der sich zur Verkündigung des Heilscharakters der Geschichte Jesu Christi verschiedener Bilder und Vorstellungen bedient: Loskauf (Röm 3, 24), Opfer (Röm 3, 25; 1. Kor 5, 7), Versöhnung (2. Kor 5, 19), die er teils selbst schon übernommen hat, die auch nicht ohne weiteres miteinander kompatibel sind.

Eine wichtige, selbst sehr bildliche, ja mythologische Vorstellung stammt aus der Alten Kirche. Sie vereint die Furcht vor dem Tod mit der Drastik des Erlösungsgeschehens und lautete folgendermaßen: Es ist der Teufel, der selbst als abgefallener Engel gedeutet wird, welcher den Abfall der Menschen von Gott provoziert. Dadurch geraten die Menschen unter die Macht des Teufels. Diese Macht übt der Teufel dadurch aus, daß er die Menschen zu Tode bringt, in die endgültige Ferne von Gott. Um den Menschen nun zu erlösen, schickt Gott Jesus Christus, seinen ewigen Sohn, in der Gestalt eines Menschen auf die Erde. Der Teufel erkennt dessen besonderes Wesen aber nicht; er wird durch die Menschheit Jesu Christi getäuscht und vergreift sich an ihm, als sei er ein Mensch wie alle anderen. Doch das tut er zu Unrecht, denn das Gottesverhältnis Jesu Christi war ja ungebrochen und nicht von der Sünde entstellt. Damit aber überschreitet der Teufel sein – ohnehin begrenztes – Recht und verliert darüber seine Macht über die Menschen. Der Teufel ist ein betrogener Betrüger; er wird, wie in einer Komödie, verlacht – und die Menschen werden dem Zirkel von Sünde, Teufel, Tod entrissen. In Martin Luthers Umdichtung einer mittelalterlichen Sequenz „Christ lag in Todesbanden" (EG 101) bildet dieser Vorstellungszusammenhang den Hintergrund, und auch in seinem Lied „Nun freut euch, lieben Christen g'mein" (EG 341) scheint er durch.

Die mythologisch-poetische Gestalt dieser „Theorie" spricht für das Empfinden des Schauers, das die antiken und mittelalterlichen Menschen angesichts der Schrecken des Todes überkommen haben muß. Das Sterben war allgegenwärtig, von Kindbett und Geburt an hin zu Krankheit und Unfall, bei weitgehender Machtlosigkeit der Medizin. Dagegen kommt nur eine andere, die göttliche Macht, an – darauf gründet sich das Vertrauen der dem Tod Unterworfenen. Doch liegen natürlich die logischen Schwächen dieser Erzählung auf der Hand. Daß dem Teufel ein „Recht" eingeräumt wird, erscheint als allzu großes Zugeständnis Gottes an seinen Widersacher. Daß dieser dann überlistet werden muß, besitzt selbst den Anschein des Unrechtmäßigen. Es bedarf, damit dieser Vorstellungszusammenhang plausibel erscheint, des Zusammenspiels von tiefem Eindruck des Leids durch den frühen und harten Tod mit der Hoffnung auf dessen machtvolle

Überwindung. Gegen den Tod hilft nur eine andere Macht – „Macht" ist das Schema, in dem hier die Erlösung vorgestellt wird.

### 3.2 Befreiung von dem Verfallensein an die Sünde

In dem Maße freilich, wie die Selbsteinsicht wächst, also das innere Leben zum Gegenstand der Beobachtung wird, ergeben sich drei Verschiebungen. Erstens scheint die Macht des Todes nicht erst an der Grenze des Lebens auf, sondern wird erkannt als schon in das Leben eingreifend. Das wußte man schon immer, aber die Aufmerksamkeit auf dieses Phänomen wächst, wenn man sich – zweitens – auf die Eigenart des Gegensatzes zu Gott besinnt, also die Sünde. Sie wird erkannt als verwirrende Kraft im Leben, die gleichwohl auf einen Kern im Inneren zurückgeht, nämlich die Kraft der Selbstliebe, welche in ihrer Maßlosigkeit als Selbstsucht der Ausrichtung auf Gott gründlich widerspricht. Drittens wird damit der innere Charakter der Macht bewußt, die der Sünde innewohnt: Es ist nicht ein äußerer Mit- und Gegenspieler, der die Sünde auslöst und verstärkt; die Externalisierung des Bösen, seine Zuordnung zum Teufel, überzeugt nicht länger. Statt dessen besteht die unheimliche Macht sogar gesteigert darin, daß sich gegen die Macht der Verkehrung der Selbstliebe zur Selbstsucht weder von innen noch von außen etwas machen läßt; zu tief wohnt sie im Inneren des Menschen. Darum muß die Sünde vergeben werden, wenn auch die Folge des Todes bekämpft werden soll – und damit verschiebt sich die Perspektive vom Teufel als dem äußeren Repräsentanten des Bösen, der mit Macht bekämpft werden kann, auf Gott als denjenigen, der allein Sünde vergeben kann. Mit dieser Verschiebung ändert sich aber zugleich das Medium, in dem die Erlösung zur Aussage gelangt: Jetzt geht es um Recht, nicht um Macht.

Anselm von Canterbury ist der große Theologe, in dessen Werk *Cur deus homo* (ca. 1098) dieser Wandel ablesbar wird. Die erste und grundlegende Einsicht seiner Schrift besteht in der Erfassung der Tiefe der Sünde. Ein bloßer „Blick, der gegen Gottes Willen geschieht", genügt, um der von Gott gesetzten rechtlichen Weltordnung so tief zu widersprechen, daß dafür kein menschlicher Ausgleich mehr möglich ist. Denn der Mensch verfügt über nichts, was nicht durch Gottes Wille geordnet wäre. Etwas über Gottes Willen hinaus aber müßte geschehen, wenn die Wohlordnung der Welt, also ihre Ausrichtung auf das ewige Leben, wieder zur uneingeschränkten Geltung kommen soll. Diesen Ausnahmegehorsam kann aber kein Mensch als solcher, es kann ihn nur Gott selbst leisten – allerdings in der Gestalt und an der Stelle des Menschen. Daß es Gott nicht mit einem universalen Gericht bewenden lassen will, ist der Grund für die Existenz Christi als Mensch. Als Mensch tut Christus alles, was von Gott gefordert ist, insofern lebt er ohne Sünde. Das einzige, was von ihm nicht gefordert werden kann, ist, daß er sein Leben hingibt. Der freiwillige Tod Jesu ist daher der einzige Gehorsamsakt, der über das von Gott Vorgeschriebene hinausgehen kann – und den leistet Jesus. Das wird von Gott auf doppelte Weise anerkannt. Einerseits, indem er Jesus auferweckt, also bestätigt, daß nicht er selbst den Tod verdient hat. Auf der anderen Seite geht das Gewicht dieser einen überpflichtigen Leistung so unermeßlich über alle Berechnung hinaus, daß Gott aufgrund dieses Gehorsamsaktes in der Lage ist, allen Menschen ihre Sünde zu vergeben – wenn sie denn nur in die Gemeinschaft Christi eintreten, das heißt für Anselm: zur sakramentalen Gemeinschaft der Kirche als dem Rechtsraum der göttlichen Anerkennung gehören.

Anselms Theorie, die man wegen der überpflichtigen Leistung Christi „Satisfaktionslehre" nennt, hat neben Zustimmung auch reiche Kritik erfahren, die teils zutrifft, teils unsinnig ist. In der Tat ist sie nicht eindeutig. Daß ihr die Verschiebung vom Paradigma „Macht" zum Paradigma „Recht" zugrunde liegt, hatten wir gesehen. Doch wird dagegen eingewandt, Gott könne sich doch über eine „äußere", von ihm selbst gesetzte Rechtsordnung hinwegsetzen. Sofern er das nicht tue, sondern auf der Durchführung des Rechts beharre, scheine das Rechtsverhältnis äußerlich aufgefaßt, und der Tod Christi müsse als verordnete und sachlich zu verstehende Leistung aufgefaßt werden. Zugleich scheine Christus als Subjekt dem Zwang zu sterben unterworfen, wenn denn der Tod sein einziger Lebenszweck sei. Doch diese Einwände sind am Ende nicht durchschlagend. Denn der Tod kann schon deshalb keine „Leistung" sein, weil er sich nicht instrumentalisieren läßt; das war uns ja schon bei den Erörterungen zum Tod Jesu in der historischen Betrachtung aufgefallen. Und die Unterstellung, Jesus sei gewissermaßen nur ein unselbständiges Medium für die Durchführung von Gottes Willen, nimmt die Subjektivität Christi nicht ernst, die doch in jedem Handeln vorausgesetzt werden muß. Vor allem gilt aber, daß das Rechtsverhältnis selbst eines ist, welches, wie es durch den freien Willen Gottes gesetzt ist, auch nur im freien Willen Christi seine Entsprechung finden kann.

Die aus Anselms Zweispalt hinsichtlich des Charakter des Rechts hinausführende Perspektive besagt, wenn man dieser Spur folgt, daß es sich beim Gehorsamsakt Christi nur um eine freie Entsprechung zum freien gesetzgebenden Willen Gottes handeln kann – eine Entsprechung, die selbst nicht den Regeln des Rechts unterliegt, sondern ihrerseits erst regelschaffend ist. Die Versöhnung entspricht damit dem innertrinitarisch vorgestellten Sein Gottes; sie folgt nicht aus der Idee eines absoluten Rechts. Nimmt man diesen Aspekt gegenseitiger Anerkennung als Voraussetzung des Rechts als maßgeblich an, dann muß freilich auch die Zurechnung der göttlichen Gnade allein über die Gestalt der sakramentalen Teilhabe an der Kirche modifiziert werden, denn diese zumal ist es, die den Eindruck des Transfers einer dinglichen Leistung erweckt.

In dem Gegenüber der Willensentsprechung von Vater und Sohn und der damit aufgerufenen Veränderung in der Mitteilung des Heils liegt dann aber der Ansatz für die nächste Stufe in der Vorstellung vom Heil.

### 3.3 Befreiung durch die Kraft von Vorbild und Urbild

Das Recht findet seine konkrete Gestalt im Gesetz, und das Gesetz gründet im Willen des Gesetzgebers. Das Gesetz zielt aber – und das ist sein eigentlicher Sinn – auf die Herstellung von Gerechtigkeit in Gestalt vollbrachter Handlungen. Diese Einsicht ergibt sich, wenn die Heilsfrage auf die Sündenvergebung nach dem Maßstab des Rechts eingestellt wird. Im Grunde sind es Subjekte, die einander begegnen, und sie sind darauf ausgerichtet, daß das Richtige, das Gute, auch tatsächlich die Wirklichkeit erfüllt. Daher kann dann auch das Abweichende und Widerstrebende nicht die hauptsächliche Aufmerksamkeit auf sich ziehen, also die Sünde als die innere Verkehrung des Menschen. Vielmehr legt es sich nahe, das Ziel, dem doch die Sündenvergebung dienen soll, mit allen Kräften anzustreben. Nicht die Vergangenheit ist ausschlaggebend; was zählt, ist die Zukunft.

Dieser Wechsel der Perspektive ist einerseits ein Anschluß an die Problemlage, wie sie mit der Thematisierung des Heils auf der Basis des Rechts entstanden war. Zugleich spricht sich in ihr ein neues Zutrauen auf die gestaltenden Kräfte menschlichen Handelns aus, und zwar durchaus im Bewußtsein, damit dem religiösen Auftrag zu entsprechen. An die Stelle des Mediums „Recht" tritt nun das Medium „Tat". „Am Anfang war die Tat", faßt Faust in Goethes Drama seine Bemühungen um die Übersetzung von Joh 1, 1 zusammen.

Wenn man sich freilich auf die konkreten Umstände des Handelns einläßt und diese nicht illusionistisch überspringt, macht man alsbald die Erfahrung des Widerständigen im Planen und Ausführen von Handlungen selbst. Was man meint, unter der Kennzeichnung der „Sünde" hinter sich gelassen zu haben, das holt das Subjekt im Vollzug des Handelns wieder ein: ungenaue Zielwahl, fehlerhafte Zuordnung von Zweck und Mittel, versagende Kraft der Verwirklichung. Wenn nun unter diesen Bedingungen Heil vermittelt werden soll, dann muß sich dieses auf den Prozeß des Handelns selbst beziehen, ja in ihn einschreiben. Das bedeutet: Eine Zueignung des Heils muß dabei helfen, das richtige Ziel ins Auge zu fassen, die passenden Mittel für dessen Erreichen anzubieten, schließlich und vor allem unentwegt zur Vollendung des Gesollten und Gewollten zu führen.

Es ist das Vorbild, dem solche Funktionen entnommen werden können. Da gibt es einen, der richtig gewählt hat, der Mittel zweckmäßig und erfolgreich eingesetzt hat, und der in alldem nicht abgelassen hat, sich ständig in Bewegung zu halten auf das große Ziel des verwirklichten Guten hin. Die Vermutung ist, daß es viel mehr nicht bedarf, als dieses Bild vor Augen zu malen, um die im Menschen schlummernden Kräfte in Bewegung zu versetzen, welche nur darauf warten, erweckt zu werden. Das Vorbild wirkt selbst attraktiv, anziehend, steigert die Lust an der Vollkommenheit. Darum kann auch das Heil in diesem Modus vorgestellt werden: als Weckung und Stärkung der ansonsten schwachen und schlafenden Fähigkeiten des Menschen. Vollends wirksam ist das Vorbild gerade dann, wenn es seine attraktiven Momente nicht bloß aus der Überwindung des Hemmenden bezieht, sondern aus einer Kraft schöpft, die ihm wie selbstverständlich innewohnt; genau das ist das göttliche Moment im Vorbild, als das Jesus in der Aufklärung verstanden wird. Weit entfernt davon, irreligiös oder anthropologisch beschränkt zu sein, hat sich das Modell des durch das Vorbild zu vermittelnden Heils ganz auf den selbstbewußten, tätigen Menschen eingestellt. Reaktionär wäre es, in diesem Modell das Tätigsein überhaupt unter den Verdacht der Religionsferne stellen zu wollen, gehört doch die ethische Ausprägung des Glaubens von Anfang an zum Christentum hinzu. Bei Johann Joachim Spalding (1714–1804) findet man eine höchst nachvollziehbare und zustimmungsfähige Gestalt dieser religiösen Grundüberzeugung von der heilsamen Wirkung der Religion.

Allerdings zehrt die Verschiebung des Heils aufs Tun von einer nicht thematisierten Voraussetzung, nämlich der Überzeugung von der grundsätzlichen Befähigung des Menschen zu dieser Art von Handeln im Umgang mit den Beständen der Welt und der Gesellschaft. Bei einigen Vertretern der aufklärerischen Heilslehre – unter anderem auch bei Spalding, den man dafür rühmen darf – war aber bereits in den Blick gekommen, daß die innere Gefühlslage, die Stimmung des Bewußtseins, die sich dem Zugriff des Handelns entzieht, für das Gelingen des Gewollten und für die Übereinstimmung von Wollen und Können von Bedeutung ist. Unter dem Namen des Gefühls wird diese dem Tun vorausliegende Stimmung erörtert. Das weist darauf hin, daß der anstiftenden Kraft des Vorbildes noch ein anderer Auslöser eingeschrieben ist, nämlich eine Selbstübereinstimmung, die auch im Handeln, welches auf die Außenwelt bezogen ist, nicht beeinträchtigt wird. Den Übergang von der prägenden Wirkung des Vorbilds zur Thematisierung des vorausliegenden Zustands des Menschen unter dem Stichwort „Urbild" findet man in Schleiermachers Kritik des aufklärerischen Religionsverständnisses – und sie besitzt ihren sachlichen Grund im Bild Jesu, wie es Schleiermacher zeichnet.

Als Urbild menschlichen Daseins nämlich steht Jesus in einer festen und kontinuierlichen Beziehung zu Gott als dem „Woher" seiner „schlechthinigen Abhängigkeit". Diese Verbindung ist so stark und ungebrochen, daß sie nicht nur alles Handeln und Verhalten Jesu prägt, sondern auch noch sein Leiden integriert. Jesus ist der Mensch, der in allem diese Orientierung verkörpert. Damit hat er, im Unterschied zu allen Menschen (vor ihm) eine Lebenshaltung in die Welt gebracht, die sich als schlechthin überlegen gegenüber allen anderen Fassungen menschlichen Selbstverhältnisses erweist. Indem er sie aber in der Geschichte realisiert hat, können alle anderen nach ihm nur von ihm zehren, also seine Existenzform wiederholen. Eben dieses Urbild in der Geschichte verwirklicht zu haben, darin besteht die erlösende Kraft Jesu: Alle Menschen werden durch seine Wirklichkeit in Richtung auf ihre urbildliche Lebensverfassung angesprochen – und diese Art der Anrede ist es, die in den Menschen den Willen und die Zuversicht weckt, auch in diesem Modus zu existieren.

Heil aus der Erlangung der Urbildlichkeit durch die geschichtliche Existenz Jesu – das ist die auf die Voraussetzungen der Vorbildlichkeit zurückgehende Weise, die Bedeutung Jesu für das Heil der Menschen unter aufklärerischen Umständen zur Geltung zu bringen.

Allerdings sieht sich diese Ausrichtung auf die Urbildlichkeit doch auch wieder an den Modus der Vorbildlichkeit zurückverwiesen, aus dem sie ja auch gewonnen war. Denn ob und inwieweit sich die Urbildlichkeit realisiert, das hängt im wesentlichen von der Bewährung im Umgang mit der Welt der Erscheinungen ab, unterliegt also der sittlichen Bewertung. Nicht in dem Sinne, als könne ein Zurückbleiben im Handeln das urbildliche Fundament unterhöhlen, wohl aber in der Hinsicht, daß ein solches Scheitern zu einem erneuten Rückgang auf den Grund der Urbildlichkeit veranlaßt, um von dort aus neue Kraft zur Verwirklichung des Guten zu schöpfen. Die Orientierung hin auf die empirisch-gesellschaftliche Wirklichkeit der Religion bleibt ein Kriterium für die Anerkennungsfähigkeit der Religion. Genau zu dieser Einsicht waren wir ja bereits in der Analyse des Religionsbegriffs bei Schleiermacher gelangt. Und genau diese Fassung des Religionsbegriffs hatten wir als kritikbedürftig erkannt. Darum müssen wir jetzt auch über diese Stufe der Ausformulierung des Heils hinausgehen – ohne die bisherigen Ergebnisse dadurch für unbedeutend zu erachten.

### 3.4 Befreiung zu bestimmter Selbstbestimmung

An dieser Stelle geht es nur um die Einsicht in den veränderten Modus der Erörterung, in den wir nun eintreten. Wir haben gesehen, daß es „Macht", „Recht" und „Tat" waren, die leitende Horizonte für das geschichtliche Verständnis von „Rettung" und „Heil" darstellten. Es liegt auf der Hand, daß es sich dabei nicht um einander ausschließende Kommunikationsmedien handelt, um einen Ausdruck Niklas Luhmanns zu verwenden. Vielmehr schließt auch Macht eine gewisse Regelhaftigkeit ein und ist ganz gewiß tatverbunden. Recht wäre ohne Macht wirkungslos und ohne Taten leer. Die Kraft der Tat wiederum liegt der Setzung von Recht zugrunde und erweist sich als Vollzugsform von Macht. Gleichwohl zeigt sich, daß zu verschiedenen historischen Zeiten unterschiedliche Ausgangspunkte gewählt wurden, die dann auch unterschiedliche Argumentationsstrategien mit sich bringen.

Die letzten Erörterungen zum „Urbild" haben erkennen lassen, daß es darin um eine Rückwendung aufs eigene Innere geht, von dem her sich durch machtvolles, rechtlich geordnetes Handeln auch die Außenwelt bestimmt. Was nun näher zu klären ansteht, ist die Frage nach der Ermittlung dieses Inneren.

Die Konzentration auf ein „Urbild" ist von der Annahme geleitet, daß es ein solches „gibt" und daß es darum nur entdeckt werden muß; vor allem dadurch, daß Verstellungen abgetragen und Verzerrungen korrigiert werden. Das Manko dieser Vorstellung besteht darin, auf dieses Gegebensein nur zurückschließen zu können. Damit gelangt man zu der Annahme eines unbeweglichen Grundes, von dem her man gerade nicht verständlich machen kann, inwiefern denn die eigene Aktivität (schon des Zurückschließens) aus diesem Grund hervorgeht. Das kann man sich an der Konstruktion von Schleiermachers Gottesbegriff klarmachen.

Unsere eigene Aktivität setzt voraus, daß wir unbedingt zur Aktivität bestimmt sind; nur dann, so meint Schleiermacher, können wir unsere Freiheit in der Welt vernünftig zur Geltung bringen, ohne uns an die Welt zu verlieren und ohne uns illusorisch über sie zu erheben. Von diesem Grund unserer selbst, den wir Gott nennen, fühlen wir uns schlechthin abhängig, weil wir alle Aktivität ihm entnehmen; er ist insofern der Grund unserer Freiheit. Den Umgang mit unserer Freiheit – in der Angefochtenheit endlichen Lebens – entnehmen wir aber nicht Gott; den lernen wir vielmehr durch Jesus kennen, der seine Gottverbundenheit in der Welt durchlebt, durchleidet und durchhält. Auch Jesus hat demnach den Grund seiner Freiheit in Gott; aber inwiefern kann man das denken, wenn auch für ihn Gott nur eine ruhende Voraussetzung ist?

An dieser Stelle kommt über Schleiermacher hinaus unsere Figur der Selbstbestimmung zum Einsatz, indem wir das Dasein Jesu Christi als Konsequenz seiner eigenen Selbstbestimmung verstehen, mit der er auf seine Bestimmung durch Gott antwortet. Seine Bestimmung durch Gott aber ist die Konsequenz der Selbstbestimmung Gottes auf Jesus Christus hin, also trinitarisch zu denken. Das heißt: Die Einheit des dreieinigen Gottes ist die Einheit der Übereinstimmung der Selbstbestimmung von Vater und Sohn in der beständigen Wechselseitigkeit des Geistes. Damit wird der Gedanke eines substantiellen In-sich-Ruhens Gottes abgelöst von einem lebendigen Mit- und Zueinander.

Dementsprechend ist auch unser Heil im Vollzug unserer eigenen Selbstbestimmung zu sehen, die dieser beständigen Wechselseitigkeit entspricht. Wir sind mit Gott eins im Geist aufgrund der Geschichte Jesu Christi.

Wie das genauer zu denken ist, dem wenden wir uns jetzt zu. In unserem Leben in Jesus Christus vollendet sich die Erkenntnis Jesu Christi.

---

Zu den historischen Kontexten des frühen Christentums vgl. MARKUS ÖHLER, Geschichte des frühen Christentums, Göttingen 2018, S. 23–81.

Eine sehr gut strukturierte Übersicht über die Entwicklung der Dogmengeschichte gibt BERNHARD LOHSE, Epochen der Dogmengeschichte, 9. Aufl. Berlin/Münster 2011. Stärker historisch ausgerichtet: WOLFGANG A. BIENERT, Dogmengeschichte, Stuttgart 1997.

Die „Satisfaktionslehre" Anselms findet sich in: ANSELM VON CANTERBURY, Cur deus homo, lateinisch-deutsch, hg. v. Franciscus Salesius Schmitt, 5. Aufl., Darmstadt 1993. Dort referiert er (I, Kap. 6 und 7) auch die Theorie vom Teufelsbetrug als Gegenpart zu seiner eigenen Gedankenentwicklung.

Von JOHANN JOACHIM SPALDING s. vor allem: Religion, eine Angelegenheit des Menschen (1797), Kritische Ausgabe, hg. v. Tobias Jersak, Tübingen 2001.

Zu Selbstsein und Selbstbestimmung vgl. DIETER HENRICH, Denken und Selbstsein. Vorlesungen über Subjektivität, Frankfurt am Main 2007.

Zum hermeneutischen Konzept der Dogmatik vgl. DIETRICH KORSCH, Christliche Dogmatik als Religionshermeneutik, in: CHRISTIAN DANZ (Hg.), Wahrheitsansprüche der Weltreligionen, Neukirchen 2006, 93–108.

## 4. Leben in Jesus Christus

Im letzten Abschnitt dieses Paragraphen geht es zugleich um einen Abschluß des ganzen Teils dieses Buches, der sich mit der Frage beschäftigte: „Wer ist Jesus Christus?" Wir haben im Durchgang durch die methodischen Einstellungen und die historischen Resultate der Erkenntnis Jesu Christi gesehen, daß beide, die Fragehaltungen und die dadurch gefundenen Ergebnisse, in hohem Maß von der Geschichte bestimmt sind, in der sie formuliert wurden. Das ist auch insofern nicht überraschend, als ja Jesus Christus selbst ein Mensch in der Geschichte ist. Seine Erkenntnis unterliegt denselben Standards wie alle historische Erkenntnis zu einer gegebenen Zeit. Doch kann diese Gemeinsamkeit, die man als modernen Ausdruck für die „Menschheit Christi" verstehen könnte, die Eigenart Jesu Christi nicht nivellieren, daß nämlich in seiner Geschichte eine neue Möglichkeit des Selbstverständnisses und der Selbstbestimmung aufgetreten ist, die sich in einzigartiger Weise auf Gott bezieht und alle, die sich dieser Bestimmung unterziehen, auf unverbrüchliche Weise mit Gott vereint. Wie sich diese Grundbeschaffenheit im menschlichen Leben zur Darstellung bringt, in welchen Kontexten sie artikuliert wird und welche theoretischen, theologischen Konsequenzen sie heraufführt, das ändert sich im Lauf der Geschichte – allerdings so, daß die früheren Fassungen der Gottesgemeinschaft, also die Vorstellungen von „Heil" und „Rettung" nicht einfach negiert, sondern transformiert und – in diesem Sinne – aufgehoben werden. Darum kann unser letzter Gedankengang in diesem Paragraphen auch nicht anders, als von dem uns heute zur Verfügung stehenden Modell menschlichen Sich-Verstehens auszugehen und den Anstoß, die „Offenbarung", die von Jesus Christus ausgeht, in diesem Rahmen zu artikulieren. Daß damit nichts verlorengeht, was in früheren Zeiten von Belang war, ergibt sich nicht nur aus der Tatsache, daß die spätere Geschichte auf der früheren aufbaut, sondern auch – und entscheidend – daraus, daß der Bezug zu Jesus Christus sich heute wie damals als grundlegend erweist.

## 4.1 Selbstsein und Selbstbestimmung

Für unsere heutige Auffassung vom menschlichen Selbstsein, wie es der eigenen Erfahrung zugänglich ist, sind mindestens drei Gesichtspunkte von Bedeutung. Einmal ist es, aufgrund der Betonung der Leiblichkeit des Lebens, darum zu tun, die Merkmale des Körpers aufmerksam wahrzunehmen und individuell zu gestalten. Die allgemeine gesellschaftliche Vermittlung des Lebens besitzt ihre scheinbare Grenze in der Individualität des eigenen Leibes. Dieser ist, so scheint es, die unverrückbare Grundlage unserer Existenz – und bedarf daher der besonderen Wertschätzung und Pflege. Zugleich jedoch reicht die gesellschaftliche Vermittlung weit in diesen individuellen Raum hinein. Denn die notwendige Fürsorge für den Leib bedient sich unausweichlich der Mittel, die die Gesellschaft bereitstellt, in Medizin, Medien und Mode, um nur einige Dimensionen zu nennen. Selbstsorge ist individuell nötig – und allgemein vermittelt zugleich. So sehr also eine individuelle Gestaltung des eigenen Körpers ein Ausdruck der Fürsorge für das leibliche Leben ist, so sehr ist sie doch nur immer von quantitativer Besonderheit.

Das zweite Element der Individualität modernen Lebens besteht in der Überkreuzung von Fremdwahrnehmung und Selbstwahrnehmung in der sozialen Kommunikation. Viel stärker als zu anderen Zeiten baut sich die individuelle Position im Gefüge der gesellschaftlichen Vermittlung durch ein fluides Verhältnis von Blickrichtungen und deren Verarbeitung in Wahrnehmungs- und Urteilsmustern auf. Wo vordem ein gesellschaftlicher Stand oder eine soziale Rolle die Menschen klassifizierte, denen sich individuelle Regungen einzuordnen hatten, ist es heute die Summe der Betrachtungen und Bewertungen durch andere, die den Ausgangspunkt für eine Stellungnahme zu sich selbst bilden. Selbstwahrnehmung ist stets auch Verarbeitung der Sicht anderer auf mich. Diese Betrachtung zu verarbeiten, verlangt nun aber sich selbst ins Allgemeine teils einzufügen, teils sich von ihm abzugrenzen. Daraus bilden sich verschiedene subkulturelle Formationen, denen man unweigerlich angehört oder zugerechnet wird, in denen man aber seine Eigenständigkeit als Individuum zu behaupten versuchen muß.

Diese beiden Phänomene, die Konzentration auf den eigenen Leib und die Kommunikation als Schnittfeld für die die Selbstpositionierung, lassen erkennen, warum die sog. „sozialen Medien" eine solche gesellschaftliche Reichweite erlangen konnten. Denn in ihnen findet eine radikale Selbstzentrierung statt – zumal im Medium des Bildes –, die sich zugleich im Meer von Anerkennung und Abstoßung (*Likes* und *Dislikes*) bewegt.

Nun liegt es auf der Hand, daß eine in diesem Spannungsfeld aufgebaute Individualität von höchst fragilem Charakter ist. Die Parameter zugänglichen und annehmbaren Ausdrucks verändern sich mit Mode, Zeitgeist und eigenem Alter. Die Wellen von Zustimmung und Ablehnung wogen hierhin und dahin und mögen dann auch wieder fast erstarren; ein zuverlässiges Bild, eine Referenz für das eigene Bewußtsein vermitteln sie nicht dauerhaft. Das alles spricht dafür, daß sich auf diesen Wegen, die alles andere als willkürlich gegangen werden, eine stabile Identität nicht begründen läßt, wie sie doch faktisch in jedem Akt von Darstellung, Wahl und Urteil in Anspruch genommen wird. Wir können dieses Bestreben als Suche nach eigener Individualität beschreiben. Sie gelingt zwar immer wieder einmal – und bleibt ebenso immer wieder bruchstückhaft, das heißt: versetzt in neue Suchbewegungen. Das ist auch gar nicht schlecht, wird damit doch angezeigt, daß das menschliche Leben der Suche nach sich selbst nie entnommen ist. Gleichwohl bleibt die implizit stets mitgebrachte Voraussetzung, nämlich tatsächlich auf der Suche nach sich selbst zu sein (und nicht nur in einer flüchtigen Konstellation von Merkmalen und Urteilen aufzugehen), darin unerfaßt. Das Andauern der Suche jedoch ist das Indiz für die Unvollkommenheit aller möglichen Ergebnisse dieser Bestrebungen, sich dabei selbst zu finden.

Das ist der Ort, an dem die Notwendigkeit einer Selbstbestimmung im Medium der Identitäts-Suche aufleuchtet. Eine Selbstbestimmung nämlich nimmt zu diesem Strom von Selbstdarstellung, Fremd- und Selbstwahrnehmung ihrerseits noch einmal Stellung, verhält sich zu den ganzen Prozessen wie ein asymptotischer Fluchtpunkt, von dem her das Ganze zu verstehen ist, ohne in den Abläufen selbst unterzugehen. Wer sich selbst zu bestimmen sucht, bezieht sich, auf der einen

Seite, eben auf dieses Geschiebe und Gefüge im Ganzen von leiblicher Expression und sozialer Anerkennung, nimmt sich aber als virtuellen Fluchtpunkt auch momentan aus dem Ganzen heraus, unterscheidet sich von dem Hin und Her, in das jedes Individuum verstrickt ist, und reklamiert ein eigenes Urteil, dessen Maß nicht aus dem Getriebe der Welt entnommen werden kann. Es liegt auf der Hand, daß für diese Unterscheidung von den Mechanismen der Darstellung und Beurteilung eine Instanz nötig ist, die nicht mit einem einzelnen Moment in der Welt der Erscheinungen zu identifizieren ist – und auch nicht mit stets wechselnden einzelnen Bezugspunkten. Daß hier vielmehr von einem „transzendenten Grund" (Schleiermacher) Gebrauch gemacht wird, ist nicht verwunderlich. Wer sich also überhaupt selbst zu bestimmen beabsichtigt, um nicht in den Wogen von Selbstdarstellung, Fremd- und Selbstwahrnehmung unterzugehen, macht von einer Selbstdeutung Gebrauch, die man in ihrer Funktion, wie wir gesehen haben, „religiös" nennen kann, ohne damit irgendeine vorstellungsmäßige Festlegung getroffen zu haben. Wir kommen so, unser Ergebnis in der Debatte über Religion aufnehmend, auf den anthropologischen Ort im Verfahren der selbstbestimmenden Selbstdeutung zurück.

Ein solcher Vorgang von Selbstbestimmung ereignet sich in der Regel nicht abstrakt und unvermittelt. Er wird provoziert durch die Anmutung, trotz aller eigenen Investition von deutenden und beurteilenden Kräften dem Hin und Her des Ganzen am Ende ausgeliefert zu sein. Was wird dabei aus mir?, so könnte die Frage lauten, die die Selbstbestimmung im beschriebenen Sinn herausfordert. Wie immer die Antwort auf diese Frage freilich lauten mag – sie führt nicht in der Weise aus der Situation durchgreifender Weltvermittlung hinaus, daß man sich teilnahmslos zurücklehnen und alles nur distanziert beobachten könnte. Vielmehr prägt die Selbstbestimmung, einmal vorgenommen, den Stil des Ausdrucks und die Norm des Urteils in den alltagsweltlichen Räumen des Lebens. Wie sich jemand in der Vielfalt der Situationen so verhält, daß er für sich eine Kohärenz seines Handelns bemerken (und diese vielleicht auch von anderen Menschen betrachtet werden) kann, hängt von der Art der Selbstbestimmung ab.

Für die Bezugspunkte, die im Vornehmen der Selbstbestimmung in Anspruch genommen werden, gibt es nun selbst wieder Anhaltspunkte in der und aus der Geschichte. Religionen sind selbst historisch, hatte Schleiermacher zutreffend bemerkt. Natürlich gibt es in der Geschichte auch Innovationen religiöser Art, doch bewegen sich diese

ihrerseits stets wieder im Gefüge „transzendenter Gründe", um Schleiermachers Ausdruck abzuwandeln. Es taugt eben nicht alles als Bezugspunkt für eine Selbstbestimmung, so sehr man jedes Moment der
Welt zum Ausgangspunkt einer solchen religiösen Deutung machen
kann. Jedenfalls kommt es in der Aufgabe, zur Bildung von Individualität beizutragen, entscheidend darauf an, solche Bezugspunkte vorzustellen und in ihrer Leistungsfähigkeit zueinander ins Verhältnis zu
setzen, die als Referenzen für (religiöse) Selbstdeutungen in Betracht
kommen können.

Allerdings sind nun diese religiösen Selbstdeutungen von durchaus
riskanter Art. Denn es gibt ja keine Möglichkeit, sich selbst noch einmal,
sozusagen „von außen", zuzusehen und über die Integrationsleistung
des Grundes der Selbstbestimmung im Verhältnis zu den Umständen
des Lebens zu urteilen. Diese Integrationsprozesse ereignen sich immer
nur fallweise; es steht in jedem Moment des Lebens dahin, ob sich der
Grund, von dem her das Leben sich ausgerichtet findet, auch in den
Anforderungen der Lebensführung bewährt. Wenn diese Bewährung
(häufig oder auf erschütternde Weise) ausbleibt, wird eine Neudeutung
des Lebens, eine neue Selbstbestimmung, nötig. Diese Beobachtung
geht der Sache nach darauf zurück, daß man auch zum Grund der eigenen Selbstdeutung nicht in ein instrumentelles Verhältnis eintreten
kann. Wer etwa „Religion" zum Mittel seiner Selbstdurchsetzung machen, also den religiösen Grund seines Daseins als Verstärkung des Eigenwillens auffassen wollte, der wird damit nicht weiter kommen, als
es im Vermögen des Eigenwillens selbst liegt; er wird aber sein eigenes
Versagen als Schwäche oder als Scheitern seines religiösen Grundes
verstehen müssen. Man kann auch sagen: Je kürzer und direkter das
Verhältnis zwischen dem Vorgang der eigenen Selbstbestimmung und
seinem Grund ist, um so anfälliger ist die religiöse Orientierung für
Erschütterungen aus den Erfahrungen des Lebenslaufes.

Vor dem Hintergrund dieser strukturellen Betrachtungen zum gegenwärtigen Selbstverständnis schauen wir jetzt noch einmal auf die
Ergebnisse, die wir hinsichtlich der Erkenntnis Jesu Christi gewonnen
haben.

Aufschlußreiche Phänomenbeschreibungen aktuell individuellen Lebens finden sich bei ANDREAS RECKWITZ, Die Gesellschaft der Singularitäten, Berlin
2019.

Für die Grundstruktur von Selbstbewußtsein und Lebensdeutung maßgeblich:
DIETER HENRICH, Fluchtlinien. Philosophische Essays (1982), Frankfurt am
Main 2006.

## 4.2 Jesus Christus kennen und erkennen

Jesus Christus ist als Mensch in der Geschichte Gegenstand der historischen Erkenntnis. Wir haben im Neuen Testament eine Fülle von Überlieferungen, die uns auf verschiedene Weise, geprägt durch unterschiedliche Wahrnehmungs- und Verwendungszusammenhänge, Auskunft über Jesus geben. Die historische Kritik ermöglicht es uns, die Vielfalt der Überlieferungslage methodisch exakt zu untersuchen und dabei die unterschiedlichen Rahmenbedingungen zu analysieren, die sich in der Hervorbringung der neutestamentlichen Texte bemerklich machen.

Wenn wir auf diese Weise kritisch forschen, dann lassen sich die verschiedenen Überlieferungsstränge und Aussagenkomplexe nur verstehen, wenn wir dabei zugleich begreifen, daß sie sich auf ein historisches Individuum beziehen, das den Namen Jesus Christus trägt. Keine andere Person der Antike wird so deutlich von einem Netz von Überlieferungen umfangen wie Jesus Christus – und es ist gerade die Vielfalt der Überlieferungsformen, die das bestätigt.

Wenn wir nun im nächsten Schritt den Versuch machen, diese Vielstimmigkeit der Bezeugung auf die Einheit des Individuums Jesus Christus hin zu befragen, geraten wir in die eigentümliche Situation, daß es in der Überlieferung selbst keinen adäquaten Begriff für ihn gibt – so wie man Aristoteles als Philosophen und Alexander den Großen als Feldherrn und König beschreiben kann. Die Bilder Jesu als Weisheitslehrer, Prophet und Charismatiker, die wir unterschieden haben, überlappen sich zwar teilweise, keines von ihnen kann aber als Leitfigur angesehen werden, der die anderen einzuordnen wären. Diese merkwürdige Entzogenheit gründet, wie die Überlieferung selbst zu erkennen gibt, im Verhältnis Jesu zum Reich Gottes in der Einheit von dessen Dasein, Ausstehen und Kommen. Die Individualität, wie sie sich aus dem Ausdruck und der Überschneidung von Selbst- und Fremdwahrnehmung Jesu ergibt, ist nicht zu fassen, sondern wird dem Zugriff entzogen. Die Identität, die sich in der Individualität des Lebensvollzugs äußert, entschwindet unserem Blick.

Eine Identität Jesu Christi wird erst erkennbar, wenn man die Selbstbestimmung Jesu auf das Reich Gottes hin mit seinem Geschick verbindet. Dabei taucht zuerst der negative Befund auf, daß sich das Reich Gottes im Tod Jesu seinerseits aller möglichen instrumentellen Verwendung zum Identitätsaufbau entzieht. Jesu Tod ist das Ende

einer sinnvoll planbaren Selbstbestimmung. Erst dadurch, daß sich
der Grund, auf den hin und von dem her diese Selbstbestimmung
sich bezieht, seinerseits als den Tod integrierend und auf diese Weise
unbedingt sinnbildend erweist, gewinnt die aus historischer Perspektive zweideutig bleibende Selbstbestimmung Jesu Christi ihren wahren Gehalt. Indem sich durch den Tod Jesu hindurch Gott selbst zum
Sinngrund macht – also an der Negation des Sinnes seiner selbst teil-
hat, diese einschließt und damit aufhebt – wird die Selbstbestimmung
Jesu Christi in ihrem eigentlichen Sinn erkannt.

Damit ist aber schon aus historischen Gründen eine Erkenntnis
Jesu Christi erst gegeben, wenn dieses Moment seiner Selbstbestimmung mit in den Blick kommt. Das bedeutet nun, daß die historische
Interpretation seiner Geschichte selbst auf eine Erweiterung des historischen Verstehens hinführt, die folgendermaßen zu beschreiben
ist: Wir kennen aus der Geschichte Personen, für deren Identität die
Wahrnehmung und Beurteilung ihrer Selbstdeutung, wie sie sich in
ihrer Selbstbestimmung realisiert, entscheidend ist. In der Tat sind es
solche Personen, denen wir in der Geschichte auch neue Formen der
Selbstdeutung verdanken; auf den Feldern der Philosophie, der Kunst,
der Rechts- und Staatslehre kann man auf solche Beobachtungen gar
nicht verzichten. Die Lehre Platons etwa ist von seiner persönlichen
Selbstdeutung nicht zu trennen; die Staats- und Rechtsidee Napoleons
von seiner Gestalt nicht zu sondern.

So kommt auch durch Jesus Christus nicht nur die Möglichkeit
einer neuen Selbstbestimmung in die Welt, sondern mit ihr zugleich
die Geschichte, in der sie sich verwirklicht. Es gibt also hier eine Einheit zwischen dem humanen Selbstvollzug Jesu Christi in der Geschichte und der Realisierung seines Lebens; und diese Einheit ist für
religiöse Deutungen grundlegend. Wer sich auf die Geschichte Jesu
Christi bezieht – also eine Selbstbestimmung vollzieht, die sich an
dem Geschehen seiner Geschichte ausrichtet –, bekommt Anteil an
der Wirklichkeit, die sein Leben auch durch den Tod hindurch begründet und erhält. Diese Teilhabe an Gott ist der Glaube: Er läßt uns
bei uns sein und hält uns zugleich bei Gott.

Im Glauben zeigt sich in unserem eigenen Bewußtsein, daß diese
Form der Selbstbestimmung zugleich zuhöchst gewiß und zuhöchst
offen ist. Denn einerseits hält die Verbundenheit mit Gott jedem Widerstand und Widerspruch stand, wo immer er herkommen und wie
tief er immer verankert sein mag. Auf der anderen Seite geht dieser
Grund des eigenen Selbstseins nicht in die eigene Verfügung über, läßt

sich nicht überwachen, beherrschen und instrumentell einsetzen; das eigene Dasein bleibt in aller Gewißheit uns entzogen.

Genau das ist aber die Figur, die wir aus der heutigen Analyse der modernen Identität gut verstehen können. Wir wissen, daß wir den Grund unserer Gewißheit nicht in uns haben, er uns auch nicht immer selbstverständlich zugänglich ist – das ist ja ausschlaggebend für das Unbefriedigtsein mit der herkömmlichen Fassung von Religion. Daß die eigene Identität von ihrem eigenen Aufbau her mit einem Risiko behaftet ist, das verstehen wir heute gut. Zugleich wissen wir, daß wir auch auf die Herausforderungen unseres Lebens unter den gegenwärtigen Umständen nur zugehen können, wenn unsere Handlungsoptionen nicht verengt werden, also von Gewißheiten überformt, die sich früher einmal bewährt haben mögen, die aber dem, was kommt, vermutlich nicht standzuhalten in der Lage sein werden. Innere Gewißheit trotz äußerer Verunsicherung – aufgrund der Beziehung Gottes zu uns mitten in der Unabgeschlossenheit der eigenen Identität: das ist die Figur, die heute der Glaube als Realisierung der christlichen Religion einnehmen kann.

Darin aber wird die Kenntnis Jesu Christi zur Erkenntnis; das Wissen von Jesus Christus wird zu einem gewissenhaften Wissen von uns selbst – in der durch seine Geschichte sich eröffnenden Gottesbeziehung. Dieses Bewußtsein des Glaubens kann weder absichtlich gewollt noch strategisch vermittelt werden. Es stellt sich ein als evidenter Grund des eigenen Lebens, theologisch ausgedrückt: in der Gegenwart des Geistes, der die offene und feste Einheit Gottes als Vater und Sohn mit der Einheit zwischen Gott und uns Menschen verknüpft – und insofern auch die Einheit des eigenen Bewußtseins repräsentiert.

Äußere Kenntnis wird zur Erkenntnis, die innere Beteiligung einschließt. Das Studium der Theologie stellt sich als reflektierte Gestalt des Glaubens heraus, die dessen Gehalt ins aktive Bewußtsein hebt. Darum ist das Studium der Theologie auch eine Befähigung, das Zeugnis des eigenen Lebens zu begreifen und zu gestalten. Es ist offenkundig, daß dieses Selbstverhältnis, das aus dem Glauben erwächst, eine uns heute zugängliche und heute verantwortbare, weil selbstgewisse und pluralitätsoffene Gestalt der Einheit von Individualität und Allgemeinheit darstellt, wie sie für Bildungsgänge überhaupt mit dem Ziel unvoreingenommenen Wissens erforderlich ist.

# IV. Was ist die Kirche?

## § 11 Religion und Kirche

Im gegenwärtigen Allgemeinbewußtsein ist eine tiefgreifende Undeutlichkeit zu bemerken, was das Verhältnis von Religion und Kirche angeht. Sie läuft, genauer betrachtet, auf ein Dilemma hinsichtlich der Rolle der Kirche hinaus. Auf der einen Seite werden Religion und Kirche miteinander identifiziert. Dann wird etwa aus dem aktuellen Rückgang der Zahl der Kirchenmitglieder auf ein Schwinden von Religion geschlossen. Auf der anderen Seite werden Religion und Kirche kategorisch zu trennen versucht. Danach stellt die Kirche eine überholte Gestalt von Religion dar, durch Dogmen und Bürokratie erstarrt, der gegenüber nach einer nichtkirchlichen Religiosität Ausschau gehalten wird. Aus diesem Gegensatz folgt für die Kirche, daß es mit ihr, ob sie mit Religion identifiziert oder von ihr separiert wird, als einer lebendigen Gestalt von Frömmigkeit zu Ende geht.

Von dieser verbreiteten Einstellung sehen sich auch Studierende der Theologie betroffen; sie müssen mit ihr umgehen lernen, wenn sie ein Bewußtsein von den Umständen ihres Berufs in Kirche oder Schule erlangen wollen. Das geschieht am besten, indem man historische und systematische Gesichtspunkte miteinander verbindet und gegenüber den unmittelbar sich aufdrängenden aktuellen Fragestellungen zunächst eine Haltung der betrachtenden Distanz einnimmt.

### 1. Religion und die Kommunikation von Lebenssinn

Es gehört zur Eigenart der menschlichen Natur, daß sie sich nur durch kulturelle Vermittlung erhalten kann. Nicht ohne Grund meint das lateinische Wort *cultura* zunächst den Ackerbau, der zum Lebenserhalt nötig ist. Das ist ein Hinweis darauf, daß man Kultur überhaupt definieren kann als Arbeit gegen den Tod. Wenn man sich das Geflecht der lebenserhaltenden und lebensförderlichen Umstände näher anschaut, dann ergibt sich aus dieser Betrachtung eine Einsicht in die verschiedenen Schwerpunkte und Bereiche der Kultur – ebenso wie in die miteinander verwandten Strukturen, die in jedem dieser Bereiche gebraucht werden.

Bereits im engsten kulturellen Umfeld des Lebenserhalts, der für die Weitergabe und Förderung des Lebens nötigen *Familie*, zeigt sich das komplexe Verhältnis von natürlichem Leben und kultureller Form. Denn die natürliche Herkunft von Mutter und Vater muß als solche symbolisch gefaßt werden – die Zugehörigkeiten werden, indem sich Kinder im Verhältnis zu ihren Eltern verstehen, von dem unmittelbaren Einfluß der leiblichen Gegenwart der Eltern abgelöst; sie werden Teil des Selbstverständnisses der nachfolgenden Generation. Die mit diesem elementaren Akt der Selbstauffassung als Nachkommen verbundenen Verhältnisse zu eigenen Geschwistern, zu Geschwistern der Eltern und deren Kindern und so fort liegen auf derselben Linie: sie bedienen sich einer sprachlichen Abstraktion, die zugleich im Modus einer individuellen Aneignung erfolgt. Der sprachliche Umgang mit diesen durch die Generationenfolge gegebenen Positionierungen verschafft aber auch die Möglichkeit, sich selbst in Übernahme und Variation dieser Verhältnisse zu bestimmen. Wenn man sich das Potential der Freiheit klarmacht, welches in der Aneignung der sprachlich-symbolischen Bezeichnungen liegt, dann folgt daraus die Einsicht, daß es sich bei den Möglichkeiten, die die Sprache eröffnet, nicht nur um eine funktionale Wiederholung stammesgeschichtlicher Erbmerkmale handelt. Die Sprache, die Festlegung und Befreiung zugleich ermöglicht, ist von eigenem Rang – ohne daß sie sich freilich von den sozialen Verhältnissen, in denen sie sich konkretisiert hat, ablösen könnte. Es zeigt sich vielmehr umgekehrt, daß die Kommunikation von Sinn im Geflecht von Abhängigkeit und Freiheit stets an soziale Formationen gebunden ist. Unter Bezug auf diese entfaltet die Sprache ihre symbolische und über die natürliche Abfolge hinausgehende Funktion.

Es steht daher zu erwarten – und ist auch tatsächlich der Fall –, daß andere soziale Formationen, die zum Erhalt des Lebens nötig sind, nach demselben Muster einer Interaktion zwischen konkreter Beschreibung mit strategischer Zielsetzung und der Entfaltung eines Variations- und Freiheitspotentials erfolgen. Das läßt sich idealtypisch an den Sozialformen nachvollziehen, die über den Zusammenhang der Familien hinaus auf eine organisierte *Wirtschaft* abzielen. In dem Maße, wie der Lebenserhalt komplexer wird und tiefer verschachtelte Interaktionen nötig macht, wandelt sich auch die zugehörige Sprache. Bezeichnungen von technischen Sachverhalten und Normen prakti-

schen Verhaltens treten an die Stelle von Herkunfts- und Zugehörig-
keitsformeln. Gleichwohl gilt aber auch auf diesem Feld sozialer Interaktion, daß das Potential der technischen Beherrschung der Welt
sich nur erschließt, wenn dessen symbolische Formulierung über eine
reine Zweckrationalität hinausgeht. Die Vorstellungen eines guten Lebens überschreiten die kurzfristigen Impulse für ein technisch-prak-
tisches Verhalten.

Es zeigt sich dann weiter, daß die komplexe Interaktion von Wirt-
schaftsvorgängen einen Rahmen benötigt, der sich nicht einfach aus
der unmittelbaren technischen Zwecksetzung ergibt. Es sind vielmehr
Verhältnisse von Zurechnung und gegenseitigem Vertrauen erforderlich, die den Spielraum für Innovationen ebenso eröffnen, wie sie die
Gewährleistung für das Andauern des positiv Erreichten bieten: Das
*Recht* und die mit ihm verbundene Sanktionsmacht führen auf ein
neues symbolisches Sprachfeld – und konkretisieren sich auch in sozialen Gebilden wie Staat und Justiz. Hier wird es noch deutlicher als in
der immer auch strategisch verfaßten Wirtschaft, daß es allgemeinere
Vorstellungen sind, die die Normativität des Rechtes begründen; auch
hier sind Vorgriffe auf zukünftige Verhältnisse unbedingt anzunehmen.

Das Miteinander von Deskription und Entwurf kennzeichnet
schließlich auch die *Wissenschaft* als den methodisch-entwerfenden
Umgang mit der gegebenen Wirklichkeit. Die Wissenschaft schlägt
veränderte Sichtweisen für bestimmte kontrollierbare Felder der
Wirklichkeit vor und erprobt in Beobachtung und Experiment Hand-
lungsabfolgen, die diese neue Sicht bestätigen können.

Leicht läßt sich erkennen, daß wir es in allen diesen hier unterschiedenen Bereichen mit Sachverhalten zu tun haben, die für den
Erhalt des menschlichen Lebens grundlegend sind. Ihre Ausdifferenzierung macht selbst schon von dem latenten Freiheitspotential Gebrauch, das sich mit der symbolischen Differenz von gegebener Wirklichkeit und ihrer sprachlichen Erfassung einstellt. Zugleich wird in
allen diesen verschiedenen Dimensionen gemeinsam der Grundcha-
rakter der Sprache in Anspruch genommen, durch den Bezeichnung
und Entwurf, Gegebenes und Zukünftiges miteinander verknüpft
werden können. Diese Doppelstruktur gehört offenbar zu den elementaren Merkmalen menschlicher Subjektivität, die sich in der Welt
befindet und die mit der Welt umzugehen vermag.

Insofern alle diese Symbolwelten und die sozialen Dimensionen,
in denen sie verortet sind, gemeinsam dem Erhalt des Lebens dienen,
kann das, was in ihnen kommuniziert wird, „Lebenssinn" heißen.

Daraus ergibt sich aber die Einsicht, daß der Doppelcharakter der Sprache als Lebenssinn, wie er in allen sozialen Gestaltungen vorliegt, die dem Erhalt des Lebens dienen, auch nach einer eigenen Ausdrucksform und einer eigenen Sozialgestalt verlangt, um das Verhältnis von Abhängigkeit und Freiheit an sich selbst zum Ausdruck zu bringen. Die spezifische Symbolwelt dieser Selbständigkeit der Sprache ist die *Religion*. Religion existiert aber, wie alle Sprachformationen, immer nur, indem sie zugleich eine anschauliche soziale Formation ausbildet. Religion als symbolische Sprache gibt es mithin nur zusammen mit einer eigenen sozialen Darstellung.

Diese religiösen Formationen sind einerseits darauf abgestellt, die Unabhängigkeit der entsprechenden symbolischen Sprachwelt zur Anschauung zu bringen; im Unterschied zu den generativen Kräften der Familie und den technisch-praktischen Einrichtungen von Wirtschaft und Herrschaft bewegen sie sich nicht im Medium von Fortpflanzung und Herstellung des Lebens, sondern in der Absicht, dessen unbedingten Wert hervorzuheben. Zugleich jedoch sind sie in die sozialstrukturellen Verflechtungen von Familie und Wirtschaft, Recht und Herrschaft eingebunden – was sich schon daraus ergibt, daß sie sich weder für den Ausbau von religiösen Vorstellungswelten noch für die Strukturen der sozialen Verhältnisse vollends von den realgeschichtlichen Vorgaben der Gesellschaft ablösen können. Die religiösen Vorstellungen sind von Bildern aus den Zusammenhängen von Familie, Wirtschaft, Recht und Herrschaft geprägt, und auch der Aufbau der Strukturen des religiösen Personals verdankt sich den Vorgaben aus diesen Bereichen.

Das ist eine wesentliche erste Einsicht, die wir hier festhalten: Religion bewegt sich im Geflecht von Lebenssinn und steht im Zusammenhang sozialer Formationen, die sich sprachspezifisch aufbauen. Diese Einsicht läßt sich nun in zweierlei Hinsicht präzisieren.

Erstens ist es in der religiösen Sprache, dem Symbolsystem der Religion, um die Charakteristik zu tun, daß die Sprache selbst Ort und Ausdruck der humanen Unabhängigkeit inmitten der Abhängigkeit von der Natur ist. Im Unterschied zu den Wechselhaftigkeiten des empirischen Lebens in der Geschichte zielt darum die Religion auf das Beständige und Verläßliche ab, auf das, was trotz allen Wandels ein Beisichsein verspricht. Dafür ist der Bezug zu einer transzendenten Dimension unverzichtbar, wie immer dieses Verhältnis ausgestaltet sein mag. Dieser transzendente Bezug kommt de facto auch in allen anderen Lebenssinn-Deutungen vor, ohne als solcher explizit thematisiert werden zu müssen. Freilich fehlt es den sozialen Formationen Familie, Wirtschaft, Recht und Herrschaft, die wir hier unterschieden haben, auch nicht an Ansprüchen, sich auf einen transzendenten Grund ihres Bestehens zu berufen.

Zweitens bildet sich mit der Besonderung der Religion als symbolischem Sprach- und sozialem Darstellungsraum auch eine spezifische Gestalt von sozialen Strukturen aus. Es muß ja die religiöse Besonderheit in intersubjektiven Interaktionen ihren Ausdruck finden. Dafür sind Anschlüsse an die anderen sozialen Formationen nötig – und zugleich Abgrenzungen von ihnen vorzunehmen. Dabei spielen stets die Gesichtspunkte der unbedingten Herkunft (Familie), des überzeitlichen Lebenserhalts (Wirtschaft), der Verläßlichkeit und des Vertrauens (Recht) sowie der schlechthinigen Abhängigkeit (Herrschaft) eine Rolle. Das religiöse Personal muß sich die Aufgabe stellen, mit seinen Interaktionen die Dimension der Unbedingtheit im gelebten Leben zur Geltung und zur Anerkennung zu bringen. Diesem Modell der Institutionalisierung der Religion entspricht auch die christliche Kirche.

## 2. Kirche als Institution der Religion

Hier ist der Ort, sich etwas genauer über den Begriff der Institution zu verständigen. Eine plausible und handhabbare Gestalt gewinnt der Begriff, wenn man ihn versteht als Bezeichnung für die soziale Gestaltung derjenigen Lebensverhältnisse, die zum Erhalt des Lebens unerläßlich sind. Dieses Verständnis geht von der Überlegung aus, daß es, wie wir eben gesehen haben, bestimmte grundlegende Funktionen gibt, die zum Zweck des Lebenserhalts erfüllt werden müssen – und daß es dafür unausweichlich einer Stabilität von Strukturen bedarf, die nicht von der Entscheidung einzelner Individuen abhängen, ob sie sich daran beteiligen wollen oder nicht. Die Elementarfunktionen von Familie, Wirtschaft, Recht und Staat sind von solcher Art. Einer Familie zuzugehören, kann aufgrund seiner Herkunft kein Mensch negieren, auch wenn man sich von deren tatsächlicher Gestalt distanziert; analog gilt das von der Wirtschaft, also der Beschaffung des Lebensunterhalts, und vom Staat, also der Politik, dem Recht – und eben auch von der Religion. Es ist gesellschaftlich mitgegeben, daß die Funktion der Religion – also die handlungssinnentlastete Kommunikation über Lebenssinn – in einer eigenen Institution zur Darstellung kommt. Wie diese Institution aussieht, also welche konkrete soziale Gestalt sie gewinnt, wie die in ihr erforderlichen Funktionen ausdifferenziert sind, welches ihr Weg durch die Geschichte ist, das entscheidet sich an der jeweiligen Idee, dem spezifischen Leitgedanken einer historisch auftretenden Religion, und den geschichtlichen Abläufen, in denen sie steht. Die Institution der Religion kann mithin verschiedene Gestalt annehmen.

Es gehört zu den großen Einsichten Friedrich Schleiermachers, daß er die geschichtlichen Religionen auf eine leitende Grundeinsicht zurückzuführen unternommen hat. In der fünften seiner Reden *Über die Religion* geht er davon aus, daß alle Religionen eine Verbindung herstellen zwischen dem Transzendenten (oder dem alles einschließenden Universum) und dem Immanenten (oder dem selbstbewußten Individuellen). In den Religionen wird angesichts der Aufgabe, Lebenssinn zu kommunizieren, auf den Aspekt der Unbedingtheit des Sinnes (oder den Sinn von Sinn, wie wir im § 1 sagten) abgehoben. Denn es geht ja um eine Einsicht in die Selbständigkeit der Lebenssinn-Kommunikation, die ansonsten und in je eigener Weise auch in anderen Institutionen stattfindet. Wie nun aber in einer Religion diese Zuordnung des Transzendenten und Immanenten vorgenommen wird, das hängt durchaus von historischen Umständen ab, also etwa von der Art und Weise, wie der Bereich des Transzendenten gegenüber dem Immanenten schematisiert wird. Da gibt es geschichtliche Situationen, in denen die Überlegenheit des Transzendenten noch nicht trennscharf von der Dimension innerweltlicher Herrschaft unterschieden ist; dann wird eine Vermischung von weltlicher und religiöser Herrschaft unausweichlich sein. Jede geschichtliche Religion ist daher nicht nur von ihrer Idee, sondern auch von den Spuren ihrer Herkunft gekennzeichnet. Ein dritter Aspekt kommt hinzu. Denn die geistig-logische Struktur (oder die Idee) muß ja unter historischen Umständen, also auch im geschichtlichen Wandel, weitergegeben und verantwortet werden. Dabei stellen sich zwei Aufgaben. Einmal gilt es, die Kontinuität zum Ursprung zu wahren, also die Unabhängigkeit der religiösen Idee zum Zwecke ihrer unbedingten Geltung zu bewähren. Sodann aber kann diese Bewährung nur erfolgen, wenn auch der historische Wandel mit in Rechnung gestellt wird – ausdrücklich oder auf verschwiegene Art und Weise. Denn die Geltung und Wirksamkeit der Idee hängt eben auch – und entscheidend – davon ab, in einer je aktuellen Situation angeeignet werden zu können.

Wir können also für die institutionelle Gestalt religiöser Kommunikation drei Merkmale festhalten. Erstens muß es darum gehen, die Grundform, die Idee, das „Wesen" einer Religion genau zu erfassen. Zweitens ist diese Idee, in der Geschichte entsprungen, von dieser Geschichte zu unterscheiden als Ausdruck der Selbständigkeit des Kommunizierens – und zugleich auf die Geschichte zu beziehen als dauerhaft gültig. Drittens bedarf es für die Erfüllung dieser Aufgabe – Wahrnehmung der Idee und ihrer geschichtlichen Verantwortung – eines Personals, das in der Lage ist, diese Vermittlung zu leisten.

In dieses Modell läßt sich nun auch die christliche Kirche als Institution der Religion einzeichnen. Dabei kommt, wie man leicht sieht, alles darauf an, die Idee, das Wesen des Christentums, möglichst genau zu bestimmen. Auch hier können wir uns an Schleiermacher (in seiner fünften Rede) anschließen, der die dogmatische Formel, daß Gott Mensch geworden ist, sinntheoretisch auslegt. Im Unterschied zu anderen religiösen Formationen, die von Gegebenheiten in der Welt ausgehen, um den Ausgangsgegensatz von Transzendentem und Immanentem zu schematisieren, bezieht sich das im Christentum zentrale Verhältnis von Gott und Mensch auf das menschliche Verstehen überhaupt, also auf die in allem Welt- und Selbstumgang vorausgesetzten Bedingungen des Erfassens. „Gott wird Mensch" besagt dann, daß im menschlichen Verstehen selbst das Unbedingte zu finden ist. Allerdings ist diese Einheit nicht unmittelbar gegeben; es kommt zu ihr nur auf einem Weg, bei dem die einfache Unmittelbarkeit des humanen Bewußtseins, seine Selbstbezogenheit, durch Gott selbst negiert und daraufhin vom Menschen zurückgelassen wird, der dann erst in die Gemeinschaft mit Gott einzutreten und auf neue Weise als Mensch bei sich selbst zu sein imstande ist. Auf diesem Weg der individuellen Aneignung wird die Eigenständigkeit der religiösen Kommunikation von Lebenssinn mit der historisch-partikularen Lebenssituation verwoben – und zwar mit jeder möglichen Lebenslage in der Geschichte. Die Distanz zu geschichtlichen Lebensverhältnissen, die durch die Abstraktion, sich unmittelbar auf das Verhältnis von Gott und Mensch einzustellen, erfolgt, ist die Voraussetzung dafür, in der Geschichte, trotz allen Wandels, immer konkret zu sein.

Am Beispiel des Christentums läßt sich nun auch ganz anschaulich nachvollziehen, inwiefern die religiöse Konfiguration der Kommunikation von Lebenssinn eine dynamisierende Kraft besitzt. Damit die Religion ihre Funktion wahrnehmen kann, muß sie ja die alltagsweltlichen Zusammenhänge einerseits durchbrechen, andererseits bestimmen. Das gelingt nur unter zwei Voraussetzungen. Erstens muß es möglich sein, sich aus einer gegebenen historischen Lage heraus auf die Schematisierung zu beziehen, welche die Religion mit dem Verhältnis von Transzendenz und Immanenz vornimmt; es bedarf insofern auch einer Vorbereitung des Verstehens durch geschichtliche Umstände. Zweitens aber muß diese Idee „zünden", also eine neue, überraschende, noch nicht verbrauchte Deutung für die Selbständigkeit der Lebenssinn-Kommunikation bereitstellen. Das bedeutet aber: Geschichtliche Religionen besitzen, mindestens in ihrem Auftreten, so etwas wie eine Durchschlagskraft der Überzeugung, eine Plausibilität und Evidenz, die dem jeweiligen religiösen Schematismus eigen ist. Religionen sind insofern auch immer Störungen des alltäglichen Gleichlaufs, Unterbrechungen herkömmlicher Sinndeutungen. Sie vermögen zu irritieren und den Umgang mit den Beständen der natürlichen und sozialen Welt zu verändern. Das gelingt aber auf die Dauer nur dann, wenn dieses Moment der unbedingten Grundlegung immer wieder aktualisiert werden kann.

Das gilt nun insbesondere vom Christentum, wenn man es, wie wir es im Anschluß an Schleiermacher unternahmen, sinntheoretisch interpretiert. Denn in jeder historischen Lage kommt es, wenn diese Einsicht sich einmal Bahn gebrochen hat, auf das Dabeisein des eigenen Verstehens an. Wie immer die Welt sich ändert – es lassen sich schon diese Veränderungen gar nicht bemerken ohne eigenes Verstehen. Wenn Gott im Menschen und seinem Verstehen präsent ist, dann ist er immer präsent, wo Menschen leben, unter welchen Umständen das auch sei. Dann kommt es aber in der Geschichte auch stets darauf an, diese Unmittelbarkeit Gottes zum Menschen neu zur Geltung gelangen zu lassen; ein Geschehen, das – wenn man dem Gedanken des Weges zu Gott folgt, den wir eben skizzierten – wesentlich durch Gott selbst in Gang gesetzt wird.

Daraus läßt sich nun auch Grundlegendes für die Gestalt der Institution Kirche entnehmen. Es handelt sich um drei Aspekte, die von Belang sind. Erstens ist der geschichtliche Ursprung festzuhalten. Gott wird Mensch – damit ist nicht ein allgemeiner Zustand beschrieben, sondern, dem menschlichen Verstehen angemessen, ein Ereignis bezeichnet, das in der Geschichte geschieht – und dann und daraufhin als solches immer gilt. In der Geschichte Jesu Christi wurzelt die Ursprungskraft christlicher Überzeugung. Dafür steht dann auch der christliche Kult ein: Er zieht das unbedingt Geltende durch die aktuelle Feier in die Gegenwart hinein. Dementsprechend ist auch ein Personal nötig, das sich dieser Aufgabe annimmt – die Rolle des „Priesters". Zweitens muß es darum gehen, die Geltung dieser Idee ebenso in den geschichtlichen Veränderungen zu bewähren. Dazu ist es nötig, die Idee als solche von ihrem historischen Ursprung auch wieder zu scheiden und auf neue geschichtliche Kontexte zu beziehen. Das ist eine reflexive Aufgabe, die aber, weil das Verstehen ja von Gott bestimmt wird, auch durchführbar ist. Das bringt die Gestalt des „Theologen" hervor, die sich hinsichtlich des Ursprungs auskennt und sich zugleich in seiner Gegenwart zu bewegen weiß. Drittens zielt alles auf das Verstehen selbst, also das Erfülltsein durch Gottes Gegenwart im eigenen bewußten Leben. Das ist die Funktion des Glaubens, der der Haftpunkt für die religiöse Dynamik in der eigenen geschichtlichen Existenz ist. Dadurch wird auch das ganze soziale Leben einbezogen in der Form, daß alle, die daran teilhaben, gleich sind; davon ist die Gestalt der religiösen Kommunikation im Christentum als „Gemeinde" bestimmt. Von Gott bestimmt sein im ganzen Leben – das ist das Ziel des Christentums, und darum wurzelt seine Überzeugungskraft genau in diesem Vorgang des Glaubens. Aus diesem Ursprung erwächst immer wieder die Kraft der Veränderung im geschichtlichen Leben. Es zielt also das Christentum am Ende auf das „Dabeisein im Glauben" in Gestalt des humanen Bewußtseins nicht nur der Gemeinde, sondern potentiell aller Menschen. Die scheinbare Heteronomie der Religion mündet in eine von Gott bestimmte Autonomie.

FRIEDRICH SCHLEIERMACHER, Fünfte Rede. Über die Religionen, in: Über die Religion. Reden an die Gebildeten unter ihren Verächtern (1799), hg. v. Günter Meckenstock, Berlin/New York 1999, S. 161–194.

### 3. Religiöser Impuls und institutionelle Form

Wir betrachten jetzt weiter das Verhältnis zwischen den religiösen Ausgangs- und Ursprungssituationen und ihrem Geschick in der Geschichte. Da verhält es sich zunächst so, daß auch die anfänglichen Einsichten und prägenden Formulierungen einer Religion unter historischen Umständen erwachsen, die aus dem zu einer bestimmten Zeit verfügbaren Vorstellungsreservoir schöpfen. Dieses ist wesentlich durch den jeweiligen Stand der Lebenssinndeutungen vorgegeben. So wird etwa eine Gesellschaft, die intensiv im Jahreszeitrhythmus der Natur lebt, religiös-symbolische Vorstellungen ausbilden, die dem Schema des natürlichen Werdens und Vergehens und Neuwerdens entsprechen. Im Monotheismus wird diese Abhängigkeit vom Naturkreislauf unterbrochen; dafür treten dann religiöse Deutungen in den Vordergrund, die sich am Muster von Herrschaft und Recht orientieren.

Diese Abstraktion des Monotheismus verhilft dazu, die geschichtlichen Differenzen der gesellschaftlichen Entwicklung besser zu bewältigen; die Allgegenwart des Göttlichen läßt sich leichter auch unter Bedingungen historischen Wandels als spezifisch religiöse Begleitung humanen Lebens vorstellen. Wo dagegen die religiöse Vorstellungswelt zu eng in sozialstrukturelle Gegebenheiten eingewoben ist, verliert sie mit den geschichtlichen Veränderungen auch ihre Überzeugungskraft und erscheint lediglich als Verdopplung innerweltlicher Zustände. Inwieweit nun tatsächlich religiöse Vorstellungen und Überzeugungen auch unabhängig von ihrer historischen Entstehungssituation rezipiert und akzeptiert werden können, unterliegt dem Experiment und kann nicht vorab festgestellt werden. Wirksam werden religiöse Deutungen in der späteren Geschichte dann, wenn sie auch unter veränderten Lebensbedingungen zu einer neuen Ordnung in der Gesellschaft Anlaß geben.

Wenden wir nun diese Überlegungen wieder auf die Kirche als Institution der christlichen Religion an. Wir hatten uns vorhin an die sinntheoretische Deutung des Christentums angeschlossen, derzufolge die dogmatisch ausgesagte Menschwerdung Gottes auf die Präsenz Gottes im menschlichen Verstehen ausgerichtet ist. Das ist ein Vorgang, der sich mit dem Mittel der Trinitätstheologie zur Aussage bringen läßt: Gottes Einheit als Vater und Sohn im Geist ist zugleich die Art und Weise der Gegenwart Gottes im Geist der Menschen – und darin besteht die Gottesherrschaft. Man sieht, daß in dieser Ausgangsbeschreibung auf die sozialstrukturellen Merkmale von Familie (Vater – Sohn) und Herrschaft (Gott – Welt) zugegriffen wird, wenn auch auf gebrochene Weise; die Rolle der Mutter ist ebensowenig besetzt wie der Gedanke des natürlichen Kreislaufs.

Gerade diese sozialen Vorstellungswelten von Familie und Herrschaft erlauben es aber nun, sich stärker und zielsicher auf das humane Bewußtsein, das Verstehen, zu beziehen, um die religiöse Grundfigur auszuarbeiten. Der christliche Monotheismus hebt darin die schroffe Trennung des transzendenten Gottes vom Menschen in der Immanenz auf. Damit distanziert sich das Wesen des Christentums zunehmend von seinen historischen Anfangsbedingungen und gewinnt im Lauf der Geschichte eine Allgemeinheit, die sich auf alle möglichen geschichtlichen Situationen einzustellen imstande ist. Man darf also durchaus annehmen, daß das Wesen des Christentums, so sehr es in immer wieder neuen Formulierungen ausgedrückt wird, historisch tatsächlich eine höhere Prägnanz gewinnt. Das gilt insbesondere dann, wenn es gelingt, sich stets aufs Neue an der religiösen Grundeinsicht, dem dynamischen Moment der Einheit von Gott und Mensch zu orientieren, um das religiöse Potential des Christentums zur Geltung zu bringen. Ein Christentum, das sich überwiegend als Traditionsvermittlung verstehen würde, müßte im Verlauf der Geschichte notwendigerweise seine Kraft einbüßen.

Diese Unterscheidungen zwischen dem religiösen Grundimpuls, seinem anfänglichen historischen Auftreten, seiner institutionellen Vermittlung und seiner nicht versiegenden religiösen Orientierungskraft sind es nun, die uns dazu helfen, die grundlegenden Epochen der Geschichte der Kirche zu verstehen.

Das große Vorbild solcher Analysen findet sich bei ERNST TROELTSCH, Soziallehren der christlichen Kirchen und Gruppen (1912), Gesammelte Schriften, Bd. 1, 3. Aufl. Tübingen 1923 (ND Darmstadt 2016); die von Troeltsch verwendete Typologie wird zusammengefaßt ebd. S. 965–986. Dieser Text auch in: Ernst Troeltsch Lesebuch, hg. v. Friedemann Voigt, Tübingen 2003, S. 93–115.

Eine an gedanklich strukturierten Zeitaltern orientierte Kirchengeschichte hat EKKEHARD MÜHLENBERG vorgelegt: Epochen der Kirchengeschichte (UTB 1046), Heidelberg 1980.

Eine epochale Deutung der Dogmengeschichte verdanken wir FERDINAND CHRISTIAN BAUR, Lehrbuch der christlichen Dogmengeschichte, 3. Aufl. Leipzig 1867 (ND Darmstadt 1974).

## § 12 Die Auferstehung Jesu Christi und die Anfangsgestalt der Kirche

### 1. Jesus als Religionsstifter?

Das Christentum in seiner institutionellen Gestalt, der Kirche, fängt mit der geschichtlichen Person Jesus Christus an. In welchem Sinn gilt dieser Satz?

Man kann als Analogie zunächst die Vorstellung eines Religionsstifters bemühen, wie sie die ältere Religionswissenschaft entwickelt hat und wie sie heute noch im Alltagsbewußtsein vorkommt. Dabei wäre dann an einen Menschen zu denken, der über eine bestimmte Auffassung von der Transzendenz verfügt, die so wertvoll ist, daß sie anderen Menschen mitgeteilt und damit auf Dauer gestellt zu werden verdient. Zu diesem Zweck sind dann Vorkehrungen personeller und ideeller Art zu treffen, die den Fortbestand dieser Idee unter den

Bedingungen des geschichtlichen Wandels sichern sollen. Eine solche Absicht erfordert eine kluge Abschätzung der Umstände, unter denen eine religiöse Gemeinschaft sich erhalten und womöglich ausbreiten kann. Dafür kann der Religionsstifter einerseits auf sein persönliches Charisma zurückgreifen, er muß aber andererseits auch strategisch denken. Vor allem liegt dem Konzept des Religionsstifters die Unterscheidung zwischen der religiösen Idee als dem Gehalt und der religiösen Persönlichkeit als deren Vermittler zugrunde.

Es liegt nun nach unseren Überlegungen im Kapitel III auf der Hand, daß diese Vorstellung auf Jesus nicht zutrifft. Denn für ihn war die unmittelbare Zukunft des Reiches Gottes unvereinbar mit der Annahme einer in der Geschichte weitergehenden Frömmigkeit, für die institutionelle und lehrmäßige Vorkehrungen zu treffen wären. Darin ist er seinem Lehrer Johannes dem Täufer verwandt. Doch anders als im Falle des Johannes kommt es, wie wir gesehen haben, in der Geschichte Jesu aufgrund seiner Auferweckung zu einer Transformation des Reiches Gottes. Die Präsenz des gekreuzigten Jesus als der von Gott anerkannte Repräsentant der umfassenden Gottesgegenwart selbst ist kein Zustand, der aus der Lebensperspektive Jesu vorherzusehen oder gar zu planen gewesen wäre. Seine eigene Geschichte ist Jesus – durch Gott – radikal entzogen; genau darin aber, daß Jesus allein durch Gott zu sich kommt, besteht, wie wir sagten, seine Identität. Daher ist es nicht ein planendes Vorherwissen des historischen Jesus, auf das die christliche Kirche zurückgeht, sondern die nicht planbare Gegenwart des Reiches Gottes in der Gestalt seiner Geschichte, wie sie sich ereignet hat. Daher ist es auch nicht die charismatische Autorität des historischen Jesus – die er ohne Zweifel besessen hat –, auf die sich die Kirche berufen kann. Vielmehr ist es der Glaube, also die Teilhabe an seiner Geschichte in der Art des Sich-Verlassens auf ihn, der in die Gottesgemeinschaft führt. Dieser Glaube überzeugt, wo er vorhanden ist, aus der Kraft seines Inhaltes, weder aufgrund des mitreißenden Charismas eines Religionsstifters noch einer erfolgreichen Organisation der Kirche.

Die aus der Geschichte Jesu Christi sich ergebende Negation des Modells des Religionsstifters entzieht allen Versuchen den Boden, historische Einrichtungen der Kirche auf eine vermeintliche Einsetzung durch Jesus zurückführen zu wollen. Weder sind historische Nachfolger Jesu durch ihn zu Aposteln als Führungsgestalten der Kirche bestimmt worden, noch sind die religiösen Leitungsfunktionen auf Männer beschränkt; in beiden Fällen handelt es sich um Konstruktionen, die spätere geschichtliche Formationen mit autoritativem Anspruch vom historischen Jesus herschreiben wollen.

Die Frage, in welchem Sinn also das Christentum in seiner institutionellen Gestalt, der Kirche, mit der geschichtlichen Person Jesus Christus anfängt, verlangt eine doppelte Antwort. Einerseits gilt, im historischen Sinn, daß es eine christliche Kirche erst seit dem Auftreten Jesu gibt – seine Existenz ist die zeitliche Voraussetzung. Auf der anderen Seite gilt, daß der Ursprung der Kirche nicht schon im Auftreten Jesu liegt, sondern in der Transformation des Reiches Gottes durch seinen Tod, worin sich allererst die Identität Jesu Christi vollendet – das ist die geltungstheoretische Grundlegung. Deshalb ist nicht eine religiöse Institution für diese Grundlegung zuständig, die Kirche erwächst vielmehr aus dem religiösen Vollzug selbst, nämlich aus dem Glauben als der Teilhabe an der in Christus gestifteten Gottesgemeinschaft. Der Ort des historischen Auftretens Jesu und der unbedingte Gehalt des Christentums gehören also auf differenzierte Weise zusammen, und darauf beruht auch die durch die Geschichte gehende religiöse Kraft des Christentums, aufgrund derer Menschen unter historisch veränderten Umständen den Weg in die Überzeugung von der Wahrheit und Gegenwart Gottes finden.

## 2. Amt und Sakrament

Die beiden Stichworte „Amt" und „Sakrament" stehen als systematische Merkzeichen für den Abschluß einer Epoche der geschichtlichen Formierung der Kirche. Auf die mit ihnen gegebene Struktur läuft ein mehr als tausendjähriger, überaus wechselhafter Prozeß zu.

Den Anfang bildet, wie wir bereits in den Beobachtungen zur Geschichte Jesu Christi gesehen haben, die Überzeugung von der Verwandlung des Reiches Gottes durch den Tod und durch die diesen aufhebende und ihn in Gottes Gegenwart integrierende Auferweckung Jesu Christi. Das Reich Gottes als Endgestalt der Geschichte wird zur Bestimmung der Gegenwart in der Geschichte – für alle, die in der Gemeinschaft Jesu Christi stehen. Das bedeutet nicht weniger als die unbedingte Rettung, Erlösung in dem ausstehenden Gericht, dessen kosmisches Eintreten die apokalyptische Weltanschauung noch immer erwartet. Die Gemeinschaft mit Christus bewahrt aber vor allem künftigen Zorn, der in Christi Tod schon abgegolten ist. Die Auferweckung Jesu Christi von den Toten ist – nicht als isoliertes „Wunder", sondern als Verständnismöglichkeit seines Todes – der Ausgangspunkt für die Gemeinschaft der Christen und die Grundlegung der Kirche.

Diese Ausgangsgestalt einer apokalyptischen Erlösungsreligion erfährt nun einen Wandel hin zur ethischen Erlösungsreligion. Das ist folgendermaßen vorzustellen: Für den apokalyptischen Vorstellungszusammenhang war die Erwartung leitend, daß sich Gott als alles bestimmende Wirklichkeit am Ende und als Ende der Geschichte erweisen wird. Die Form dieser Wirklichkeitsbestimmung ist das Gericht, in dem das innergeschichtliche Verhalten der Menschen letztgültig bewertet wird. In der Gemeinschaft mit Christus nun ist der strafende Charakter des Gerichtes abgewendet; indem Gott an der Stelle des hingerichteten Jesus zugegen ist, findet sich alle negative Beurteilung überwunden. Die Gottesgegenwart erfüllt nun das Leben der Menschen und verändert damit auch ihr Verhalten, bewirkt die von Jesus schon in seiner Verkündigung proklamierte „Buße" als – nun definitive – Neuausrichtung auf Gott. Diese Lebensveränderung, die sich in einem die Lebensangst bändigenden Verhalten ausprägt, ist das spürbare Zeugnis für die rettende Gegenwart Gottes.

Der angesprochene Wandel des frühen Christentums von einer apokalyptischen zu einer ethischen Erlösungsreligion hat mit der Gewichtung dieser beiden Aspekte zu tun: dem apokalyptischen Weltanschauungsrahmen und der ethischen Lebenserfüllung. Es zeigte sich nämlich in den dem Tod Jesu folgenden Jahrzehnten, daß die zuvor vorstellungsbestimmende Erwartung eines kosmischen Weltendes sich nicht erfüllte. Dieses Abflauen einer Enderwartung hatte nun aber, anders als das für die durch Johannes den Täufer ausgelöste Bewegung der Fall war, keineswegs ein Verschwinden der religiösen Bewegung der Christenheit zur Folge, und zwar darum nicht, weil sich das Bewußtsein der Lebenserfüllung durch den Glauben an Gott und das aus diesem entspringende Ethos als für sich selbst tragfähig erwiesen hatte. Damit vollendete sich gewissermaßen die in der Geschichte Jesu grundgelegte Transformation des Gottesreiches. Das Anerkanntsein durch Gott gilt auch dann, wenn man die Instanz eines kosmischen Letzturteils streicht, ja, dann und gerade dann kann sein voller Sinn erfahren werden. Die Verwandlung des Lebens zeigte sich in der frühen Christenheit in einem ausgeprägt egalitären Ethos, das Männer und Frauen, Arme und Reiche, Freie und Sklaven in der Gemeinde zusammenführte, trotz der sozial bestehenden Differenzen. Es war nicht zuletzt diese veränderte Lebensform, die für die seinerzeit mitlebenden Menschen erstaunlich war und attraktiv wirkte. Ein Vorschein von Vollkommenheit begleitete das endlich-menschliche Leben, und der konnte bis in Vorgänge leiblicher Gesundung ausstrahlen. Sowohl die moralischen Standards als auch die sichtbaren leibhaften Begleiterscheinungen dienten im frühen Christentum als Anzeichen der sich selbst verwirklichenden göttlichen Gegenwart.

Diese sachliche Möglichkeit dieses Übergangs von einer apokalyptischen zu einer ethischen Erlösungsreligion stellt nun auch die Voraussetzung dafür dar, den geschichtlichen Schritt aus der Welt des palästinischen Judentums in die hellenistische Welt des spätantiken Mittelmeerraums zu bewältigen. Das läßt sich an der Person des Paulus und seiner Verkündigung zeigen.

Paulus war im hellenistischen Kontext aufgewachsen und hatte sich in Jerusalem der pharisäischen Richtung des palästinischen Judentums angeschlossen. Aus dieser Perspektive erschien ihm die durch die hellenistischen Christen mit der Proklamation Jesu als Vorwegereignung des Endes der Geschichte gegebene Relativierung von Tempel und Tora als blasphemisch. Die entscheidende Einsicht in seiner Wende zum Christusglauben bestand dann darin, die vormals bestrittene Funktion Jesu für sich anzunehmen, daß er alle Menschen vor dem kommenden Zorn Gottes rettet – also den Sinn von Jesu Auferweckung zu verstehen. Diese Einsicht erwies sich als die treibende Kraft seiner Verkündigung: Eben diese Erkenntnis mußte, bevor das apokalyptische Ende eintrat, möglichst vielen Menschen um deren Rettung willen mitgeteilt werden. Das motiviert die Eile, die die Verkündigung des Paulus auszeichnet. Durch die Verbindung der Geschichte Jesu Christi mit dem Weltende wurde aber die konstitutive religiöse Bindung an die Tora gelöst – und damit der Weg frei auch für die Verbreitung des Glaubens unter Menschen, die nicht Juden waren oder sich dem Judentum angeschlossen hatten.

Nun ist es bezeichnend, daß Paulus seine Rolle als Apostel so versteht, mit seiner Existenz selbst ein Exempel des christlichen Lebens zu geben. Damit dokumentiert er, daß Botschaft und Lebensvollzug ineinander liegen – und genau das dürfte für die Verbreitung des Christentums in der frühen Zeit überhaupt maßgeblich gewesen sein. Es ist die durch die Zugehörigkeit zu Christus erlangte Lebensführung, die, von dorther interpretiert, überzeugend wirkt. Insofern ist Paulus gewiß ein herausragendes Beispiel der frühen christlichen Verkündigung, aber doch auch ein über diese Zeit hinausreichendes Modell christlichen Lebens.

Eben dieser Sachverhalt lehrt nun verstehen, daß die Realität des Christseins nicht davon abhängt, die apokalyptische Weltanschauung zu teilen. Paulus selbst hat vermutlich in seiner Verkündigung bereits eine Verabschiedung von der verpflichtenden Rolle einer solchen Weltanschauung vorbereitet, indem er, an hellenistische Vorstellungen anknüpfend, die Menschen auf den Monotheismus einstellte, den er über die Themen der Schöpfung, des Gerichts, der Rettung aus dem Gericht, der Auferstehung und der Umkehr der eigenen Lebensführung auslegte. Dem einen Gott als Schöpfer in seinem definitiven Urteil verantwortlich sein – das war anschlußfähig. Dem drohenden Gericht entnommen zu werden – das vermittelte Hoffnung, zumal in Verbindung mit der Vorstellung einer eigenen Auferstehung. Und die Basis für diesen Vorstellungszusammenhang war die ethische Subjektivität, also die eigene Selbstverantwortung, mit den Momenten der Erfüllung, die es in diesem Leben bereits gibt. Diese ethische Transformation des Christentums, noch unter apokalyptischen Vorzeichen durchgeführt, enthielt die Möglichkeit, der Krise der sog. „Parusieverzögerung", dem Abflauen der Endzeiterwartung, standzuhalten.

Im neuen Ethos der Christenheit muß man auch die Wurzeln des Gemeinschaftslebens finden, also die Bestimmungsfaktoren der religiösen Lebenssinnkommunikation, wie wir das nannten. Vom Tempel und seinen kultischen Vollzügen waren die frühen Gemeinden – bis auf Teile der Jerusalemer Gemeinde – grundsätzlich geschieden; schon gar nicht gab es eine Nachbildung der herkömmlichen religiösen Rollen, etwa des Priesters, im frühen Christentum. Stattdessen kommt eine „kommunale" Rollenverteilung in Betracht, die sich als Erzähl-, Deutungs- und Mahlgemeinschaft darstellt und die auf gemeinsames Leben in kleineren Verbänden abzielt. In solchen Zusammenhängen bildet sich das Bewußtsein von der Rettung durch Christus aus, gewinnt in sprachlichen Überlieferungen über die Geschichte Jesu, in Gebeten und im gemeinsamen Mahl eine feste Gestalt. Das Bild einer planmäßigen „Mission" durch fast professionell erscheinende Apostel gehört einer späteren Übermalung früher Zustände an. Eher ist es die über Lebensformen sich vermittelnde Gemeinschaft, die für die Ausbreitung des Christentums sorgt.

Unter diesen Bedingungen war die frühe Christenheit imstande, die zwei elementaren Herausforderungen zu bestehen, die auf sie zukamen, als Menschen ins Christsein nicht mehr durch Bekehrung eintraten, sondern durch ihre (familiäre) Lebensgeschichte hineinwuchsen: die Krise der Kontinuität und die Krise der Kohärenz (M. Wolter, bei Öhler, Geschichte des frühen Christentums, S. 299).

Kontinuität konnte aufrechterhalten werden, indem die wegbrechende mündliche Tradition in Schriftform überführt wurde. Dadurch entsteht automatisch eine normative Instanz, sofern Überlieferungen nun nur noch sehr begrenzt variiert werden können und sofern man auf weitgehend konstante Texte aus verschiedenen Perspektiven zugreift, die sich zur schriftlichen Überlieferung ins Verhältnis setzen müssen. Diesem Aspekt des Gewinns von Kontinuität verdanken sich die Texte des Neuen Testaments, sowohl die Sammlung der Paulusbriefe als exemplarische Modelle religiöser Kommunikation im Christentum als auch die Verfassung der Evangelien als grundlegende Sammlungen der für die Gemeinden wichtigen und bedeutsamen Jesusüberlieferung.

Kohärenz stellt sich ein, wenn der Umgang mit den kontinuitätsstiftenden Momenten auch institutionell gesichert ist. Dafür ist eine soziale Konstanz von Rollen erforderlich, es sind also Personen nötig, die für eine Gleich- und Regelmäßigkeit der religiösen Vollzüge sorgen können. Hier kommen die ersten, durchaus vielfältigen Versuche zustande, das Leben von Gemeinden sozial stärker zu strukturieren. Dabei legt es sich nahe, die Rolle der Leitung der Gottesdienste (mit Lesungen, Gebeten, dem Mahl) und die Rolle der Lebensversorgung zu differenzieren. In diesen Zusammenhängen bilden sich die Leitungsstrukturen der frühen Christenheit aus – und damit kommen wir zu den Leitbegriffen Amt und Sakrament, eine Struktur, die etwa ab dem 3. Jahrhundert gegeben ist (Adolf von Harnack).

Grundsätzlich geht es dabei um die Sicherung des Heils, also die Übermittlung der Erlösung einerseits, die diesem Heil entsprechende Lebensführung andererseits. Die dogmatischen Auseinandersetzungen über das richtige Verständnis Christi und der Dreieinigkeit Gottes dokumentieren, wie entschlossen die Kirche an der Unbedingtheit des Heils festhalten wollte. Zugleich aber sollte der Zusammenhang mit der Lebensführung aufrechterhalten werden. Nicht zuletzt dieser Konstellation verdankt sich das Bestreben, für die Überzeugung von der Vollständigkeit und Triftigkeit der Heilsbotschaft auch eine authentische und zuverlässige Linie der Tradition zu unterstellen. Was von Jesus verkündigt und von ihm her gelebt wird, hat ursprünglich mit ihm zu tun – und diejenigen, die diese Verkündigung ausüben und für die Beständigkeit christlichen Handelns einstehen, müssen selbst verläßlich sein, ja, über einen Zusammenhang mit jenem Anfang und Ursprung verfügen. Daraus erwächst nicht nur die Praxis des Bischofsamtes, das sich gegenüber anderen Leitungsfunktionen durchsetzt, es verbindet sich mit ihm auch die Idee der apostolischen Sukzession als der historischen Gewährleistung von Zuverlässigkeit. Es ist deutlich zu sehen, daß die ungebrochene historische Abfolge das Postulat eines geistlichen Anliegens ist, keine neutral-kritische Tatsachenfeststellung.

Mit dem aus der Tradition herstammenden Amt wird nun zunächst und zentral die Darbietung des Heils verbunden. Dazu zählt vor allem die Leitung des Gottesdienstes als der zentralen Veranstaltung, an der sich die christliche Lebensführung religiös bildet. In ihre Mitte rückt das Abendmahl als die Selbstvermittlung der Gemeinschaft Jesu Christi zum Heil der Gemeinde. Wer am Abendmahl teilnimmt, weiß sich in den Leib Christi integriert und gewinnt so Anteil an der Erlösung.

Nun sind die institutionelle Form der Heilszueignung durch das Amt und das Geschehen der Heilszueignung durch das Sakrament aber durchaus in die Logik einer ethischen Erlösungsreligion eingebunden, also mit dem sittlichen Grundmuster unterlegt, das menschliche Leben zu formieren. Daraus erwachsen drei Bedingungen, deren Umstände sich sogleich bemerkbar machen. Erstens ist mit dem ethischen Grundgedanken die Vorstellung einer durch menschliche Handlungen vermittelten Zeitabfolge verbunden. Es gibt ein Vorher und ein Nachher einer Handlung, und das Nachher bewegt sich in einer durch das Handeln aktivierten Sinnlinie; was getan wird, soll auf etwas Anderes, Besseres, hinauslaufen. Zweitens ist eine Konzentration auf die Bedingungen des Handelns gefordert. Es geht also um eine Schärfung des Willens, ein Abschätzen der Kräfte, eine Anstrengung zum Zwecke der Durchsetzung des Tuns. Damit ist ein strategischer Umgang mit sich selbst in der Situation des Handelns gegeben. Drittens schließlich muß und darf angesichts der Unsicherheit und Begrenztheit des eigenen Handelns mit der Hilfe der göttlichen Kraft gerechnet werden, die den ethischen Prozeß formt und begleitet. Die Zuwendung und Annahme des Heils bedeutet, in den ethischen Prozeß eingebracht, eine Stärkung und Förderung des Handelns, sowohl was die Gewißheit der Zielwahl ausmacht, als auch was die Berechnung der Kräfte angeht, vor allem aber, was die Erreichung des Ziels selbst betrifft.

Es bleibt dabei nicht aus, daß die eigentlich unbedingte Zuwendung des Heils im Sakrament und die graduelle Umsetzung des Handelns in eine Spannung zueinander geraten. Denn als fördernde Kraft muß das sakramental verstandene Heil wie ein Prozeßmoment des Handelns aufgefaßt werden. Es gewinnt damit eine (auch) quantitative Gestalt. Darum wird aber zugleich die Frage akut, in welchem Umfang und mit welcher Gewißheit denn diese Zuwendung des Heils so angeeignet werden kann, daß die Förderung des Handelns optimal erfolgt. Hier treten, wenn man die menschliche Aufnahmeschwäche in Rechnung stellt, immer auch Defizite auf, so daß eine stets neue Zufuhr des sakramentalen Heils nötig wird – und doch keine endgültige Gewißheit über das Erreichen des sittlichen Ziels errungen werden kann.

Kurzum: Das Modell der unbedingten Heilszueignung, wie es im sakramentalen Ereignis der Erlösung konkret wird, und das Modell des stufenweisen ethischen Handelns, das auf fortschreitende Verwirklichung eingestellt ist, befinden sich in einer eigentümlichen, auf dieser Ebene nicht auflösbaren Spannung. Drei Momente sind es, die sich auf eine auffällige Art und Weise mit der beschriebenen Spannung verbinden. Einmal steht die Idee der historischen Amtsabfolge in einer strukturellen Nähe zum ethischen Handlungsmodell. Auch hier geht es um eine Kontinuität in der Geschichte, einmal unter dem Aspekt der Herkunft der Gewißheit des Heils, einmal unter dem Aspekt des zukünftigen Gelingens des Handelns. Fast kann man sagen: Ein über das (als historische Abfolge verstandene) Amt vermitteltes Heil steht eo ipso in der Gefahr, als nur teilweise Zuwendung, nicht als unbedingte Gabe verstanden zu werden. Sodann stellt sich in dieser Mischform von Heil und Handeln die Konstellation ein, daß es nie zu einer völligen Übereinstimmung kommen kann. Der endgültige Erfolg, die reine Passung von Handeln und letztem Ziel, bleibt unerreichbar – und damit verbieten sich das Empfinden und die Artikulation einer unbedingten Gewißheit des Heils. Sofern es immer noch ins Handeln umgesetzt werden muß, ohne je das Handeln vollständig bestimmen zu können, bleibt die Differenz zwischen dem Heil und seiner Aneignung erhalten. Schließlich bleibt auch der Unterschied zwischen dem Amtsträger, der das Heil vermittelt, und denjenigen, die das Heil empfangen, unüberbrückbar bestehen. Denn auch wenn für die Amtsträger, wie für alle Christenmenschen, die Forderung besteht, das eigene Leben vom Glauben bestimmen zu lassen, so sind und bleiben doch sie es, durch die das Heil zu den Menschen kommt, welche ohne die Autorität des Amtes eben des Heils ermangeln müßten.

Diese Spannungen können nur ertragen werden, wenn es eine Institution gibt, die beide, das Heil und das Handeln, umgreift – und das ist die Kirche, die sich über Amt und Sakrament aufbaut. Sie besitzt selbst eine geistlich-geschichtliche Doppelgestalt, die im Selbstverständnis der Kirche auf die gottmenschliche Einheit Christi zurückgeführt wird. Dadurch vermittelt die Kirche zwischen dem verlaufsförmigen Modell des Handelns und dem seinshaften Zustand des Heils. Die Kirche ist, in diesem Verständnis, eine universale Institution, die alles in sich befaßt. Die Christusförmigkeit der Kirche zu pflegen und zu erhalten, dafür ist dann abermals das Sakrament – und zwar das Sakrament des Altars, auch Herrenmahl oder Eucharistie genannt – erforderlich. Denn in der Eucharistie bringt die Kirche durch den geweihten Amtsträger das Selbstopfer Christi erneut und unblutig dar, um dadurch ihre eigene Gestalt zu finden. Das Sakrament gerät so in eine irritierende Doppelfunktion. Einerseits ist es – man ist geneigt zu sagen: grundlegend – der Selbstvollzug der Kirche; andererseits – man muß sagen: nachfolgenderweise – ist es die Zueignung des Heils. Damit rückt aber die religiöse Selbstkonstitution der Kirche an die erste Stelle. Alles läuft darauf zu, daß die geschichtliche Dimension der Kirchengestalt ihr geistliches Wesen überformt.

Der eigentümliche und auf Dauer unhaltbare Zustand der Kirche spiegelt sich auch in ihrem Verhältnis zur Welt. Dieses ist einerseits von großer Klarheit und mit einem unendlichen geschichtlichen Gewinn versehen, führt aber andererseits in unaufhebbare Widersprüche.

### 3. Kirche in der Welt

Indem sich das Christentum über die Vorstellung des Reiches Gottes aufbaut, bildet sich ein eigentümliches Verhältnis zur Welt aus. Einerseits betrifft das Reich Gottes selbstverständlich die ganze Welt. Dabei wird diese Ganzheit nach einem politisch-gesellschaftlichen Muster, nicht als eine natürlich-gegebene Welteinheit aufgefaßt; es ist ja eben vom „Reich" Gottes die Rede, nicht vom „Kosmos" oder dergleichen. Auf der anderen Seite wird die herkömmliche Reich-Gottes-Vorstellung der übermächtigen Herrschaft Gottes transformiert in die religiöse Präsenz Gottes in der Gegenwart kraft der Auferweckung Jesu Christi. Damit wird ein unvergleichlicher Unterschied zu jeder Art einer politischen Welteinheit aufgemacht.

Unter dem Gesichtspunkt der sachlichen Grundlegung ist mithin eine kategoriale Differenz von geistlicher Kirche und machtbestimmter Welt zu konstatieren. Man kann sagen, daß sich eigentlich erst im Unterschied von der Kirche ein selbständiger Begriff der Welt eröffnet.

In der Perspektive der historischen Entfaltung freilich stehen Kirche und Welt vor der gemeinsamen Aufgabe, sich innerhalb dieses Ganzen gemeinsam, in Konfrontation und Kooperation, zu bewegen. Wichtig ist dabei freilich, daß es keinen identischen, die Differenz von Kirche und Welt übergreifenden Allgemeinbegriff des Ganzen gibt. In beiden Hinsichten – der Selbständigkeit der Welt und der Notwendigkeit der Zuordnung von Macht und Geist – kann man von einem großen geschichtlichen Gewinn sprechen, der dem Christentum verdankt ist.

Allerdings ist dieser Gewinn, wie sich an exemplarischen Stationen in der Geschichte zeigen läßt, auch mit spezifischen Schwierigkeiten belastet.

In den ersten drei Jahrhunderten seiner Geschichte hat die Bewegung der Christgläubigen sich ohne Teilhabe an weltlicher Macht ausgebreitet. Es waren erweiterte soziale Strukturen aus dem Umfeld des Typus „Familie", in denen der Glaube tradiert und rezipiert wurde. Dem entspricht eine Mehrzahl von Erscheinungsformen, durchaus abhängig von geschichtlichen Umfeldern. Die innere Organisation der Gemeinden erfolgte nach dem Prinzip der zusammenhaltenden Aufsicht, also der *Episkopé* des *Episkopos*, des Bischofs als des örtlichen Gemeindeleiters. Damit verbunden war die Stärkung von Lokaltraditionen, wie sie bereits der Verschriftlichung der Evangelien zugrunde lag. Unterschiedliche Traditionslinien waren damit vorgegeben. Eine Vernetzung gab es nur in horizontaler Dimension, allerdings war der Austausch durchaus bemerkenswert, nicht zuletzt durch kursierende gemeinsame Literatur befördert, von der Sammlung der Paulusbriefe und den Evangelien angefangen. Auch trugen die Konflikte mit staatlicher Macht zu einer Verdichtung christlichen Zusammengehörigkeitsbewußtseins bei; insbesondere die Märtyrer, die um ihres Glaubens willen den Tod auf sich nahmen, gewannen als musterhafte Beispiele für die Gewißheit der Rettung durch Gott auch durch den Tod hindurch eine den Glauben erläuternde und befestigende Wirkung. Von einer Einheit der Kirche, die sich aus einzelnen Gemeinden zusammensetzt, kann man daher nur in einem theologisch-kategorialen, nicht einem historisch-organisatorischen Sinn reden.

Bevor der römische Kaiser Konstantin der Große im Jahr 313 die christliche Religion offiziell zu tolerieren erlaubte, war schon wenige Jahre vorher in Armenien eine Staatskirche eingeführt worden – ein Ereignis, das für das römische Reich dann 380 unter Theodosius nachvollzogen wurde. Damit war für das Verhältnis von Kirche und Welt eine neue Lage geschaffen. Denn nun mußte sich die machtfer-

ne und pluriforme Bewegung zu einer mit staatlichen Erwartungen
versehenen Institution der Religion wandeln. Dazu gehörte nicht nur,
sich neuen ethischen Problemen zu stellen, etwa der Haltung zur Todesstrafe und zum Krieg, sondern auch sich selbst mit der staatlichen
Ordnung ins Benehmen zu setzen. Die Schwankungsbreite war enorm
zwischen einer Ableitung des Staatswesens aus dem Gedanken des
Reiches Gottes und einer Kritik von weltlichen Einheitskonzepten aus
religiösen Gründen. Allerdings ist diese Spannbreite von Zuordnungen auch bezeichnend, denn es gibt aus grundsätzlichen Erwägungen
weder eine Dominanz der Staatsferne noch der Staatsverherrlichung
im Christentum. Vielmehr muß man, vor allem in der römisch geprägten westlichen Kirche, stets damit rechnen, daß zu große Staats-
nähe durch religiöse Opposition kritisiert wird – wie umgekehrt auch
eine Flucht aus der Welt nicht als allgemeine christliche Option angesehen werden kann. Daß im 4. Jahrhundert dann das Mönchtum
seinen Ursprung nimmt, welches sich, insbesondere in seinen einsied-
lerischen Spielarten, als institutionelle, aber nicht allgemeinverbindli-
che Alternative zur „weltlichen" Kirche versteht, läßt sich von dieser
Ausgangslage her gut verstehen.

Von eigener Bedeutung ist diese Entwicklung für die organisatorische Struktur und für die Einheit der Lehre der Kirche. Denn auf
beiden Feldern führt sie zu einer Homogenisierung. Das Bischofsamt
wird stärker hierarchisiert, auch werden vertikale Abhängigkeiten erzeugt; nicht ohne Anhalt an den politischen Machtstrukturen werden
Rom und Konstantinopel zu Subzentren des Christentums. Es paßt
dazu, daß der römische Primatsanspruch im vierten und fünften Jahrhundert lauter wurde, bevor er durch Leo den Großen (ca. 400–461)
mit Macht erhoben wurde. Die Amtsautorität der Priester, ohnehin
durch die Vorstellung der apostolischen Sukzession gefördert, wird
nun auch mit dem Schleier der Macht umhüllt. Der Symbolbereich
der Familie als Reservoir religiöser Kommunikation wird zunehmend
durch den der Herrschaft ersetzt. Auch die lehrmäßige Übereinstimmung – auf den „ökumenischen" Konzilien – wurde, nicht zuletzt
durch staatlichen Einfluß befördert, nach Kräften gesucht und aus-
gebaut. Der Eingriff bereits Konstantins auf dem Konzil von Nizäa
(325) ist dafür das Musterbeispiel.

Grundsätzlich – und bis heute – wirken dabei die antiken Tendenzen in der Zuordnung von Kirche und Staatsmacht nach, wie sie
sich zwischen der Ost- und Westkirche aufgebaut haben. Während im
Osten die Kirche eng an den Staat angelehnt ist, bleibt es im Westen

bei einem kritischen Miteinander oder gar einem permanenten Konflikt. Gerade die Konflikthaftigkeit in der Auseinandersetzung von Kirche und Staat im Westen besitzt nun aber eine eigentümliche Dialektik, die die Kirche selbst dazu verführt, die Züge weltlicher Herrschaft anzunehmen. Diese Beobachtung führt uns auf das nächste Beispiel aus der Geschichte, ins westeuropäische Mittelalter.

Das Bindeglied bildet die Theorie von den zwei Gewalten, die zuerst von Papst Gelasius I. an der Wende zum 6. Jahrhundert vorgebracht wurde und die im Mittelalter als „Zwei-Schwerter-Lehre" rezipiert wurde. Ihr zufolge wird das kritisch-differenzierte Verhältnis von Kirche und Welt (Staat) als Verhältnis zwischen zwei machtförmigen Vergesellschaftungsmodi gesehen. Die Kirche ist für die geistliche Macht zuständig, der Staat für die weltliche, und diese Unterscheidung wird auf Gott zurückgeführt (was später mit Lk 22, 38 zu rechtfertigen versucht wurde). Diese Theorie wirft zwei Probleme auf. Erstens werden Kirche und Staat unter den Begriff der Mächte subsumiert; sie sind insofern von gleicher Art. Zweitens stellt sich aber, wenn von Mächten die Rede ist, die Frage nach dem Machtverhältnis. Hier legt sich der Streit nahe – und tatsächlich ist es im Investiturstreit am Ende des 11. Jahrhunderts anläßlich der Frage, wer die Befugnis zur Ernennung von Bischöfen besitzt, zum historischen Konflikt darüber gekommen. Dafür ist freilich vorausgesetzt, was die spätantike Theorie noch nicht absehen konnte, daß Bischöfe selbst Landesherren sind und staatliche Gewalt gebrauchen.

Die Lösung war selbst von einem inneren Widerspruch gezeichnet. Zwar konnte sich das Papsttum mit seinem geistlichen Anspruch auf Ernennung der Bischöfe durchsetzen – eben dadurch aber gewannen die Bischöfe eine weltliche Macht, die sich durchaus auch gegen den Kaiser richten konnte. Das Fazit dieser Entwicklung lautet, daß sich die Annäherung der Kirche an die weltliche Macht verstärkt hatte; damit wurde das, was in der als geschichtliche Wirklichkeit beanspruchten apostolischen Sukzession grundgelegt war, zur tragenden Säule auch der geistlichen Funktion der Kirche. Entsprechend dominierte das ethische Verlaufsmodell der christlichen Heilsaneignung die Unmittelbarkeit der Heilszusage. Zugleich eröffnete die Verlagerung der Identität der Kirche in die Hierarchie auch die Möglichkeit, heterogene religiöse Elemente, die zur christlichen Idee der unmittelbaren Gegenwart Gottes schlecht passen, auf elastische Weise zu integrieren; dazu zählen vor allem ein exaltierter Heiligenkult und eine hypertrophe Wundergläubigkeit.

Die Komplexität der Geschichte, in die der historische Anfang und der geistliche Ursprung des Christentums in Gestalt der Kirche eingegangen sind, führte, das kann man nachvollziehen, zur Notwendigkeit einer kritischen Betrachtung dieser Geschichte selbst. Die Kraft dazu kann nur aus der Wirklichkeit des religiösen Gehalts selbst stammen, wenn die Revision von Erfolg gekrönt sein soll.

> MARKUS ÖHLER, Geschichte des frühen Christentums (UTB 4737), Göttingen 2018.
>
> ADOLF VON HARNACK, Die Mission und Ausbreitung des Christentums in den ersten drei Jahrhunderten, 4. Aufl. Leipzig 1924.
>
> CHRISTOPH MARKSCHIES, Das antike Christentum. Frömmigkeit, Lebensformen, Institutionen (Beck'sche Reihe 1692), 2. Aufl. München 2012.

## § 13 Die Gewißheit des Glaubens und die Reformation der Kirche

### 1. Reformation als Kirchenspaltung?

Daß die Reformation im 16. Jahrhundert die Kirche gespalten, also durch die Gründung einer neuen Kirche die Einheit der Kirche zerstört habe, ist ein zentraler Vorwurf der katholischen Polemik gegen das evangelische Christentum. Weil es spätestens seit dem tridentinischen Konzil (1545–1563) im Westen tatsächlich zwei unterschiedlich organisierte Kirchen gibt, ist diese Deutung der Reformation durchaus auch ins gegenwärtige Allgemeinbewußtsein eingegangen. Unsere bisherigen Überlegungen widerlegen freilich diese Auffassung von der Geschichte der Kirche, und zwar mit vier Argumenten.

Das erste Argument verweist auf die Analogie zwischen der Deutungsfigur der Kirchenspaltung mit der der Religionsstiftung. Wer eine neue Kirche organisieren will, muß eine eigentümliche religiöse Idee in die Welt bringen, die eine dazu passende soziale Gestalt erforderlich macht. Eine solche Idee muß einerseits in einer besonderen Paßgenauigkeit zu der Person stehen, die sie vorbringt. Ihre soziale Organisation muß weiterhin strategisch verfahren, also die geschichtlichen Kräfte einschätzen und für die eigenen Zwecke gebrauchen. Das alles trifft auf die Reformation, wie sie in Wittenberg und Zürich ihre Anfänge nahm, nicht zu. Vielmehr handelte es sich um innerkirchliche Veränderungsbestrebungen, die erst durch den Widerstand, auf den diese stießen, eine eigene organisatorische Gestalt nötig machten, um den Reformimpuls auf Dauer zu stellen.

Das zweite Argument bezieht sich auf die vorausgesetzte Figur der „Einheit der Kirche". Wenn die Einheit der Kirche auf dem Zusammenhang der unterstellten historischen Kontinuität mit dem geistlichen Gehalt beruht, dann und nur dann ist in der Tat die sachliche Kritik dieses Zusammenhangs auch die Zerstörung „der" Kirche. Daß es bei der behaupteten „Einheit der Kirche" in Wahrheit um das Festhalten an dem keineswegs selbstverständlichen Modell der Einheit von Geschichte und Religion geht, ergibt sich auch aus der Tatsache, daß etwa der massive Bruch zwischen der Ost- und der Westkirche im Jahr 1054 als Kirchentrennung, aber nicht als Kirchenspaltung interpretiert wird. Von der Reformation als Kirchenspaltung zu reden, übernimmt also eo ipso das römisch-katholische Kirchenmodell, wie es im Tridentinum festgeschrieben wurde, als verbindlich.

Das dritte Argument bezieht sich auf die Metapher der „Spaltung". Es kann nur gespalten werden, was in sich einen Unterschied trägt, der eine Spaltung erlaubt. Nun sind es aber, wie wir gesehen haben, gerade die verschiedenen Momente der geschichtlichen Herkunft und der geistlichen Vollmacht, die sich in dem tradierten Verständnis der Kirche zusammengeschweißt fanden; diese Zusammenfügung freilich erweist sich, einmal kritisch betrachtet, eben als uneinheitlich und verlangt nach einer Auflösung oder Neubestimmung.

Das führt auf die vierte Argumentation. Die reformatorische Kritik an der Kirche in der damaligen geschichtlichen Gestalt geht genau auf den Unterschied zurück, den wir schon oben erkannten zwischen dem unbedingten religiösen Gehalt, der Idee oder dem Wesen des Christentums einerseits – und seiner geschichtlichen Gestalt andererseits. Daher ist die Reformation nach ihrem eigenen Verständnis die Wiederanknüpfung an den religiösen Ursprung unter der Bedingung einer fortgeschrittenen Geschichte der Kirche. Es versteht sich von selbst, daß diese Anknüpfung an den Ursprung auch Folgen für die geschichtliche Erscheinungsweise und die organisatorischen Aufbauprinzipien der Kirche nach sich zieht – jede religiöse Artikulation geschieht ja in der Geschichte und zeitigt ihre eigenen Folgen. Es kann darum nicht verwundern, daß auch der religiöse Impuls der Reformation auf eine Veränderung der Gestalt der Kirche drängt. Ob und wie dieser aufgenommen, modifiziert oder abgelehnt wird, ist dann selbst eine historische Frage. „Reformation als Kirchenspaltung" ist mithin selbst kein historisches Urteil, sondern ein negatives Werturteil aus der Perspektive der römischen Kirche, die von der Reformation neu auf ihren Ursprung verwiesen wurde.

## 2. Wort und Glaube

Was sich in der Reformation vollzieht, ist der Sache nach eine Transformation des Wesens des Christentums in eine neue geschichtlich-kirchliche Gestalt. Diese läßt sich am besten beschreiben, wenn man sie ins Verhältnis zu den früheren Formen des Christseins rückt. Die gemeinsame Grundidee ist dabei, daß die Gegenwart Gottes, das Reich Gottes, durch die Geschichte Jesu Christi zur bestimmenden Macht der Ganzheit des menschlichen Lebens wird. Die Vorstellungs- und Erfahrungsweisen dieser bestimmenden Gegenwart fallen freilich geschichtlich unterschiedlich aus.

Wir hatten die Anfangsformation des Christentums beschrieben als apokalyptische Erlösungsreligion. Dabei konstituiert sich die Ganzheit durch das als apokalyptische Katastrophe erwartete Weltende; dieses wird dann ins aktuelle Leben zurückgewendet: Gott ist nicht erst am Ende alles in allem, sondern bestimmt mit derselben Macht jetzt schon das ganze Leben. Aus dieser weltanschaulich abhängigen Konzeption bildete sich zunächst die Auffassung vom Christentum als ethische Erlösungsreligion heraus. Die Einheit des von Gott bestimmten Lebens baut sich danach in der Einheit des Lebenslaufes auf. Die eigene Subjektivität im Empfinden, Wollen, Planen und Tun ist es, innerhalb derer sich die Gegenwart Gottes als bestimmend erweist. Das Mittel dieser einflußreichen Bestimmung ist das Sakrament, das sich dann auch zu einer lebensbegleitenden Siebenzahl von Sakramenten erweitert – von der Taufe des Neugeborenen bis zur Krankensalbung der Sterbenden; die konkrete Lebensgestalt ist das Ineinanderfügen der bestimmenden Heilsgegenwart Gottes und der eigenen Lebensführung. Dieses einflußreiche und anschauliche Modell kann freilich, wie wir sahen, die Spannung zwischen der „vertikalen" Wirkung der göttlichen Gnade und der „horizontalen" Dimension des menschlichen Handelns nicht auflösen. Statt dessen wird der unmittelbar-unbedingte Einfluß der Gnade dem graduellen Verlaufsmodell des Handelns eingeordnet – mit den dargestellten desaströsen Folgen für die Kirche.

Mit der Reformation tritt nun ein neues Modell an den Tag, das hier „existentiale Erlösungsreligion" genannt werden soll. Was ist darunter zu verstehen? Der Begriff „existential" ist Martin Heidegger und Rudolf Bultmann entlehnt. Beide meinten mit ihm Strukturen, die das Menschsein fundamental auszeichnen, unabhängig davon, wie diese Strukturen inhaltlich gefüllt werden. Der Sinn dieses Ausdrucks läßt sich darum an der Verfassung humaner Subjektivität klarmachen. Es steht ja außer Frage, daß das ganze Leben eine Abfolge von Handlungen ist. Anders kann sich ein Leben nicht erhalten, auch nicht selbst verstehen. Allerdings muß man zwischen dem Komplex des Handelns, wie er durch getane Taten wirklich wird, und den Elementen unterscheiden, die ihm vorangehen und die ihn begleiten. Indem dem Handeln eine Sinnbestimmung unterlegt wird (also mindestens: etwas erreichen zu wollen), gibt es eine virtuelle Ganzheit der Handlung bereits vor deren tatsächlicher Ausführung. Nun hängen aber, ob gewollt und geplant oder nicht, die verschiedenen Sinnbestimmungen, wie sie sich in verschiedenen Handlungen ausprägen, unvermeidlich miteinander zusammen und machen so das persönliche Selbstbild aus, das jeden Menschen individuell prägt. Woher nun bestimmt sich dieses Selbstbild – wenn es ja nicht die den Sinnbestimmungen nachfolgenden Handlungen sein können, die diese Bestimmung ausüben? Worin wurzelt überhaupt die Fähigkeit zu einem dem Handeln vorangehenden, sich aber immer in ihm zur Darstellung bringenden Selbstbild? Das ist die „existentiale" Frage, auf die sich unsere Aufmerksamkeit richtet.

Das Christentum als „ethische Erlösungsreligion" nimmt ja, wie wir gesehen haben, das „existentiale" Selbstverständnis und die Dimension des Handelns zusammen und sucht darüber die Ganzheit des Lebens zu schematisieren. Dieser Versuch scheitert aber daran, daß das vorlaufende existentiale Selbstbild vom nachlaufenden Handeln, seiner moralischen Akzeptanz und auch von seinem Erfolg abhängig gemacht wird. Die Absicht, auf diesem Wege die Ganzheit der Bestimmung des Lebens durch Gott kenntlich machen, mißlingt und muß mißlingen, weil die anthropologische Grundlage, auf die sie sich bezieht, brüchig ist. Man kann den Impuls, der sich aus dieser Einsicht ergibt, freilich auch in positiver Perspektive formulieren: Die Suche nach dem Ausdruck der völligen Bestimmtheit des Lebens durch Gott verlangt nach einer genaueren Analyse des Menschseins – eben um dieses Anliegen durchführen zu können. Genau das ist es, was sich mit der Reformation vollzogen hat.

Es läßt sich nun gut zeigen, inwiefern die reformatorische Intention an das mit der bestehenden Kirche gegebene Modell der Ganzheit kritisch anknüpft. Wir müssen uns dazu nur auf den Vorgang konzentrieren, der für die unmittelbare Wirkung der göttlichen Gnade als Bestimmung des menschlichen Lebens einsteht. Dieser Vorgang hat sich für Martin Luther über das Sakrament der Buße erschlossen. In der Buße kommt nämlich der Vollzugssinn des Sakraments am deutlichsten zu Bewußtsein. Die Buße enthält ja erstens eine unmittelbare Konfrontation des menschlichen Lebens mit Gott in Gestalt der Beichte als dem Bekenntnis dazu, daß unser Handeln der göttlichen Bestimmung nicht entspricht: Die Beichte vollzieht sich als Bekenntnis der Sünde. Die Antwort auf dieses Bekenntnis ist nun aber die Vergebung, das heißt die Neueröffnung des Gottesverhältnisses von Gott her (durch die sündenvergebende Absolution aus dem Munde des Priesters). Worauf bezieht sich nun die Vergebung? In der klassisch-traditionellen Fassung des ethischen Erlösungsmodells stellt sie den Menschen erneut (und erneuert) in den Strom seines Lebens ein, der sich in der Abfolge von Handlungen vollzieht. In reformatorischer Sicht bezieht sie sich aber auf das Selbstverständnis, das dieser Handlungsabfolge vorausliegt, und verortet die mit dem Gottesverhältnis gegebene Anerkennung der Person in dieser existentialen Dimension. Damit ist die göttliche Anerkennung in dem einen Akt des Sakraments unmittelbar auf das ganze (nachfolgende) Leben bezogen und nicht mehr vom Gelingen des Handelns abhängig. Dadurch gewinnt das Gottesverhältnis eine tatsächlich umfassende und durchgreifende Bestimmung des Lebens.

Wenn es nun, wie es zu sein pflegt, zu einem Nachhinken des Handelns gegenüber dem Selbstbild kommt, welches aus der Anerkennung durch Gott lebt, dann bedarf es einer wiederholten Ausrichtung auf Gott, um für den Weg der ethischen Entsprechung zum grundgelegten Selbstbild gerüstet zu sein. Denn der Mangel geht darauf zurück, daß der Mensch sich der bestimmenden Macht Gottes zu entziehen versucht hat – und genau diese Fehlorientierung muß aufgehoben werden. Es ist aber nicht der empirische Erfolg oder Mißerfolg des Handelns, der über Heil und Unheil entscheidet. Indem das Handeln von der Frage des Heils entkoppelt wird, kann es sich auf die innerweltlichen Ziele konzentrieren, um derentwillen es ja ins Werk gesetzt wird. Die Ethik erhält daher einen neuen Zuschnitt, sie wird, obwohl sie zutiefst mit dem religiösen Selbstbild verbunden und von ihm bestimmt ist, zu einer Frage der vernünftigen und lebensdienlichen Weltgestaltung.

Die Buße ist der Ansatzpunkt gewesen, an dem sich die neue Konstellation der „existentialen Erlösungsreligion" zuerst bemerklich machte. Von diesem Vorgang des Freispruchs von Sünde und Schuld im Sakrament der Buße her lassen sich nun auch Wort und Glaube als die entscheidenden Kennzeichen dieser Gestalt des Christentums verstehen.

Anders als es sich in den Sakramenten Taufe und Abendmahl verhält, ist die Buße ganz allein aufs Wort konzentriert. Die Zusage der Vergebung *ist* die Vergebung. Damit knüpft dieser Vorgang direkt an die Funktion des Wortes an, die wir als Wirklichkeit des Auferstandenen bezeichnet hatten. Wir hatten gesehen, daß sich der Sinn der Auferstehung Jesu Christi darin erfüllt, daß sich Menschen von der Wirklichkeit der dadurch gesetzten Bestimmung der ganzen Gegenwart Gottes, der Transformation des Reiches Gottes, ergreifen lassen und darin zu einem neuen, sie unverbrüchlich mit Gott vereinenden Selbstverständnis gelangen. Der Zuspruch der Vergebung ist also nichts weniger als die Vergegenwärtigung des Auferstandenen.

Genau das muß aber auch dadurch kenntlich gemacht werden, daß sich der Sinn und die Verfassung der ganzen christlichen Verkündigung von hier aus bestimmen. Dazu ist es nötig, sich auf das Neue Testament zu beziehen, das ja selbst Resultat gelungener, an ihr Ziel gelangter Verkündigung ist. Das Wort der Vergebung wurzelt im Wort des Neuen Testaments, das die Geschichte Jesu Christi als Grundlegung des Heils erzählt. Diese Erzählung bewegt sich stets im Zusammenhang des Alten Testaments – und genau insofern besitzt das Wort der Bibel selbst eine sakramentale Funktion, stellt wirksam auf die bestimmende Wirklichkeit Gottes in der Ganzheit des Lebens ein. Die Konzentration der Reformation auf die Bibel als das Ursprungsdokument des Christentums geht auf diese geistliche Auszeichnung der Bibel zurück – und nimmt damit zugleich den stets mit der Schriftform der Bibel verbundenen mündlichen Gebrauch, ihren Ursprung aus der Verkündigung, auf. Als Ursprungsdokument des Glaubens, nicht als Anfangsdokument des Christentums ist die Bibel Heilige Schrift, von ihrer geistlichen Funktion her und nicht nach Maßgabe ihres historischen Alters.

Von der Buße her erklärt sich nun auch der Sinn des Glaubens. Das Sakrament erfüllt seine Funktion der Stiftung und Gründung des Gottesverhältnisses genau und nur dann, wenn die Zusage der Vergebung ganz und vorbehaltlos aufgenommen wird. Dies kann nur dann geschehen, wenn alle Reflexion auf sich selbst, den eigenen Zustand oder die eigene Würdigkeit, unterbleibt. Das gelingt unter zwei Bedingungen. Erstens muß die eigene Verfassung zweifelsfrei festgestellt sein. Das ist in der Beichte geschehen, in der sich der Mensch als Sünder bekannt hat – darüber ist nun nicht mehr nachzudenken, das ist als sprachliche Festlegung erfolgt. Zweitens muß die ganze Aufmerksamkeit dem Wort gelten, das da ausgesprochen wird. In einem aus-

gezeichneten Sinn kommt im Vergebungswort der Buße der Grund-
charakter der Sprache selbst zum Ausdruck: Es gibt keine Alternative
dazu, dem Wort unbedingt zu trauen. Das gelingt hier nun in besonderer Weise aus dem doppelten Grund, daß nämlich einerseits die eigene Reflexion nicht mehr störend dazwischentritt, andererseits das
Wort der Vergebung im Namen Gottes erfolgt, womit die Unbedingtheit des Sprechens unterstrichen wird, auf welche im Hören das Vertrauen antwortet.

Das Hören des Wortes zielt, in diesem Sinn, unmittelbar auf den
Glauben als Veränderung des eigenen Selbstverständnisses. Die Zusage: „du bist gerecht", die die Anerkennung durch Gott zum Ausdruck bringt, bringt den Hörenden tatsächlich in ein neues Verständnis seiner selbst, nämlich der unverbrüchlichen Gottesgemeinschaft.
Dieses Selbstverständnis ist nicht Resultat von wählenden Überlegungen, als eigenes Selbstverständnis kann es nur unmittelbar-unbedingt
angenommen werden. Denn jede reflektierende Besinnung über die
Paßgenauigkeit des Selbstverständnisses für das eigene Leben würde
ja selbst wieder von einem vorausgesetzten Selbstverständnis ausgehen müssen. Glaube ist eben eine Bestimmung des unmittelbaren
Selbstbewußtseins, mit Schleiermacher gesprochen.

Im Glauben kommt das Wort zu seinem Ziel. Der Gebrauch des
Kommunikationsparadigmas von Sprechen und Hören macht abermals deutlich, daß die durch Jesus Christus gegebene Gottesgegenwart sich über die Tiefendimension der Sprache auslegt. Was im
ausgezeichneten Moment der Sprachhandlung der Buße geschieht,
zeichnet in Wahrheit bereits jede gelingende Sprachhandlung aus: Zuverlässigkeit der Mitteilung und Vertrauenserfülltheit der Annahme.
Dieses Geschehen findet statt mitten im Leben und in der Vielfalt seiner Bezüge, aber durchaus im Unterschied zum Handeln als dem fort-
laufenden Modus der Betätigung im Leben. Kein Leben ohne Handeln – aber das Handeln macht das Leben nicht umfassend aus. Schon
diese anthropologisch formulierte Einsicht macht den hohen Rang für
das humane Selbstverständnis aus, der mit dem Typus des Christentums als existentiale Erlösungsreligion in die Geschichte einzieht.

Wort und Glaube bilden den innersten Kern dieser Gestalt des
Christentums in der Geschichte. Von ihm aus lassen sich auch die
Spuren in die Ethik, für die kirchliche Verfassung und für das Verhält-
nis zur Politik verfolgen.

Was das Verhältnis des Glaubens zum Handeln angeht, so war die
Grundlegung eben schon implizit ausgesprochen worden: Der Glaube

ist eine Bestimmung des Selbstverständnisses, das allem Handeln zugrunde liegt. Die Vorstellung, es gäbe einen handlungsunabhängigen Glauben, ist daher schon aus anthropologischen Gründen abwegig, erst recht, wenn man sich klarmacht, daß es ja beim Glauben um die Erfassung des ganzen Lebens von Gott her geht. Allerdings ändert sich die Rolle der Ethik. In der früheren Konstellation des Christentums, welche Glaube und Handeln als heilsrelevant zusammennimmt, war es vor allem darum zu tun, durch das Handeln die angestrebte Seligkeit nicht zu verderben; daraus resultiert ein asketisch-restriktives Verständnis des Handelns und seiner Hervorbringungen – im Handeln kann die verheißene Seligkeit verspielt werden. In der existentialen Version des Christentums dagegen kommt eine konstruktiv-diesseitige Ethik zum Zuge; sofern die Heilsfrage vom Handeln entkoppelt wird, kann sich ein Bild der Welt aufbauen, das nicht primär durch die Furcht vor den negativen Folgen für die Handelnden bestimmt ist, sondern durch die angestrebten Zustände der Welt, die dem im Glauben grundgelegten Verhältnis gegenseitiger Anerkennung entsprechen. Die Gegebenheiten der natürlichen und sozialen Welt treten so als Ausgangspunkte humaner Gestaltung in den Blick; das kann man insbesondere an der Affirmation von Ehe und Familie, aber auch des Berufs und der staatlichen Ordnung sehen.

Was die Verfassung der Kirche angeht, so rückt aus der Perspektive von Wort und Glaube das aktive Hören der Gemeinde in den Mittelpunkt. Denn auf die Annahme des neuen Selbstverständnisses, von Gott unbedingt anerkannt zu sein, kommt alles an. Daraufhin müssen auch die kommunikativen Vollzüge in der Kirche ausgerichtet sein. Damit wandelt sich das Amt des Priesters, der durch das eucharistische Opfer die geistlich-historische Kontinuität der Kirche sichert, zum Amt des Verkündigers, der in der Predigt das Wort des Evangeliums laut werden läßt. Dabei nimmt die Verkündigung denselben Raum ein, der zuvor dem Sakrament zukam; man kann das Wort der Verkündigung selbst als ein sakramentales Geschehen verstehen. Es ist dann auch kein Wunder, daß es im Gebrauch der Sakramente auf das zueignende Wort und den annehmenden Glauben ankommt, für welche die Elemente sichtbare Medien sind. Die Gemeinde konstituiert sich über das Hören und bringt sich selbst ursprünglich zu Gehör im Singen; Singen wird, zusammen mit dem gemeinsamen Gebet, zur primären sozialen Resonanz des Glaubens. Als Verkündiger sind die Pfarrer, die für Predigt und Sakramentsverwaltung zuständig sind, von der Gemeinde nicht durch einen besonderen geistlichen Status geschieden. Ihre besondere Aufgabe ist funktional zu verstehen; die Voraussetzungen für das Pfarramt bemessen sich nach den professionellen Ansprüchen an diesen Beruf. Wie sich dann in diesem Geflecht Gemeinden als soziale Körperschaften ausbilden, ist eine Frage der geschichtlichen Möglichkeiten und der Entschlossenheit, sie zu ergreifen. In den kommunalen Zusammenhängen der frühen Neuzeit war es die Stadt- oder Dorfgemeinschaft, die für die sozialen Bedürfnisse in der Konsequenz des Glaubens einzutreten lernen mußte.

Die politische Ordnung gewann unter der Maßgabe der neu formierten, aber am Ursprung orientierten kirchlichen Gestaltung ebenfalls eine neue Bestimmung. Erstens wurde sie der Konkurrenz mit der Kirche entnommen, sofern sich die Kirche auf die Dimension des Geistlichen, also die Bestimmung des Glaubens als der Voraussetzung allen Handelns konzentrierte. Zugleich wurden aber die Verantwortlichen – ob Fürsten oder Stadträte – als Christenmenschen in die Pflicht genommen, ihre Aufgaben dem Glauben entsprechend wahrzunehmen. Dazu gehören nach reformatorischer Auffassung vor allem zwei Funktionen: für Frieden und Recht zu sorgen – und die Verkündigung des Evangeliums zu ermöglichen. Für die erste Aufgabe, die Gewährung von Rechtssicherheit und Frieden, ist es nötig, daß der Staat gewaltbewehrt ist, Frieden und Recht aber durch Überzeugung durchzusetzen sich bemühen muß. Was das Evangelium anbelangt, so sind die materiellen Voraussetzungen für die Verkündigung zu schaffen, ohne daß auf die Inhalte Einfluß genommen werden darf. Daraus erwächst eine – wie sich zeigen wird: komplizierte und problematische – Rolle der Obrigkeit: für den Erhalt der Verkündigung zu sorgen, sich aber zugleich zurückzunehmen.

Die neue Formation der Kirche mit ihrer Konzentration auf das existentiale Heilsverständnis durch die Reformation steht nun zunächst – und bis heute: auf Dauer – neben der alten Funktion der ethisch-religiös geprägten Kirche. Daraus erwachsen geschichtliche Folgen, die uns jetzt weiter beschäftigen müssen.

### 3. Konfessionen als Typen des Christentums

Mit der Reformationszeit im 16. Jahrhundert konstituieren sich in Europa die christlichen Kirchen als Konfessionskirchen. Sie geben von sich selbst ein Gesamtbild in Dokumenten, die sie für grundlegend ansehen. Das war so zuvor noch nie der Fall; alle früheren Bekenntnisse, Konzils- und Synodenbeschlüsse beschäftigten sich mit dieser oder jener Frage des Glaubens oder der Kirchenverfassung. Hinzu kommt: Die Konfessionskirchen konkurrieren auf demselben Territorium miteinander um die rechtmäßige Darstellung des Christentums. Auch das ist neu, denn vordem konnte sich eine Kirche – im Westen in der Regel die römische – als legitim durchsetzen und abweichende christliche Gemeinschaften als ketzerisch von der Kirche ausschließen. Diese tiefgreifende Umwälzung im Kirchenbegriff muß man sich deutlich klarmachen; sie bestimmt die religiös-kirchliche Lage bis heute.

Für die evangelische Seite war vor allem die *Confessio Augustana* (CA) von 1530 ein Meilenstein der Bekenntnisbildung. Daß die Lutheraner auf dem Augsburger Reichstag ein Konzept ihres Kircheseins vorlegten, war der Bestreitung ihres wahren Christseins durch Rom geschuldet. In der CA wurden die theologischen Gründe für die Existenz der Kirche nach reformatorischem Verständnis dargelegt – und zwar durchaus mit der Absicht, die eigene Rechtgläubigkeit und die daraus folgende kirchliche Legitimität darzutun. Anders verhält es sich mit den Texten des *Tridentinums*, des Konzils von Trient (1545–1563). Diese sind nicht um Verständnis bemüht, sondern ziehen die Linie der Abgrenzung von der reformatorischen Bewegung konsequent durch. Doch ist auch dies ein neuer Vorgang für die römische Kirche, die sich noch nie dazu genötigt sah, ihr eigenes Selbstverständnis umfassend darzulegen. Mit dem Tridentinum gerät die römische Kirche zu dem selbstgesteckten Anspruch, Universalkirche zu sein, in einen kommunikationspragmatischen Widerspruch; sie gründet sich, nicht anders als es die Protestanten tun, auf die Bekenntnistexte des Konzils. Das Auftreten der evangelischen Bewegung, die in eine kirchliche Neugestaltung führt, hinterläßt auch da tiefgreifende Veränderungen, wo man sich ihr widersetzt. Genau das ist gemeint, wenn hier von Konfessionen als Typen des Christentums gesprochen wird.

Das Tridentinum hat dabei die damalige historische Gestalt der römischen Kirche dogmatisch als die Gestalt der wahren Kirche fixiert. Die von der Reformation kritisierte Behauptung der Einheit von geschichtlicher Herkunft und geistlicher Autorität wurde darin entschlossen festgeschrieben. Das hatte dann erhebliche Auswirkungen auf das Verhältnis der Kirche zur nachfolgenden Geschichte, denn diese Geschichte widersetzte sich beständig jener Einheitsbehauptung und Einheitsforderung. Daher mußte sich die römische Kirche grundsätzlich feindlich zur modernen Geschichtsforschung verhalten, wie sie seit der Aufklärung zum wissenschaftlichen Standard wurde. Die römische Kirche legte sich mit dogmatischen Gründen auf einen Antimodernismus fest, der im Ersten Vatikanischen Konzil 1870 massiv ausformuliert und im Zweiten Vatikanischen Konzil 1965 moderat ermäßigt, aber prinzipiell bestätigt wurde.

Die evangelischen Kirchen begaben sich, indem sie die Aufgabe, für die Konstanz der Verkündigung zu sorgen, an die jeweiligen Obrigkeiten abtraten, in die widersprüchliche Lage einer faktischen Doppelloyalität: Einerseits sind die Pfarrer in ihrer Verkündigung allein dem Evangelium verpflichtet. In ihrer bürgerlichen Existenz aber stehen sie in einer Verbindlichkeit gegenüber dem Landesherrn oder Stadtrat, der sie versorgt (oder dem Konsistorium bzw. Oberkirchenrat, der in der Kirche die obrigkeitliche Verwaltung durchführt). Dieses eigentümliche Verhältnis läßt sich zwar theologisch leicht ordnen, indem man die Zwei-Regimenten-Theorie der Reformation anwendet, praktisch aber kaum befriedigend leben. Schon gar nicht läßt sich diese zwiefache Bestimmung konsequent differenziert nach außen darstellen.

Unter solchen Voraussetzungen gestaltete sich die Ausbildung von Konfessionen zu einer Konkurrenz von Kirchen auf demselben Territorium. Sie brachte erhebliche, teils grausame Konsequenzen mit sich. Die erste Folge war, daß – nicht ohne Erfolg – versucht wurde, in jedem Konfessionsgebiet eine Homogenität von religiöser und politischer Ordnung herzustellen. Es prägten sich insofern verschiedene Typen christlicher Existenz in der Welt aus. Die Vorgänge, die dazu führten, und die Ergebnisse, die damit erreicht wurden, sind in den letzten Jahrzehnten unter dem Namen „Konfessionalisierung" erforscht worden. Die inneren, psychischen und äußeren, sozialen Folgen dieses Dringens auf partikulare Einheit im Gegensatz zu den Nachbarn waren bis in die sechziger Jahre des 20. Jahrhunderts deutlich und öffentlich im alltäglichen Leben nachzuverfolgen – und sind es, weniger dominant, in bestimmten Milieus bis heute noch.

Zugleich geht mit dieser inneren Festigung auch das Bestreben der ehemals universalen römischen Kirche einher, den alten religiösen Herrschaftsanspruch wiederherzustellen, hält sie doch an der Einheit von geschichtlicher Herkunft und geistlicher Zuständigkeit fest. Das gelang jedoch auch nach mehreren Anläufen nicht, deren letzte und furchtbarste Konsequenz der Dreißigjährige Krieg 1618–1648 war. Der Westfälische Friede von 1648 markierte den Abschluß dieser durchaus polemischen, kriegerischen Konstitutionsepoche der Konfessionskirchen. Das Resultat war so erfreulich wie zweischneidig. Einerseits war nun die rechtliche Koexistenz der Bekenntnisse – wenn auch in der alltäglichen Praxis nie konfliktfrei – eingeräumt, andererseits hatten die Konfessionen durch die kriegerischen Auseinandersetzungen so viel Respekt verloren, daß die Frage nach einer kirchlich und sozial nicht so eng gebundenen Religion auftaucht – eine wichtige Voraussetzung für die Aufklärung, welche sich vor diesem Hintergrund durchaus kirchenkritisch artikuliert.

Die Depotenzierung der Kirchen wurde durch die Veränderung ihrer ökonomischen Grundlagen weiter befördert, nämlich durch die Enteignungen, die zuerst in der Zeit nach der Reformation, dann im Anschluß an den Westfälischen Frieden und schließlich insbesondere durch den Reichsdeputationshauptschluß 1803 erfolgten. Dieser nahm nicht nur eine riesige Umwidmung von Besitztümern vor, sondern löste auch viele geistliche Herrschaften der römischen Kirche auf. Dabei wurde zwar der Besitz der geistlichen Fürsten enteignet, die Aufgaben der Erhaltung der geistlichen Versorgung gingen aber an die neuen weltlichen Obrigkeiten über. Damit entstand eine zuvor undenkbare Gleichstellung der evangelischen und der katholischen Kirche, die sich nun beide von staatlichen Stellen abhängig fanden. Die früher vorhandene Autarkie kirchlicher Versorgung, ein nicht unwesentliches Merkmal der Selbständigkeit der Kirche gegenüber den Gläubigen, ging damit auch im Katholizismus verloren. Die Konsequenzen dieser Entwicklung, nämlich die Abhängigkeit von regelmäßigen Zahlungen der Kirchenmitglieder in Form der Kirchensteuer, traten dann über einhundert Jahre später massiv zutage.

Wir haben uns bis jetzt, um der exemplarischen Einfachheit willen, auf das Verhältnis der römisch-katholischen Kirche zu den evangelischen Kirchen, vornehmlich lutherischer Prägung – und das auch noch auf dem Boden des Heiligen Römischen Reichs deutscher Nation – beschränkt. In der Tat läßt sich an diesem Gegensatz das Gegenüber der beiden verschiedenen Entwicklungsformen des Christentums, der religiös-ethischen und der religiös-existentialen Kirchenform, am leichtesten erkennen. In der geschichtlichen Wirklichkeit freilich sind die Dinge vielfältiger. Dazu zählt bereits die Existenz der oberdeutschen und Schweizer reformierten Konfession, erst recht werden die Verhältnisse bunter, wenn man allein England hinzunimmt, dann die kirchlichen Milieus im Auswanderungsland Amerika, weiter die beharrend-konservativen Kirchen der Orthodoxie, schließlich die Missionskirchen in der Spannung von Abhängigkeit und Selbstbehauptung. Überall liegen die Dinge dort auch wieder anders, was die konkrete Gestaltung der jeweiligen Kirche angeht.

Gleichwohl gilt, daß bei dieser empirischen Vielfalt keine strukturell neuen Typen kirchlichen Christseins auftauchen, sondern im wesentlichen Variationen der beiden Grundmodelle vorkommen, die seit der Reformationsepoche konfessionell fixiert wurden.

Dieser Sachverhalt spiegelt sich auch in der Ökumenischen Bewegung wider, wie sie seit Beginn des 20. Jahrhunderts das Christentum prägt. Erstens handelt es sich um eine Bewegung, die von ihrem konfessionellen Boden nicht loszulösen ist; daraus erwachsen nicht geringe Abstimmungsprobleme, weil ja die Tendenz zur inneren Homogenität in allen Konfessionskirchen vorliegt. Zweitens zeigt sich das Fortbestehen der beiden hier näher betrachteten Konfessionstypen darin, daß die römische Kirche nie Mitglied des Ökumenischen Rats der Kirchen wurde und auch nicht werden kann, ohne ihr eigenes Selbstverständnis aufzugeben – selbst wenn sie faktisch Konfessionskirche ist. Es ist nicht die ökumenische Bewegung, die über die Phase der Kirchen als Konfessionskirchen hinausführt. Die Herausforderungen stellen sich vielmehr durch die Geschichte, in die die Konfessionskirchen verwoben sind, und zwar von innen her. Das beschäftigt uns im folgenden Paragraphen.

THOMAS KAUFMANN, Geschichte der Reformation in Deutschland, Berlin 2016.

THOMAS KAUFMANN, Art. Konfessionalisierung, in: Enzyklopädie der Neuzeit, hg. v. Friedrich Jaeger, Bd. 6, Darmstadt 2007, Sp. 1053–1070.

NATHAN SÖDERBLOM, Evangelische Katholizität (1919), hg., übers. und komm. v. Dietz Lange (Große Texte der Christenheit 9), Leipzig 2020.

## § 14  Die Verkündung des Evangeliums und die gelebte Religion

### 1. Kirche als Organisation?

Die gegenwärtigen Entwicklungstendenzen der westlichen Gesellschaften sind, wie wir im ersten Kapitel beschrieben haben, von dem Widerspruch beherrscht, durch ein starkes und einheitliches Wirtschaftsprinzip bestimmt zu sein, das auf eine Fragmentarisierung des menschlichen Lebens hinausläuft. Was oftmals Differenzierung und Pluralisierung genannt wird, geht auf diesen konflikthaften Gegensatz zwischen dem Prinzip und seinen Realisierungsformen zurück, und dieser Widerstreit wurzelt im Prinzip des Kapitalismus selbst. Sich an alles Mögliche zu verlieren, dabei auf sich selbst zurückgeworfen zu sein und diese Situation als subjektive Freiheit zu interpretieren:

das ist der harte Kern des gesellschaftlichen Trends der Individualisierung. Die herkömmliche Religion, das kirchliche Christentum, vertritt dagegen die Option einer Rückbindung ins Allgemeine, erhebt also den Anspruch, die Zersplitterung der Moderne irgendwie zu bewältigen, sei es, wie im römischen Katholizismus, durch den Aufbau einer umfassenden kirchlichen Gegenwelt, sei es, wie im Protestantismus, durch das Angebot einer sozialen Vergesellschaftung in örtlichen Gemeinden. Es liegt, gesellschaftstheoretisch betrachtet, auf der Hand, daß diese Strategien nicht erfolgreich sein können, weil es weder jene Einheit noch diese Gemeinschaften mehr gibt, ohne von den zerreißenden Kräften der gesellschaftlichen Grundbestimmung betroffen zu sein. Das religiöse Grundmodell der Einheit von Allgemeinem und Individuellem läßt sich nicht über die Herstellung eines sozialen Ganzen realisieren, weder in einem umfassend-vereinheitlichten noch in einem zurückgenommen-bescheidenen Verständnis. Die traditionelle kirchliche Religion als Grundlage der Gesellschaft hat sich durch die Individualisierung, die selbst ein gesellschaftliches Produkt ist, zersetzt.

Daß solche traditionell-religiösen Vorhaben gleichwohl verfolgt werden – und man kirchlicherseits keine rechte Alternative dazu sieht –, hat mit der Verfassung der Institution Kirche als Organisation zu tun. Wir hatten über den Begriff der Institution am Anfang dieses Kapitels gesagt, daß Institutionen solche sozialen Gebilde sind, die unausweichliche Funktionsanforderungen von Gesellschaften im Sinne des Erhalts und der Förderung des Lebens wahrnehmen und erfüllen. Die Tatsache von symbolischer Sinnbildung, so hatten wir das genannt, verlangt eine Thematisierung in einer eigens dafür ausdifferenzierten Institution. Doch damit ist nicht entschieden, welche Gestalt diese Institution annimmt; diese nämlich ist von der geschichtlichen Situation und den spezifischen Bedürfnissen abhängig, die in ihr artikuliert werden.

Nun hat es sich seit dem 19. Jahrhundert ergeben, daß die beiden großen christlichen Kirchen, die römisch-katholische und die evangelische, durch ihre eigene Geschichte die Gestalt von Organisationen angenommen haben. Für Organisationen sind zwei Merkmale bestimmend: Erstens müssen Organisationen als solche funktionieren, also bestimmte Leistungen erbringen. Zu diesem Zweck sind sie in sich differenziert: Es gibt verschiedene Zuständigkeiten für verschiedene Aufgaben. Zugleich sind sie in sich strukturiert: die verschiedenen Zuständigkeiten unterstehen einer Gesamtverantwortung, und dafür sind grundsätzlich Abhängigkeiten und Kontrollinstanzen eingerichtet, die nicht selten hierarchisch verfaßt sind. Zweitens sind Organisationen einer Erfolgskontrolle hinsichtlich der Erfüllung ihrer Leistungsversprechen unterworfen. Mit ihrer Ausrichtung auf Erfolg sind Organisationen auf Zustimmung angewiesen, und zustimmungs- oder ablehnungsberechtigt sind diejenigen, die der Organisation als Mitglieder angehören. „Funktionale Hierarchie" und „zustimmungs- basierte Mitgliedschaft" sind also die beiden Kennzeichen einer Organisation – und beide gelten auch für Kirchen als Organisationen.

In der römischen Kirche ist der Hierarchiebegriff geradezu dogmatisch grundgelegt. Die Hierarchie wurzelt in der Person des geweihten Priesters, der (historisch) in der Nachfolge der Apostel gesehen und der (dogmatisch) als Stellvertreter Christi (zentral: in der Eucharistie) gewertet wird. Die Leitung der Kirche durch den Papst ist die sichtbare Konzentration dieses hierarchischen Gefüges. Als ein solches kann es immer nur die Einheit von Geschichte und Geltung repräsentieren wollen, unabhängig davon, wie die geschichtlichen Differenzen sich darstellen.

In den evangelischen Kirchen ist das Äquivalent zur römisch-katholischen Hierarchie die landeskirchliche Religionsbürokratie, die sich als flächendeckend religiös zuständig erachtet. Was immer an religiösen Bedürfnissen auftaucht, soll mittels bürokratischer Zuständigkeit bearbeitet und befriedigt werden. Die Idee einer geistlichen Universalkirche wird dabei durch den Anspruch auf eine territoriale Grundversorgung ersetzt. Der Hintergrund dieses Selbstverständnisses beruht in der doppelten Überzeugung, als Kirche für das Evangelium in der Form von Lehre verantwortlich zu sein – und die religiösen Bedürfnisse von vornherein kirchenbezogen wahrnehmen zu wollen. In einer Abwandlung (oder in einem Mißverständnis) des protestantischen Schriftprinzips wird aus der Bibel eine Grundlegung christlichen Lebens abzuleiten versucht, die beides, Bedürfnis und Botschaft, zusammenbringt. Dabei tritt allerdings nicht nur die Weltbilddifferenz zur Antike, sondern auch der Versuch eines vorgegebenen, an der Bibel als Maßstab orientierten Aufbaus gegenwärtigen Selbstverständnisses für die Kirchenmitglieder hemmend zutage. Weil man dieser Strategie jedoch zu Recht mißtraut, tritt hilfsweise der Versuch einer ethischen Lebensbestimmung hinzu. Allgemeinheitsunterstellung, Lehrfixierung und bürokratische Religionsverwaltung stabilisieren sich gegenseitig.

Man kann schon ahnen, daß diese Organisationsformen bereits unter dem Aspekt der Differenzierung und Hierarchisierung mit der gegenwärtigen gesellschaftlichen Lage schwer kompatibel sind. Das zeigt sich dann noch deutlicher unter dem Gesichtspunkt der Mitgliedschaft. Denn für eine Mitgliedschaft ist die Möglichkeit konstitutiv, diese auch zu beenden, also: aus der Kirche auszutreten. Diese Möglichkeit taucht erst mit dem Organisationsstatus der Kirchen auf; im Mittelalter etwa wäre eine solche Vorstellung völlig weltfremd gewesen. Gibt es aber einmal die Möglichkeit, die Mitgliedschaft zu beenden, dann zeigt sich implizit, daß sie auf Zustimmung beruht, ob diese verschwiegen bleibt oder aktiv geäußert wird. Woran sich diese Zustimmung bemißt, ist nach organisationssoziologischer Einsicht klar: Sie bemißt sich daran, ob und wie die Organisation die Leistungen erbringt, für die sie beansprucht wird – in unserem Falle also die Leistungen, die von der Kirche als Institution der Religion gefordert werden. Damit ziehen aber unter diesem Gesichtspunkt der Zustimmung zu Leistungen der Organisation die konkreten Bedürfnisse und Anliegen der Menschen in der fragmentierenden Gesellschaft in die Betrachtung ein. Nimmt man diese Beobachtung zum Ausgangspunkt, läßt sich gut nachvollziehen, inwiefern die Kirchen als Organisationen einen Mitgliederschwund verzeichnen müssen, wenn man die Analyse der aktuellen gesellschaftlichen Entwicklungen im Gedächtnis behält.

Dieser Rückgang der Mitgliedschaft in den Kirchen als Organisationen, die als Institutionen der Religion auftreten, ist nun keineswegs mit dem Rückgang religiöser Interessen und Bedürfnisse identisch. Ein solches Bild ist vielmehr der Optik von Organisationen geschuldet, die auf ihrer alleinigen religiösen Zuständigkeit und der Tradition ihrer Leistungen beharren. Es muß also im nächsten Schritt darum gehen, religiöse Anliegen der Gegenwart zu identifizieren und dann danach zu fragen, ob und wie sie sich institutionell erfassen lassen. Daraus wird sich auch ergeben, inwiefern die Kirchen mit ihrer organisatorischen Gestalt umzugehen haben.

## 2. Geist und Leben

Daß im menschlichen Leben eine Zersplitterung empfunden wird, die nicht das Resultat eigener Tätigkeit oder eigenen Versagens ist, dient uns als Ausgangspunkt der hier folgenden Überlegungen. Es handelt sich um eine Zersplitterung, die es unmöglich macht, aufs Ganze der Welt zuzugreifen und sich dieses einzubetten. Schleiermachers Vorschlag, Religion als Anschauen des Universums zu verstehen, scheitert jedenfalls dann, wenn dieses Anschauen unmittelbar gemeint sein sollte. Statt dessen ergreift die widersprüchliche, das Individuum vereinzelnde Bewegung der Gesellschaft nicht nur die sozialen Bezüge, sondern zersetzt auch die Hoffnung auf einen inneren Identitätskern der eigenen Person.

Diesen Zustand an sich selbst und bei anderen zu beobachten, ist allerdings bereits ein Akt der Selbstwahrnehmung, dem die Struktur der Selbstdeutung zugrundeliegt. Denn als Zersplitterung läßt sich dieser Zustand nur dann begreifen, wenn mindestens eine Ausrichtung auf ein Ganzsein vorhanden ist, auch und gerade dann, wenn man einen Weg dorthin nicht sieht. Es ist das Vornehmen einer Selbstdeutung überhaupt, die auf diese Ahnung führt: aus der Differenz zu sich selbst (in der Selbstbetrachtung) zu sich selbst zurückzukommen. Mit dieser Bewegung ist ein Glücksversprechen verbunden, das den Mechanismus der Selbstdeutung in Gang hält. Welche Medien sich für eine Durchführung dieses Interesses anbieten und welche Artikulationsformen sich dabei einstellen, das variiert im Verlauf der Geschichte.

Wir können heute auf ein Feld verweisen, das von dem Großbegriff „Leben" besetzt ist. Das Ganzheitsversprechen, das dem gegenwärtigen Empfinden zugänglich ist, artikuliert sich über das Interesse am „Leben". Wir kommen damit noch einmal auf die „Religion des Lebens" und ihre Folgegestalten zurück, auf die wir schon in unserer Erkundung des Religionsbegriffs stießen. Das Lebens- und Überlebensinteresse läßt sich als ein grundsätzlicher heutiger Anwendungsfall von Selbstdeutung und dem in ihr enthaltenen Versprechen identifizieren. Es läßt sich in drei unterschiedliche Stufen differenzieren.

Beim „Leben" geht es zuerst und zunächst um den eigenen Leib und seine Gesundheit. Die Erfahrung, daß unser Leib zerfällt, zieht in dem Maße neue Aufmerksamkeit auf sich, in dem die Erkenntnisse über mögliche Schädigungen und die Diagnose von drohenden Krankheiten zunehmen. Das Interesse an der Gesundheit ist damit dem Eindruck abgewonnen und wird ihm entgegengesetzt, daß unser eigenes Handeln zu einer Schädigung der Gesundheit und einem vorzeitigen Verlust des Lebens beiträgt. Das Lebens-Interesse bewegt sich damit stets in einem Gegensatz zur Lebens-Bedrohung – und es ist andauernd das Bewußtsein präsent, daß dieser Gegensatz von uns zwar bearbeitet werden muß, nicht aber beherrscht werden kann. Insofern verbindet sich mit der Hoffnung auf stabile Gesundheit auch der Eindruck, die Ahnung, ja, die Gewißheit, daß uns der Erhalt unseres Lebens endgültig und entscheidend entzogen ist. Dieses Bewußtsein ist der Ansatzpunkt für religiöse Deutungen auf der Basis unvermeidlichen Selbstdeutungs-Verlangens. Wie dieses Bedürfnis wahrgenommen wird und in welcher religiösen Institution ihm entsprochen werden kann, das ist eine Frage, die sich anschließt. Grundsätzlich stehen heute dafür alle verfügbaren Medien – und ihrer sind viele – bereit.

Eine zweite Stufe des Interesses am Leben bezieht sich auf einen gesicherten Lebenserhalt, also die Umstände unserer Aneignung der Natur. Hier kommt eben nicht nur die Individualität unseres leiblichen Daseins in den Blick, sondern die Sozialität unserer gesellschaftlichen Interaktionen. Noch viel mehr als früher gilt, daß es gesellschaftliche Verknüpfungen von überindividueller Reichweite sind, die uns unser materielles Leben ermöglichen. Dabei taucht auch hier ein eigentümlicher Gegensatz auf, nämlich zwischen der über unseren eigenen Leib verlaufenden Individualität unseres Selbstbezuges – und der unüberschaubaren Vielfalt expliziter, mehr noch: verborgener, Sozialbezüge, die hinter der glatten Oberfläche der Waren, die uns umgeben, verschwunden sind. Und noch weniger werden wir von dort aus der Verhältnisse inne, die hinter der Warenproduktion stehen. Auch hier fällt das Risiko des Lebenserhalts durchaus ins aktuelle Bewußtsein; die täglichen Wirtschaftsnachrichten von Kämpfen und Krisen erinnern uns stets daran, auch wenn wir zumeist darauf hoffen, nicht oder wenig betroffen zu sein. Diese Wahrnehmungen des Risikos verdichten dann durchaus das Bewußtsein davon, umfassend abhängig zu sein – wenn man diesen Blick überhaupt einmal zuläßt. Die Aufgabe der Lebensdeutung stellt sich hier in gleicher Weise, wenn auch in anderer Artikulation, wie beim Thema der Gesundheit.

Insbesondere in den letzten Jahren kommt eine dritte Dimension des Lebensinteresses in den Blick, nämlich an der umfassenden Lebenswelt, die sich einzelnen Eingriffen entzieht, die uns vielmehr wie ein Schutzmantel umgeben muß, damit Lebenserhalt und Gesundheit überhaupt möglich sind. Diese Dimension wird heute in der Frage nach der Konstanz oder Veränderung des Klimas unseres Planeten artikuliert. Hier wird das Interesse elementar, weil alles von dieser Stabilität abhängt, die aber durch individuelles Handeln nicht unmittelbar zu beeinflussen ist – deren Verlust jedoch in ungeheurem Ausmaß als bedrohliche Beschränkung, womöglich: Verhinderung, künftigen Lebens sich aufdrängt. Es ist zu befürchten, ja sorgenvoll zu erwarten, daß das Handlungsziel einer Begrenzung des Temperaturanstiegs verfehlt wird, zumal ein verantwortliches Handlungssubjekt nicht ausgemacht werden kann, dieses zu verwirklichen. Es wäre hier eine Beharrlichkeit der Verantwortung nötig, für die sich kein identifizierbares Subjekt findet. Die Selbstdeutung hinsichtlich dieses die ganze Lebenswelt Umfassenden übersteigt alles, was in geordnetes Handeln überführt werden könnte.

Es ist offensichtlich, daß diese drei Lebens-Interessen, die auf der Erfahrung der Tatsächlichkeit von Selbstdeutung beruhen, nach einer Verarbeitung rufen, die – nach unseren formalen Kriterien – als religiös bezeichnet werden kann und muß. Die „alten Menschheitsfragen" nach Leid und Tod, Schuld und Verantwortung sowie dem Sinn des Ganzen stellen sich, wie immer in der Geschichte, in einer historisch eigenen Form. Die ist von dem aktuellen Profil gekennzeichnet, daß alles mit allem vernetzt ist – und gerade darin sich jeder vereinzelt und abhängig vorfindet.

Wir gehen jetzt nicht, wie wir das oben taten, verschiedenen Möglichkeiten religiöser Deutung nach, sondern konzentrieren uns auf die Umgangsformen, die Kirchen als religiöse Organisationen in dieser Situation zur Anwendung bringen. Dabei unterscheiden sich evangelische und römisch-katholische Interventionen.

Für den existential-religiösen Protestantismus ist die Stärkung der Selbstverantwortung zentral. Das Evangelium wird ausgelegt und mitgeteilt in der Absicht, sich im Glauben stärken zu lassen, also durch die Gemeinschaft mit Gott ein kompetentes Subjekt seines eigenen Lebens zu werden. Allerdings ist diese Kommunikationslinie dadurch in ihrer religiösen Kraft vermindert, daß die Wirksamkeit darüber erfolgen soll, die „Botschaft des Evangeliums" anzueignen, also die kirchliche Auslegung anzunehmen, die freilich aufgrund des eigenen Mißtrauens in den Erfolg dieser Strategie das Evangelium immer auch zugleich in einen Anspruch auf die eigene Lebensführung übersetzt, also sich durch ethische Weisungen auszeichnet. Im kirchlichen Jargon gibt es daher keinen „Zuspruch" ohne „Anspruch" – regelmäßig wird man die religiöse Botschaft von Handlungsanweisungen begleitet finden. Darin verbinden sich zwei Schwächen des Protestantismus auf nachteilige Weise. Einmal – und das ist schon seit der Reformation, etwa in der Differenz zwischen Luther und Melanchthon, zu beobachten – soll der den Menschen verwandelnden Botschaft des Evangeliums noch die Richtlinie des Gebotes beigegeben werden; aus Furcht vor einem protestantischen Subjektivismus, der sich der Verbindlichkeit des Lebens entzieht. Hinzu kommt, für die Gegenwart bedeutender, die Tatsache, daß auch die Verkündigung des Evangeliums in den Gesamtrahmen religionsbürokratischer Frömmigkeitsverwaltung einbezogen ist. Der religiöse „Freispruch" macht daher stets den Eindruck der Mitteilung einer Organisationsentscheidung, die sorgsam darauf achtet, daß die Konsequenzen dieser Mitteilung auch nicht ausbleiben. Es ist wichtig zu erkennen, daß die Grundstruktur dieses Vorgangs „Verkündigung" durch objektive Rahmenbedingungen vorbestimmt ist; zweifellos widersetzt sich das subjektive Bewußtsein von Pfarrern und Pfarrerinnen diesen Vorgaben – ohne doch wirklich dagegen anzukommen. Im Hintergrund beider Motivationen für die ethische Ergänzung der evangelischen Botschaft steht das kirchliche Mißtrauen in die Selbstwirksamkeit des Evangeliums, in die überzeugende Kraft des Wortes, das bei und in denen wirkt, die es hören. Auch dieses Mißtrauen ist keine subjektive Haltung der in der Kirche beruflich tätigen Menschen, sondern von den Artikulationsbedingungen abhängig, die in der Kirche als Organisation bestehen.

Nun ist es nicht zufällig, daß dieses Modell immer weniger die Leistung erbringt, die von der Organisation doch erwartet wird. Denn die vorgegebenen ethischen Weisungen sind entweder zu unterkomplex und werden der Konkretion der Lebensverhältnisse nicht gerecht – oder sie enthalten ein abstraktes Überforderungspotential, dem man nur hilflos zustimmen kann, ohne sich tatsächlich verpflichtet zu sehen – oder es gilt beides zugleich. Das hat auch damit zu tun, daß die „mittlere Ebene" sozialer Verantwortung, im erkennbaren Nahbereich spürbare Wirkungen zu erzeugen, zwischen den Extremen von gesamtgesellschaftlichem Zugriff und davon erzwungener Vereinzelung zerrieben wurde. Kurzum: Für die evangelische Kirche ist ihre religionsbürokratische Struktur der größte objektive Hemmschuh ihrer Verkündigung.

Für die römisch-katholische Kirche liegt dieser in ihrer heilshierarchischen Verfassung, die mit religiöser Verbindlichkeit die Menschen auf vorgegebene Lebensformen zu verpflichten sucht. Das führt zu der widersprüchlichen Konsequenz, daß einerseits bestimmte Lebensformen, unabhängig von ihrer Bewertung nach anderen, etwa universalistischen Sittlichkeitsprinzipien, dogmatisch für illegitim erklärt werden, daß andererseits ethische Leitlinien ausgegeben werden, die so allgemein bleiben, daß ihnen religiöse Maßgeblichkeit fehlt – um von dem inkonsequenten und nachlässigen Umgang der kirchlichen Organisation mit sittlichen Verfehlungen von geweihten Amtsträgern ganz abzusehen. Die sozialpsychologisch gesehen männerbündische Verfassung der römisch-katholischen Hierarchie fügt diesem Versuch religiöser Regulierung durch Vorschriften noch einen weiteren Baustein der Unglaubwürdigkeit hinzu.

Nun ist es interessant, daß sich die beiden großen Kirchen trotz ihres erkennbar unterschiedlichen religiösen Profils in ähnlichen Schwierigkeiten wiederfinden, nämlich – durchaus aus inhaltlich positiven Motiven – auf die regulierende Kraft sittlichen Handelns zu setzen. Genau diese Versuche einer Vereinheitlichung des Handelns aber scheitern an der Wirklichkeit derjenigen Menschen, die in ihrer Selbstdeutung mit den religiösen Anliegen umgehen, in der Zerrissenheit von Welt und Leben nach einer nicht-illusionären, nicht erst pflichtmäßig zu erringenden Einheit ihres Lebens zu suchen. Man kann die Vermutung hegen, daß es die Struktur der religiösen Organisation als solche ist, welche, auf funktionaler Hierarchie und zustimmungsbedürftiger Mitgliedschaft beruhend, für diese problematischen Außenwirkungen ebenso wie für die nachlassende Bindungskraft nach innen verantwortlich ist.

Diese Vermutung wird leider auch dadurch noch gestärkt, daß sich die Versuche, nun kirchlicherseits mit dem Schwund der Mitgliedschaft umzugehen, genau innerhalb der Logik einer Organisationsentwicklung nach bestehenden Prinzipien abspielen. Die römisch-katholische Kirche versucht – man möchte sagen: kontrafaktisch – an der konstitutiv verbindlichen Rolle der Eucharistie als Kern kirchlicher Identität festzuhalten und konzentriert sich darauf, die sakramentale Versorgung, auch ohne gemeindlich-soziale Rückenstärkung, sicherzustellen. Die organisatorischen Umstellungen in den evangelischen Kirchen sind von der Maxime der flächendeckenden religiösen Versorgung durch die kirchliche Bürokratie gesteuert; daß dabei unsinnige organisationsinterne Kommunikationsschleifen entstehen, wird achselzuckend hingenommen. Eine Auseinandersetzung mit Fragen, wie auf die religiösen Selbstdeutungs-Suchbewegungen gegenwärtiger Zeitgenossen einzugehen wäre, entfällt über der Selbstbezogenheit der Organisation, die, so oder so, das Evangelium verwaltet.

Vor diesem Hintergrund läßt sich nun auch gut das Aufkommen neuer religiöser Bewegungen im Christentum verstehen, die sich vom herkömmlichen Kirchentypus römisch-katholischer oder evangelischer Herkunft verabschiedet haben. Gemeint sind die charismatischen Bewegungen, die vor allem in Afrika und Südamerika großen Zulauf finden, aber auch in Nordamerika, Südkorea und Europa Fuß gefaßt haben. Mir stehen anschaulich Neo-Pentecostals in Brasilien vor Augen. Dabei dürfte es nicht einmal die antikirchliche, antihierarchische Abgrenzung sein, denen solche religiösen Gemeinschaften ihre Vitalität verdanken. Eher geht es darum, daß in ihnen wesentliche Anliegen der Suche nach Lebensganzheit aufgenommen und bearbeitet werden.

Vor allem sind es Fragen von Gesundheit und Wohlstand, die hier in einer religiösen Artikulation lautwerden. Sich in eine charismatische Feier zu begeben, verspricht, an der Gegenwart des Geistes teilzuhaben, der in eine individuelle Ganzheit leitet. Zumal besteht dieses Bedürfnis dann, wenn die Aussichten, das Leben durch eigene Aktivität wieder auf Kurs zu bringen, geschwunden sind. Es verwundert daher nicht, daß gerade Menschen aus prekären Milieus, insbesondere auch Suchtkranke, die Nähe charismatischer Gemeinden und deren Führer suchen. Die leiblich empfundenen Nöte von Krankheit und Behinderung werden zudem von sozial erlebten Bedrängnissen in Ehe, Familie und Nachbarschaft ergänzt. Und es versteht sich leicht, daß sich unter diesen Bedingungen die Metaphorik des „Wunders" für tatsächlich eintretende Lebensverbesserungen nahelegt. Es gehört zur Leistungsbilanz charismatischer Feiern und entspricht der Erwartungsstruktur der Teilnehmenden, daß Erfolgsmeldungen präsentiert werden: Geheilte von Krankheit und Sucht, Befreite aus sozialen Nöten, Erfolgreiche in Geldgeschäften treten „Zeugnis gebend" auf. Dieser Programmpunkt „Erfolgsberichte" darf bei keiner dieser Feiern fehlen.

Es ist müßig, über die empirische Funktionsweise dieser Leistungen zu spekulieren; entscheidend ist es, daß Erfolge – ob vorgespielt oder selbsterlebt, muß oft dahingestellt bleiben – vorkommen, so daß die Hoffnung auf Heilung und sozialen Aufstieg aufrechterhalten wird.

Allerdings liegen auch die Schwierigkeiten und Verzerrungen religiösen Agierens in diesem Umfeld offen zutage. Da ist erstens die starke Selbstzentrierung des religiösen Heilungs- und Aufstiegswillens. Das selbst empfundene Leid dominiert die religiös codierte Fragestellung dermaßen, daß die anderen Menschen aus dem Blick geraten. Weder die für die soziale Lage mitverantwortlichen gesellschaftlichen Kräfte noch die wirtschaftlichen Rahmenbedingungen werden üblicherweise ernstgenommen. Das kann man nachvollziehen, christlich verallgemeinern läßt sich diese Art von religiöser Einstellung nicht. Zweitens sind in aller Regel statt der religiös-hierarchischen bzw. religionsbürokratischen Strukturen gruppendynamisch-soziale und, mehr noch, finanzielle Abhängigkeiten von einzelnen Personen oder Clans zu beobachten. Charismatische „Kirchengründer" entpuppen sich nicht selten als brutale Religionsunternehmer, denen die Kirchenkritik zu ihrer eigenen Selbstimmunisierung dient. Der Zusammenhalt von religiösen Gemeinschaften, die solche Strukturen aufweisen, ist daher stets auf neu inszenierte Abhängigkeitsrituale angewiesen, um die Geldtransfers aufrechtzuerhalten. Drittens freilich trägt ihr eigener Erfolg tendenziell zur Selbstauflösung solcher Gruppierungen bei. Denn für das Aufstiegs- und Gesundungsnarrativ, dem alle Aufmerksamkeit gilt, ist es nötig, Ambivalenzen und Zweifel möglichst vollständig auszublenden; sie hemmen den Erfolg. Jenseits prekärer Lebensverhältnisse oder bei Wiedererlangung der Gesundheit ist ja ein Empfinden für Mehrdeutigkeiten und ein Umgang mit verbleibenden Widersprüchen unabdingbar. Die auf Aufstieg und Heilung programmierten Gemeinschaften verlieren darum mittelfristig ihre Anhänger; sie müssen sich neue Unterprivilegierte suchen, denen sie ein anderes Leben versprechen.

Es ist daher nötig, auch die charismatischen Gemeinschaften als historische Phänomene der Religion zu betrachten; eine bloß dogmatische Beurteilung, eine kirchliche Bekämpfung oder auch nur eine kirchliche Geringschätzung sind weder angezeigt noch notwendig. Stattdessen erscheint es empfehlenswert, auf das Motiv zu achten, das in allen Verzerrungen und Verstellungen in der Mitte dieser Bewegungen liegt: daß es der Geist ist, der aus akuten Bedürfnissen prekären und zerfallenden Lebens in Anspruch genommen wird. Wir waren ja dazu gelangt, den Geist als die Instanz, in der Gott mit sich selbst eins ist und zugleich in fester Gemeinschaft mit dem Menschen lebt, für eine wirklichkeitsbestimmende und wirklichkeitsverändernde Macht zu halten. Und damit auch davon auszugehen, daß er sich in – wunderlichen und bedenklichen – charismatischen Gemeinschaften auf seine Art zur Geltung bringt. Darauf kann man jedenfalls hoffen, wenn man sich hier noch einmal die Struktur des Geistes klarmacht; zugleich ergibt sich daraus die Kritik einer unmittelbar selbstbezogenen charismatischen Frömmigkeit sowie die Weiterführung zu einem umfassenderen Verständnis christlicher Frömmigkeit heute.

Die Geschichte Jesu Christi zeigt es: Die Einheit Gottes besteht in der Beziehung Gottes des Vaters zu Jesus Christus, wie sie in die Geschichte seines Lebens und Sterbens hineingewoben ist, und gewinnt in der den Tod Jesu aufhebenden (negierenden und integrierenden) Weise eine eigene, neue Konkretion in der Gestalt des beide verbindenden Geistes. Die damit erreichte Einheit ist gedanklich vollständig (also „ewig") und zugleich geschichtlich geworden (also „zeitlich"). Diese Struktur verbindet göttliches und menschliches Leben.

Menschen sind auf dem Weg zu sich. Ihr Selbstbewußtsein zeigt eine Einheit an, die nach einer Erfüllung in der Ganzheit des Lebens ruft, und die Realisierung des Lebens steht unter dieser Bestimmung. Ihr kann aber nur entsprochen werden, wenn im menschlichen Selbstbewußtsein nicht allein die formale Beziehung auf sich vorhanden ist, sondern Gott als Grund des Selbstbewußtseins wirksam wird, der den Menschen allererst zu sich selbst bringt. Im Menschen kommt durch Gott zusammen, was bestimmungsgemäß, also dem Begriff des menschlichen Wesens entsprechend, zusammengehört. Das Wesen des Menschen verwirklicht sich durch Gott, der selbst an diesem Leben Anteil hat. Die Art und Weise dieser Anteilhabe ist der Geist Gottes, der im menschlichen Geist wirksam wird. Die ganze Kraft Gottes ist im Menschen vorhanden, der durch Gott zu sich selbst findet. Der Geist ist, so könnte man sagen, der Aktivitätsmodus des Seins Gottes beim Menschen.

Gott kommt durch die Geschichte Jesu Christi zu sich selbst. Das ewige Sein Gottes zeigt sich als nicht auf sich selbst allein bezogen und also in sich selbst verschlossen; Gott ist beziehungsfähig. Diese Beziehungsfähigkeit (im Verhältnis von Vater und Sohn) erweist sich als steigerungsfähig: Gott der Vater wird vom Menschen Jesus Christus – als Mensch unter anderen lebend – als Vater angerufen. Und im Tode Jesu kommt es heraus, daß die Beziehung von Vater und Sohn auch da noch vorhanden und wirksam ist, wo der Sohn als Beziehungswesen nicht mehr lebendig ist. Genau das ist die Leistung des Geistes, dessen Eigenart es ist, die Einheit Gottes auf eine unvorstellbar steigerungsfähige Art und Weise zur Geltung zu bringen, nämlich angesichts der Negation des Sohnes durch den Tod die Beziehung von Vater und Sohn zu stiften, wiederholt und vertieft zugleich. Damit aber wird der Tod als Geschick der Menschen in die Gegenwart Gottes aufgenommen, der von Gott trennende Charakter des Todes wird aufgehoben. So verwirklicht Gott das Wesen des Menschen, indem er es in seine eigene Wesensverwirklichung aufnimmt.

Wir beziehen nun diese starke Struktur des Geistes auf die genannten Grundfragen des Menschseins, wie sie sich in ihrer aktuellen Gestalt darstellen. Dafür ist als erstes in Rechnung zu stellen, daß sich in der Geschichte mit dem Kapitalismus, wie wir gesehen haben, ein dominantes Prinzip durchgesetzt hat, das nicht nur die wirtschaftlichen Interaktionen bestimmt, sondern auch die theoretischen und praktischen Umgangsweisen mit der Gegenwart prägt. Wie es dazu kommen konnte, haben wir am Anfang dieses Buches umschrieben: durch die Intensivierung und Extensivierung abstrakter Selbstbeziehung, die sich von innen her über alles ausbreitet. Es ist nun aber gerade diese Universalbestimmung, die den göttlichen Geist als Gegenmodell erkennen lehrt, nachdem die Versuche, die moderne Welt und den Geist Gottes – wie zuletzt bei Hegel – zu synchronisieren, unter den Umwälzungen des 19. und 20. Jahrhunderts gescheitert sind.

Allerdings kommt das Gegenmodell des göttlichen Geistes nicht unmittelbar zum Zuge, wie es auch nicht unmittelbar verlorenging, sondern in der Geschichte verändert wurde. Die zweite Einsicht lautet deshalb: Der Geist Gottes bezieht sich in seiner wirklichkeitsbestimmenden Macht auf die Menschen in der Geschichte und betrifft zuerst und zunächst deren geschichtliches Bewußtsein und die aus ihm erwachsende Verantwortung. So, wie sich die Gegenwart in der Moderne in einem geschichtlichen Prozeß entwickelt hat, so kann auch der kritische Umgang mit ihr nur in einem Prozeß der geschichtlichen Veränderung stattfinden. Daher ist die Geschichte des Geistes von einer grundsätzlich nicht-illusionären Verfassung. Es ist also die grundsätzliche und individuell ergreifende Bestimmung durch den Geist Gottes von seinen geschichtlichen Darstellungs- und Durchsetzungsweisen zu unterscheiden.

Dieses Modell läßt sich nun auf die vorhin unterschiedenen Bereiche anwenden, die auf so elementare Weise mit dem Interesse am menschlichen Leben gegeben sind. Der erste war: Gesundheit und leibliche Integrität. Die leitende Einsicht in Beziehung darauf besagt, daß es Gottes Gegenwart im Geist ist, die den Menschen auf eine neue, von ihm selbst nicht herstellbare Weise zu sich bringt: Gott ist es, der sich in der Selbstbeziehung als ursprüngliches Gegenüber zur Geltung bringt. Damit ist aber das Beisichsein des Menschen fundamental gegeben, und dieses stiftet dann auch die Beziehung zum eigenen Leib, in welcher Verfassung dieser sich auch befinden mag. Die eigene Leiblichkeit ist der Horizont unseres geschichtlichen Lebens. Die grundsätzliche Erwartung ist, daß sich die Individualität der Selbstbeziehung auch in der Selbstbeziehung eines funktionierenden Organismus darstellt; die Hoffnung auf einen gesunden Leib besteht darum immer fort. Aber sowenig die Störungen des Organismus unseres Leibes ihn unserer Aufmerksamkeit und Fürsorge entziehen, so wenig bedeutet auch sein Zusammenbruch das Ende unserer Selbstbeziehung. Wir stehen vielmehr in einer Geschichte des Werdens und Vergehens unseres Leibes, der als Ort und Spiegel unserer Selbstbeziehung auftritt, welche uns von Gott her eröffnet ist. In dieser Betrachtung kommen dann auch die Umstände für die Erhaltung und Heilung unseres Leibes in den Blick, für die wir als von Gott her mit Selbstbeziehung begabte Wesen verantwortlich sind. Ein unmittelbares natürliches Eingreifen Gottes kann und braucht nicht erwartet zu werden, so wenig die Leitbestimmung, von Gott her in einem Leib zu leben, der das Leben ermöglicht, aufgegeben werden kann. Hoffnung auf Gesundheit und Einsatz gegen die Krankheit gehören zu einem Leben aus dem Geist – zugleich aber auch das Bewußtsein, daß unsere Existenz mit dem Zerfall des Leibes nicht der Auflösung preisgegeben wird. Die Gegenwart des Geistes Gottes ist ja selbst, wie wir sagten, Teilhabe am ewigen Leben.

Der zweite Erfahrungsbereich, der aus dem Selbstinteresse des Lebens in den Blick kommt, ist die soziale Welt, die dem Erhalt des Lebens dienen soll. Auch hier ist zunächst die historische Betrachtung nötig, nach der sich in der Geschichte der Moderne ein Umgang mit der Natur herausgebildet hat, der zugleich erfolgreich und unzureichend ist. Als Erfolg ist zu werten, daß so viele Menschen auf der Erde leben und überleben können. Als Mangel muß genannt werden, daß dieser Erfolg sehr ungleich zwischen den Menschen verteilt ist und zudem zukünftige Ressourcen der Natur vernichtet. Diese geschichtliche Bewegung zu verändern, erfordert zunächst ein verändertes Bewußtsein für die eigene Lebensführung. Der Geist Gottes ist von der Art, daß er auf die unselbstverständliche Herkunft eigenen Selbstseins verweist – und daß er Selbstsein stets mit einem Sein für andere verknüpft. Das prägt sich ins christliche Bewußtsein, den Glauben, ein. Die Einsicht in die Unselbstverständlichkeit unserer Wohlfahrt, die sich daraus ergibt, ist der erste Anstoß für ein Bewußtsein der Unabhängigkeit vom wirtschaftlichen Erfolg. Dieser ergibt sich nämlich nicht von selbst aus der Genialität menschlicher Unternehmungen, sondern verdankt sich der von uns selbst nicht herzustellenden Paßgenauigkeit von humaner Aktivität und natürlichen Beständen. Was aber so von einer uns entzogenen Funktionstüchtigkeit abhängig ist, kann nicht – oder nur durch Macht verzerrt – unterschiedlich angeeignet werden – und sollte es auch nicht, wenn das eigene Sein nur mit dem Sein der anderen Menschen zugleich Bestand hat. Daraus folgt die Einsicht in die Möglichkeit einer anderen Wirtschaftsweise, die alle Menschen zu einem guten Leben gelangen läßt. Wie der Weg dahin aussieht, ergibt sich damit noch nicht; das ist eine Frage ökonomischen Verstandes und ein Resultat politischer Kämpfe. Darum ist es mit dem individuellen Bewußtsein, „alles müßte anders werden", nicht getan. Wohl aber ist ein verändertes Bewußtsein die Voraussetzung auch für politisch-gesellschaftliche Umorientierungen.

Analog, nur noch einmal gesteigert, verhält es sich mit der Frage nach der Zukunft unseres Planeten. Auch hier lautet die erste Einsicht, daß wir Menschen nur in die Geschichte der Erde verwoben sind, diese nicht gemacht haben und darum auch nicht beenden können. Es gibt uns einfach hier, an den Orten unseres Lebens. Und es gibt uns so in der Folge der Geschichte, für die die Menschheit verantwortlich ist. Diese Geschichte betrifft nicht das Ganze der Erde, wohl aber – potentiell und bald auch real – die ganze Menschheit. Am Anfang der Betrachtung steht darum die Dankbarkeit für die uns mögliche Existenz auf der Erde – und das Bewußtsein, daß sie der Menschheit als ganzer zugedacht ist. Darum besteht eine geschichtliche Verantwortung, die auf intelligentem Wege wahrzunehmen ist. Die Folgen dieser geschichtlichen Verantwortung haben wir als Menschen zu tragen; der Fortbestand des Planeten überhaupt hängt freilich nicht von dieser Geschichte ab. Hier gibt es eine Grenze der moralischen Verpflichtung – wie auch Grenzen des technisch Möglichen. Wichtig ist, daß dabei die soziale Verbundenheit miteinander, wie sie sich in der unweigerlich gemeinsamen Geschichte der Menschheit zur Geltung bringt, nicht aufgelöst wird. Der Geist Gottes, der das eigene Leben mit dem der anderen verknüpft, bildet ein Widerlager gegen solche Absichten.

Die hier gezeichneten strukturellen Perspektiven für ein humanes Leben im Geist Gottes unterscheiden sich kritisch sowohl von den charismatischen Versprechen wie von den amtskirchlichen Empfehlungen. Anders als es die charismatischen Hoffnungen meinen, ist es nicht ein unmittelbarer, aber auch partikularer Eingriff Gottes ins leibliche Leben oder die geschichtliche Wirklichkeit, die das Leben erhält oder verändert. In der Regel – und darum: erwartungsgemäß – wirkt sich Gottes Geist in der natürlich-gesellschaftlichen Wirklichkeit aus: da, wo für Heil und Heilung gesorgt wird. Daß diese Vorgänge auch eine spirituelle Dimension haben, wird damit nicht bestritten, sondern gerade behauptet. Nur darf man sich auf eine eventuell als unmittelbar empfundene Veränderung spirituell nichts einbilden; man könnte immer – und zu Recht – nach vermittelnden Zwischeninstanzen fragen, die die Veränderung (mit-)bewirkt haben.

Auf der anderen Seite unterscheidet sich der Verweis auf den im eigenen Selbstverständnis wirksamen Geist Gottes auch von den Modellen, wie sie durch Verwaltung des Heiligen in den Kirchen als religiösen Organisationen nahegelegt werden, daß nämlich der bloß innerliche Glaube erst in moralisches Handeln übersetzt werden muß, um wirksam zu werden und Wirklichkeit anzunehmen. Vielmehr geschieht die Veränderung im Bewußtsein gerade als Wirkung des Geistes selbst – und bestimmt von dort aus, auch ohne dazwischentretende „Weisungen", die Wirklichkeit. Geist ist Leben, kann man sagen.

Nun handelt es sich bei den verschiedenen Erscheinungsgestalten des Christentums um weltweit differenzierte Phänomene. Das Christentum als die gegenwärtig nach Zahl ihrer Anhänger größte Religion bewegt sich in ganz unterschiedlichen Lebenswelten, in denen es auf je eigene Leistungen religiöser Orientierung ankommt. Man hat daher, aufgrund der jeweiligen historischen und sozialen Lage, auch mit einem Nebeneinander christlicher Vergemeinschaftungen zu tun, ob sich diese als Kirchen oder christliche Gemeinschaften verstehen. Daß sie alle aus dem Geist leben – wie unterschiedlich klar es in ihnen selbst auch benannt werden mag –, gehört freilich zu ihrer Grundstruktur, die sie auch über eigene Abgrenzungen hinaus miteinander verbindet.

Für unsere Weltgegend, in der das Verhältnis von Kirche und Kultur, Religion und Gesellschaft am weitesten ausdifferenziert und am stärksten gespannt erscheint, zeichnet sich ein Übergang zu einem neuen Kirchentypus ab dem wir uns jetzt zuwenden.

### 3. Gelebte Religion zwischen Herkommen und Bildung

Wenn hier von „gelebter Religion" gesprochen wird, dann ist damit das Phänomen von Lebensvollzügen gemeint, die sich als lebensbestimmende Deutungen geltend machen, ohne daß sie sich verpflichtend mit der Zugehörigkeit zu (oder Mitgliedschaft in) einer religiösen Organisation und der Zustimmung zu Grundsätzen oder Lehren einer Kirche verbinden. Daher erschließt der Begriff von „Lebensdeutung", den wir schon oben im § 7 verwendet haben, am besten, was unter „gelebter Religion" zu verstehen ist. Es ist dem Menschen ja unvermeidlich, sein Leben in Sinndeutungen zu fassen, die es ihm ermöglichen, sich zu sich selbst zu verhalten und sich zugleich in einem Horizont möglichen Handelns zu bewegen. Nun gibt es, wie wir ebenfalls gesehen haben, Lebensdeutungen von verschiedener Art und Reichweite – immer abhängig davon, was als Bezugspunkt der Lebensdeutung in Anspruch genommen wird. Es kommen demnach ganz verschiedene Instanzen in Betracht, die gegenüber den Wechselfällen des Lebens für Überschaubarkeit und Konstanz sorgen sollen.

Wenn der Eindruck nicht trügt, dann gibt es in West- und Mitteleuropa aktuell eine Tendenz, sich von der Unverbindlichkeit zu verabschieden, die der Wechsel von möglichen Bezugspunkten der Lebensdeutung mit sich bringt. Es macht ja einen Fluchtpunkt der sogenannten Individualisierung aus, daß sie als Vereinzelung erfahren wird – und zwar auch und gerade dann, wenn die (virtuelle) Vernetzung mit allem Möglichen schier unendlich ist. Diese Situation motiviert zumindest kurzfristig dazu, sich in wechselnden Bezugshorizonten zu bewegen – eine Lage, die zunächst als Freiheitsgewinn empfunden werden kann, sich nicht festlegen zu müssen. Gegenüber diesem Versprechen, das zugleich die Zumutung stets neuer Lebensdeutung in sich enthält, rührt sich, wie es scheint, das Bestreben, nach einer zuverlässigen Gründung des Lebens zu suchen. Diese Versuche sind es, die zur Zeit auch von populistischen Bewegungen genutzt werden, die scheinbar verläßliche Referenzpunkte, vor allem ideologisch-vereinfachender Art, im Angebot führen. Die irreführende Flüchtigkeit solcher Angebote, welche historisch bereits als gescheitert erwiesene Orientierungen verbindlich machen wollen, kann freilich einer genaueren Selbstwahrnehmung nicht verborgen bleiben; das läßt sich auch diskursiv dartun.

Darum taucht die Frage auf, welcher Horizont denn eine solche Gründung des eigenen Lebens erlaubt, der der Vielfalt modernen Lebens standhält und darin zugleich zu einem Gewinn eigener Freiheit führt. Diese Freiheit erweist sich darin, daß das Leben eine auch in der Selbsterfahrung bemerkliche kontinuierliche Form erhält, die einzelne Handlungen prägt, ohne sie durch rigide Vorschriften einzuengen. Man kann diejenigen Orientierungen der Lebensdeutung, die diese Funktion erfüllen, in einem engeren Sinn als religiös bezeichnen. Dazu zählt auch die christliche Lebensdeutung.

Ihren Leitbegriff kann man, wie wir das oben nannten, als „wahres Menschsein" bezeichnen. Es ist nur in der Form eines Weges zu erreichen, also in einer Abfolge von Selbstdeutungen, die zur Selbst-Bildung beitragen. Der – realistische – Ausgangspunkt ist die Tatsache schon immer vorgenommener Selbstdeutungen; wir finden uns ja stets und andauernd mit dem Produzieren von Sinn befaßt, und zwar so, daß dieser Sinn „für uns" hilfreich ist. Zugleich geht mit diesen beständigen Sinnproduktionen die Erfahrung einher, sie kontextbedingt verändern zu müssen, wenn sie sich nicht mehr als leistungsfähig erweisen; das ist regelmäßig in der Entwicklung etwa vom Jugendlichen zum Erwachsenen der Fall. Es taucht in diesen Wechseln der harte Kern der Selbstbeziehung auf: die Tatsache, daß derartige Sinn-produktionen genau darin überzeugend sind, daß sie unmittelbar zu „passen" scheinen. In Wahrheit aber zeigt sich eben in diesem Phä-nomen die Brüchigkeit und Anfälligkeit des ganzen Ensembles dieser Lebensdeutungen, nämlich ohne festen Grund zu operieren und von einzelnen Umständen oder Stimmungen abhängig zu sein. Diese In-stabilität wird erst zurückgelassen, wenn Gott als ursprüngliches Ge-genüber der Selbstbeziehung auftritt – das ist aber nur möglich, weil er selbst in der Gestalt des menschlichen Individuums Jesus Chris-tus zum möglichen Bezugspunkt individuellen Lebens geworden ist. „Leben in Christus", also in der Kraft einer Selbstbestimmung, die sich in der Wirklichkeit seines in Gott gegründeten Lebens sieht, verwirk-licht auch für jeden von uns „wahres Menschsein". Diese Gegenwart Gottes bei uns ist seine Gegenwart im Geist.

Zugleich zeigt sich, daß dieser Grund der je eigenen Selbstbestim-mung ein Grund ist, der für alle Menschen insgesamt – und jeden ein-zelnen Menschen in der Menschheit – zugänglich ist. Insofern finden sich alle Menschen, die im Glauben stehen, mit allen anderen Men-schen vereint – sei es in der Weise, daß sie um die allgemeine Bestim-mung wissen, derzufolge jeder Mensch seinen Grund in Gott finden kann, sei es in der Weise, daß sie andere Menschen wahrnehmen, die diese Selbstbestimmung in Christus auch vollziehen oder vollzogen haben. Es läßt sich, wenn man die Bestimmung zugleich als Anzeige eines künftigen Verlaufs versteht, auch keine qualitative Differenz zwi-schen den beiden Menschengruppen aufmachen, die nicht auf eine Überwindung hin ausgerichtet wäre. Die Kirche, in der sich durch Christus die Menschen vorfinden, die ihren Grund in ihm haben, unterscheidet sich von der „Welt" nur durch die Klarheit, mit der die Selbstbestimmung vorgenommen wurde. „Wahres Menschsein" ist in-sofern kein christliches Privileg, sondern eine allen Menschen offene Bestimmung ihrer selbst.

Die empirische Verflechtung mit verschiedenen Menschen in un-terschiedlichen Kontexten macht deutlich, daß, gewissermaßen „un-terhalb" dieser Fundamentalbestimmung, ein Leben in wechselnden Sinnhorizonten möglich ist, deren Reichweite sich nach den Um-ständen des jeweils nötigen Denkens und Handelns bemißt. Damit ist gesagt, daß es auch keine grundsätzliche Ausschließung einer theo-retischen Denkweise oder einer sittlichen Handlungsform gibt – so-fern sich diese keine Allzuständigkeit beimessen, also weltanschau-lich-ideologischen Charakter einnehmen wollen. Der Glaube ist, so betrachtet, nicht nur pluralitätskonform, sondern geradezu pluralitätsfördernd, da er falsche Allgemeinheitsansprüche relativiert und kritisiert.

Auf diese Weise ausgelegt, erweist sich das „wahre Menschsein" als Eröffnung von mannigfacher Lebensdeutung hinsichtlich der Bewältigung von Herausforderungen insbesondere in der plural verfaßten modernen Welt. Der Glaube ist daher keine eigene „Weltanschauung", sondern die subjektive Voraussetzung zur Ausbildung eines Konzepts verschiedener, vielleicht sogar miteinander konfligierender Weltzugänge, deren Reichweite pragmatisch zu bestimmen ist.

Die Kirche Jesu Christi (in jeder denkbaren konfessionellen Gestalt), die sich dem Geschehen der Selbstdeutung von Christus her und auf Christus hin verdankt, bewegt sich inmitten einer Situation verschiedener, anderer Lebensdeutungen. In dieser Lage kommt es darauf an, zuerst und entscheidend die Eigenart der christlichen Selbstbestimmung deutlich zu machen, also das Wesen des Christentums vorzustellen. Das erfordert eine Konzentration der Kirche auf ihren religiösen Mittelpunkt, nämlich erkennbar die Gegenwart Gottes im Geist anzusagen – mit größtmöglicher Bestimmtheit des Ausdrucks. Die Mitteilung dieses Wesens des Christentums verlangt sodann nach der Darstellung seiner Wirklichkeit in den Lebensvollzügen der Kirche als Institution und Organisation; das wird die historisch überkommenen Formen kirchlichen Lebens immer wieder auf die Probe stellen, ob sie den Sinn, dem sie dienen, noch hinreichend deutlich kommunizieren. Mitteilung und Darstellung zielen nämlich auf die individuelle Aneignung – im Modus des Hörens und Verstehens der Geschichte Jesu Christi und im Modus der Teilhabe an seinem Leben durch die eigene Selbstfestlegung des Lebenssinns in der Taufe und die Gemeinschaft seines Leibes im Abendmahl im Lauf der Lebensführung.

Diese Konzentration in der kirchlichen Kommunikation hat einen Gestaltwandel der Kirchen zur Folge: von einem Traditionschristentum, das sich an der Herkunft orientiert, zu einem Verständnis des Christentums als Bildungsreligion. Statt die überkommene „Botschaft des Evangeliums" in die Gegenwart „übersetzen" zu wollen – eine grundbegrifflich traditionale Vermittlung von Überzeugungen – ist die Zuversicht zu lernen, daß der Geist selbst in die Gegenwart Gottes zieht und sich mit dem menschlichen Geist vereint. Der Geist ist also alles andere als ein Transmissionsriemen für eine Lehre, die nicht mit eigenem Verstand und aus eigener Überzeugung angeeignet werden kann (wie man es manchmal am Ende von Predigten hören muß). Die Überzeugung von der Selbstwirksamkeit des Geistes geht vielmehr davon aus, daß in den Lebensdeutungen der Menschen schon eine Struktur bereitliegt, die durch den Geist Gottes zu ihrem wahren Sinn – der Existenz als wahrer Mensch – gebracht wird. Diese Überzeugung bereits unter den Bedingungen aktueller landeskirchlicher Gegebenheiten zu pflegen, macht das Christentum attraktiv unter denen, die nach einem Abschied von der Unverbindlichkeit suchen – und die sich nicht mit der Vermittlung eines biblischen Weltbildes und einer Einstellung auf richtiges Verhalten zufriedengeben wollen. Daß das evangelische Christentum dabei ein anspruchsvolles Profil gewinnt, dürfte seiner geschichtlichen Präsenz nicht schaden. Zustimmung zum Christentum ist dann das Resultat eines an sich selbst erfahrenen Bildungsgeschehens. Der Weg zu einem wahren Menschsein, das sich der Herausforderungen der Gegenwart annimmt, ist ein Weg der Bildung eigenen Lebens, ist, so betrachtet, ein Weg zum Heil.

Die römisch-katholische Kirche sieht sich im west- und mitteleuropäischen Kontext vor die Aufgabe gestellt, die dogmatische Bindung an die als historisch behauptete Heilsgeschichte aufzugeben, also sich von der rein über das Sakrament vermittelten Gottesgegenwart zu verabschieden. Der entscheidende Schritt wird in der Relativierung des Weihepriestertums bestehen, die zugleich eine geistliche Intensivierung zur Folge haben wird. Doch das ist, wenn er überhaupt begangen werden sollte, ein weiter Weg. Bis dahin wird sich die überkommene Kirchenverfassung der römisch-katholischen Kirche vor allem auf soziale Kontexte stützen, in denen eine geschichtliche Betrachtung der Religion (noch) nicht gepflegt wird und die deshalb eine autoritäre Religionsverfassung tolerieren oder gar wünschen. Diese Erwartung betrifft vor allem Weltgegenden außerhalb Europas. Der Versuch, weltweit präsente Kirche zu sein, stellt den Katholizismus vor enorme Schwierigkeiten.

Die charismatischen Bewegungen werden sich von ihrer individuellen Erfolgsorientierung abwenden müssen, wenn sie in Europa Bestand haben wollen. Dazu könnte ihnen die Ausbildung einer sie auch nach innen verpflichtenden Lehre hilfreich sein; eine Rationalisierung der je eigenen Religion ist im Christentum, insbesondere in seiner konfessionellen Ära, ohnehin unausweichlich.

Der Prüfstein für diese Veränderungen hin zu einem Kirchentypus des „gebildeten Christentums" kann darin gesehen werden, ob es gelingt, mit Religion in der Kultur, außerhalb der Kirche, umzugehen.

Hier geht es zuerst um eine gelassene Wahrnehmung der Lebensdeutungen, die sich, wie wir gesehen haben, durch das ganze Feld der Kultur ziehen. Sind sie dem inneren Sinn der Kultur, dem Kampf gegen den Tod, verpflichtet? Das ist die entscheidende Frage zur Beurteilung kultureller Phänomene – und dieses Urteil darf sich eine christliche Kirche nicht ersparen. Denn daran entscheidet es sich, ob sie grundsätzlich zu bejahen und zu unterstützen oder zu verneinen und abzulehnen sind. Weil der Kampf gegen den Tod zugleich eine individuelle Frage wie eine gesellschaftliche Angelegenheit ist, lautet die nächste prüfende Frage, ob und in welchem Maße eine in der Kultur wirksame Lebensdeutung ein freies Leben individueller Menschen im Zusammenhang des Allgemeinen befördert. Die Menschenrechte sind, wie wir gesehen haben, ein besonders eindrückliches Zeugnis in der Geschichte für die Wahrnehmung dieser großen kulturellen Aufgabe.

Für die Transformation der Kirchen wird es vor allem auf gebildete Theologinnen und Theologen ankommen. Sie stehen, als Pfarrerinnen und Pfarrer, Lehrerinnen und Lehrer, an der Schnittstelle der verschiedenen Lebensdeutungen. Sie müssen über Religionskompetenz verfügen, um mit den Deutungen, die ihnen begegnen, analytisch und praktisch umzugehen, getragen von der Wertschätzung für die, die auf dem Weg der Lebensdeutung nach ihrem wahren Menschsein fragen.

Die hier angerissene Perspektive einer Veränderung des Kirchentypus vom überlieferten, flächendeckenden Traditionschristentum zu einem selbst angeeigneten Bildungschristentum, das aufgrund eigener Einsicht überzeugt, zeigt jedenfalls an, daß das Studium der Theologie nicht mit der Verwaltung religiöser Restbestände in einer vermeintlich säkularisierten Gesellschaft befaßt ist, sondern mit der aktiven Gestaltung der intellektuellen und sozialen Umstände wahren Menschseins.

Wenn die Überlegungen dieses Buches daran mitzuwirken ermutigt haben, hat es sein Ziel erreicht.

Niklas Luhmann, Organisation, in: Ders., Funktion der Religion, Frankfurt am Main 2004, S. 272–316.

Peter Zimmerling, Charismatische Bewegungen (UTB 3199), Göttingen 2009.

Christian Grethlein, Kirchentheorie. Kommunikation des Evangeliums im Kontext, Berlin/Boston 2018.

# V. Anhang

## § 15 Methoden und Disziplinen der theologischen Wissenschaft

### 1. Das Selbstdenken und die Methode

Wer diesem Buch bis hierher gefolgt ist, wird nun einer Besinnung auf die Art und Weise des Denkens begegnen, dessen wir uns bedient haben. Wer sich zuerst diesem Paragraphen zuwendet, darf eine Einführung in das erwarten, womit hier von Anfang an gearbeitet wurde: das Selbstdenken und seine innere Verfassung.

Wenn es ums Denken geht, dann zielt dieses immer auf Gedanken, die sich artikulieren, also in Sprache ausdrücken lassen, und die darum einer Beurteilung der Wahrheit einer satzförmigen Aussage unterzogen werden können. Für Gedanken als aussageförmige Resultate des Denkens gilt daher eine möglichst klare Unterscheidung von dem Subjekt, das denkend aktiv war und sich zur sprachlichen Fassung des Gedankens in der Lage sah.

Doch setzt bereits die Debatte über die Wahrheit eines Gedankens voraus, daß diejenigen, die in eine solche eintreten, gleichen Strukturbedingungen des Denkens und Sprechens unterliegen. Man muß den Unterschied zwischen der einen Wahrheitsanspruch erhebenden Aussage und ihrer subjektiven Verfertigung kennen. Man muß über eine vorgängige Vertrautheit der Sprache verfügen, die nicht erst in dieser Debatte erzeugt werden kann. Und man muß sich auf die Bedingungen der Wahrnehmung und der Kommunikation des Möglichen einlassen, die aus der Verfassung unserer Vernunft folgen.

Gerade diese Unterscheidung zwischen den wahrheitsbezogenen Aussagen und den Bedingungen, unter denen sie getroffen werden, verweist aber nun darauf, daß sich das Hervorbringen von Gedanken nicht allein dem intendierten Sachbezug und den Bedingungen seiner Formulierung verdankt, sondern daß es das Resultat einer subjektiven, spontanen Tätigkeit ist, nämlich des Denkens, das zu einem individuellen Leben gehört. So, wie es aus dem Denken zum Äußern eines verstehbaren Gedankens kommt, so gibt es darum – umgekehrt – auch eine Rückwirkung des Gedankens auf die Person, die ihn äußert.

Was ich als individueller Mensch denke, betrifft mein eigenes Leben, indem es mich selbst, wenn der Gedanke wahr ist, überzeugt und für mich verbindlich wird.

Diese drei Dimensionen, der Sachbezug, die Auffassungs- und Darstellungsbedingungen, schließlich der Selbstbezug, gehören immer schon zum Denken hinzu. Es ist leicht zu sehen, daß sie in jedem theologischen Gedanken aufs Intensivste ineinander verwoben sind. In theologischen Aussagen geht es um allgemeinverständliche sprachliche Äußerungen, die sich auf das Allgemeine überhaupt richten und die gerade darum eine Rückwirkung auf das Subjekt besitzen. Gott ist, zusammengefaßt, diejenige Instanz, der wir sowohl das Vermögen der subjektiven Äußerung als auch das der objektiven Bezeichnung als auch das des individuellen Betroffenwerdens verdanken.

Die Kompetenz der Sprache, so hatten wir das oben formuliert, eröffnet uns die religiöse Dimension des Lebens, die uns in der eigenen Individualität betrifft, ebenso wie die wissenschaftliche Dimension wahrheitsfähiger Aussagen.

Diese Betrachtung der Dimensionen der theologischen Arbeitsweise lenkt nun die Aufmerksamkeit darauf, diese Struktur in jeder intellektuellen Tätigkeit wahrzunehmen, die sich der Sprache bedient. Das ist die Idee der Methode.

Der Gedanke der Methode ist von großer Leistungsfähigkeit. Denn wer sich auf den Weg besinnt, den das Denken und seine Darstellung in Gedanken nehmen, der tritt gegenüber dem einzelnen Gedankengang einen Schritt zurück – und erkennt damit die innere Logik, ja Gesetzmäßigkeit des Denkens. Dabei kommt das genannte Ineinander der Dimensionen Sache, Sprache, Selbstverständnis zu Bewußtsein. Was wir an dem theologischen Denkweg, den wir in dieser Betrachtung jetzt theologische Methode nennen können, beobachtet haben, gilt nun für alles methodische Denken – nur in Beziehung auf den jeweiligen Sachhorizont. Der eine Gedanke der Methode als einer reflektierten Betrachtung des Verfahrens des Denkens variiert sich daher in verschiedene Methoden, deren nähere Bestimmung immer dem Interesse an spezifischer Erkenntnis und der Paßgenauigkeit zum jeweiligen Wirklichkeitsbereich unterliegt.

Das kann man sich an der heute vermutlich prominentesten Methode, dem Experiment, klarmachen. Der Aufbau eines Experiments verdankt sich erstens der Erfahrung mit gegebener Wirklichkeit im natürlichen Sinn, wie sie immer auch schon sprachlich erschlossen vorliegt. Davon wird in einem zweiten Schritt Abstand genommen,

indem aus dem vorliegenden Zusammenhang ein neuer, anschluß-
fähiger und überprüfbarer Zusammenhang imaginiert wird; das ist
die Hypothesenbildung im engeren Sinn. Schließlich kommt es drittens darauf an, diesen zunächst virtuell entworfenen Zusammenhang empirisch zu überprüfen, also seine Wirklichkeitskompatibilität
zu erweisen. Dieses Verfahren nimmt die drei Dimensionen in Anspruch, die wir unterschieden haben. Erstens geht es um die Absicht,
das Zutreffen oder Nichtzutreffen von Sachverhaltsbeschreibungen zu
überprüfen – die Ebene möglicher Wahrheit. Sodann ist den Regeln
zu folgen, die für die Aufstellung wahrheitsfähiger Aussagen im aus-
gewählten Wirklichkeitszusammenhang nötig sind. Drittens aber liegt
beidem das Erkenntnisinteresse des forschenden Subjekts zugrunde –
weshalb dann die Ergebnisse auch Rückwirkungen erzeugen; subjektiv auf die forschende Person (Anerkennung, Fördermittel), objektiv
auf die Beschreibung der Welt und den Umgang mit ihr.

Die Merkmale, die wir hier an der Methode des Experiments gesehen haben, gelten ebenso für die historische Methode, der oben unsere Aufmerksamkeit gegolten hat. „Kritik" bezeichnet das Abstand-
nehmen von der vorgegebenen geschichtlichen Wirklichkeit und
ermöglicht so das Formulieren von Zusammenhängen, die so noch
nicht benannt waren. „Korrelation" nimmt die Bedingungen des Zusammenhangs der Wirklichkeit im Ganzen auf und umschreibt damit
die Grenzen des Möglichen. „Analogie" bezeichnet das Stellungneh-
men zum Erkannten und die Aneignung der Erkenntnis, also die mögliche Rückwirkung des Erforschten.

Der Gedanke der Methode findet seine erste prominente Ausarbei-
tung bei René Descartes im 17. Jahrhundert. Er ermöglicht einen entschiedenen Zugriff auf die erkennbare und verfügbare Wirklichkeit,
weil er das planmäßige Forschen und das zielgerichtete Herstellen
durch den Aufbau reflexiver Differenz zum einzelnen Erkenntnis- und
Produktionsakt auf ungeheure Weise fördert. Vor allem aber erweist
sich im Gedanken der Methode die Gleichartigkeit der Wirklichkeit in
allen empirischen Unterschieden. Der eine Gedanke der Methode –
man könnte auch sagen: die zu Bewußtsein gekommene Logik des Er-
kenntnisverfahrens als solche – legt sich in verschiedene Methoden
auseinander, die nach Interesse und Sachgebiet differenziert werden.

Weil sich aber alle Methoden der drei hier unterschiedenen Dimensionen bedienen, kann ein möglicher Wildwuchs an Methoden-
ansprüchen, wie er zuletzt vor allem im Bereich der Geisteswissen-
schaften zu beobachten war, auch wieder der Kritik unterzogen

werden. Diese Kritik ist insbesondere da nötig, wo subjektive Erkenntnisinteressen das Feld der zu erkennenden Wirklichkeit verzerren. Dagegen ist es von Vorteil, auf eine Ausgewogenheit und ein Zusammenstimmen der Dimensionen zu achten, wie sie in der theologischen Methode durch den Gottesgedanken vereint sind.

Das implizite Ziel der Methode ist dabei stets die Bildung der Person in der Gesellschaft der Gegenwart. Das darf man bei allem Methodengebrauch nicht vergessen: Methoden sind sinnvolle und hilfreiche, ja nötige Arbeitsverfahren zum Erkenntnisgewinn – aber kein Selbstzweck. Das gilt auch für das theologische Studium. Auch daran kann der Bildungsgedanke, wie wir ihn eingangs entwickelten, erinnern.

## 2. Die theologischen Disziplinen und ihre Gründe

In der Geschichte der evangelischen Theologie als Wissenschaft haben sich fünf klassische Disziplinen herausgebildet: Altes Testament, Neues Testament, Kirchengeschichte, Systematische Theologie, Praktische Theologie. Wer sich damit beschäftigt, wie dieser Kanon der Aufteilung der einen Theologie in verschiedene Fächer zustande kam, kann daran ein gutes Stück der Wissenschaftsgeschichte der Theologie studieren. Das soll hier nicht geschehen, sondern es ist um die innere Logik zu tun, die sachlichen Gründe, warum man diese Differenzierung für sinnvoll halten kann.

Das Argument, aus dem man diese Gründe entwickeln kann, ist uns schon vertraut; es hat mit dem Sachverhalt zu tun, um den es in unseren Überlegungen schon immer gegangen ist. Er läßt sich in die These fassen, daß der Glaube als die Gegenwart Gottes im menschlichen Geist ein geschichtliches Phänomen ist, das unbedingte Geltung besitzt. Auf die Zuordnung und Gewichtung der beiden Elemente „Geschichte" und „Geltung" kommt es an.

Zunächst ist festzuhalten, daß es in jeder theologischen Disziplin um beide Aspekte geht; kein Fach kann sich dieser doppelten Ausrichtung entschlagen, ohne auf seinen Charakter zu verzichten, theologische Wissenschaft zu sein.

Ein erster Fall der Zuordnung von „Geschichte" und „Geltung" geht vom Überwiegen der Geschichte aus. Die Wissenschaft vom Alten Testament und vom Neuen Testament beschäftigen sich – ebenso wie die Kirchengeschichte – mit der Geschichte, in der religiöse Geltungsansprüche formuliert und gelebt werden. Dabei unterscheiden sich die Disziplinen Altes Testament und Neues Testament von der Kirchengeschichte dadurch, daß es in ihnen um die Herkunft der religiösen Geltung zu tun ist, wogegen es in der Kirchengeschichte darum geht, wie sich die religiöse Geltung in der Geschichte darstellt. Altes Testament und Neues Testament beziehen sich auf Texte, die als Gründungsurkunden religiösen Glaubens verwendet werden; aber sie tun das nicht abstrakt, denn die Texte, die auf Anerkenntnis aus sind, weisen ja selbst eine Geschichte auf. Doch sofern sie theologisch betrachtet werden, kann man an keiner Stelle von der religiösen Funktion absehen, die ihnen innewohnt. Umgekehrt freilich kann man die religiöse Geltung, von der die Texte geprägt sind, nicht umstandslos aus der Vergangenheit in die Gegenwart transponieren; ein unmittelbarer Biblizismus ist selbst unhistorisch und erreicht daher die Gegenwart als eine historische Zeit nicht.

Die Unterscheidung der Disziplinen Altes Testament und Neues Testament (anstelle einer einheitlichen „biblischen Theologie") hat zwei Akzente. Einerseits weist sie auf das besondere Verhältnis hin, in dem das Christentum zum Judentum steht und verhindert eine unmittelbare historische Einvernahme des Alten Testaments in der Kirche. Jesus Christus fehlt eben im Alten Testament, auch wenn die Strukturen des alttestamentlichen Gottesverständnisses bei Jesus vorausgesetzt sind. Genau damit wird, auf der anderen Seite, der Sachverhalt unterstrichen, daß die Geschichte Jesu Christi selbst nicht ohne eine Vorgeschichte zu denken ist, wenn sie – gerade in ihrem Geltungsanspruch – den Charakter eines historischen Geschehens nicht verlieren will.

Es ist die Kirchengeschichte als theologische Disziplin, die sich sodann der Frage nach dem Umgang mit der (angeeigneten) religiösen Geltung in den jeweiligen Epochen der Geschichte und durch die Verläufe der Geschichte hindurch annimmt. Das kann sie nur so tun, daß sie stets auch das Vorhandensein religiösen Glaubens in allen historischen Begebenheiten unterstellen muß – und gerade dadurch eine kritische Sicht auf die Geschichte gewinnt. Diese kritische Sicht ist umfassend; sie betrifft sowohl die Kirche als Institution und Organisation als auch die Theologie in ihrer geschichtlichen Entfaltung als auch die Interaktionen der Glaubenden, individuell und kollektiv, mit ihren jeweiligen Lebenswelten. Dabei spielt natürlich die Art und Weise des Rückgriffs auf die Gründungsurkunden des Glaubens stets eine Rolle. Sie kommen als Voraussetzungen für die Beurteilung der geschichtlichen Wirklichkeit von Kirche und Glaube in Betracht. Das macht aus der Kirchengeschichte eine überaus kritische Disziplin.

Die Praktische Theologie nimmt sich spezifisch der Fragen an, die es mit dem Werden der religiösen Geltung in der Geschichte zu tun haben. Sie ist die jüngste Disziplin der Theologie, und in ihr spiegelt sich der Sachverhalt, daß die Aneignung von religiöser Geltung (oder die Genese des Glaubens) nicht mehr umstandslos im Halbdunkel der traditionellen Religionsvermittlung stattfindet. Gerade als eine Disziplin, die auf die Genese der Geltung zielt, bleibt sie ein eminent historisches Fach. Daher kann sie auch frühere Verhältnisse, unter denen es zum Glauben kam, erörtern – und berührt sich darin mit der Kirchengeschichte.

Bleibt noch übrig, auf das Moment der Geltung insbesondere zu achten, die zwischen Gewordensein in der Geschichte und Werden in der Gegenwart tatsächlich stattfindet. Das ist die Aufgabe der Systematischen Theologie, die in allen ihren Arbeitsverfahren, wie man sofort versteht, auf die Geschichte angewiesen ist, aber ebendort stets den eigenen Akzent der Geltung hervorhebt, dessen Begründung im jeweils gegenwärtigen geistigen Feld zu verantworten ist. Daher verortet sich die Systematische Theologie als explizite Gegenwartsdisziplin im intellektuellen Gesamtzusammenhang der Zeit – also in der Wahrnehmung von Wissenschaft und Kunst, Kultur und Gesellschaft. Insbesondere die Philosophie als Orientierungswissenschaft ist als Gesprächspartner von Bedeutung – immer verstanden im Zusammenhang der gesellschaftlichen Entwicklung. Diese Absicht der Selbstverortung im aktuellen lebensweltlichen und wissenschaftlichen Umfeld war es ja auch, die uns seit dem ersten Kapitel dieses Buches beschäftigt hat.

Der Gesichtspunkt der Geltung und ihrer Aneignung wird sodann auch über die Felder religiöser Vorstellungen wie religiöser Handlungsimpulse verfolgt. „Dogmatik" heißt die Unterdisziplin der Systematischen Theologie, die sich mit der christlichen Lehre beschäftigt; dabei geht es, wie nun endgültig zu verstehen, nicht um irgendwelche objektiven Sachverhalte im imaginären Raum, sondern um Aussagen, Bilder, Gedanken, symbolische Ausdrücke, die der Klarheit der Aneignung der Gottesgegenwart im Geist dienen. Dogmatik ist, wie wir auch gesehen haben, eine hermeneutische Anleitung zum Sichverstehen im Glauben. Entsprechend verhält es sich mit der „Ethik", die sich mit der Formierung von Handlungsimpulsen befaßt. Sofern die christliche Ethik ausformuliert, was im christlichen Bewußtsein als Folge der eigenen Selbstbestimmung von Gott her und auf Gott hin auf dem Feld des Handelns geschieht, ist die Ethik wesentlich Explikation des eigenen Sollens und keine Fremdbestimmung. Für beide Dimensionen, die Vorstellungsgehalte der Dogmatik und die Sollensbestimmungen der Ethik, gilt natürlich, daß sie sich im diskursiven Feld geistiger Orientierung ihrer Gegenwart bewegen.

Die systematische Perspektive erstreckt sich nun auch auf die historischen Bereiche der anderen Disziplinen der Theologie. Sofern sich etwa die neutestamentliche Wissenschaft mit der Frage nach der Aneignung der religiösen Gehalte des frühen Christentums beschäftigt, verfolgt sie eine systematische Fragestellung – und kann in diesem Moment auch gar nicht davon absehen, die Mechanismen der Aneignung, wie sie in der Vergangenheit stattgefunden hat, mit Mitteln der aktuellen Selbstreflexion zu bearbeiten; das ist es ja, was wir an der Anwendung der Analogie für das historische Verstehen beobachtet haben. Dasselbe gilt für ethische Aussagen in der Geschichte. Sie müssen historisch an ihrem Ort bewertet werden – und es muß zugleich verstanden werden, warum und in welchem Maße sie in jener historischen Situation eine Handlungsorientierung gegeben haben.

Die hier vorgestellte Aufteilung der Disziplinen der Theologie hat diese aus dem einheitlichen Grundgedanken des konstitutiven Zusammenhangs von Geschichte und Geltung entwickelt. Natürlich nehmen die einzelnen Disziplinen zugleich an der Wissenschaftsentwicklung ihrer nichttheologischen Nachbardisziplinen teil, insbesondere den Entwicklungen der historischen Methode und ihrer kulturwissenschaftlichen Nebenzweige. Für die Praktische Theologie sind es die empirischen Sozialwissenschaften, die derzeit am meisten Einfluß nehmen. Und auch die Systematische Theologie ist von Moden und Tendenzen der Philosophie und der Kulturwissenschaften betroffen. Die Interaktionen, die dort stattfinden, sorgen für eine interne Dynamik in diesen Disziplinen, welche bisweilen im Binnendiskurs der jeweiligen Fächer den Eindruck einer scheinbaren Abgeschlossenheit vermittelt. Dieser ist in gewissem Sinne unvermeidlich – gerade darum ist es aber nötig, sich auf den originären Zusammenhang der Disziplinen zu besinnen, in dem sie als Teile der Theologie stehen. Wenn man sich diesen Zusammenhang immer wieder klarmacht, kann man sich vom inneren Methodenzwang der einzelnen Disziplinen auch wieder befreien.

Es ist ratsam, bei Einführungen in die Logik der einzelnen Fächer immer die hier vorgeschlagenen elementaren Einordnungen mit im Sinn zu haben. Dann wird es möglich sein, sich auch im Gewirr der wissenschaftlichen Erörterungsansprüche und der als methodisch zwingend ausgegebenen Standards zurechtzufinden, ohne ihnen zu unterliegen.

Man darf sich aber auch nicht verhehlen, daß der Umgang mit den methodisch ausdifferenzierten Disziplinen persönliche Disziplin erfordert. Das beginnt beim Erlernen der antiken Sprachen – der biblischen Sprachen Hebräisch und Griechisch und der für unser geschichtliches Gewordensein unabdingbaren lateinischen Sprache. Ohne ein – wie immer pragmatisch zugeschnittenes – Wahrnehmen der Texte in ihrer originalen Sprache ist ein wissenschaftlicher – also selbstbestimmt-kritischer, von Autoritäten unabhängiger – Umgang nicht möglich. Daß natürlich dieser kritische Umgang mit den Quellen stets in der gleichzeitigen Berücksichtigung des religiösen Verwendungszusammenhangs erfolgt, kann, nach unseren Überlegungen selbstverständlich, keinen Verzicht auf die Wahrnehmung des ursprünglichen historischen Sinns ersetzen. Das liefe ja darauf hinaus, die Pflege des Geltungsaspekts ohne sein geschichtliches Gewordensein betreiben zu wollen. Sich den sogenannten Alten Sprachen einmal gründlich zuzuwenden, ist also nicht nur ein Grund zur Klage über die zweifellos damit verbundene Arbeitsbelastung – man darf sich ihren Erwerb vielmehr als Auszeichnung anrechnen, die zum Bildungscharakter des theologischen Studiums beiträgt.

### 3. Das Studium und der Glaube

Immer wieder stößt man auf die Unterstellung, das wissenschaftliche Studium der Theologie wirke sich zersetzend auf den persönlichen Glauben aus. Diese Vermutung wird vor allem dort gehegt, wo kirchliche Milieus in ihrem Bestand durch Fortsetzung der Tradition und Abwehr des geschichtlichen Wandels in der Religion gesichert werden sollen. Diese Absicht ist aus zwei Gründen zum Scheitern verurteilt. Erstens wird übersehen, daß es auch in der scheinbar über das Herkommen vermittelten kirchlichen Religion immer Überzeugungsgewißheiten waren, die für eine Konstanz des Glaubens gesorgt haben. Man würde also den Glaubenden unterstellen, ihr Glaube sei nur durch Ausschluß des kritischen Denkens und der geschichtlichen Veränderungen zustande gekommen. Zweitens wird unterstellt, daß es gerade die historische Methode mit ihrem Kernelement der Kritik sei, die den Glauben unterminiere. Auch das ist unzutreffend, denn die historische Methode schließt die Dimension der Annahme des Geltenden niemals aus. Eine konsequent durchgeführte wissenschaftliche

Theologie kann also den Glauben als Grund des eigenen Lebens gar nicht „zerstören", sondern wird ihm in seiner Eigenart vielmehr genau zusehen und sein Leben beschreiben – was dem christlichen Leben zu einer besonderen Durchsichtigkeit seiner selbst verhilft.

Auf der anderen Seite gibt es die Auffassung, der Glaube müsse beim Studium der Theologie immer als persönliche Überzeugung vorausgesetzt werden. Auch diese Annahme ist falsch, und auch das aus zwei Gründen. Erstens bringt der Glaube, also das Bewußtsein der Gegenwart Gottes im Geist, keine inhaltlichen Merkmale in die Beschäftigung mit den Gegenständen der theologischen Wissenschaft hinzu. Was in der Theologie zu erörtern ist, erwächst aus dem Material der Geschichte (und der geschichtlichen Gegenwart). Ungeschichtliche Voraussetzungen und Vorgaben können nicht zu den Gegenständen der Theologie als Wissenschaft zählen, sondern gehören in das Reich der Phantasie – und haben für den Glauben, der eine Bestimmung geschichtlichen Lebens ist, keine Bedeutung. Zweitens kann auch die Unterscheidung von Glauben und Wissen nicht als eine ausschließliche Alternative angesehen werden. Vielmehr dient das Wissen, wie wir uns an der Geschichte Jesu Christi klargemacht haben, als Grundlage des Glaubens, sofern in ihm selbst die Frage nach der eigenen Selbstbestimmung enthalten ist, die immer nur historisch-individuell in Form einer eigenen Lebensdeutung beantwortet werden kann.

Das heißt nun, zusammengefaßt: Der Glaube ist keine Voraussetzung des theologischen Studiums. Das gilt für Studierende, denen der kirchliche Hintergrund vertraut ist und die sich selbst als Teil der christlichen Gemeinde verstehen ebenso wie für solche, die wenig Beziehung zur Kirche haben und sich gegenüber einer christlichen Lebensdeutung spröde verhalten. Die „Glaubenden" erkennen nicht mehr als die „Nichtglaubenden", und die „Nichtglaubenden" haben keinen intellektuellen Vorteil gegenüber den „Glaubenden".

Statt dessen verhält es sich so, daß die Beschäftigung mit der Theologie im Studium wie von selbst, auch ohne besondere Absicht, auf eine Durchklärung von Sachverhalten führt, die die innere Verfassung des Glaubens ausmachen. Dadurch wird denjenigen, die in ihrer Biographie nicht zur Überzeugung eines christlichen Lebens gelangt sind, der Weg zu einer verständigen Zustimmung zu dieser Lebensdeutung geebnet. Und diejenigen, die aus einer kirchlichen Gemeinschaft, ihren Traditionen und Lebensverhältnissen stammen, wird der innere Sinn ihrer Lebensform erschlossen. Für beide Gruppen von Studierenden gilt, daß das Studium ihre eigene Lebensform weiterbildet –

wenn auch mit unterschiedlicher Schwerpunktsetzung. Darum stehen auch alle Studierenden vor derselben Aufgabe, nämlich ihre intellektuell-wissenschaftliche Bildung und die Bildung ihrer Persönlichkeit im Studium voranzutreiben.

## § 16 Empfehlungen für das Studium

### 1. Modularisierung und Selbstbestimmung

Wer heute das Studium der Theologie beginnt, wird auch in diesem Fach einem modularisierten Studienverlauf unterworfen. Die Absicht der Modularisierung bestand ursprünglich darin, den Stoff der Fächer so in lehrbare Einheiten aufzuteilen, daß am Ende ein eng umrissenes Sachgebiet erschlossen ist und folglich auch durch eine Prüfung abgeschlossen werden kann. Diese Absicht scheitert – für geisteswissenschaftliche Fächer überhaupt und insbesondere für die Theologie – an den erheblichen Problemen, die sie aufwirft. Denn erstens lassen sich in der Theologie keine Sacheinheiten festlegen, die wie in ein Wissensdepot verschlossen werden können; die Interaktion zwischen den Fächern ist, wie wir aus der Bildungsorientierung des Studiums (und der theologischen Wissenschaft insgesamt) gesehen haben, dauernd in Bewegung. Zweitens unterliegt der Zuschnitt der Module einer Vorauswahl der Lehrenden, die aufgrund der didaktischen und zeitlichen Beschränkung nicht mehr der Logik der einzelnen Disziplinen und Themen folgen kann, sondern sich an imaginären Stundenzahlen der Studierenden für Lektüre und Verarbeitung orientieren soll. Schließlich wird dadurch die Abhängigkeit der Studierenden gefördert – statt sie zur Selbständigkeit anzuregen: Der Stoff wird samt illusionärem Arbeitsaufwand für dessen Erschließung vorgegeben; Studierende sind dem unterworfen – und weil sie dieses Verfahren bereits aus der Schule kennen, neigen sie dazu, sich diesem Schema auch anzupassen.

Es liegt auf der Hand, daß dieses – noch immer verbindliche – Modell des Studiums objektiv bildungsfeindlich ist, ohne daß man sich ihm bis jetzt erfolgreich entziehen könnte. Umso wichtiger ist es, sich gegen den auferlegten Rhythmus der Modulvorgaben Freiräume des Denkens und Arbeitens zu erkämpfen. Dazu gehört als erstes, sich der scheinbaren Verbindlichkeit von Stundenumfängen für die Arbeit im Studium zu entziehen. Deshalb erfolgt in diesem Paragraphen, jenseits der sachlichen Beschreibung aus der Beobachterperspektive, die direkte Anrede an Leserinnen und Leser: Machen Sie sich klar, daß Sie für ein erfolgreiches Studium nicht mit den vorberechneten, nur scheinbar objektiven Arbeitszeiten auskommen, dem sogenannten Workload. Einem – auch zeitlich – höheren Engagement zuzustimmen, fällt Ihnen leicht, wenn Sie verstehen, daß Sie den Aufwand Ihrer Arbeit nicht für die Modulprüfungen am Ende des Semesters betreiben, sondern damit Ihre eigene Bildung fördern. Gestalten Sie also Ihr Studium – im Kontrast zu den Modulvorgaben, die Ihre Kapazität in der Regel ohnehin nicht vollends in Anspruch nehmen – in eigener Verantwortung!

Wie das geht? Es ist zu diesem Zweck auf alle Fälle hilfreich, wenn Sie sich mit Kommilitoninnen und Kommilitonen absprechen, die sich von derselben Absicht eines selbstbestimmten Studiums leiten lassen wollen. Eigenständige studentische Arbeitsgruppen mit klarer Termin- und Arbeitsverteilung lassen sich neben den Lehrveranstaltungen – und kritisch auf sie bezogen – organisieren. In der Regel finden Sie in der Theologie auch Lehrende, die solche Initiativen unterstützen und gegebenenfalls begleiten. Das ist die organisatorische Seite.

Für das sachliche Verfahren, wie das Studium in die eigene Hand zu nehmen ist, bewährt es sich, gegen die vorgegebenen Ziele eines Moduls eine eigene Fragestellung zu entwickeln, am besten so, daß mehrere (oder gar alle) Lehrveranstaltungen eines Semesters auf eine von Ihnen gewählte Fragestellung bezogen werden. Formulieren Sie diese schriftlich aus – und machen Sie sich die Mühe, am Ende eines Semesters das Ergebnis zu formulieren. Rechnen Sie für die Aufstellung Ihrer Erkenntnisabsicht und die Darstellung des Erreichten mit einem Umfang von insgesamt fünf bis sechs Seiten. Zwei Beispiele für solche Schwerpunktsetzungen: „Ich will verstehen, inwiefern das Neue Testament zur Grundlage des christlichen Bekenntnisses wird." In die Antwort muß eine Betrachtung über den Charakter des Neuen Testaments als schriftliche Urkunde ebenso eingehen wie eine – systematische und historische – Vorstellung davon, aufgrund welcher Eindrücke und Erfahrungen sich Glaube bildet. Oder: „Ich will verstehen, wie sich die Kernbotschaft der Reformation in der Geschichte der Neuzeit ausgewirkt hat." Dazu müßten Sie sich um eine (mindestens vorläufige) Einsicht in das Wesen der Reformation ebenso kümmern wie um neuzeitliche Rezeptionsbedingungen religiöser Überzeugungen und deren historische Kontexte.

Es kann nicht ausbleiben, daß das Interesse an solchen Leitgesichtspunkten für das Studium schwankt; eine systematische Kohärenz der Fragen kann man nicht erwarten, und sie sollte auch gar nicht erzwungen werden. Erst vor dem Abschlußexamen erscheint der Versuch angezeigt, die Ergebnisse der einzelnen Semester miteinander zu synchronisieren. Es wird sich zeigen, daß das in der großen Mehrzahl der Fälle auch gelingt; es liegt nämlich in der Theologie selbst, daß sie auf eine solche Kohärenz zuläuft.

Die individuelle Zufälligkeit in der Wahl solcher Schwerpunkte, die die Logik einzelner Module überschreiten, ist nicht nur unvermeidlich, sondern auch sachgerecht – schließlich sind Sie selbst Subjekte Ihres Studiums und müssen als Instanz für die Integration der verschiedenen Wissensbestände in einen verwendbaren Zusammenhang einstehen. Wer sich vom Gesichtspunkt der Methode leiten läßt, also das Individuelle immer ins Allgemeine einstellt, wird auch den Eindruck nicht verfehlen, ein in sich zusammenhängendes Fach zu studieren, das zugleich eine Perspektive für die eigene Lebensführung gibt wie auch auf die Ausübung eines Berufes im Umfeld der Religion vorbereitet.

## 2. Das Einzelne und das Allgemeine

Es macht den Reiz, aber auch die Herausforderung des Studiums der Theologie aus, daß man stets auf einzelne Probleme stößt, die eine sorgfältige Bearbeitung verlangen. Das kann man besonders gut in den biblischen Fächern erleben. Denn in diesen Disziplinen haben sich die methodischen Standards intensiv verfeinert – und es bleibt demjenigen, der nach Erkenntnis verlangt, gar nichts anderes übrig, als sich auf die einzelnen Verfahrensschritte einzulassen. Wie das geht, wird schon bei der ersten schriftlichen Arbeit im Grundmodul deutlich. Wer sich aber tatsächlich einmal in einer ganz kleinen Frage so verloren hat, daß er ganz darin verschwindet, wird die Erfahrung machen, daß eine solche Vertiefung auch ein Glücksgefühl auslöst: einfach mit der „Sache selbst" zu tun zu haben und nicht nur mit irgendwelchen Meinungen darüber. Solche Erfahrungen gehören unbedingt ins Studium!

Allerdings ist es ratsam, dabei dann auch wieder den Blick für die geschichtliche Herkunft und das theoretische Umfeld der einzelnen Methoden zu öffnen. Denn ein solcher Blick ermöglicht es, das einzelne Ergebnis, um das es zu tun war, wieder in den Zusammenhang des Ganzen zu stellen, dem es ja zugehört. Und auch das ist eine Erfahrung intellektueller Befriedigung: daß das scheinbar Vereinzelte,

Abgelöste, „Abstrakte", den Zusammenhang des „konkreten", also aus verschiedenen Bestimmungen zusammengewachsenen, Ganzen nicht verlassen hat – auch wenn man diesen Zusammenhang erst einmal gar nicht zu sehen bekam.

Das Studium bewegt sich also, seiner Aufgabe folgend, genau zwischen diesen Polen vereinzelter Sacherkenntnis und allgemeinen Zusammenhangs. Das gilt für Probleme in jedem einzelnen Fach, etwa für das Verhältnis der verschiedenen Methodenschritte der historischen Forschung zueinander, wie wir sie oben in § 9.1 durchgespielt haben. Das gilt aber auch für das Verhältnis der verschiedenen Disziplinen, die zusammen das Ganze der Theologie ausmachen. Kaum wird man für alle Disziplinen immer dieselben methodischen Verfahren gebrauchen können oder gebrauchen wollen; eine bloß methodische Einheit der Theologie liefe vermutlich auch auf einen Verlust der religiösen Brauchbarkeit der Theologie hinaus. Statt dessen darf man damit rechnen, daß es der praktische Verwendungszusammenhang der Theologie für den Glauben (und in der Kirche) ist, der die sehr verschiedenen Verfahrensweisen und Theorietraditionen am Ende zusammenhält. Das Studium folgt dieser Bewegung zwischen dem Besonderen und dem Allgemeinen.

Dieses Buch macht den Versuch, das theologische Studium auf die Wahrnehmung dieser wechselnden Perspektiven einzustellen. Das ist ein riskantes Verfahren, das nach einer besonders kritischen Lektüre dieses Textes verlangt. Man kann (und man sollte) dabei zwischen einer analytischen und einer eher synthetischen Leseweise abwechseln. Zum analytischen Umgang mit dem Buch könnte es gehören, anhand der Absätze des Textes die Gliederung herauszuarbeiten, die der einzelnen Argumentation zugrundeliegt. Das könnte etwa so erfolgen, daß für die einzelnen Absätze, die den Text ja gliedern, je eigene Überschriften gefunden werden. Diese selbstgesetzten Überschriften können dann in einen Gesamtzusammenhang eingefügt werden. Es mag sein, daß dabei Spannungen oder gar Widersprüche auftreten, die mir als Autor nicht bewußt waren. Insofern dient die kritische Lektüre des Buches seinem Anliegen, von den Betroffenen selbst verstanden zu werden.

Der eher synthetische Umgang mit dem Buch könnte auf den Versuch hinauslaufen, nach einem sachlichen Mittelpunkt, einer gemeinsamen Rotationsachse für die verschiedenen Argumentationen zu suchen. Es ist mir als Autor bewußt, daß es im Text eine Fülle von Redundanzen gibt, also Einsichten, die immer wieder und immer wieder auch etwas abgewandelt gebraucht werden, die gewissermaßen das innere Gerüst des Ganzen sind. Dem Charakter eines Leitfadens entsprechend, kommt der – vermutlich vorhandene – Kern des Ganzen nicht als solcher zur Sprache, sondern muß in systematischer Reflexion entdeckt werden. Hat er einmal die Aufmerksamkeit auf sich gezogen, wird man ihm immer wieder begegnen. Auch für diesen Arbeitsschritt empfiehlt sich der Versuch einer schriftlichen Fassung als Probe aufs Exempel, ob er wirklich verstanden wurde. Auch für diese Aufgabe sollte man sich etwa fünf Seiten Platz zugestehen.

Das eigene Denken steht ja immer in Zusammenhängen, die wir uns als Denkende nicht selbst ausgesucht haben. Teils bewegen wir uns in einem Kontext, der von äußeren Parametern bestimmt ist – von der umfassenden, uns zukünftig vollends beschäftigenden Klima-Frage zurück in die Vergangenheit unserer Gegenwart. Teils stehen wir neben Zeitgenossen, die mit uns in dieser Situation auf dem Weg der Lebensdeutung und der Verantwortung für die Zukunft menschlichen Lebens auf unserem Planeten unterwegs sind.

Das handgreifliche und unersetzbare Symbol dieser Zeitgeistlage ist die Bibliothek, die Wissen und Wertungen versammelt; immer findet man dort etwas, das man noch nicht kannte, immer wird man zur Überprüfung der Bewertungen herausgefordert. Darum ist auch für Studierende der Theologie eine eigene Bibliothek unerläßlich – und wenn es nur ein (mittelgroßes) Bücherregal ist.

## 3. Ein theologisches Bücherregal

Bibliotheken seien „gefährliche Brutstätten des Geistes", hieß es vor fünfzig Jahren auf einem Plakat des Künstlers Klaus Staeck, der Spitzwegs biedermeierlichen Bibliothekar verfremdete. Darin ist etwas Wahres. Bücher sind unverzichtbar für das Studium der Theologie, und der Zugriff auf eine eigene Büchersammlung ist ein Gewinn von Unabhängigkeit gegenüber nicht immer verfügbaren öffentlichen Bibliotheken, erst recht gegenüber der scheinbaren Allverfügbarkeit des Internet. Nach dem Ende des Studiums rücken Fachbibliotheken – erst recht gut ausgestattete – in der Regel in die Ferne. Es braucht daher zur eigenen Klärung von Sachverhalten oder zur – oft bekanntlich kurzfristig nötigen – Vorbereitung von Predigt oder Unterricht die Möglichkeit, sofort auf verläßliche Auskünfte und originale Texte zurückgreifen zu können. Wohl dem, der dafür nur zu seinem Bücherregal gehen muß!

Aber auch als Medium ist das Buch unersetzlich. Das zeigt sich im Unterschied zum Literaturgebrauch aus dem Netz. Nur die Bücherleser sind unbeobachtet; nur sie haben unmittelbaren Zugriff auf authentische und unveränderte Texte; nur sie können rasch blättern, ohne die Übersicht zu verlieren; nur Bücher lassen sich aufgeschlagen übereinanderlegen und auf dem Schreibtisch stapelweise ordnen; und um den Zustand ihrer Computer-Hardware und die Verfallsdaten von deren Leseprogrammen müssen sie sich gar nicht erst kümmern. Und wenn man aus einem Buch zitiert, muß man das Zitat abschreiben; das nötigt dazu, den Inhalt noch einmal wirklich durch den Kopf gehen zu lassen – ein wunderbarer Umweg, sich dann kritisch zu dem Zitierten zu verhalten!

Der Aufbau einer (kleinen, aber zuverlässigen) Fachbibliothek gehört daher zu den Infrastruktur-Planungen des Studiums – so wie die Wahl des Studienortes und die Entscheidung für eine Wohnform. Wie alle Planungen, so hat auch diese eine finanzielle Seite. Mein Rat: Planen Sie ca. 750 € pro Jahr für Ihre Bibliothek ein. Das ist, verglichen mit Lebenshaltungskosten und Aufwendungen für Urlaubsreisen, nicht viel. Suchen Sie einen Buchhändler Ihres Vertrauens, mit dem Sie Zahlungsmodalitäten vereinbaren können, die es Ihnen erlauben, unbesorgt das Nötige oder Erwünschte einzukaufen. Ansonsten empfiehlt sich, gerade für theologische Klassiker, der Kauf über ein Antiquariat. Angebote finden Sie im Netz, z. B. unter ZVAB, aber etwa auch beim Theologischen Studienseminar Hofgeismar (https:// evangelisches-studienseminar-hofgeismar.de/Antiquariat.html).

Was soll ins Regal? Bücher von Qualität, lautet die erste Auskunft. Bücher, die die Disziplinen der Theologie abdecken, lautet die zweite. Bücher, die man – aus welchen Gründen auch immer – jetzt gerade mal besitzen möchte, weil sie einen irgendwie ansprechen oder reizen. Die letztgenannte Kategorie ist notwendigerweise subjektiv. Für die beiden anderen lassen sich Empfehlungen geben.

Bei wissenschaftlichen Büchern sind es vor allem Verlage, die dazu helfen, Qualität zu finden, Verlage, die selbst Maßstäbe aufstellen für das, was sie der Öffentlichkeit präsentieren. Welche dazu zählen, können Sie beispielsweise den Angaben zu den Anschaffungsvorschlägen für Ihr Bücherregal entnehmen. Achten Sie zudem auf die großen Publikums- und Wissenschaftsverlage, insbesondere zu historischen, philosophischen und soziologischen Themen. Besorgen Sie sich einmal Verlagsprospekte dieser Häuser und gönnen Sie sich ein abwechslungsreiches und anregendes Durchblättern! Sie werden dabei übrigens auch leicht gegenwärtige Forschungstrends erkennen können.

Das Fach abdecken – geht das? Ja, in Maßen.

Die nun folgenden Ratschläge sind mit Absicht nicht in Form einer fachgerechten Bibliographie aufgeführt. Denn Sie sollen die genauen Angaben selbst herausfinden. Dazu brauchen Sie maximal zwei Tage Arbeit, wenn Sie mit der besten Quelle für Bibliotheksbestände und verfügbare Bücher aus dem Buchhandel arbeiten, dem Karlsruher Virtuellen Katalog (KVK, http://kvk.bibliothek.kit.edu). Und Sie erfahren zugleich etwas über die Kosten für Ihre Bibliothek (bitte immer auch die Antiquariate beachten!). Die Bibliographie eines Buches sollte nach dem folgenden Muster aufgebaut sein: Name, Vorname, Titel. Untertitel (Reihe und Erscheinungsnummer), Ort Jahr. (Preis)

Nach Kategorien geordnet, brauchen Sie in Ihrer Bibliothek:

1. Biblische Texte und Hilfsmittel zu ihrer Erschließung
2. Einführungen, Übersichten und Lehrbücher
3. Klassische Quellen (und ihre Auslegung)
4. Kontexte der Theologie: Philosophie, Soziologie, Geschichte
5. „Lieblingsbücher"

Legt man diese Kategorien jetzt auf die Fächer um, dann ergibt sich folgendes Bild:

*Biblische Texte.* Sie benötigen wissenschaftliche Textausgaben der Bibel in den Originalsprachen, also in der Regel die *Biblia Hebraica Stuttgartensia* und das *Novum Testamentum Graece* (Nestle-Aland), dazu die *Synopse* der drei ersten Evangelien (Huck/Greeven). Hilfreich finde ich zusätzlich eine Ausgabe des Neuen Testaments griechisch und deutsch, auch eine lateinisch-deutsche Ausgabe ist sinnvoll. Für die wissenschaftlichen Bibelausgaben ist die Deutsche Bibelgesellschaft ein verläßlicher Verlag. Jetzt müssen Sie diese Texte aber auch übersetzen können. Dazu benötigen Sie etwa Wilhelm Gesenius' *Hebräisches und Aramäisches Handwörterbuch über das Alte Testament* und Walter Bauers *Griechisch-Deutsches Wörterbuch zu den Schriften des Neuen Testaments und der frühchristlichen Literatur.* Erforderlich sind auch *Konkordanzen*, die ihnen helfen, das Vorkommen derselben Wörter und Ausdrücke bibelweit zu finden, also eine Konkordanz zum Hebräischen Alten Testament und eine zum Griechischen Neuen Testament. Für eine Orientierung im deutschen Bibeltext ist die *Große Konkordanz zur Lutherbibel* ein nützliches Hilfsmittel. Natürlich brauchen Sie auch *Grammatiken* des Hebräischen und (neutestamentlichen) Griechisch. Welche das sein sollen, erfahren Sie in Ihrem Sprachunterricht.

Wo wir bei *Wörterbüchern* sind: Fürs Lateinische empfiehlt sich, wer es ausführlich haben möchte, der *Neue Georges* (preiswert bei der Wissenschaftlichen Buchgesellschaft Darmstadt).

Ein wichtiger Bestandteil Ihrer Bibliothek sind *Fachlexika* – die sind zuverlässiger als Wikipedia! Versuchen Sie, ein preiswertes Exemplar der *Religion in Geschichte und Gegenwart* (RGG, 4. Auflage) zu finden – das klassische achtbändige Fachlexikon der evangelischen Theologie. In den Uni-Netzen sollte verfügbar sein die 36-bändige *Theologische Realenzyklopädie* (TRE); wer längerfristig wissenschaftlich arbeiten möchte, sollte sich auch dafür nach einem Exemplar umsehen. Neuerdings gibt es das *Historische Wörterbuch der Philosophie* (HWPh), von dem oben § 5.1 die Rede war, bei der Wissenschaftlichen Buchgesellschaft zu einem erschwinglichen Preis. Zu einzelnen bedeutenden Theologen beachten Sie die *Handbuch-Reihe* bei Mohr Siebeck, die ein sehr interessantes methodisches Konzept verfolgt, zuerst im *Luther Handbuch* (hg. v. Albrecht Beutel) entwickelt.

*Altes Testament.* Sie brauchen Einführungen, etwa das kleine, aber aufschlußreiche Bändchen von Christoph Levin *Das Alte Testament* bei C. H. Beck und, ausführlicher, die *Grundinformation Altes Testament* von Jan Christian Gertz u. anderen in der Verlagsgemeinschaft der Uni-Taschenbücher (UTB). *Theologien des Alten Testaments* haben jetzt Jörg Jeremias (Vandenhoeck & Ruprecht) und Konrad Schmid (Mohr Siebeck) vorgelegt; auch das dreibändige Werk von Otto Kaiser (UTB) sollten Sie anschauen; immer noch sehr gut lesbar ist die Theologie des Alten Testaments von Gerhard von Rad (antiquarisch zu haben). Sehr sinnvoll sind *Kommentare* zu alttestamentlichen Büchern, mindestens zum 1. und 2. Buch Mose (Genesis und Exodus), zu den Büchern der Propheten Jesaja, Jeremia, Hesekiel, zu den Psalmen und zu Hiob. Für diese Werke kann man sich an Büchern orientieren, die etwa in den Reihen „Biblischer Kommentar zum Alten Testament" (BK AT, Neukirchener Verlag, jetzt Vandenhoeck & Ruprecht), „Das Alte Testament deutsch" (ATD, Vandenhoeck & Ruprecht) oder dem „Neuen Stuttgarter Kommentar" (Kath. Bibelwerk) erschienen sind. Im ATD sind die etwas älteren Kommentare zu Jesaja von Otto Kaiser, zu Jeremia von Arthur Weiser und jetzt der Genesiskommentar von Jan Christian Gertz sowie der Amoskommentar von Jörg Jeremias bemerkenswert, im BK AT die ebenfalls ältere Auslegung der Psalmen von Hans-Joachim Kraus.

*Neues Testament.* Als erste Einführung kommt *Das Neue Testament* von Gerd Theißen in Frage, auch in der Beck'schen Reihe. Ausführlicher wieder Udo Schnelles *Einleitung in das Neue Testament* und das *Arbeitsbuch zum Neuen Testament* von Hans Conzelmann und Andreas Lindemann (beide UTB). Die *Geschichte der frühen Christenheit* behandeln ausführlich Dietrich-Alex Koch (Vandenhoeck & Ruprecht) und, kürzer und prägnant, Markus Öhler (UTB). *Kommentarreihen,* auf die Sie achten sollten, sind: Kritisch-exegetischer Kommentar zum Neuen Testament (KEK, Vandenhoeck & Ruprecht), Evangelisch-katholischer Kommentar zum Neuen Testament (EKK, Vandenhoeck & Ruprecht/Benziger) und Handbuch zum Neuen Testament (HNT, Mohr Siebeck). Im EKK etwa sind die Kommentare zum Matthäusevangelium von Ulrich Luz und zum Römerbrief von Michael Wolter zu finden, im HNT der Kommentar zum Markusevangelium von Dieter Lührmann, zum Lukasevangelium von Michael Wolter und zum Johannesevangelium von Hartwig Thyen. *Monographien zu Jesus und Paulus* dürfen nicht fehlen. Von den älteren *Jesus*-Büchern das von Rudolf Bultmann (1926), von den neueren das Standardwerk von Gerd Theißen und Annette Merz über den historischen Jesus, dazu die Bücher von Jens Schröter und Michael Wolter. Über *Paulus* kommen in Betracht die Arbeiten von Udo Schnelle und, besonders zur Theologie des Paulus, von Michael Wolter.

*Kirchengeschichte.* In der Kirchengeschichte ist die Versuchung, sich viele Texte zuzulegen, so groß, daß man davor überhaupt zurückschrecken möchte. Sie brauchen einen Überblick über die Kirchengeschichte: das alte, aber gründliche *Kompendium der Kirchengeschichte* von Karl Heussi (inzwischen in der 18. Auflage), dazu das *Lehrbuch der Kirchen- und Dogmengeschichte* von Wolf-Dieter Hauschild. Für die *Geschichte der Alten Kirche* kommt die Einführung von Christoph Markschies in das antike Christentum aus der Beck'schen Reihe in Betracht, aber auch das ältere Werk von Hans Lietzmann; eine gute erste Einführung in die *Reformationsgeschichte* gibt Bernd Moellers *Deutschland im Zeitalter der Reformation.* Wichtig ist die Lektüre von *Quellen* – nur daran bildet sich der Blick. Aus der Theologiegeschichte sollten in Ihrer Bibliothek nicht fehlen: Augustins Autobiographie *Confessiones,* dazu *De vera religione,* eine religionsphilosophische Frühschrift, und *De spiritu et littera* mit seiner die Reformation beeinflussenden Paulus-Auslegung. All das gibt es in zweisprachigen Ausgaben. Von Anselm von Canterbury gehören (ebenfalls zweisprachig) ins Regal seine kleine Schrift über den ontologischen Gottesbeweis *Proslogion* und die Entfaltung seiner Soteriologie in *Cur deus homo*. Wenn Sie antiquarisch die *Summa theologica* des Thomas von Aquin erwischen können (oder auch nur den ersten Teilband dieses Werkes in der zweisprachigen Ausgabe), dann schlagen Sie zu. Es gibt sie bisweilen sehr preiswert. An Literatur zur Antike und zum Mittelalter kommen die beiden Bändchen von Hans von Campenhausen in Betracht: *Griechische Kirchenväter* und *Lateinische Kirchenväter*. Zu Augustin, sehr kritisch, aber auch klar: Kurt Flasch, *Augustin*. Zum Verständnis der Alten Kirche sind die Hintergründe der klassischen griechischen (und römischen) *Philosophie* nötig. Von Platon wandern darum ins Regal (mindestens) *Der Staat (Politeia)* und der Dialog *Phaidon* über die Unsterblichkeit der Seele, von den Werken des Aristoteles die *Metaphysik* und die *Nikomachische Ethik*. All das gibt es in vielen, auch preiswerten Ausgaben, etwa bei Reclam.

Zur Reformation: Im Grunde benötigen Sie zwei *Luther-Ausgaben*. Einmal eine solche, die wissenschaftlichen Ansprüchen standhält. Dafür kommt die *zweisprachige Studienausgabe* bei der EVA in Betracht mit je drei Bänden Lateinisch-deutsch (hg. v. Wilfried Härle und Johannes Schilling) und Deutsch-deutsch (hg. v. Johannes Schilling u. a.). Sodann ist eine rasch und leicht lesbare Ausgabe sinnvoll, am besten der sechsbändige *Insel-Luther*, der auf die Initiative Gerhard Ebelings aus dem Jahr 1982 zurückgeht.

Auch Melanchthons *Loci communes*, die erste evangelische „Dogmatik" von 1521, gibt es jetzt in einer lateinisch-deutschen Ausgabe. Im Neukirchener Verlag (inzwischen von Vandenhoeck & Ruprecht übernommen) erscheint derzeit eine *Calvin*-Ausgabe. Daraus könnten Sie den einen oder anderen Band erwerben. Bei Insel gibt es eine kleine Ausgabe von Erasmus von Rotterdams *Lob der Torheit*. Eine schöne und amüsante Lektüre. Zu *Luthers Biographie* empfehle ich die von Reinhard Schwarz bei UTB, dazu sein bedeutendes Buch *Martin Luther – Lehrer der christlichen Religion* (Mohr Siebeck). Den schönen Text *Von der Freiheit eines Christenmenschen* gibt es jetzt mit einer kommentierenden Auslegung wohlfeil in der Reihe *Große Texte der Christenheit* bei der EVA. Natürlich gehören die *Bekenntnisschriften* der evangelisch-lutherischen Kirche ins Regal. Zum Verständnis hilft die *Theologie der Bekenntnisschriften der evangelisch-lutherischen Kir-*

*che* von Gunther Wenz. Für die Reformierten kommt die *Theologie der reformierten Bekenntnisschriften* von Jan Rohls (UTB) dazu. Fragen des Zusammenhangs der verschiedenen konfessionellen Bekenntnisschriften behandelt der Band *Theologie der reformatorischen Bekenntnisschriften* von Notger Slenczka (EVA). Eine im Zeitalter der Orthodoxie vielverwendete, sehr anschauliche Dogmatik ist J. F. König, *Theologia positiva acroamatica* (zweisprachig bei Mohr Siebeck). Aus der Aufklärungszeit sollten Sie mindestens eine *Lessing*-Ausgabe besitzen – der antiquarische Bestand ist riesig. Für die Theologie wichtig ist unter anderem *Die Erziehung des Menschengeschlechts*, jetzt sehr preiswert mit kommentierender Auslegung von Walter Sparn in der Reihe *Große Texte der Christenheit*. Zur Theologie der Aufklärung ist sehr hilfreich Albrecht Beutel, *Kirchengeschichte im Zeitalter der Aufklärung* (UTB).

In unserem zeitlichen Durchgang durch die Theologiegeschichte kommen wir zur sogenannten Sattelzeit der Moderne zwischen 1770 und 1830. Die philosophischen Konzepte bestimmen die Fragen der Theologie bis in unsere heutigen Problemlagen erheblich mit. Darum gehören in die Handbibliothek Werke Immanuel Kants und Georg Wilhelm Friedrich Hegels. Von Kant die drei Kritiken (*Kritik der reinen Vernunft*, *Kritik der praktischen Vernunft*, *Kritik der Urteilskraft*) und die *Religion innerhalb der Grenzen der bloßen Vernunft*. Die sechsbändige Werkausgabe von Wilhelm Weischedel ist – broschiert – empfehlenswert. Von Hegel sind vor allem die *Phänomenologie des Geistes*, die *Vorlesungen über die Philosophie der Religion* und die *Rechtsphilosophie* für die theologische Urteilsbildung wichtig. Eine sechsbändige Ausgabe gibt es im Meiner Verlag. Die genannten Werke von Kant und Hegel sind aber auch als Einzelbände erhältlich, preiswert etwa bei Reclam.

Von Schleiermacher müssen Sie seine *Reden über die Religion* haben – und lesen! Die Fassung, deren Text der kritischen Gesamtausgabe (hg. v. Günter Meckenstock bei De Gruyter) entnommen ist, kann am meisten empfohlen werden. Aus dieser Gesamtausgabe stammt auch die Einzelausgabe seiner Dogmatik *Der christliche Glaube* (hg. v. Rolf Schäfer) – unverzichtbar für das theologische Studium. Ein von Annemarie Pieper herausgegebenes Lesebuch mit dem anspruchsvollen Titel „Hauptwerke" macht Lust, mehr von Sören Kierkegaard zu lesen, z. B. *Der Begriff Angst* (preiswert bei Reclam). Den Religionskritiker Ludwig Feuerbach können Sie anhand seiner Schrift *Das Wesen der Religion* studieren, kommentiert und erläutert von Georg Neugebauer in der Reihe *Große Texte der Christenheit*. Karl Marx sollte vertreten sein durch das *Kommunistische Manifest* (z. B. bei Reclam) und den ersten Band des *Kapitals*.

Für die Theologie am Ende des 19. Jahrhunderts ist Albrecht Ritschl von Bedeutung. Seine Theologie läßt sich gut studieren anhand des kurzen Lehrbuchs *Unterricht in der christlichen Religion* (hg. v. Christine Axt-Piscalar bei UTB). Aus der Schülergeneration Albrecht Ritschls ist bedeutend Ernst Troeltsch. Das *Troeltsch-Lesebuch* (hg. v. Friedemann Voigt bei UTB) ist eine sehr gute Einführung. Wenn Sie etwas aus den *Gesammelten Schriften* Troeltschs antiquarisch finden können, dann greifen Sie zu (bei der Wissenschaftlichen Buchgesellschaft auch als Nachdruck verfügbar); bessere Zeitdiagnosen der Epoche werden Sie kaum finden.

Wir rücken jetzt immer näher an die Problemstellungen der Gegenwart heran. Sie haben durch die Theologie nach dem 1. Weltkrieg eine Kontur bekommen, die in der theologischen Arbeit bis heute nachwirkt. Für die *Anfänge der dialektischen Theologie* im ersten Drittel des 20. Jahrhunderts ist die zweibändige Sammlung von Texten in der *Theologischen Bücherei* aufschlußreich, die Jürgen Moltmann herausgegeben hat (antiquarisch gut greifbar). Karl Barths *Römerbrief* ist in der zweiten Auflage auch noch verbreitet vorhanden und leicht zu erhalten. Für Rudolf Bultmann ist die Textsammlung *Neues Testament und christliche Existenz*, die Andreas Lindemann aus der vierbändigen Aufsatzsammlung *Glauben und Verstehen* zusammengestellt hat, ein Einstieg (bei UTB, inzwischen vergriffen, aber gebraucht zu haben). Bultmanns *Theologie des Neuen Testaments* zeigt, wie sich seine eigene Theologie von der Auslegung des Neuen Testaments herschreibt – ebenfalls ein Buch, das jede Bibliothek ziert. Karl Barths *Kirchliche Dogmatik*, mit 13 Bänden die umfangreichste Dogmatik des 20. Jahrhunderts, ist inzwischen ebenfalls antiquarisch höchst preiswert zu kaufen. Wer einen Querschnitt („The Essential Karl Barth" mit zusammenhängenden Texten und Erläuterungen) aus Barths Werk sucht, findet ihn in der zweibändigen Ausgabe *Schriften. I. Dialektische Theologie, II. Kirchliche Dogmatik* im Verlag der Weltreligionen (Suhrkamp). Eine kleine Einführung gibt das Bändchen *Dialektische Theologie* mit den Aufsätzen *Not und Verheißung der christlichen Verkündigung* und *Das Wort Gottes als Aufgabe der Theologie* in den *Großen Texten der Christenheit* (mit Kommentar). Auch Paul Tillichs *Systematische Theologie* mit ihren drei Bänden ist hochinteressant – und erschwinglich. Von den Philosophen, die diese

Zeit mitbestimmt haben, ist natürlich Martin Heidegger wichtig. *Sein und Zeit* ist sein anspruchsvolles Hauptwerk, eine gute Einführung in seine Art des Denkens bietet der kurze, separat erschienene Vortrag *Was ist das – die Philosophie?* Wieder neue Aufmerksamkeit wird auf Karl Jaspers gerichtet, den Zeitgenossen und auch Widerpart Heideggers. Seine *Kleine Schule des philosophischen Denkens* von 1965 bildet eine Brücke ins letzte Drittel des 20. Jahrhunderts. Nicht übersehen werden darf auch Theodor W. Adorno, der, nach seiner Rückkehr aus der Emigration, von großem Einfluß auf das philosophische und kulturelle Bewußtsein derBundesrepublik war und dessen Bedeutung seit den 60er Jahren auch noch zunahm. *Minima Moralia* heißt seine philosophische Aphorismensammlung, die zugleich ein philosophisches Hauptwerk ist; außerdem kommt seine *Negative Dialektik* in Betracht. Seine mit Max Horkheimer verfaßte *Dialektik der Aufklärung* ist immer noch eine wichtige kritische Analyse dieser Epoche und ihrer Gegenwartsbedeutung.

Aus der Generation, die die deutsche Theologie seit den 60er Jahren des 20. Jahrhunderts bestimmt hat, kommen vor allem Jürgen Moltmann und Wolfhart Pannenberg in Betracht, dazu Eberhard Jüngel. Von Moltmann sind wichtig: *Theologie der Hoffnung*, dann *Der gekreuzigte Gott* und *Der Weg Jesu Christi*. Von Pannenberg sollten Sie sich anschauen: *Grundzüge der Christologie* und seine dreibändige *Systematische Theologie*. Von Jüngel sind beachtenswert *Gott als Geheimnis der Welt* und seine Aufsatzbände, insbesondere *Entsprechungen*, dazu das kleine Bändchen *Tod*.

Die gegenwärtigen Debatten in der Systematischen Theologie sind nicht zuletzt von Eilert Herms bestimmt. Seine *Systematische Theologie* faßt die vielfältigen Denkwege jetzt zusammen, deren Ansätze sich gut in dem Aufsatzband *Offenbarung und Glaube* erkennen lassen. Als Lehrbuch hat sich vielfach die *Dogmatik* von Wilfried Härle bewährt. Einen Ausgangspunkt bei der Frömmigkeit, wie sie durch Luthers Kleinen Katechismus geprägt ist, wählt meine kleine *Dogmatik im Grundriß*, die in der 2. Auflage *Einführung in die evangelische Dogmatik* hieß (antiquarisch oder als e-Book erhältlich). Achten Sie auch auf Ingolf Dalferths Aufsatzbände, etwa *Der auferweckte Gekreuzigte*. Die *Einführung in die Systematische Theologie* von Christian Danz (UTB) macht auf eine sehr sachgerechte Weise mit dieser Disziplin bekannt.

Was die gegenwärtige Philosophie und Soziologie angeht, sollten Sie Jürgen Habermas ins Regal stellen – vor allem *Erkenntnis und Inte-*

*resse*, vielleicht auch das bisher letzte große Werk *Auch eine Geschichte der Philosophie*, in der das Verhältnis zur Religion durchgängig thematisiert wird. Auch Niklas Luhmann lohnt die Anschaffung, etwa *Funktion der Religion* oder *Die Religion der Gesellschaft*. Von Dieter Henrich kommt *Selbstverhältnisse* in die engere Wahl.

Die Literatur in der Praktischen Theologie wächst fast von selbst; die Umschlagzeiten sind auch kürzer als in den anderen Disziplinen. Beachtenswert sind der *Grundriß der Praktischen Theologie* von Dietrich Rössler und die *Praktische Theologie* von Wolfgang Steck; provokant bleiben die ganz anders ausgerichteten pastoraltheologischen Arbeiten von Manfred Josuttis, etwa *Der Pfarrer ist anders*. Die Veränderungen in der Auffassung der Praktischen Theologie eine Generation später kann man den Büchern von Christian Grethlein und Wilhelm Gräb entnehmen. Von Grethlein *Praktische Theologie*, von Gräb *Lebensgeschichten, Lebensentwürfe, Sinndeutungen* und, systematisch profiliert, *Vom Menschsein und der Religion*; aufschlußreich auch seine *Predigtlehre*. Für die Religionspädagogik gegenwärtig grundlegend: Bernhard Dresslers *Religionsunterricht*, für die Seelsorge Michael Klessmanns Lehrbuch *Seelsorge*.

Vier Verlage bieten derzeit Lehrbuchreihen an, die sich an den verschiedenen Disziplinen der Theologie orientieren. Bei Mohr Siebeck heißt die Reihe *Neue Theologische Grundrisse*, bei De Gruyter *De Gruyter Studium*, bei der Evangelischen Verlagsanstalt *Lehrwerk Evangelische Theologie*, bei Kohlhammer *Theologische Wissenschaft*. Nehmen Sie sich die Kataloge vor und besprechen Sie mit Ihren Lehrenden sinnvolle Anschaffungen.

Damit ist das Regal schon gut gefüllt; vielleicht werden es auch zwei Regale – und zur Seite hin sollten Sie noch Platz lassen für weitere Anbauten, wenn Sie erst einmal Spaß an theologischen Büchern gefunden und eine Sammelleidenschaft entdeckt haben.

Es ist klar, daß die Empfehlungen und Wertungen dieses Durchgangs durch die theologische Bücherlandschaft im Interesse des Aufbaus einer Handbibliothek durchaus meiner subjektiven Perspektive entspringen; sie ist hoffentlich nicht bloß von privaten Vorlieben geprägt. Sprechen Sie daher die Lehrenden an, Professorinnen und Professoren, Assistentinnen und Assistenten, und bitten Sie sie um Rat hinsichtlich Ihrer Buchanschaffungen. Sie werden überrascht sein, wie sehr Sie dafür ein offenes Ohr (und sicher auch ein offenes Wort) finden. Denn Theologie als Wissenschaft lebt von der Vielfalt, sucht aber auch – durchaus im Modus der Kontroverse – immer den Zusammenhang zwischen Allgemeinem und Individuellem. Sie selbst bewegen sich im Raum der Bildung – der eigenen Person, der Berufsvorbereitung und des christlichen Zeugnisses –, wenn Sie daran selbstbewußt und beherzt teilnehmen.

# Namenregister

# Sachregister